U0451381

陈翰笙书信集

1924-2003

丁利刚 编

创于1897
商务印书馆
The Commercial Press

图书在版编目(CIP)数据

陈翰笙书信集/丁利刚编. —北京:商务印书馆,2023

ISBN 978-7-100-21514-5

Ⅰ.①陈… Ⅱ.①丁… Ⅲ.①陈翰笙(1897—2004)—书信集 Ⅳ.①K825.1

中国版本图书馆 CIP 数据核字(2022)第 140434 号

权利保留,侵权必究。

陈翰笙书信集

丁利刚 编

商 务 印 书 馆 出 版

(北京王府井大街 36 号 邮政编码 100710)

商 务 印 书 馆 发 行

北京中科印刷有限公司印刷

ISBN 978-7-100-21514-5

2023 年 10 月第 1 版 开本 710×1000 1/16

2023 年 10 月北京第 1 次印刷 印张 35

定价:198.00 元

左起：史沫特莱，杨刚，龚普生，陈翰笙

1946 年摄于纽约州萨拉托加斯普林斯的 Yaddo 花园

（本照片由美国亚利桑那州立大学设计与艺术图书馆

艾格尼丝·史沫特莱展览部提供）

陈翰笙

1972 年 3 月摄于上海复兴公园

目　录

1938 年 1 封

1939 年 12 封

1940 年 1 封

1941 年 17 封

1954 年 1 封

1961 年 2 封

1963 年 4 封

1965 年 3 封

1966 年 4 封

1969 年 2 封

1970 年 15 封

1971 年 13 封

1972年11封

1973年2封

1974年1封

1975年3封

1976年6封

1977 年 4 封

1978 年 17 封

1979 年 15 封

1980 年 11 封

1981 年 21 封

1982年41封

1983 年 31 封

1984 年 27 封

1985 年 29 封

1986年9封

1987年5封

1988年7封

1989 年 5 封

1990 年 6 封

1991 年 10 封

1992 年 4 封

1993 年 2 封

1994 年 2 封

1996 年 1 封

1997 年 1 封

2002 年 1 封

2003 年 1 封

附 录

序　言

《陈翰笙书信集》是近40年前《陈翰笙文集》（汪熙、杨小佛主编）出版后，迄今为止收录较齐全的一部陈翰笙先生的书信集。宗旨是希望为陈翰笙研究和20世纪中国历史研究提供新的文献来源，同时也以此作为对这位为中国现代文化事业和社会发展作出重要贡献的杰出先贤的纪念。

本书在国际范围内，收集了陈翰笙和他的中国、德国、美国、日本、印度、菲律宾友人的中英文来往书信。其中最早的一封信是1924年12月23日陈翰笙致北大选修欧美通史诸同学，最晚的一封信是2002年4月11日陈翰笙致东林小学全体师生，时间跨越78年。通信人既有宋庆龄、胡耀邦、胡乔木、陆定一等党和国家领导人，也包括胡适、埃德加·斯诺、爱泼斯坦、拉铁摩尔等著名历史人物，还有普通的工人、农民、学生等。书中除少数重要信件曾发表过以外，大部分书信均为第一次公开发表。

为了便于读者理解本书内容，谨就陈翰笙先生的生平、业绩，有关书信的历史背景，以及本书的成书过程，作一概要的介绍。

（一）陈翰笙先生和陈翰笙学派

陈翰笙先生是中国现代史上的一位传奇人物。他出生于1897年，1916至1924年间先后就读于美国波莫纳大学、芝加哥大学、哈佛大学和德国柏林大学，1924年回国任北京大学史学系教授。任教期间，参加著名期刊《现代评论》的编辑工作。他还经李大钊介绍，在1926年参加共产国际，后于1935年加入中国共产党，在国内外从事地下工作25年。

陈翰笙1951年回到中国，被任命为外交部顾问兼外交政策委员会主任、中国外交学会副会长。后任外交部国际关系研究所副所长、中国科学院哲学社会科学学部委员（院士）、《中国建设》杂志副主编、担任中国史学会理事，1963 年创建中国科学院世界历史研究所。“文革”后，任中国社会科学院顾问、国际关系研究所名誉所长、北京大学教授、商务印书馆“外国历史小丛书”主编等职。2004 年 3 月 13 日在协和医院去世，享年 108 岁。

作为社会科学家，陈翰笙有着多方面的突出贡献，其中之一，是在农村经济调查基础上培养了可以称为“陈翰笙学派”的一批献身中国革命的社会科学家。这可以追溯到 1927—1928 年，陈翰笙因参加革命活动而不得不流亡莫斯科的时期。在此期间，苏联和共产国际领导人与学术界围绕总结中国第一次大革命失败的教训，产生了对中国革命性质和中国农业、农村和农民问题的争论。陈翰笙对争论中表现出来的教条主义作风不以为然。他认为中国农村经济的数据基础尚极不充分，因此 1928 年回国不久便致力于谋划中国农村经济实地调查。1929 年 2 月，陈翰笙应国立中央研究院院长蔡元培之邀，担任社会科学研究所专任研究员兼社会学组主任。任职期间，陈翰笙在蔡元培和杨杏佛的支持下，一方面整理和组织翻译了包括马克思、列宁、考茨基、马季亚尔在内的经济理论文献，为研究工作提供理论和方法论基础；一方面组织国立中央研究院无锡农村经济调查团、国立中央研究院和北平社会调查所保定农村经济调查团，对无锡和保定农村的经济进行系统调查研究。他还进行了黑龙江流域的农民与地主以及东北流亡难民的研究。在理论联系实际的研究过程中，陈翰笙建立了科学的中国农村经济研究的范式，他所服膺和倡导的半殖民地半封建思想从一个原则判断，发展为体系成熟的社会经济理论。

在开展中国农村经济研究的过程中，陈翰笙和他的学生、朋友王寅生，广泛吸收有志青年参加实地调查以及调查资料的整理、研究工作。他们在陈翰笙的指导下，不同程度地掌握了陈翰笙学派的研究方法。其中佼佼者有王寅生、薛暮桥、孙冶方、钱俊瑞、张稼夫、张锡昌、刘端生、石凯福、姜君辰、陈洪进、秦柳方等。陈翰笙还以自己独特的方式影响了一批年轻人，采用他所创立的研究范式进行研究，其中包括孙晓村、冯和法、千家驹等。孙晓村在任职行政院农村复兴委员会期间，主持了河南、陕西、浙江、安徽、云南、广西六省的农村经济调查，而陈翰笙是河南、陕西、浙江、安徽四省调查方案的主要设计者。以陈翰笙直接领导和影响的一批年轻社会科学家为核心，他在 1932 年 9 月发起成立中国农村经济研究会。该团体的活动，一直到1951年陈翰笙辗转回国才告结束。陈翰笙始终担任中国农村经济研究会理事会的主席。在他的弟子中，有许多在新中国的经济工作中发挥了重要作用。薛暮桥在1949年任政务院财政经济委员会委员兼秘书长、私营企业局局长，参加领导稳定物价、统一财经工作，随后又领导建立中国统计体系；改革开放时期，他倡导建立了经济学家制度化参与财经决策的工作机制，并通过方案设计和一系列政策意见，长期引领中国经济市场化的改革实践。再如，孙冶方在1949年后担任上海财经学院院长，参加华东财经的领导工作；1954年调任国家统计局副局长，任上发表关于价值规律的系列文章，引发全国经济学界的大讨论；随后他担任中国科学院经济研究所所长，培养出刘国光、吴敬琏、董辅礽等一直活跃到21世纪的新一代经济学家。在溯及师承渊源时，薛暮桥、孙冶方、钱俊瑞等人均表示，正是陈翰笙先生的指引，使他们走上社会科学研究的道路。但由于陈翰笙长期在海内外从事党的地下工作，使其在中国现代经济理论方面的开创性作用，长期没有得到充分的关注。这一学者群体，因中国农村经济研究会及其机关刊物《中国农村》，而被部分日本和中国的学者称为"中国农村派"。如果追溯这一左翼社会科学研究群体的源流，可以明确，是陈翰笙创立并引领了这一学派的马克思主义方法论基础和理论联系实际的研究风格。正因如此，我们有理由认为，"中国农村派"实际上是"陈翰笙学派"。正如中国社会科学院近代史研究所原所长刘大年先生曾赋诗称赞陈翰笙先生：桓宽盐铁问谁真，中国农村一派新。几辈名家门户显，论宗共认辟山人。[①]

1933年陈翰笙在加拿大举行的太平洋国际学会双年会上，发表了著名论文《现代中国的土地问题》，从此成为国际学界公认的中国土地问题专家。在这次会议上，他与即将出任太平洋国际学会机关刊物《太平洋季刊》主编的欧文·拉铁摩尔一见如故，成为终身挚友。1936至1939年，陈翰笙在纽约任太平洋国际学会研究员（Research Associate）期间，还协助拉铁摩尔主持杂志编务。在陈翰笙的影响下，太平洋国际学会变得更为重视现实中国与国际之间的交互影响，而陈翰笙所创立的中国农村经济研究范式，也在国际学界得到广泛接受。他的英文著作《华南的地主和农民》(1936)、《工业资

① 张椿年、陆国俊主编:《陈翰笙百岁华诞集》，中国社会科学出版社1998年版，第20页。

本与中国农民》(1939)、《中国西南边疆的土地制度》(1949),均在太平洋国际学会资助下出版并得到广泛好评。这本书信集中,收录了陈翰笙任职太平洋国际学会期间与友人的多封书信,这些书信无论对理解太平洋国际学会,还是理解陈翰笙引领的中国农村经济研究产生的国际影响,都是权威的第一手文献。

除了个人著作,陈翰笙还与朋友邱茉莉合作,将陈翰笙学派的中文调查成果,精心编辑和翻译为英文本《农村中国》(*Agrarian China*)一书,以太平洋国际学会的名义公开发表。这些作品得到包括汤尼在内的权威学者的高度赞扬。除英文本外,陈翰笙的作品还被翻译成俄文和日文,同样得到高度评价。陈翰笙学派的中国农村经济研究,现在仍是理解中国近现代社会的国际主流学派之一。

虽然陈翰笙学派核心成员薛暮桥、孙冶方、钱俊瑞、王寅生等人的工作已经得到广泛关注,但刘端生、张锡昌、孙晓村、千家驹、陈洪进等人均发表过大量重要作品,他们的文献尚未系统编辑整理,我们不应因此无视他们对陈翰笙学派的重要贡献。《陈翰笙书信集》收录了陈翰笙在国立中央研究院任职期间开展中国农村经济研究的若干信函,还收录了与薛暮桥、陈洪进、张锡昌等中国农村经济研究会核心成员的书信。虽然数量不多,只是吉光片羽,但对研究陈翰笙建立学派及与学派核心成员的关系,却是弥足珍贵的。

(二)陈翰笙与中国国际关系、世界历史研究

陈翰笙在留学期间学习和研究欧美现代史。在北京大学史学系任教期间,讲授欧美通史、欧洲近世史等课程,发表的论文也主要集中在国际关系和国际政治方面。在他看来,中国应以独立的民族国家立身世界,同时为了与世界和平相处,有必要深入理解相邻国家及世界不同国家的历史和文化。因而他终生研究世界历史,不遗余力地推动世界历史知识的普及。

在陈翰笙的世界史专业作品中,以 1950 年完成、1980 年剑桥大学出版社出版的英文本《南亚经济区域》最具代表性,这部著作以 1943—1946 年流亡印度期间实地调查和收集的资料为基础完成。该书在方法论上,与陈翰

笙的中国农村经济研究论著，保持了概念和方法论上的连续性和一致性。该书以印度和巴基斯坦分治前的经济区域为研究对象，可以视为陈翰笙中国农村经济研究工作的进一步展开。陈翰笙的挚友、法兰西学院院士丹尼尔·索纳和他的妻子艾丽斯·索纳为《南亚经济区域》精心编制了地图集。但在冷战局势下，《南亚经济区域》和地图集的出版一波三折，直到1996年才由牛津大学出版社出版问世。此时丹尼尔·索纳已去世多年。《陈翰笙书信集》收录了艾丽斯·索纳与陈翰笙的通信，是这段学界跨国情谊的一个小小记录。

正如陈翰笙研究中国农村旨在改进中国社会和中国经济，他研究世界历史也旨在改进中国在世界上的地位。因此，他虽然长于研究，但并非书斋中的学者，而是积极的行动家。早在美国读书时期，他就以留学生身份参加关于华盛顿条约的后援工作。1927年曾短期担任武汉国民政府外交部顾问。1946—1951年陈翰笙受命到美国工作，在从事密集的学术活动的同时，还尖锐批评中国国民政府是资本“集中在高级军官、文职官员、政客、地方军阀手中”，它所依靠的是“政府垄断、一党专政、外国援助”①。在冯玉祥访问美国期间，他建议冯玉祥访问曾调停国共和谈的马歇尔将军，进而去美国国会做证，成功地使美国政府大幅度减少对华军事援助。美国陆军部1949年2月指控陈翰笙的挚友史沫特莱为“苏联间谍”，史沫特莱随之失去收入来源，贫困交加，并处于当局严密监控之下。陈翰笙不顾个人安危，亲手将接济资金交给史沫特莱，使史沫特莱得以离开美国去往英国。这种勇气和情谊令人心折。

陈翰笙1951年回国，奉周恩来总理之命，担任外交部顾问、外交部政策研究委员会主任。他由此开创并领导了新中国外交事务的决策咨询工作，对周恩来总理和李克农直接负责。陈翰笙对周总理的外交能力深为钦佩。1983年11月27日下午，他亲口告诉我：“周总理在的时候，外交搞得好。他对事都有预见。他估计什么问题现在没有爆发而将来要爆发，他就指定叫国务院外事办的某一人去研究这个问题，做好几个应对方案备用。等到以后这问题爆发了，他就让当时准备这问题的人召集人来讨论，从容地商讨对策。”而陈翰笙正是创设这一决策咨询机制的当事人。陈翰笙担任外交部顾问期

---

① 《中国官僚资本与内战》，1946年10月。

间，他在东西方冷战，中国采取一边倒的外交政策格局下，尤其重视中印关系的改善。印度领导人尼赫鲁采取与苏联、英美国家均保持良好关系的外交政策。陈翰笙推动中印关系的努力，可谓独具慧眼而又卓有成效。《陈翰笙书信集》中收录的一封李克农致陈翰笙的信，篇幅虽不长，但对从侧面理解陈翰笙参与改善中国国际关系的努力，意义非凡。

陈翰笙对外交部同事也充满深情厚谊。在1972年2月16日致周砚一信中，他问及柯华、刘思慕、李纯青的情况；此前在1971年11月26日的信中，则提到崔彬之、杨柏森、刘思慕、李纯青、周鲠生、张明养、侯志通、陈楚、毕季龙、王惠民、浦寿昌等。

由于政治运动的影响，1957年后，陈翰笙在外交政策方面的影响力大不如前。在困难的情况下，陈翰笙致力于学术研究和人才培养，卓有成效地推动了中国的世界历史研究、南亚研究、中亚研究、非洲研究、欧洲研究、美国研究、美洲研究和东南亚研究。这些工作的建设性作用，在改革开放时期突出表现出来。《陈翰笙书信集》中收录了他与新一代世界史学者的来往信件，可以帮助我们理解他在这方面的努力和业绩。特别要指出的是，20世纪七八十年代，他在普及世界历史知识方面的工作，得到曾任中共中央总书记胡耀邦的支持和赞扬，本书中也收录了有关的信件。

本书除了收录陈翰笙本人所写书信外，也酌情收录了他人写给陈翰笙的信，以及极少数他人写给第三方的与陈翰笙直接相关的信件。我们相信，对于陈翰笙研究来说，这些材料是必要的，同时也使本书超出陈翰笙个人的范围，而有了更丰富的意义。

（三）埃德加·斯诺夫妇和中国工业合作运动

埃德加·斯诺在中国堪称家喻户晓。他的《西行漫记》中译本现在是向中学生推荐的参考读物。他为毛泽东等中国共产党领导人拍摄的照片广为流传，他访问毛泽东的谈话纪要作为中共中央文件下发和广泛学习，并已收入《建国以来毛泽东文稿》。他还与史沫特莱、安娜·路易斯·斯特朗作为中美友好的代表人物，受到广泛纪念和讨论。

实际上，埃德加·斯诺除了作为记者取得杰出成就，还为中国抗战做出了重要贡献。他与妻子海伦·斯诺共同发起中国工业合作（简称“工合”）运动。1937年底，斯诺夫妇针对日军侵华造成中国工业生产困难、工人就业困难的局面，提出采用合作社原则发展分散的小型工业，以解决战时工业品供应问题，同时帮助工人就业。他们联络路易·艾黎、宋庆龄、卢广绵等一起参加。这是中国抗战期间少数得到国共双方支持的一个项目。陈翰笙也参与其中，担任中国工合国际委员会的秘书（也可译为“书记”）工作。

本书收录了斯诺与陈翰笙在1939年的多封通信。从信中可以看到，斯诺全程参与中国工合国际委员会的组织活动。1939年5月，陈翰笙夫妇坐船到香港，宋庆龄亲自到码头迎接，并请其出任工合国际委员会的职务。工合运动在抗战中发挥了积极的作用，“‘工合’国际委员会在香港办了两年半，共收到国外捐款约2000万元……全部转到延安去了”①。

在1939年9月6日的信中，斯诺叙述在考察了宝鸡、汉中及周边的沔县、宝城、双石铺等地的工合运动状况后，认为在敌我交错的游击区，开展工合运动不仅是必要的，而且是可能的，并提出了一个立即向前线流动工业合作社投资50万元的计划。在1939年11月16日的信中，斯诺询问陈翰笙，能否保证工合国际委员会拨付给安徽的款项，用于在皖南叶挺的新四军。这两封信所提供的信息十分重要。斯诺不仅是众所周知的率先向国际社会介绍中国共产党和中国工农红军的《西行漫记》的作者，而且是支持抗战的中国工合运动的主要创始人和竭尽全力的践行者，后一身份至今鲜为人知。另外，斯诺之所以写信给陈翰笙，而不是其他人，除了对陈翰笙的信任外，与陈翰笙在中国工合国际委员会的资金运作中处于的关键位置有着密切关系。这两次通信对于中国工合运动和斯诺研究，以及对于陈翰笙研究，都是极为重要的史料。

（四）陈翰笙的英语学习班

《关于建国以来党的历史若干问题的决议》指出，“文化大革命”“使党、国家和人民遭到建国以来最严重的挫折和损失”“是一场由领导者错误发动，被反革命集团利用，给党、国家和各族人民带来严重灾难的内乱”。

---

① 陈翰笙:《四个时代的我》，中国文史出版社1988年版，第68页。此处原文写美元有误，应该是法币。

在这场内乱中，陈翰笙本人也经历了无数的磨难。他在1967年受到批判：1932年创立的中国农村经济研究会被批判为“三十年代经济黑线”，中国农村经济研究会1935年创办的新知书店与生活书店、读书出版社一起被批判为“三十年代黑店”，陈翰笙以前的助手揭发他为“国民党CC特务”。1968—1969年，他被关进“牛棚”隔离审查，不得回家，妻子顾淑型去世时也未能见最后一面。随后他下放湖南茶陵农村的五七干校劳动改造。1972年才得以回到北京。

正是在这样的极端恶劣条件下，陈翰笙冒着巨大的政治风险，开始了他晚年的重要工作，在自己东华门的家中举办外语学习班，免费为愿意学习的年轻人教授英语、德语。这个学习班，一直延续到20世纪90年代陈翰笙近百岁时。400余人曾在学习班学习。这个外语学习班成为一大批学者、演员、工人、外交家人生的关键经历和难得机遇。

1972年外语学习班刚开始，学员们就与陈翰笙结下深厚的感情。班中不乏背着“黑帮子女”重负的学生，其中包括刘少奇的几个子女。靠着翰老为他们打下的基础，恢复高考后，他们都考上了大学，后来刘平平更得以到哥伦比亚大学读博士，刘亭亭到哈佛大学读商学院。

陈翰笙在国家最为艰危黯淡、自己也在困厄之中时挺身而出，毫无畏惧，这种精神不能不令人肃然起敬。我们看到了一个坚持正义，不顾个人安危，热心帮助青年学习的伟大灵魂。人们都说眼睛是心灵的窗户，其实许多时候，一个人所写的书信，可以更真实地显示一个人的灵魂。书信是灵魂的投影。

（五）我为什么要编《陈翰笙书信集》

回想起来，我与陈翰老的交往源于40年前的1982年。那时，陈翰笙先生到上海做调研，复旦大学历史系的汪熙教授把还在读本科的我引荐给翰老。汪熙先生在20世纪40年代先后就学于美国贝洛伊特学院、芝加哥大学，最后毕业于美国宾夕法尼亚大学的沃顿商学院。回国以后，历经艰辛，成为我国公认的负有盛名的中美关系史研究权威、历史学家、经济学家和社会活动家。汪熙先生对于“一代硕儒，博达精深”的翰老，尊为“恩师”。陈翰老于汪先生而言，亦师亦友，两人关系极为密切。当时，汪先生在编选《陈翰笙文集》，除了请上海社会科学院的杨小佛先生一起参与，还命我协助其事。为此，我去南京蟠龙湾中国第二历史档案馆、上海图书馆、上海徐家汇藏书楼、北京大学图书馆等地遍查报刊，找到几百篇翰老发表的文章著作，加快了《陈翰笙文集》成书速度。翰老对我的成绩非常满意。

其次，我那时发表的几篇文章都与翰老有关，加深了我们彼此的了解。比如，《论抗战时期的中国工合运动》（《上海社会科学》1983 年第 1 期）、《陈翰笙与中国农村社会研究》（与赵善阳合作，《复旦学报（社会科学版）》1985 年第 4 期）——这篇文章最早在 1984 年中国社会科学院《未定稿》上发表，翰老看了异常高兴，亲自打电话到我住的北大 29 号宿舍楼，让我去他家面谈。

再次，1983 年和 1984 年，我在北京大学法律系进修，周末会去木樨地 24 号楼翰老家长谈学术问题，有时一谈就是 3 个多小时。而且每周去两次翰老在家里开设的英语班，跟翰老学习英语。我在翰老家读英文班的情景，至今历历在目，恍如昨日。这些活动，增进了我们之间的了解，使我更加景仰翰老，立志以后要为弘扬翰老精神做些事情。

在翰老家学英语

（右起：陈翰笙，丁利刚，王厂长，王红生，小邓，资华筠，牟瀛）

陈翰笙与丁利刚

（新华社记者摄，1994年5月19日）

此外，翰老给汪熙先生的74封亲笔信和给我的十多封亲笔信，使我产生了把它们公开出版的愿望。汪先生晚年把翰老与他所有的往来通信，包括74封翰老给他的亲笔信，全部赠送我留念。尽管翰老一辈子写信无数，但最后得以完整保留下来的，并没有想象得那么多。因此，尽可能把收集得到的陈翰老的书信出版，是一件很有个人纪念意义同时也具有很高学术价值的事情。

总之，尽管我和翰老的往来大多发生在20世纪的80年代、90年代，岁月荏苒，时日飞驰，现在已是2023年初了。但我总觉得，我与翰老开始于木樨地24号楼的对话，从来没有停止过，仿佛直到今天仍在继续！他对我是那么关心，永远和蔼可亲，满面春风，热情鼓励。陈翰笙先生是我国学术界的巨星，在国际上也享有盛誉，我有幸名列桃李，终生难忘！多年来翰老对我的教诲与影响，难以用言词表达[①]。现在我可以有机会把陈翰笙的书信结集出版，更是无上光荣！

（六）鸣谢

本书编写过程中，得到陈翰笙的书信著作权人、翰老的外甥女童瑜琼女士的大力支持和出版授权。得到了美国密苏里大学堪萨斯分校的埃德加·斯诺纪念馆的大力支持，尤其是斯诺先生的女儿西思·斯诺于2021年8月20日向编者亲笔出具了斯诺书信的出版授权书。本书还得到了美国亚利桑那州立大学设计与艺术图书馆艾格尼丝·史沫特莱展览部大力支持，美国哥伦比亚大学特藏图书馆也热情配合，细心提供了有关书信的扫描、复印、授权服务。同时，中国第二历史档案馆、无锡博物院对所藏陈翰笙书信资料的查阅也热情配合。

本书得到北京大学陈翰笙世界政治经济研究中心主任潘维教授的大力支持。

中国社会科学院近代史所张会芳博士对陈翰笙档案深有研究，对本书编写建议帮助良多。

① 丁利刚：《回忆陈翰笙》，于沛主编：《革命前辈 学术宗师——陈翰笙纪念文集》，中国社会科学出版社2008年版，第128页。

中国历史研究院图书馆茹静女士大力配合复印书信档案，工作量很大。

书信的识别，是一个艰苦的过程。繁体字、草书、二简字，现在大部分人都已无法辨识，而本书许多书信恰恰有1949年前用繁体字、草书写的，也有一部分受二简字的影响，所以辨识难度很大。本书中文书信由黄燕民、王晓恕、黄海燕进行识别。黄燕民女士是陈翰笙的外甥孙女，新中国第一任出版局局长黄洛峰的女儿，曾在中国国家博物馆和美国多家博物馆工作，许多难以辨认的书信均由她识别。其用力之深，所思之精，十分感人。黄燕民女士为本书的完成做出了杰出的贡献！

本书英文书信的翻译，均由中国社会科学院政治学研究所陈宇慧博士担任。感谢她的认真工作。

本书的《陈翰笙大事年表》，由北京师范大学范世涛教授担纲撰写。他是经济史学家，陈翰笙、薛暮桥研究专家。由他撰写的年表，为本书增色不少。范教授也曾在无锡博物院为本书收集到翰老的一些资料，并且参与了本序言部分内容的撰写。

为本书提供了不少有益建议或协助（包括各种具体收集、编选、录入工作）的还有黄晓燕、缪君奇、许仲毅、黄燕生、任友谅、刘可欣、汪楠等。本书的筹备与完成获得众多国内外人士的大力支持与鼓励，不及一一列出，一并在此致谢！

丁利刚

威斯康星大学工商管理硕士，道森国际有限公司总裁

电邮：ligangdingbook2022@163.com

charlesding666@gmail.com

1924年1封

陈翰笙致北京大学选修欧美通史诸同学[①]

（1924年12月23日）

选修欧美通史诸同学：

读来信，知诸君具好学之热忱，而未明课程之组织。“指导书”虽略言本课程宗旨，亦未及本课组织，故起误会而扫兴致。兹更为诸君述本课之组织及其用意。

详上古而略近代，与详近代而略上古均是偏重。通史不宜如此。本校史学系既备上古中古近世史等必修课，则通史更不必有偏重。但本系未设考古学时，通史即应注重太古时代，正所以表示历史之有继续也。

欧美通史分四段：自有人类至有记载，三十万年为太古。自有记载迄纪元后三百年，其间六千年为上古。自三百迄一千五百，其间一千二百年为中古。其后四百二十五年为近代。讲演时间，全凭题目范围与史料选择为均平之支配。原拟以太古与上古各用两月讲完。中古史今限于欧洲，则以一月讲完。近代史须包容欧美两洲及各国殖民地，故用三月讲完。

不幸今年开课程迟一月；课程进行不能如初愿。但前两月已赶将太古史讲完。预计十四年一月底可讲完上古史。无论如何三月底讲完中古。四五六月讲欧美近代史。

至课内题目大小与史料多少，曾经数番考虑。欧洲古石器新石器时代

① 本信原题名为《陈翰笙先生致选修欧美通史诸同学函》，原载《北京大学日刊》第1604号，1924年12月30日。

文化，美洲新时期时代文化，与欧洲铜器时代文化，皆已讲过，皆欧美“正史”也。

埃及占地理之优势，首创地中海文化。古西方各文明皆荟萃于此；近代欧美各文明皆胚胎于此。谓三千年之古埃及史为欧美文明之基础，不为过言。习俗成见以为西方文明始自希腊；今注重埃及，正欲矫正此弊而表现地中海各国有历史之团结也。

亚西各国史本在亚洲通史或世界通史范围之内。特因欧洲商业习惯及星学知识，有间接传自巴比仑者；且希腊罗马与波斯叙里亚等地在军事政治商业上均相接触，故用一二小时。亚西各国政治文化之大概，亦非草率了事之意。

陈翰笙复

十三年十二月二十三日

（范世涛识录）

1925年2封

陈翰笙等致北京大学同仁

这回为本校脱离教育部事抗议的始末[①]

（1925年9月21日）

本校脱离教育部的问题，代理校长蒋先生已于8月31日决定继续执行了。我们几个人自从上月18日以来，曾对于评议会此案继续抗议，不幸均没有效果。我们现在只好把这回抗议的始末和抗议所以无效的原因都记载出来，报告给本校的同事诸君。

我们的根本主张，我们从前已说过，不外乎这三点：

（一）本校应该早日脱离一般的政潮学潮，努力向学问的路上走，为国家留一个研究学术的机关。

（二）本校同人要做学校以外的活动的，应该以个人的名义出去活动，不要牵动学校。

（三）本校评议会今后应该用其大部分精力去谋学校内部的改革，不当轻易干预其职权以外的事业。

我们这几年来，始终认定这个主张。故于民国十二年本校反对彭允彝，十四年三月反对王九龄，及这回反对章士钊三件案子，我们始终抱定同样的主张。

民国十二年蔡校长“痛心于政治清明之无望，不忍为同流合污之苟安”，不愿在彭允彝之下讨生活，所以抗议辞职出京。当时北京教育界很多对蔡先

① 原载《北京大学日刊》第1763号，1925年9月21日。

生表同情的人，学生有请愿于国会要求否决彭允彝之举，教职员也有罢免彭允彝的要求。后来不但国会通过了彭允彝，请愿的学生反被军警殴打了。当时学潮汹涌，有全京师罢课的趋势。蔡先生在天津发出宣言，声明他的辞职是个人对政府表示不合作，并指出他所以迟到那时候始求去是因为他“不愿为一人的缘故牵动学校”。我们当时就主张北京教育界应认清蔡先生的意思，不要牵动学校。当时胡适教授在《努力》三十九期里曾说：

> 北京教育界的人，自然有许多人对于蔡先生抗议的精神极端表示同情的。但同情的表示尽可以采取个人行动的方式，不必牵动学校。如有赞成他的不合作主义的，尽可以自行抗议而去。如有嫌他太消极的，尽可以进一步作积极的准备；个人行动也好，秘密结合也好，公开鼓吹也好，但都不必牵动学校。（此文题为《蔡元培与北京教育界》；顾孟余等十七教授致词事的函中也曾引此文中的一段，他们似乎有意忽略了此文的主旨。）

这是我们对于彭案的意见。

今年三月十四日本校评议会开会反对王九龄为教育总长；事前并未声明开会的事由，所以到会的人不到半数，竟议决与教育部脱离关系。我们事后知道此事，即向蒋代校长提出质问与抗议。蒋先生于三月十八日召集评议会与教务会议联席会议的谈话会，后当场改为正式会，议决如下：

> 议决：关于王九龄长教部事，维持十四年三月十四日评议会原案；以后进行，随时由本联席会议决行之。

当日联席会议本可以推翻原案，只为顾全学校面子计，不得已而维持原案，只制止了以后的进行。议案中并明言“以后进行随时由联席会议议决行之”，联席会议有匡正补救评议会议决事件的职权，是明白无可疑的。

这是我们对于王案的抗议的事实和结果。

本年八月十八日，顾孟余教务长召集评议会，事亦前未声明事由，我们几个评议员到场始知为反对章士钊为教长的事。当时讨论甚久，最初表决的问题为本校对于此事应否有所表示；马裕藻教授并说明评议会本有建议于教育部之权，故表示是可以的。表决的结果为赞成与反对各六票（余文灿、罗惠侨两教授中途退席，不及参加投票），主席顾先生自投一赞成票，赞成表示者遂为多数。次表决应否与教部脱离；时皮宗石教授退席而去；王星拱、王世杰教授等声明对于此案无表决权，应交全体教授大会议决，但主席卒以此案付表决，赞成与教部脱离者凡六票。

是时蒋代校长因家事南归，校事由顾教务长代折代行。顾先生不及待蒋先生之归，亦未电告蒋先生，即令文牍课退回教育部公事三件。蒋先生二十二日回京，顾先生又于前一晚（二十一日）八时许促令文牍课送一公函与财政部声明已与教部脱离关系，以后经费请财政部直接发给本校。蒋先生回京时，这事件早已由顾先生代他执行了。我们在十九日即有抵抗书送至评议会，但顾先生并不采这种抗议。蒋先生回京后，我们知道此事已执行了，我们并不希望蒋先生否认他的代表人替他做的事，我们只希望他召集评教联席会议复议此案，所以我们于廿三日写公函给蒋先生：

梦麟先生：

本月十八日评议会议决与教育部脱离关系一案，我们认为有审慎考虑的必要，所以要求先生召集教务会议与评议会开联席会议复议此案。我们的理由是：

（1）前次反对王九龄的一案，我们当时因为不愿本校牵入政治旋涡，故曾向先生表示反对，后由先生召集联席会议。当日我们因为要顾全大局，所以勉强承认“以后进行，随时由本联席会议议决行之”的议决。当日先生曾负责声明，以后凡有这样重要的议案，开会通告上皆须详细说明事由。今十八日之会，事前仍未说明事由。此应复议的理由之一。

（2）同一次的联席会议的席上，先生又曾宣言，以后遇这样重大的事件，皆须开评议会与教务会议联席会议。今此次评议会议决后即自行公布，不令教务会议有考虑的机会。此应复议的理由二。

（3）现当举国对外的时候，工商学三界一时都不易恢复原状，学校前途正无把握，一切补考及开学的事件均未有准备。本校若真不能不与教育部脱离关系，亦先应与各学系负责任的主任商榷善后的办法，然后举行。此应复议的理由三。

我们对于此事的主张，完全是以学校为前提，只希望本校对这样重大的事件，作一番慎重的考虑，毫无固执个人成见之意。我们希望先生能采纳我们的请求，早日召集联席会议复议此案。

颜任光　王世杰　丁燮林　高一涵
燕树棠　陶孟和　胡　适　皮宗石
周　览　王星拱　陈　源　胡濬济
陈翰笙　张歆海

（我们并请求，先生将此信在日刊上以临时增刊发表。）

十四,八,二十三

当时顾孟余、李煜瀛、马裕藻等教授反对复议甚力。陈大齐、朱家骅、张凤举、王烈等四教授出来调停两方的意见，并无效果。我们又于二十五夜给蒋先生一信：

梦麟先生：

本月十八日本校评议会通过与教育部脱离关系一案。我们因为不愿坐视本校牵入政治旋涡，故曾由适等五人对评议会提出严重抗议。此项抗议于十九日送交评议会，至今已一星期，评议会尚未有答复。我们复于前日（二十三日）致书于先生，先生早日召集教务会议与评议会开联席会议，复议此案。当时承先生允于二十六日开联席会议。至今尚未闻有召集联席会议的通知。我们都很疑虑，不知先生为什么至今未召集此项会议。我们因此再致书于先生，请求早日召集此项会议，我们请求的理由已详具于二十三日的书中；如先生认为理由不充分或有特别情形阻碍此项会议之召集，亦望先生质直宣示，以释我们的疑虑。切盼切盼！

颜任光　王世杰　丁燮林　高一涵
燕树棠　皮宗石　陶孟和　王星拱
胡　适　胡濬济　陈　源　陈翰笙
张歆海　邓以蛰　张祖训　周　览

十四,八,二十五夜

蒋先生于廿六日下午通告于廿八日上午召集联席会议。当时李煜瀛教授等八位评议员即写信给蒋先生，说联席会议无复议之权，此会只可谓谈话会。廿七日即有爱国运动大同盟的代表多人往各评议员即各主任家访问，要求勿推翻评议会原案。廿八日开会时的复有北大学生会代表要求列席。

开会后，马裕藻教授等坚持此会只可谓谈话会并说联席会议法律上的根据。实则联席会议自民国八年五月成立以来，何止开会二三十次？岂但王九龄一案之职权分明而已？若抹煞本校六七年来的习惯法，则评议会职权九项之中有何根据可以议决脱离教育部？（未完）

这回为本校脱离教育部事抗议的始末（续）[①]

（1925 年 9 月 22 日）

我们当时不愿意固执己见，请愿让步，请改此会为谈话会，但声明谈话会仍可以投票。表决案只取建议书的形式，对学校无拘束力。此为一切会议规则之惯例，而马裕藻、李煜瀛、沈尹默、陈大齐仍坚持不认谈话会有表决权。争执既久，胡适教授谓既不许我们说话，我们只好退席，他遂退席。众人挽劝之。李煜瀛教授始承认可用个人签名式签名于建议书。我们虽不懂为什么投票表决不可用而签名表决却可用，但我们只好承认了。

于是胡适教授提出对校长的建议书一件："同人建议于校长请其对于本月十八日评议会议决案斟酌情形停止执行。"

签名同意者十二人。王世杰教授提出对评议会建议书一件："同人建议评议会请求议定：评议会凡对于政治问题，以及其他与本校无直接关系之重大问题，倘有所议决，须经评议会之二度议决；或经由评议会与教务会议联席会议之复决；或经用教授大会之复决；方能执行。"

签名者二十二人。散会时已下午一点半了。

---

① 原载《北京大学日刊》第 1764 号，1925 年 9 月 22 日。

蒋代校长于三十一日召集评议会，他报告他斟酌情形不能不继续执行评议会原案的苦衷。他另有启事登载九月三日大学日刊，报告本校同人了。

是日评议会议决：

> 评议会对于与本校无直接关系之重大问题，倘有所预闻，须由评议会召集全校教授，依照多数意见决定之。

这是对于将来的保障。但这个议决案仍有一个漏洞，就是：所谓“与本校无直接关系之重大问题”一句的涵义发生争议的时候，谁去解释他？当日在评议会中讨论这点的时候，有的说是当然仍应由评议会自身去解释的。如果如此，这个议决案全然失掉限制评议会权力的原意，不成其为将来的保障。因此有人不赞成用教授大会来做这事，于是另有人提议仍把解释之权留给评议会，改成四分之三的多数。后来讨论许久仍无结果，主席声明保留此案将来再议，宣告散会。

以上为我们这一回抗议的始末。我们这一回为了一个主张出来抗争，起初即声明完全以学校为前提，毫无固执个人成见之意。我们对于这回本校脱离教部的事件竟不能挽救，我们狠惭愧。现在本校同人若能严格的尊重该项议决的精神，充分运用这点点保障，使本校早日脱离一般的政潮与学潮，回向内部改革上多做一番努力，那末，我们这回所受得种种污蔑与毁谤，也就很值得了。

颜任光　王星拱　高一涵　陈翰笙
胡　适　胡濬济　罗惠侨　张祖训
王世杰　丁燮林　余文灿　李四光
陶孟和　燕树棠　张歆海　邓以蛰

（范世涛识录）

陈翰笙致胡适[①]

（1925 年 9 月 23 日）

适之先生惠察：

中山在世时末次摄影，奉赠一张，请即检收。又附上“苏联农业”一篇，由本期《社会科学季刊》重印者。此篇用意，无非欲国人知俄国经济实力之所在也。顺颂早安。

弟：翰笙谨上

十四年九月二十三

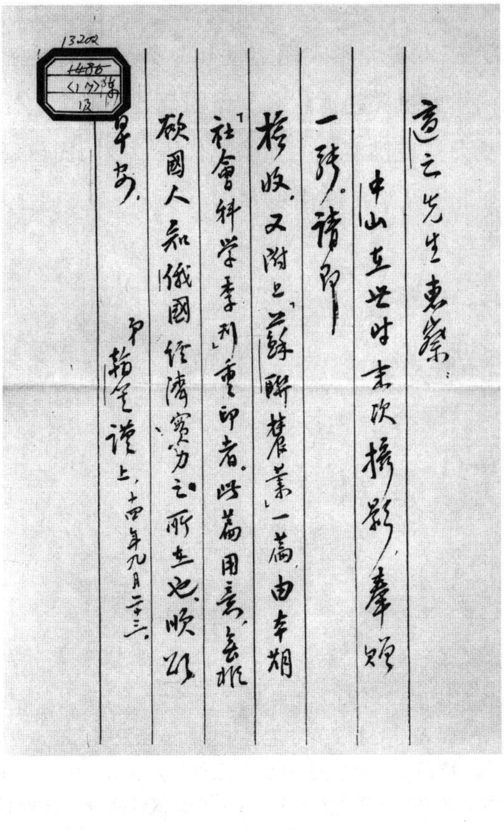

適之先生惠察：

中山在世時末次攝影，奉贈一張，請即檢收。又附上「蘇聯農業」一篇，由本期「社會科學季刊」重印者。此篇用意，無非欲國人知俄國經濟實力之所在也。順頌早安。

弟翰笙謹上。十四年九月二十三。

① 原载耿云志主编：《胡适遗稿及秘藏书信》，黄山书社 1994 年版，第 534 页。

1929 年 1 封

国立中央研究院致陈翰笙[①]

（1929 年 7 月 25 日）

敬启者：

查京中现有东三省实业参观团之发起，参加组织者除内外铁工农四部派员外，并由国内学术机关指派代表。该团筹备委员会主任张韵海先生函请本院加入，业已复允。现推定先生为本院代表。该团团员定二十九日由京出发，于八月三日在北平开第二次代表大会。

即希

查照就近加入为荷。此致

陈翰笙先生

总办事处

（范世涛识录）

---

① 原载《国立中央研究院院务月报》第 1 卷第 1 期。本函发布之时，正值中东路爆发中苏战争的紧张时刻。中东路即“中国东方铁路”，原称“大清东省铁路”。1929 年 7 月至 12 月，中国和苏联围绕中东路的主权管辖范围发生了一场地区性战争，结果苏联胜利，并进占抚远三角洲（黑瞎子岛全岛），中方被迫承认苏联的中东路管辖权。这是陈翰笙当时组织前往黑龙江流域进行农村调查的现实背景。

1932年1封

蔡元培致陈翰笙[1]

（1932年12月5日）

翰笙先生大鉴：

顷接陈宗城君来函，谓欲介绍本所工作情形于国际劳工局中国分局出版之《国际劳工消息》内，并云曾与台端谈及。兹将原信寄奉，如认为可行，请速与商定为荷。专颂

著祺

蔡元培　敬启

十二月五日

① 原载《蔡元培全集》第6卷，第218页。

1937年68封

陈翰笙致卡特[①]

（1937年1月11日）

亲爱的卡特先生：

感谢你给我寄来1月8日《纽约时报》的剪报。我读过之后认为，史沫特莱[②]眼下在西安，但并没有在政治和军事上扮演什么重要角色。当然，所谓“释放游击队谈判条件”之八项内容，完全是日本人的版本。

我将一份本地报纸的剪报附于此信之后，可算得是此行中见到报章访问

---

① 爱德华·克拉克·卡特（Edward Clark Carter, 1878—1954），1900年毕业于哈佛大学。曾任太平洋学会秘书（1926—1933年）、秘书长（1933—1946年）、常务副会长（1946—1948年），美国对华服务局局长（1948年），联合国亚洲及远东经济委员会顾问（1948年）。20世纪40年代，他协助组织了俄国战争救济基金会（Russian War Relief Fund），并担任主席（1941—1945年）。卡特也是中国联合救济会的成员。曾被授予大英帝国勋章、法国荣誉勋位勋章、苏联劳动红旗勋章等。

② 艾格尼丝·史沫特莱（Agnes Smedley, 1892—1950），美国著名左派记者，以对中国革命的报道著称。1910年史沫特莱在加利福尼亚积极从事印度反抗英国统治的斗争，1918年因声援印度独立运动而被当局以煽动反抗英国统治的叛乱而入狱6个月。1919年起侨居柏林8年，继续从事印度解放运动，还曾与尼赫鲁会面。1920年代开始，史沫特莱与苏联和共产国际建立了联系，1928年来到莫斯科结识了佐尔格，同年完成自传《大地的女儿》（*Daughter of Earth*）。1928年底史沫特莱以《法兰克福日报》驻远东记者的身份进入中国东北，之后奔走于中国各个地区采访。在上海，她认识了鲁迅、郭沫若等文化名人，并协助宋庆龄处理文件。她积极联络中国左翼势力做宣传工作。西安事变期间，她是外界唯一一个英语信息来源。1937年曾访问延安。1938年为纽约时报社报道皖南事变等。战争后期她取道香港返回美国，50年代曾受到麦卡锡主义迫害，被认为是苏联间谍，因此被迫流亡英国。1951年5月6日骨灰安葬于北京市八宝山革命公墓，朱德亲题“中国人民之友美国革命作家艾格妮丝·史沫特莱女士之墓”。史沫特莱与埃德加·斯诺、安娜·路易斯·斯特朗被并称为“3S”。

的一个典型样本。

诚挚的

陈翰笙

（陈宇慧翻译）

邱茉莉[①]致陈翰笙

（1937 年 1 月 11 日）

亲爱的陈博士：

可否劳您告知我附件的内容，杨先生是要买一本《中国新闻舆论史》，还是要进行评论或用于其他目的？如你所知，问题在于我们曾保证不在美国出售此中文版本，芝加哥出版社不久要出美国版。

诚挚的

邱茉莉

（陈宇慧翻译）

① 邱茉莉（Elsie Fairfax-Cholmeley, 1905—1984），1925 年起在太平洋学会任秘书，在纽约总部工作。她阅读马克思主义著作，在陈翰笙夫妇和冀朝鼎的影响下，开始了解和同情中国人民的革命斗争，积极支持“抵制日本侵略中国的美国委员会”工作，参加抵制日货和发动募捐救济中国战争孤儿的活动。1939 年，到香港参加保盟和工合国际委员会的工作。日军占领香港后，和爱泼斯坦一起被日军关进集中营，后设法逃出集中营来到重庆，继续为保盟和工合工作。其间担任英国《每日电讯报》编辑，向国外报道中国局势，呼吁支援中国抗日战争。1943 年，在重庆与爱泼斯坦结婚，1945 年二人前往美国。邱茉莉 1948 年加入美国共产党。1951 年，应宋庆龄邀请和爱泼斯坦一起重返中国，在北京受到政务院总理周恩来的接见。夫妇共同参加了宋庆龄创办的《中国建设》的筹备工作，还参与外语学校的英语教学工作以及汉英字典的编写。“文化大革命”期间，她和爱泼斯坦受到迫害，被无辜关押长达 5 年。但是，他们并没有动摇对中国人民和中国共产党的感情和信心。得到平反后，她继续担任《中国建设》的专家改稿工作。逝世后，她的骨灰一半送回英国，一半留在中国。

卡特致陈翰笙夫人顾淑型

（1937 年 1 月 20 日）

亲爱的陈夫人：

埃斯科特·里德[①]刚刚从多伦多写信来，告知“陈已经抵达，并且在全国委员会午餐会上让举座皆印象良好”。

哈雷尔夫人（Mrs. Harrell）从蒙特利尔友人那里听说，他在那儿一切都好。如果这里有什么可以帮得上忙，请不吝告诉我们。

诚挚的

爱德华·C. 卡特

（陈宇慧翻译）

陈翰笙致卡特

（1937 年 2 月 10 日）

亲爱的卡特先生：

我赴加拿大之前，你让我读一下你的澳大利亚备忘录，让我考虑在结束访加行程之前写一个类似的文件。我读完你的备忘录之后，发现其中多半是公文套话，非常犹豫要不要写一个类似的问题。当然作为加拿大研究所的客人，我的确有机会观察该研究所未来的发展，我写这封信记下一些所感，也许未来会对你有用。

你也知道，约塞米蒂会议最重要的影响是提出：研究国际关系必须基于对有关国家内政的足够了解。近来在加拿大的体会，更加深了我对有关这个问题的反思。

① 埃斯科特·里德（Escott Reid, 1905—1999），加拿大外交家、学者、社会活动家，曾任加拿大国际问题研究所（CIIA）的第一任全职秘书长、加拿大外交部副部长等职务，是加拿大政治与国际事务研究领域著名的左派思想家和政治家。

到维多利亚之后第二天，一位华人来到了我的旅馆。他告诉我，中国驻温哥华总领事从来没有为华人的利益做任何有意义的事。从他的讲述来看，不列颠哥伦比亚省的农业局最近对菜园华工非法征税。该省省长曾去过中国领事馆，承诺在制定税率的过程之中保持合作。而来看我的年轻人是在省长家中工作的。他亲耳听到雇主与领事馆谈判。他曾经建议同胞对这一项不公平的税率提起上诉。最近这项诉讼终于由伦敦最高当局裁定打赢了，而且款已被返还。这只是中国官员不作为的例子之一。

我还有关于中国驻渥太华总领事的一件轶事。我们两人惊讶地发现，他其实是我一位挚友的兄长。因此他们全家立刻对我非常感兴趣，彼此熟络起来。将要离开他家时我偶然问起，渥太华议会出台法案，驱逐加拿大太平洋铁路（CPR）之轮船上的中国海员，有没有可能考虑对此做点什么。他不假思索地回答，据他估计航运公司不会让法案通过的，所以自己没必要参与其中。然后我问他，是否知道谁是这个法案的倡议者，他说是个共产主义者。我告诉他自己表示怀疑，因为加拿大没有合法的共产党。于是他宣称那个人一定是个共产党，因为这个法案明显是在讨好加拿大的劳工阶层。显然这只是暴露了总领事的无知。实际上该法案是由托马斯·里德（Thomas Reid）提出的。这是一位自由党员，来自温哥华附近的新西敏寺。现任的中国驻渥太华总领事，曾经在温哥华做过三年的总领事，近来才到渥太华，而这位里德在过去三年来，几乎一直不间断地主张排华。

我举上面两个例子都与领事官员有关，说明中国当局的立场。我认为，如果不了解国府的软弱和无能，就很难把握中国的对外关系。

在我看来，研究国际关系开拓了我们的视野。因为最近大家都流行研究国际私法，国际公法没有像过去那样受欢迎。约塞米蒂会议同样把重点放在了与国民经济、国家政治有关的特定问题上。扩大研究视野自然会影响对国际事务的研究路径。但愿最近的国别研究可以使人们了解，一个术语也可能有完全不同的运用，同样一个词或许代表着完全不同的意义。人们应该从惯常的哲学立场切换到批判的、历史的立场。在这次旅加行程中我学到了很多。也许对公众来说，搞好和别国比如中国的关系，根本困难在于要克服无意识的偏见。大家惯于用理解本国体制的办法去理解中国的体制。既然有中华民国，那么一定有一个共和制的政府；既然有总理或者总统，那么绝对有一个国家立法机关负责，如此等等。我将这称为一种哲学的立场，因为这是基于特定心理主张的立场，如果主张不正确的话，会导致一系列错误的推理。总体来看这是种无意识偏见，使平时理智的人推演出错。在我看来，一个哲学家是一方面对某种生活的总体原则有强烈信仰，另一方面总是拒绝相信未经智识订正的所谓真理。这需要平均水平以上的智力来调和矛盾。但对于国际关系的理解以及对任何人类关系的理解，不基于一种哲学立场，而更基于一种智识的、历史的立场。

下文要描述这两种路径在国际关系研究上的应用，一个是哲学的，一个是历史的。

我向当地观众解释中国局势时，拿加拿大打比方，他们立刻就能获得某种实感，思维过程就变得历史性了。50 年前被日本占领的台湾好比爱德华王子岛。福建省好比新斯科舍省和新布伦斯维克省的加总——该省处于一个亲日政府的统辖之下，实则已经变成了日本的占领地。整个魁北克省就像满洲。安大略大半就好比华北，正在日寇的阴影之下；渥太华如同北平，而多伦多就像天津。日本当局指定专人来管理。想象日军从蒙特利尔到温尼伯。一路设站，执政府麾下的日本武装警察随处可见，仿佛在圣约翰、哈利法克斯、雷吉娜、艾德蒙顿和维多利亚到处出现。半公开的日本军事行动沿着哈德森湾建立起来，每个小组都有一名日本军官、一些部属、一面日本国旗和一套发报设备。安大略湖的沿岸日军舰船来去密集，日军的旗舰不时泊在圣劳伦斯和温哥华湾。日本的航运、日本的工厂、日本的银行都有外省保护，全部可以在加拿大领土上随便开设公司。国家铁路和太平洋铁路都被抵债给了日本，他们可以随便指挥，完全掌握在日本人手中。阿尔伯特可采的矿产资源，都被屈辱地按年贱卖给日本。最重要的是，在联邦政府中，亲日派占据了绝对主导权。我请听众想象以上所有这一切，然后想象一下加拿大外交当局——例如斯科尔顿博士——完全对日本政策奴颜婢膝，在这种情况下加拿大的对日立场到底是什么？贼恐怕就在榻旁，你怎么可能请他体面地离开，然后争取时间掏出武器去射击？这种意识是基于对现实的领悟，让听众开始明白，中国在政治上已经不是一个独立的国家，不可能像英、法或其他任何独立国家那样有充裕时间准备战争，因为战争已经爆发了。换言之，具备历史感的人可以明白，对中国来说，没有余地和闲暇来备战。而哲学立场则是另一种思路。如果说笛卡尔是个典型的哲学家，他的经典逻辑就如伯特兰·罗素所说“没有上帝就没有几何，但几何是确定的，因此上帝存在”。有些哲学家还在想，没有备战就没有战争，而战争是可怖的，因此一定要提前备战。我恐怕殖民地的斗争史并不支持这种哲学立场。所有国际关系的学生都不应该被这种思路束缚。改变眼下这种整体的方法论，一定会对厘清未来的发展有所助益。

加拿大国际问题研究所的目标、项目和组织，都已经在秘书长埃斯科特·里德先生最近的油印备忘录中陈述得十分详细了。我仔细研究了其中的思路，总体来说在这个问题上我没有什么可补充的。但最近访问了所有的分支机构之后，我可能要强调一些关键点并补充其他内容。

里德先生在《分支机构的问题：1936—1937 年》（第 2 页）中说到，“国际事务持续不断的升级，以及之于加拿大国内政治的反作用，已经造成了加拿大内部越来越不宽容的氛围”。迟早所有机构都要面临这种有张力的演进。这种情况下，对于会员资格需要认真加以研究。我清楚地记得，1 月 24 日在温尼伯的晚餐桌上，埃德加·J. 塔尔（Edgar J. Tarr）先生告诉我，温尼伯分会的主流完全是“中间派”，尽管他们一直努力想要将所有人团结在一起。问题在于只有“左”努力讨论学术问题，他们不害怕辩论。最困难的事情是如何将“右”团结起来，而你知道的，“右”不喜欢从智识上讨论问题。如果卡尔先生说的是实话——我也认为他确实说的是实话，那么将“右”排除在成员之外也许事出有因，因为他们所做出的贡献不能抵消其所带来的不安和分裂。成员中不应该包含暴力的、不宽容的成员，或者无可救药、洋洋得意的那些人，前者会造成动荡，后者则是组织的沉重包袱。很难在保守派中找到一个又宽容又有条理的人，如果我们将右派囊括进组织中来，只有其中宽容而有条理的人才有帮助。相对来说，从来都是请人进容易，踢人出去难。既然没有规定自动或专门将令人不快的成员剔除出去，那么无论再怎么强调准入门槛的问题都不为过。也许应该把这种谨慎带入最近加拿大的成员扩编之中。在我看来，国际研究组织应该只包含两种类型的人，一种是业务上相关的人，另一种是学问上相关的人。不应该让那些总是在情绪和幻想中摇摆不定的人有容身之处，如果情绪太强，一定会造成不宽容。真正与学术和业务相关的人，很少会将个人感情凌驾于对事物的认识之上。

我希望，从这次的成员扩编之后，该研究所可以吸纳更多外交问题的社论编辑，以及教授历史与社会研究的学者。目前这两类人都还没有被充分代表，甚至还可以赋予其更大的比例。这些人非常年轻，但相比眼下的主体会员们并不缺少见识和知识。这些年轻人会更渴望进入该所的研究团体。认为自己无知的人永远是最渴望学习的人。自满于目前景况的人才不愿意去更深入的求知。智识上的专业人士是不一样的。他们真的渴望保持自己对国际事务的兴趣。维多利亚省的一个年长律师告诉我，大约 30 年前还在读大学时，自己会收集所有关于中国、日本的新书。而他现在工作十分繁忙，没有办法继续这种收集工作，也没有时间去读。他希望参加学会的某一个讨论。可以延续他的阅读。我相信他的经历是普遍现象，特别是在专业人士中。所以研究小组不会很成功，因为成员多数都是大忙人。上述编辑和教员虽然也不会比其他工作更闲，但他们的专业既然是去了解和研究国际事务中某个具体问题，或者研究具体国家，那么研究小组对于他们来说很自然就不只是一个纯兴趣活动了。也许应该围绕这些人来建立研究小组，大学教员和非学界的知名人士通常工作负荷极满，只能作为类似小组的指导人员。

加拿大研究所的教育方式和太平洋学会美国委员会的办法不太一样。美国方面更投入在出版和期刊编辑上，但加拿大则强调将分支机构组织起来成立研究小组。鉴于这种不同，在加拿大，会员资格问题可能是更大的关切，出版刊物不是组织的主要目的。而教育过程对于加拿大的会员来说是首要的。在我去过的所有机构中，最突出的问题是缺乏年轻力量，尤其是在埃德蒙顿、温莎、圣约翰和弗雷德里克顿等地特别明显。我不知道在这些地方，为什么多数从事实务的大学毕业生和大学高年级学生不愿意加入到加拿大分会的活动中来，与前军官、法官和银行家共同参与研究。罗斯福总统最近在美国国会发表讲话，说“年长一些的人认为现在和过去一样，不愿意再探究或质疑现在及未来了”“渐渐地，新事物戴上了旧时代的滤镜，变成了过去一代人印象中的样子”。既然教育对于永续来说是重要的，那么持续系统地对年轻人进行教育，会盘活所有的教育机构。

在里德先生写于 1937 年 1 月 23 日的《今后五年：1937—1941 年》的第 9 页中，他计划着在分会中设立一个单独的妇女部门的可能性。我不是很了解加拿大方面妇女代表的比例。但对我来说，既然在大学和其他学校里男女同校，那么没道理在分会中设立单独的妇女部门。这当然可能有实际困难，比如说要找到一个男女可以共同开会的地方，因为多数峰会的会议是在如俱乐部等仍对妇女关闭的地方召开的。当我们为分会盘算的时候，首要目的之一应该是不要让这种陈腐传统限制未来的发展。这种所谓的实际困难绝对可以解决，只要我们对未来有足够的渴望。比如维多利亚省没有妇女代表，但由于压缩经费的需要，会议从昂贵的俱乐部里转移出来，去了斯宾塞百货公司的餐厅，那里消费相对便宜。而这种百货公司餐厅对男女客人都开放，因此那里不仅对于会员来说更便宜，同样也可以吸纳女性会员。也许对吸收女会员最强烈的质疑来自于麦金托什夫人（Mrs. Mackintosh）。其夫是女王大学的教授。她告诉我，男性拒绝女性是因为女性从来无视他人的观点，而且总是从自己的角度进行辩论，打断会议的进程。再有她认为，大多数女性——即便是教授夫人——也没有读足够的书，不能够对讨论有所贡献。我认为这种拒斥根本就谈不上拒斥。麦金托什夫人讲的有关女性的看法，对男性也同样适用。她提到的所谓困难不在于女性的会员资格比例，而只会引人思考无差别的会员准入。除了麦金托什夫人这类女士的夸张之外，相比较会内人士主流来说，埃斯科特·里德夫人、卡尔加里的克拉克夫人（Mrs. C. B. Clark）、维多利亚的卡西尼夫人（Mrs. Beatrice Cassidy）等等，在智力上都毫不逊色。我来自男女同校教育的机构，因此当我看到卡尔加里妇女和平会议上的运行之后毫不奇怪。在座女士无论老幼都广泛阅读了关于中国和日本的材料，展示出了对根本性问题的极为睿智的思考。这种水平，即便是加拿大分会现有成员中，也只有极少部分才能做到。当然这些女士的职位，需要她们在2万名妇女中掀起教育运动，因此也许是责任和兴趣反过来促进了这种知识储备。但这只是说明妇女问题有很大的进步空间，而如果女士们的影响同样重要的话，她们的资格准入就不会有任何拖延，也无所谓什么实际困难。

尽管我反对任何意义上的性别歧视，但我依然尊重不同的分支机构在管理和运营上的现实差异。在加拿大不同地区、不同部门，经济和政治差异是显而易见的。渥太华和蒙特利尔这样的大城市里，里德先生要推荐普通工人和农民成为会员，一旦实行就会造成严重困难，即便是在雷吉纳，一位普通农民的参与也带来了很大的骚动。因此，如果他一定要执行，我认为最有可能先在萨斯卡顿和卡尔加里。我觉得应当允许地区差异。但我还要就分支机构补充两点。无论有多大不同都不应该鼓励排斥，而应当鼓励民主和集体主义。例如温尼伯分会——这是所有分会中最好的一个——和温莎相比，两者差距十分明显。温莎当地的商业化程度不逊于温尼伯，但我怀疑在现有体制下当地是否能有如温尼伯那样发展，因为温莎分会领导层的官僚习气严重。

我的第二点看法是，考虑到加拿大人口中 30% 是法裔，其中 60% 又集中于魁北克和安大略，因而应该在法语区建立更多分会。魁北克城已经由里德先生建议作为分会选址之一，但在我看来，该省中应当建立更多的分会。蒙特利尔据说部分是法语区，但在当地机构中，我没看到足够的法裔代表。

关于加拿大的防务以及是否参加欧洲战争的问题，存在三种观点：所谓的帝国主义认为应该保卫大不列颠帝国，无论对错；所谓的孤立主义者不想保卫帝国，认为如果帝国有错就不应该为之而战；还有所谓的法裔民族主义者，只保卫加拿大，绝不会参加任何一场由英帝国发起的战争。当然最后这种看法只是一种消极的爱国主义，但考虑到法裔人口的影响和他们在渥太华的政治家数量，这对于加拿大国际问题研究所来说是亟待考虑的重要事项，尤其是应适当调整法裔代表比重。

有关分支机构的活动，温尼伯分会正在通过广播来进行出色的教育工作，但也许还有进步的空间，例如在当地报纸上引入有关外交的更多学术文章和准确的消息。这样各地的分会成员就可以在公立图书馆中举办更多的讲演活动。埃斯科特·里德先生提到，分会的新活动之一就是办刊物和讲演。如果所有的峰会都能够将这些作为常规活动，那就再好不过了。

眼下在加拿大各地，一般流通这三种刊物：《国际事务》（*International Affairs*）、《太平洋事务》（*Pacific Affairs*）和《国际合作手册》（*International Conciliation Pamphlets*）。我很疑惑，为什么太平洋学会美国委员会发行的半月刊评论《远东概况》（*Far Eastern Survey*）没有得到充分的流通呢？例如不列颠哥伦比亚大学的索维德教授，很害怕加拿大分会将重心过多放在加拿大外交中的亚太部分，继而忽略了欧洲。当然这种恐惧属于空穴来风，因为加拿大分会根本不关心《远东概况》，而这本期刊本应是上述其他三家期刊的一个很好补充。阳光生活保险公司的 G. R. 帕金（G. R. Parkin）先生，是为数不多赞许这本美国委员会半月刊的人士之一。我在想，帕金先生这样子的人是不是也未必会将这本刊物介绍给其他分会成员。

埃斯科特·里德先生在他的备忘录章节《今后五年》(第2页)中明白无误地宣称,"协会应该努力与世界各地的姊妹机构保持必要的联系"。将其与英国皇家国际事务研究所(Chatham House)[①]的关系和其与太平洋学会的关系比较,两者的紧密程度显然有明显不同。太平洋学会的刊物并没有扩散至加拿大所有分支机构,而后者全部收得到英国皇家国际事务研究所的刊物。因此英国皇家国际事务研究所在加拿大的布局理应被太平洋学会所借鉴。我并不是从管理层的角度考虑这种机构间联系——我也不懂管理,而是鉴于一个简单事实,即美国委员会所完成的《远东概况》发行费钱费神,却没有充分被北美各协会所用,而大家本应对世界经济都有兴趣。访问加拿大之前,我本以为每个分会图书馆都至少会有一本。而如果经过讨论,可以提高《概况》的入藏数量和跨机构之间合作的程度,我觉得这次对加拿大的访问还是很有意义的。

在写这封信的时候,我收到了里德先生的来信,要求我给他和加拿大国际问题研究所提一提印象。我会另函相告。

诚挚的

陈翰笙

(陈宇慧翻译)

陈翰笙致卡特

(1937年2月15日)

亲爱的卡特先生:

为了答复埃斯科特·里德,我已按客仪去信给他,并将该信的抄件附于此封邮件之后供你存档。

G. 德·T. 格雷兹布鲁克(G. de T. Glazebrook)教授在多伦多做了一番评

① "Chatham House"旧译"漆咸楼",今通称"英国皇家国际事务研究所"。

论，无论作何评价，我先转达给你。他对我谈及秘书处文件和出版物的行文风格与措辞。强烈反对“传统技能”（traditional skill）这种在美国常用，而在英国与加拿大被认为非常弱智的用语。“传统技能”显然指“手工艺中习得的技术”（acquired skills in handicrafts），相反应该直接说“手工艺”。同样，美国社会学中颇有一些术语看似专业，但失于散漫，然而国际秘书处发出的文件中却在滥用这些概念。据格雷兹布鲁克说，不只是他个人反对，这还代表了相当大部分人的意见。他建议在编辑时多加注意，减少这种措辞不慎导致的错误。

诚挚的

陈翰笙

（陈宇慧翻译）

附件：

陈翰笙致里德信抄件

亲爱的埃斯科特：

非常感谢你2月8日的来信。很荣幸有机会在如此短暂而仓促的行程之后，对加拿大和加拿大国际问题研究所谈谈我自己的看法。

我最近对加拿大的观感，总体说来如下：对内，其各省之间的经济与政治差异，并不小于美国各州之间的差异；对外，加拿大可能是英美之间，甚至英日之间的纽带。鉴于其独特的政治与地缘位置，加拿大可以对促进国际互信做出其他国家未有之贡献。加拿大迄今几乎只关心欧洲事务，但因为在渔业和贸易方面日本的挑衅越来越多，加拿大也开始对太平洋产生兴趣。因此，加拿大国际问题研究所与太平洋国际学会之间的联系不应该仅仅囿于理论方面。

无缝铁轨（CWR）和加拿大太平洋铁路的管理都非常高效，令人称羡。你们的效率建立在审慎的基础上，而不是单纯追求速度。边境移民官员对待我的态度也都十分有礼；但我还是不能理解，为什么卡尔加里当局对待华人无业者——他们也是加拿大公民——和对待加拿大无业者态度迥异。

我会写信给你们各分所的工作人员，感谢他们在不同城市给予我的热情款待和悉心照顾。

向您和尊夫人致以问候。

陈翰笙

（陈宇慧翻译）

卡特致陈翰笙

（1937年2月19日）

亲爱的陈：

你关于访问加拿大的来信非常有助益，我写这封邮件是首先就此说明我的看法。

应你的要求，将我的评论列置如下：

1. 我建议有关“加拿大的中国咨询服务”不全的前五段删去，尽管埃斯科特·里德个人显然对此非常有兴趣。

2. 在我看来，关于哲学立场VS批判历史立场的这一部分你还可以写得更扎实一些。

3. 我衷心赞同你提出的建议，即吸纳能干的作者、教员和年轻人，特别是能干的女性加入进来。

4. 第4页与第6页似乎有些矛盾？首先你建议在吸纳新成员时需要审慎，然后又提出排他性不应该被鼓励。

5. 你关于《概况》的建议是合理的，每个分会都应该订阅。就我所知，所有加拿大的成员均已获悉，通知传达了一次或者两次，要求他们各自订阅《概况》。现在加拿大应有19家订户。

6. 我希望你在谈及各分会的优缺点时不要过于谨慎。最好能够列出在你看来加拿大普遍存在、最突出的关于远东局势发展的错误概念和偏见，以及你觉得如何应对最为妥当。

7. 也许你没有在哪座城市或者大学、学校逗留足够长的时间，去调查其远东相关的课程教学——经济、历史、社会或语言课。如果对此有什么看法，请务必写下来。如果有任何关于远东的图书馆资源，会十分有帮助。

我想听听你对下面流程的意见：我将你的信作为草稿寄给埃斯科特·里德；我将上述备忘录和你对此的评论寄给他；要求他返还所有文件，并告知他是否希望你重新修改，以转给分会主席和秘书处。如果他想要修改内容，我们希望他给出编辑意见，这样可以最大程度上有利于他和所辖分会。

你的这封信非常触动我，不光十分有趣，而且很有启发。我相信这次访问一定成果颇丰。

诚挚的

爱德华·C. 卡特

（陈宇慧翻译）

陈翰笙致卡特

（1937 年 2 月 23 日）

亲爱的卡特先生：

非常感谢你信中对我加拿大之行的浓厚兴趣。除了回复 2 月 19 日来信所列各点，我不介意将我前面的信转给埃斯科特·里德一阅。他无疑是最熟悉加拿大学会的，你的建议完全在理。无论他要不要宣扬我的看法，他都是最适合评论的人。他决定做这件事之前，我们也许可以请他做适当删节或重新措辞。

至于你信中提到的第四点，我认为不应该鼓励排他，这仅仅意味着与民主和集体精神的对立（我 2 月 10 日来信的第 6 页）。它适用于学会成员，但我依然强烈要求，在选举新成员一事上，要保有最大程度的鉴别和审慎。

你一一点明了加拿大学会各分会的优劣，让我不要太过谨慎，也许我应该就此更详细说明我上封来信第 6 页第 1 段的内容。温尼伯很不错，因为其较为民主、有集体主义精神，而温莎就不太好，因为至少对我来说，那边官僚主义较重。

在我看来，加拿大方面对远东局势发展的错误概念和偏见都源自于一个错误的根本前提。因此与其按你说的一一列出来，我还是在这里引用我上封邮件。我最为震惊的是，加拿大人依然以为中国在世界政治中是个独立国家，而日本侵略只不过是在领土问题上搞搞投机。此次访问中，我尽我所能在驱散这种错误观念。我做的任何澄清，都只能在某些里德先生已经构想的一般研究项目中使用。有鉴于此，我想起拉斯克先生（Mr. Lasker）最近编的那份极好的书单，希望这份有关远东问题的简明书单有助于加拿大学会。

从日渐增长的对中日关系的错误认识来看，我想在加拿大的大、中、小学，十分缺乏有关远东的教学。我的印象中，美国各地大学均有相当数量的远东问题专家，而加拿大则没有；当地的业界和商界人士中，我唯一见到认真研习远东问题的人，是蒙特利尔阳光生活保险公司的帕金先生（Mr. Parkin）。

再说回你来信中的最后一点，在我看来，加拿大的大学并无日文或中文课。江亢虎先生在加拿大时，他在麦吉尔大学教中文和中国历史两门课，那里还有个中文图书馆。去年这批中文书被卖到普林斯顿大学。而之前的中文图书馆员斯旺恩博士（Dr. Swann），原来是基督教女青年会驻华使团成员，学习中国语言文学达十五年，然后在哥伦比亚大学完成了论文，现在她也从麦吉尔搬去了普林斯顿。

如果说加拿大还有什么值得自豪的远东研究资源，那无疑是多伦多的皇家安大略博物馆。这家博物馆有系统的中国文物收藏，可以上溯至 3000 年前，甚至更久。与其他博物馆所藏之中国文物不同，这家博物馆藏品包括河南多地完整的考古发掘成果，而不仅仅是零散标本。该馆远东收藏部主任怀履光[①]告诉我，他们计划雇一位中国历史学者来参与接下来的编目工作。这

---

① 怀履光（William Charles White，1873—1960），加拿大圣公会传教士、汉学家。出生于英格兰，8 岁时全家移民加拿大。1909 年，加拿大圣公会决定单独向中国传教，委任怀履光为河南教区首任主教。1910 年 5 月，怀履光前往河南省省会开封，在行宫角兴建三一座堂。他在河南主持赈灾，受到中国政府多次表彰。1928 年怀履光盗挖洛阳金村大墓，其中一些文物后来被加拿大皇家安大略博物馆收藏。1934 年怀履光退休回国，此后至 1948 年他一直担任多伦多大学中国研究系主任。

家博物馆希望未来在多伦多建一家独立的中文图书馆，所以正在采买更多中国的历史文献和地方年鉴。如果要论加拿大的远东研究中心，则绝非不列颠哥伦比亚，而是多伦多。这里有许多从远东回来的前传教士，包括维多利亚大学现任校长吴哲夫博士（Dr. Wallace）。

诚挚的

陈翰笙

卡特致陈翰笙

（1937 年 3 月 24 日）

亲爱的陈：

我知道，你一定会对附件中牛场（Ushiba）的来信感兴趣，请你传阅给凯特 · 米切尔（Kate Mitchell）、埃尔西、凯瑟琳 · 波特（Catherine Porter）和希尔达 · 奥斯滕（Hilda Austern）。

如果对我在华行程有任何建议，请不吝给我写信。

诚挚的

爱德华 · C. 卡特

（陈宇慧翻译）

陈翰笙致王寅生

（1937 年 4 月 5 日）

来信收讫，待复。速寄第三章及三章之数据附录来。

陈翰笙

（陈宇慧翻译）

霍兰[1]致陈翰笙

（1937 年 5 月 31 日）

亲爱的翰笙：

我已有一段时间想给你写信讨论接下来 9 个月左右你在太平洋学会的研究工作，但直到和卡特先生谈过，并对现如今中国的状况有了认识之后才落笔。我想问的是，鉴于你的工作进展和个人状况，是否需要重新考虑之前我们在纽约制定的计划，即你在美国待到 1937 年末，或者考虑今年夏天回国？再次提出这个问题，望你见谅，原因如下。

卡特和我认为，尽管你对于纽约秘书处有很大价值（同时对美国委员会也如此），但只有在中国你的贡献会更大，同时对中国太平洋协会能有间接的更大帮助，尽管你并不受雇于他们，特别是眼下何、刘两位都要将精力放在南京的公职上。对于你的农村研究来说，去中国工作显然是个很大的帮助。特别是这样一来，可以就福建的族田问题进行一些田野调查等等。如果 1938 年 4 月研究会议之前数月回国，这样进度报告也可以写出来。另外关于文献的计划，你在中国益处更大，主要因为可以在翻译和其他工作上得到更好、成本更低的帮助。与这里的发行部相比，在当地印刷和发行摘要都会更方便。最后，因为你曾经帮助我和拉铁摩尔（Owen Lattimore）这么多，我们觉得应该对你有小小的回报。

因此我的建议是，请你考虑 9 月末回上海的可能性，如果可以，最好还能再提前半月，这样可以建立起资料中心，并组织你的农村研究、田野调查，或者完成关于农村问题文献的专题著作。

当然如果尊夫人身体状况不允许计划变更的话，我们也不强邀你那个时候回来。此外，因为她生病你有大量开销，我们也想变更你的合同。这样年末除了拿到现在的工资之外，还有一些额外的津贴。当然我们也会承担两位的旅费。

---

① 威廉·兰斯洛特·霍兰（William Lancelot Holland），1928—1960 年在太平洋学会工作，曾任太平洋学会秘书长、加拿大不列颠哥伦比亚大学亚洲研究系名誉教授。他是亚洲研究的先驱，也是《太平洋事务》的主要创刊人之一。

再有，卡特和我都觉得，此地的政治空气应促使你毫不犹豫地在中国建立起总部来。我觉得刘、何两位都会同意。鉴于我们的发行部在上海，你至少先到上海打下基础。如果未来你将办公地点分设于北平、南京和天津，我们也不会反对。

请你回来的另外一个原因，是我们已经给 1938 年的研究著作专门拨款。我们以为 1937 年农村研究就可以结束，所以没有拨款。当然，我们也可以在 1938 年专门召开研究会议。不过如果此前你能回中国开始田野调查，并准备汇报进度，那就再好不过了。

劳你考虑上述建议，如果愿意的话可以和凯特讨论一下，尽快让我知道你的想法（最好寄航空信给我，这样能在 7 月 1 日前接到）。如果你认为应该按原计划年末再回，也请畅所欲言，不要犹豫。我们绝不愿意强迫你接受，特别希望看到你自己深思熟虑之后的判断。

你来信时请告诉我，你的烟草研究以及你的文献回顾和其他专题论文有无最新进展。亨利埃特（Harriet Moore）的俄罗斯新材料一到，我们就要开始油印图书摘要手册的“样本”了。

多琳（Doreen）和我向你们夫妇俩致以问候。

诚挚的

W. L. 霍兰

（陈宇慧翻译）

卡特致陈翰笙

（1937 年 6 月 4 日）

亲爱的陈：

你和邱茉莉有关下次会议安排的来信收悉，非常受启发，凯特 · 米切尔的那封信亦是如此。霍兰和我非常感谢你们三位在信中悉心的解答。

牛场月末顺道会来访，我们要开个小小的国际会议讨论安排。虽说是一个完全非正式的会议，但应该会理清我们的思路。我已经把你们的两封信寄给了他、刘驭万[1]和派克（Pyke）。

你应在这封信寄达之前许久即已得知，希尔（Hill）去信建议你今秋早回中国。刘驭万向我保证，绝没有政治因素延宕你的归国行程。中国似乎还会保持一段时期的平静——当然，没人敢在这年月做什么政治预言。我相信无论发生什么，接下来的一年将会铭刻在中国与远东历史上。

我另信寄给你一份 5 月 22 日的重庆《国民公报》，不是因为上面刊载了我到重庆的报道，而是因为我觉得，你会对四川当地报纸感兴趣。

请告诉凯特和亨利埃特，吴廷康的前同事罗格夫（Rogoff），现在是塔斯社驻南京的记者。他专门负责读华中和华西地区如长沙、汉口、重庆和成都等地出版的报纸。

我真心希望你可以如希尔所愿届时到这里来，并希望尊夫人能够身体康复，届时成行。

诚挚的

爱德华·C. 卡特

（陈宇慧翻译）

卡特致陈翰笙

（1937 年 6 月 7 日）

亲爱的陈：

看到这份有关我访问四川的中国新闻剪报，你和邱茉莉也许会莞尔一笑。就在我抵达前，刘湘将军几近被属下说动反蒋。实际上我动身前听说，我们的飞机只要降落在成都，就不允许再出省。

---

① 刘驭万（1897—1966），湖北宜昌人，著名外交官。先后毕业于武昌文华学校、清华大学、威斯康辛大学、哈佛大学等校。回国后曾任太平洋国际学会中国分会干事、执行干事，并在铁道部、经济部任职。1946 年出任驻日盟军总部中国代表，同年又任中华民国驻汉城领事（公使衔）。1948 年，任驻韩国外交代表（大使衔），并兼联合国驻韩国委员会中国首席代表。此后还曾派驻联合国和多个国家。

从整体的团结意愿来看，我想强调刘湘确实在努力改革，力图使川省现代化。反弹和进步之间在不断拉锯。我希望进步最终可以获胜，但两年以后再回头看，我今天的一些看法也许过于乐观。

前信中我应该提到过，在四川时我访问了两个县。第一个是新都，当地县长是彻头彻尾的新派，而班子也都是全新的。这两层人员要么在中央政治机构，要么在厅县历练过，或者同时具备央地两层经验。新都是全省的实验县。蒋介石、刘湘、晏阳初等对此寄望很大。

另一县是广汉，县长作风传统，班子也是旧式的。他在试图创造类似新都那些新派官员规划出的方案。三年以后看看哪个县发展更快，会非常有意思。

读后你可以将剪报和信给米切尔小姐传阅。

中文附件是与县级政府如何规划不同部门的工作方案相关的文章。

诚挚的

爱德华·C. 卡特

（陈宇慧翻译）

卡特致陈翰笙

（1937 年 6 月 29 日）

亲爱的陈：

另一封信中，我给你寄了一些广东省政府农林方面的新闻简报，还有一份凌道扬写的有关海南岛的报告，他是广东农林方面的负责人。凌接替的是冯锐，你记得冯，他既不足够高尚也不足够小人，所以难在政坛生存。凌为宋子文的海南开发计划做了很多研究工作。中国人对海南的热情颇似当年日本对福摩萨的态度。

另封信中我也附了一份对中山大学近况的介绍。他们的物质条件和地理位置棒极了。希望邹鲁的继任者能利用这样的条件，将其建设成一流的学校。

南京方面显然在广东投入了全部精力。吴省长要面对毕生所未见之挑战，但他还有一线机会建立战功，因为虽然存在种种限制，但他比前任都要出色。

诚挚的
爱德华 · C. 卡特

（陈宇慧翻译）

陈翰笙致卡特

（1937 年 7 月 28 日）

亲爱的卡特先生：

你 7 月间从上海和香港写来的信，让我对中国的整体状况有所了解。想来你定然诸事繁忙，特别是此时身处远东，因此我倍加感激。

鉴于今秋我要返沪，我已写信给霍兰，相信他已与你进一步讨论。中国眼下的局面如此，巨变的势头已大大加速。我希望纽约手头工作交接时，局势能足够明朗起来，免使我对返华工作有所迟疑。最近我已致信刘驭万让他辞去公职，眼前他的职位当然是一种限制；敦促他全心投入中国委员会的工作。即便在和平时期，这份工作亦能使他扩大活动范围；适逢现下日军对华采取军事行动，他的角色愈发重要而且关键。

应当说，中国委员会已十分沉寂，相比较日本委员会来讲实无任何优势。当然。日本国际学会发行的两本月刊已经有了长足的进步。7 月刊行的第 12 卷第 7 期《世界与我们》（*The World and We*），完全是为了普及当前的国际问题，我认为其简明的写作风格一定会造成更广的传播。另一期刊即第 17 卷第 7 期《国际研究与评论》（*International Understanding and Review*），登载了更多包含最新数据的文章。这本杂志某种程度上来说和英文版《当代日本》（*Contemporary Japan*）非常相似，其中 7 月刊有两篇饶有趣味的声明。其一，7 月 3 日日本委员会讨论了如下作为第 7 届国际太平洋学会大会的议题：纺织品竞争、殖民地与托管区的经济发展、海运问题、渔业问题、外交政策；其二是一篇征稿启事，就“日本的外贸与原材料问题”和“英国对于中国的影响”向日本的大学与学院学生征稿。从普及和鼓励研究的角度来看，这确乎一个好办法，其他国家委员会推广这个办法也比较容易。

你肯定已收到东京寄来的日文版《太平洋问题》(*The Pacific Problem*)(第6届国际太平洋学会大会的报告)。在此附上我试着做的一份该报告摘要，这也进一步说明日本委员会取得了多大的进步。在我看来，中国委员会即便不能定期出版刊物，自约塞米蒂返回后，也应出版一本类似的中国代表文集。

你寄给我的重庆中文报纸抄件非常有意思，因为上面刊载了大量的国际新闻。你访问刘将军的行程非常重要，因此被报道。美中不足的是，太平洋国际学会的译名可能有歧义，其官方中文名罕见于中文媒体，各家翻译皆有不同。我恐怕中国太平洋国际学会对此当负主要的责任，希望今后得到更正。

你给我寄来的手稿是在广汉写的，这是你到访四川的两处行程之一，其中说到了当地的重建项目。这份文件很有意思，解释了项目的起因，其实质是军事项目。读了这份文件，我们了解到1935年春天由当地富绅贷款，广汉修建了380个碉堡。新税制增加了土地税和其他附加税，正是为了还上这笔贷款，而且新税制还加剧了参与包征者之间的竞争。当地政府打算空前长期地广为宣传，以争取最高出价，增加实际征税额。

从这份消息中我们还了解到，广汉政府共有10000亩耕地，现有1700家佃户交租。根据新税方案，地租粮价上涨，因此租金必然上涨。既然租金实质上是税钱，这种方法实际上就是增税。报告在两方面都很有启发意义：一是当地人口只有58000户，因此小学生不多于3500人；二是鉴于广汉不再是鸦片产地，当地烟民的数量却很惊人。从戒毒所登记的数字来看人数超过6000。现有一个新方案，即修复当地两千多年历史的古城墙，这个方案无疑会实施，但就目前来看，没有其他类似的可靠计划了。

平津地区目前的军事行动并未出许多人意料——对在纽约的人来说同样如此。西安事变期间，东京方面并不完全一致，关东军与天津驻屯军甚至没有达成明确共识。但过去半年情势的若干重要进展，已使其箭在弦上。日本组成名义上由近卫领衔实际上由广田控制的“民选”内阁；侵华日军当局决定不单保持殷汝耕冀东防共自治政府，甚至扩大其势力范围(与今年稍早来华的日本经济使团针锋相对，后者提出之废除该政权以换取对华“经济合作”）；殷汝耕为了保住自己的政权，派了一个高规格使团赴东京，面见正在担任驻扎广岛的第 14 师团长土肥原贤二，还在日本发动舆论攻势，宣传冀东政权；关东军与华北驻屯军在满洲国军事会议上达成明确共识，今年 7 月 1 日后生效，划分各自活动地域（殷在后者势力范围内）；南京方面明确计划要扩大其在河北的影响，甚至将中央军从河南派遣至河北（中央军若干部队已从苏北被派至青岛附近）；国民政府拒绝保障修建天津—石家庄铁路及运营天津飞日本的航线；中国共产党与南京方面即将就抗日民族统一战线达成具体协议；英美两方态度不明——这些都应视为该地区目下激烈战事的直接原因。

我在信里附上阿本德（Abend）的一份报告，其中认为三周以来的所有抵抗目前都来自当地。我将今日《纽约时报》对中国官场的精准描绘剪辑下来。几天前，中国驻美、英大使签署一份官方声明，称南京方面之前多次拒绝，而今终于同意当地的协定。但今天两国外交方面出现了新情况：民众的愤怒感染了军队。29 军的官兵甚至抗命其长官。既然现在当地的抵抗未知是否足以支持，直到获得外援，但无疑只要大规模战争打不起来，川越茂会自天津返回南京谈判。看来日本人很清楚如何行事。去年 9 月，情况有利于其在南京谈判时，川越即曾前来。只不过因为一系列事件——如杨永泰被暗杀等——而使谈判未有成果。这次西安事变之后，川越 6 月底返华，他得到了近卫内阁的指示与北平方面谈判，7 月 7 日已到达青岛。所以可以肯定的是，只要有利于达到目的，日本人不愿意拒绝与南京方面再次谈判的机会。

附件中还有一份今日《纽约时报》的社论，其中明确反对日本当前的军事行动，请查收。还有一份比林厄姆（Billingham）有关四川饥荒的报告，我认为是目前为止最好的一份，你可能也会有兴趣，我同样附于信后了。

很高兴你在南京见到了罗格夫，我觉得他是俄罗斯学界中少有的专研满洲的学者。我没有见过他，但我很熟悉他在俄罗斯杂志上发表的文章。若你能谈谈自上次去莫斯科之后又发生了哪些变化，则再好不过。

祝愿尊夫人及千金苏联之行也同样愉快。

诚挚的

陈翰笙

（陈宇慧翻译）

卡特致陈翰笙

（1937年8月22日）

亲爱的杰弗里：

今天我从邮局寄了两包自己的书给纽约办公室，但在落款后面留了你的姓名首字母。

其中一些书你会很感兴趣，尤其是关于边疆的杂志，以及巴甫连科（Pavlenko）的小说《在东方》（*Na Vostock*）。还有徐淑希的著作《华北问题》（*The North China Problem*）以及日军入侵华北头几日当地的报纸，你可以抄之。

如果亨利埃特·摩尔想看看这些材料，请不吝与之分享。

诚挚的

爱德华·C.卡特

（陈宇慧翻译）

卡特致陈翰笙

（1937年9月6日）

亲爱的陈：

我附上8月27日给阿尔斯伯格（Alsberg）的去信及当日他的回信，仅限你与亨利埃特·摩尔知情。

诚挚的

爱德华·C.卡特

（陈宇慧翻译）

卡特致陈翰笙

（1937 年 9 月 11 日）

亲爱的陈：

我在莫斯科时，你给我写信解释了关东军与日本华北驻屯军之间的关系，这封信太珍贵了。我希望你能尽快写信给我做更详细的说明，请寄到伦敦圣詹姆斯广场 10 号，不胜感激。比如说，你认为协议的本质是什么，是日军在大陆的势力范围还是活动范围？华北驻屯军在日本的宣传有多密集，其本质是什么？

其他需要你尽快回答的问题如下：有没有证据说明南京政府正向农民做出许诺土地改革的姿态？我希望在战争的重压之下，南京会做出承诺，他们在战争结束后至少还会遵守其中部分内容。

你能否大致估计中国军工厂的产能和位置？

从印度支那和苏联运来的军火，怎样可以运抵华北前线、金沙江河谷？能运多少？

八路军何时且能在哪个前线投入战斗？我听中国驻苏联大使保证，在延安与南京方面达成总体协议之后，南京政府向八路军提供了新式武器和军火，你能从其他信源确认一下这条消息吗？

既然华北和南京的中国人都宣称事变是日军挑起并扩大事端的，那么如何解释华北的政客同意就事变进行道歉，并将其中一支部队撤出，而代之以保安团？

宋哲元将军现下情形如何？他是否与南京关系良好，依然在任上指挥？抑或是已经退休？

从现有的中国统一战线来看，你个人认为法、英、美、俄诸国是否已经尽所能提供援华军火、信贷和技术人员了呢？

你有没有证据说明南京在背后已经与东京方面进行了间接对话，意图达成某些秘密妥协？

你认为中国能坚持抗战多久？

当此战争之时，你认为事变前诸多活跃的斗争派系现在是否真能合作？

你如何解读事变之后日本的形势？

你是否认同该事变是由驻扎华北的年轻日军军官挑起并扩大的？抑或你认为东京方面直接下令？东京方面是否是总参谋部、内阁或两者共同决策？

你能否证明南京政府希望现在对日宣战？

我希望你先给我写个初步回答，10月2日或3日寄至伦敦。如果之后几天经过思考还有所补充的话，欢迎随时再来信，必有所助益。

诚挚的

爱德华·C.卡特

（陈宇慧翻译）

陈翰笙致帕金

（1937年9月13日）

亲爱的帕金先生：

您9月9日致菲尔德（Fred Field）先生的信，我们办公室的部分同仁已传阅，大家都很有兴趣。由于菲尔德先生要到月底才回，所以洛克伍德（Bill Lockwood）先生让我就您信中所提及的问题谈谈我自己的看法。

首先我要说，您很敏锐地发现了《周刊》（*The Week*）上的评论存在抄袭；甚至可以说，戴德华（G. E. Taylor）先生的想法有些许顽固，其主要原因当然是信息不全，但也要归咎于他对现实问题过分简化。就在几天前，戴德华先生前往燕京大学，途经纽约，交谈中我发现，他并不清楚中国统一战线政策的内容与意义。因此我猜想，他这方面了解不充分，很大程度上导致了他对中国国防相关的军事政治各方势力或高或低的错误估计。

戴德华先生依然认为南京政府经过眼下的军事抵抗之后不会改变，这种看法不在少数。他大约会由此认为，在这种斗争过程中，中国军队的结构也不会发生蜕变。如果我们确信中国军队不能长期抵御机械化的日本军队（当然这几乎是事实），那么中国能打赢的战争形式就必然是游击战。随着战争形式发生变化，地主阶级出身的现有指挥官会自然让位给从普通士兵中训练拔擢的新型指挥官。由于这种迅速变化，中国的军队中就不存在严重的阶级分裂。这种发展某种程度上与当年在西伯利亚和波兰前线的苏联军队改革是平行的。

当然，这并不是说中国的阶级斗争因为外敌就绝对会减弱。我认为总的来说历史已经证明，外部入侵会让一个国家团结起来，进而让内部阶级斗争降低调门，而表象之下真正的阶级斗争则会加剧——恐怕中国也不能例外。眼下，中国的统一战线暂缓了没收地主的土地。这已经促进了一致对外。但如果地主阶级、资产阶级抑或两者联合起来，亦不能抵御外侮，那么谁又能最终挑起保家卫国的重担呢？不难看出，中国的农民阶级将会是抗日的可靠屏障。中国农民恨自己的地主，但当然更憎恨日本人。前者从他身上榨取地租，但后者直接毁掉他的生活。农民们眼下要求战斗，已经将地主抛诸脑后。7 月末的几日，平津沿线农民在公路上凿出 72 个大坑，给日本军车设下埋伏。今天在上海，成百的农民被日寇抓去做苦役。日本飞机在内地的无差别狂轰滥炸，只能愈发激起村民们的血海深仇。现在有一种观点猜疑农民，认为只有政府出台有利于农民的土地政策，多数农民有了这种期待，才会与日军作战。土地改革与国防的关系将会越来越密不可分，因此内部阶级斗争与外部战争显然会同样加剧。假如有人怀疑中国农民的抗日积极性，那等个人的农事与国家的战争联系起来，就能眼见为实了。

关于中国空军的政治影响，我认为应考虑两个要点：其财政来源和人事上的阶级背景。财政来源取决于政府结构，如前所述自然也会发生变革。中国空军的兵源主体从中产阶级子弟中招募，这一阶层足够爱国，亦知道什么样的方针对加强国防有利。但如《周刊》说的那样，有人担心他们只能代表商业和工业领域的利益，这种猜疑是站不住脚的，战争开始之后，飞行员兵源也会从其他阶级中吸收，他们训练备战的宗旨将会为了中国大多数人的真正利益。

简而言之，我们的整体观察需要考虑未来所有必然出现的变化。有些人带着偏见，思想狭隘，终将被复杂的现实擦亮眼睛。我本人也许太过诗意，而您则是更专业导向、更务实的，因此我相信您会确证我的看法。

洛克伍德先生告诉我，他会给您寄些报告，其中有份上海地图，希望对您有所帮助。

致以衷心的个人问候。

诚挚的
陈翰笙

（陈宇慧翻译）

卡特致陈翰笙
（1937 年 9 月 14 日）

亲爱的陈：

我们让康德利夫（Condliffe）看过下次会议议程的如下四个提案：

I. 约塞米蒂方案

II. 我们的四月方案

III. 英国皇家国际事务研究所备忘录

IV. 加拿大备忘录

附件是其评论的抄件。如果你或邱茉莉、凯瑟琳·波特或希尔达·奥斯滕有任何相关建议，请不吝来信给我。

诚挚的
爱德华·C. 卡特

（陈宇慧翻译）

陈翰笙致卡特
（1937 年 9 月 15 日）

亲爱的卡特先生：

也许您已经看过您在莫斯科时，我从大都会酒店寄给您的那封信。当然彼时至今，中国的政治、军事形势都已经发生了变化。至于日本突然在华北发动新一轮进攻的原因，我已在上封信里尽量做了总结。但问题的关键依然是南京政府——从 5 月到 7 月他们一直在维护其对河北和山东的政治和军事控制，同时却对统一战线避而不谈。日本除了全盘考虑国际局势之外，也要在统一战线可能结成之前率先动手。

6 月末，西安事变后依然不愿结成统一战线的国民党高官，与南京亲日派握手言和，其实双方因争取蒋介石的军事支持，最近才有争执。他们重新合流之后，共同要求日本人耐心等待“调整”，避免对中国动武。但是日本人知道中国人民的力量正在集结，他们清楚这一点，无视其请求。因此南京政府虽然抛出了一些声量很高的官方爱国宣言，但并没有派空军去天津阻止日军登陆，也没有利用奉天到天津之间（由于暴雨和洪水造成的）混乱失序的局面去争取光复平津，我们很容易明白其中原委。在此期间，至少有 20 万中国军队沿河进行了部署。

南京方面进退维谷，这是显而易见的，一方面他们还没有下决心在华北开战，另一方面因为舆论压力，他们又被迫宣布不会接受任何城下之盟。这不光进一步暴露了政府的各种嘴脸，也让日本人知道必须继续阻止统一战线的形成，只能再进一步摧毁其基础（南京军队）。日本迅疾的战术技巧实在令人称羡，（与之有关的是），因为他们很快制造了虹桥机场枪击事件，并把它变成了外交抓手。事件发生之前的十天里，南京方面处于惊慌失措中，完全是日本等不及了主动出击，才促使他们下了决断。最后，日本对蒋介石提的条件非常苛刻。至于这一揽子秘密条件的内容细节，我暂时还不清楚，但根据可靠信源的说法，其中至少包括在沪宁铁路上拥有特权，以及解除南京空军武装。明显可以看出，日本希望在宋哲元领导的冀察政务委员会中降低南京方面的地位。这对蒋总司令来说当然不可能，蒋近来颇受夫人影响，蒋夫人看起来政治上比她丈夫要明智得多。（比如说，正是蒋夫人首先提出将分散的各省军队集中征召到上海前线，以此唤起民众的救亡意识。）这正是 8 月 15 日以来南京方面开始军事上反击的原因。

由于弗雷德·菲尔德不在，波特小姐将您 9 月 3 日给他的信交给了我，让我回应您所提出的问题。对于您所说的最后两点，我要做如下一点回应。

首先关于红军与南京政府的关系，双方已经开始相当多的合作，虽然未必情愿如此。蒋介石从西安回南京之后，共产党在牯岭的代表五次飞往造访，红军将近四分之三的月饷也由南京拨付。南京还拨给了一些粮食和机动车，但是没给机关枪和飞机。7月河北战端一开，国共双方的关系随即缓和下来，但在8月中旬，红军要求政府授权在北方抗日。在好几个星期连续抗议之后，这个委任才通过无线电和南京蒋的私人代表传递过来。现在，红军已经正式更名为国民革命军第八路军，朱德和彭德怀作为原来的红军指挥官继续留任。这支军队也许可以动用山西、陕西地方军队的供给，比如西安的飞机和机场等等。

第二，对我们在纽约的人来说，八路军到底是混编进其他部队还是继续保持其独立建制尚未可知。但无论如何，正如纽约媒体报道的那样，这支部队的先锋已经抵达山西北部大同附近，该处与绥远腹地接壤。如果我猜得没错，平绥铁路西端终点距离中蒙边境不过250公里，因此可以推测，未来不久陕西东部高原到绥远西部将会成为战争前线。

国际上无疑都在观望中国政治的发展，你提到海外议论可能的军政统治，也与此有关。你知道蒙特利尔的帕金先生，他是商人中少数喜欢研究国际关系的人，最近他咨询了我们如下话题：（1）中国军队的阶级构成；（2）中国农民到底更恨地主还是更恨日寇；（3）中国航空的政治影响力，因其被认为是中国工商业的利器。我被要求就这些问题答复他，所以我附了一份回信，其中内容与上述问题有关。

邱茉莉小姐昨日归来，我们读到了塔尔先生8月24日致您的信，还有您的回信。虽然还没有读到英国皇家国际事务研究所有关会议项目的备忘录，但从他的信上看，他们的提议是在檀香山会议和你和比尔·霍兰提出的新形式中间做个妥协。英国皇家国际事务研究所方案中会议的第一部分似乎不仅是个倒退，而且很难按照要求合理执行。对研究所来说，做个无所不包的三年计划也不是什么难事，但不能指望人人都是汤因比爵士，让没经验的人，或者让没有理解力、脑力平庸的人来经手这项任务，结果只会十分荒谬，甚至对会议造成巨大损害。想想如果在前面的会议中我们强行要求材料论文主题一致，会遇到怎样的困难。再有，怎么能期待会议上为“总体性的评论与分析”而备的评论呢？

因此，邱茉莉与我依然支持春天给你写信时所说的那个方案。弃置英国皇家国际事务研究所方案而选择这个提议（先总体、后贸易、再政治），当然是因为它确实清楚地规划了讨论重点，以指导整个会议日程。塔尔讲求灵活，你想讨论和平方案，这两个诉求都在我们联名信里说得很清楚了。

诚挚的
陈翰笙

（陈宇慧翻译）

陈翰笙致卡特

（1937年9月22日）

亲爱的卡特先生：

昨日收到你9月11日的来信，附件非常有意思。当然我最近的去信中，已经代表弗雷德谈过其中一些问题。至于其他问题，我明天再给你去信，尽量在10月2日送达。

我已翻过寄来之写有我姓名缩写的包裹里的大多数文献，并给亨利埃特·摩尔看过。你既要求我精读徐淑希的书，也附了一本在包裹中，我就写了一篇书评备《太平洋事务》刊载。但是欧文先从北平寄来一篇。鉴于最近我们季刊的篇幅压缩，且我们不愿意对作者批判太甚，我的书评就寄给了《加拿大历史评论》（*Canadian Historical Review*）。欧文的书评也对徐批判甚多，不过角度与我不同。附件是我的书评。

诚挚的
陈翰笙

（陈宇慧翻译）

陈翰笙致卡特

（1937 年 9 月 23 日）

亲爱的卡特先生：

纽约华美协进社来信告知，我们的朋友胡适 10 月要来美，会见美国学界和知识界人士。他的同事张彭春现在日内瓦，不知你在日内瓦时是否见过张。许仕廉昨晚从华盛顿来纽约，他搭乘中国快船号飞越太平洋，也负有南京的任务。我和许仕廉谈话时，问他蒋总司令什么时候决定做军事抵抗。他回答说 7 月，或者是 7 月末。我告诉他纽约这边一般认为是 8 月 2—10 日之间。他说："你说得极对，我也是到了 8 号官方某个会上才知道的。"许家在夏天牯岭召开的会议结束之后并没有离开，他们本就如此计划，因为他太太从张群将军的夫人那里得知，南京将要疏散，回去无益。这说明，到 7 月末，张群等亲日派显然至少说服过蒋总司令准备不战而退。

我现在尝试按你 9 月 11 日来信中提问的顺序一一作答。今年 3 月日本工业领袖代表团来华，在两件事上表明了立场：一是关东军和华北方面军不应干预在华北的私人投资；二是为了和中国"经济合作"，所谓冀东防共自治政府应予废止。这两条都遭到了日本军方的强烈反对。下文将详述这些日本实业家和商人愿望受挫的原因。

冀东当局此时内部产生了不满；殷汝耕手下的中国军官首先起而反之，之后又在东京弹劾他。专门向当时在广岛的关东军长官土肥原贤二大将告状，要求撤掉殷汝耕。事与愿违，土肥原掌掴了他，并要求支持殷加强并扩大华北自治，不得分裂。在土肥原和其他日本军国主义者看来，绝不应该废止冀东政权。而冀东政府的代表则在报章上疯狂鼓吹自治政权，不只是在沙文主义媒体如《东京日日新闻》(*Tokyo Nichi Nichi*)、《报知》(*Hochi*) 和《读卖新闻》(*Yumuri*) 上发表很多有关冀东如何富足、未来如何光明的文章——对日本鼓吹冀东是"华北的天堂"，还在 4 月的名古屋工业博览会上，专门开辟一个单独展区给冀东政府。同时，日本军国主义者决心在华北不允许私人资本像在伪满那样自由活动。为了巩固他们的地位，更有效地统治平津地区，关东军和中国驻屯军一直都需要划分势力范围越发施压给冀察政务委员会，以结束“经济合作”方面的谈判。中国驻屯军司令官、香月中将的前任[①]在6月与关东军会商，将冀东划进己方势力范围中。从7月1日开始，关东军本来要保留在通州的代理人，但也不要干涉驻屯军的行动，但在外界看来，这也说明关东军只要需要，随时可以支援平津地区。驻屯军计划将自己的工业和财政愿景与满洲国分开。既然这些经济活动在满洲国都受关东军控制，那么他们也希望将来在华北也由驻屯军来控制。

最近南京方面明确表态要进行土地改革，但就我所知，其计划并无可行性，今后也就是纸上谈兵罢了。今年4月，（国民党高层资助的）中国地政学会在青岛开了年会。这次年会提出了两个目标：发行土地债券，为自耕农提供资金；规定农户的家庭单位标准，不许继续细分。5月5日，国民党中央政治委员会通过了《修正土地法原则》。其中包括：每户自耕农拥有最小单位的土地；地主如果有其他谋生方式，佃农在耕种土地5年之后可以允许声索土地；地租最高不得超过地价8%的上限，亦可按现有习惯以实物偿付。旧《土地法》实行了7年，在减租方面彻底失败，显然有些势力在积极运作，想让其修订之后也沦为废纸。

至于军需和进口的可能性，最好的解释是附件里所寄上周日《纽约时报》之剪报。但需要注意的是，鲍德温（Hanson W. Baldwin）[②]先生在国际政治关系方面的视野极其狭隘。中国依然可以进口美国飞机，不需要苏联的战备支持。我认为只有当德国、捷克斯洛伐克和美国的供应不稳定，且南京方面要继续抵抗，莫斯科才可以肯定扩展其援助规模。莫斯科方面倾向于寻求集体援助，但即便最终失败，可以肯定苏联也不会袖手旁观。

红军现在整编为八路军，已做好准备投入战斗。这支部队实际上有部分混编进陕西和山西的部队中。但其主力依然留在陕北和绥远西部。绥远东部现在由傅作义将军防守，西面则是红军的真正战线。我已经谈过有关南京方面与红军的关系问题，但要补充的是，共产党现在设立了驻南京办事处，其代表是军事委员会成员之一；你从莫斯科离开时，也许毛泽东已经得到南京方面的充分理解而前往莫斯科。在南京方面看来，蒋廷黻大使不足以在赤都代表中国的事业。但是，这并不意味着所谓统一战线的政治合作已经完全成熟。南京政府定于11月份召开国民大会，其中不民主的规定让中国的革命派

---

① 即田代皖一郎中将。

② 鲍德温时为《纽约时报》军事编辑。

并不满意，而著名的亲日派在军事委员会中依然占据主导地位（蒋廷黻、何廉等即与之有私人来往）。

我并不是很清楚你关于保安队的问题。只能说由其接防二十九军掌管的宛平防务，是对日本的某种退让，因为这队人马听命于石友三指挥，一般认为石是亲日派。但结果出乎日本人意料，保安队居然也进行了抵抗，此后石将军奔赴南京，效命于政府。

宋哲元将军结束退隐，与南京方面关系良善。他 8 月 22 日在南京，几天之后回到河北前线，而从新闻访谈来说，他比过去印象看来更加爱国。

我衷心支持你有关法、英、美、俄应对华援助包括军需、信贷和技术人员的提议。

从 8 月 13 日到 9 月 23 日之间，南京方面没有丝毫与日本对话的打算，眼下不太可能达成秘密协定。

日本把七月的入侵称为“北支事变”，这是东京参谋本部筹谋已久的，参谋本部过去能够控制首相广田弘毅。侵略者没料到在京沪两地会遭遇如此高涨的抵抗浪潮，但中日两国一旦卷入战争，事情的发展则自有其逻辑。但要补充的是，南京方面一直极其不想应战，无非是眼下形势不由人罢了。

裴斐（Nathaniel Peffer）在《亚洲》6 月刊上发表的文章，当然极大取悦了日本人。但据我所知，日本杂志也并未广为转引。中国的一些文章有力回应了他。我必须说的是，裴斐在国际观察方面的声望因此大大削弱。我感觉他一时脑热，太过影响自己的判断。

有件事你未曾问及，但讲来你一定有兴趣：日本侵华对菲律宾的统一阵线影响甚大。菲国诸岛的抗日运动在迅速集结，10 月 12 日将会在马尼拉召开统一阵线的全国大会，全国六个主要的政治组织和一些小的势力都会派代表参加。这六个集团是：奎松集团（联合政府）、国家社会党、社会党、共产党、农民党和菲律宾天主教党。这些集团中的那些亲日派已经被赶出局了。统一阵线的目标非常简单：独立，抗日，以及与美国进行军事和贸易合作。

诚挚的

陈翰笙

（陈宇慧翻译）

卡特致陈翰笙

（1937 年 9 月 24 日）

亲爱的陈：

附件是 W. L. 霍兰 9 月 3 日从北平寄来的私人信件摘要抄件，仅限你、凯瑟琳·波特、邱茉莉、希尔达·奥斯滕、亨利埃特·摩尔知悉。阅后请发给其他四人。

诚挚的

爱德华·C. 卡特

（陈宇慧翻译）

陈翰笙致卡特

（1937 年 9 月 27 日）

亲爱的卡特先生：

你应已读过我 9 月 23 日来信，当时匆匆写就，以期让你 10 月 2 日收到。胡适搭乘马尼拉快船号，已于 25 日飞抵旧金山。他现在在华府的公开身份是国民政府的外交顾问、蒋总司令的特别私人顾问。我要等其到纽约才能见到他。而对我来说，他和许仕廉迥然不同，他是蒋总司令直接派来的特使，而许仕廉的背后则是国民党其他诸大佬。

邱茉莉和我仔细读了康德利夫给你的信，我俩都非常欣赏他全面的看法。但对我们来说，他并没有认识到约塞米蒂会议的障碍，正因为有各种困难，你和霍兰才提出“四月方案”。而且他还没有考虑到提议“活动反馈”可能导致新的障碍。我们反对“活动反馈”的态度，最近已经给你写信说明。不单是展开这个工作有困难，我们还反对任何限制讨论范围的信息反馈。哪能指望讨论之后每个成员都会自己做调查呢？此外，《太平洋问题》虽然是会议纪要，难道不也是一份活动反馈吗？

康德利夫和霍兰似乎都支持就同一问题进行平行会议，而不是圆桌讨论，这个我们完全赞同。按照霍兰的建议改动约塞米蒂会议的议程，我们不光可以简化记录和会务，还能避免一个给定话题上专家过于分散。这样，较长时间的讨论也能带来更丰硕的成果。

会议讨论主题本身非常重要，因此到底是限定地域的具体问题，还是英国皇家国际事务研究所与加拿大所支持的那种过于抽象的议程，康德利夫已经努力在两者之间妥协。我们还是赞成原来的提案，再加上 5 月去信中提出的若干修订。英国与加拿大不出所料会反对，因为他们并没有分清楚会议的办法与目标。但过去的经验证明，没有确定的方法，不可能取得切实且有说服力的成果。如果沿着几个有限的关键议题深入下去，无疑会引出若干可靠的重要结论。顺便说一下，康德利夫认为原来的议程太偏重经济了，这是不对的。他的四项具体圆桌话题似乎和原议案权重相同，且他的确只提到了外交，而霍兰则同时提到了外交和政治两方面。

你发给各国秘书处的总通知——尤其是你给年轻的西园寺（Saionji）之去信——都让人觉得，我们会议的讨论可能因现实形势有一些修改。正因满洲国问题是国际变局的关键之一，一定会在约塞米蒂被讨论到，所以同理，目前的武装冲突也将是会议主题之一，尤其是华北问题。到 1939 年，中日关系在太平洋问题上会比眼下更具分量。

虽然官方文件和其他档案材料对研究现实问题极为关键，但似乎必须按照理解顺序，选择一些关键议题，不然无论是讨论“和平演变”还是革命，都不可能有收获。这类问题应该包括：美、欧、荷属印度的三边贸易，苏联最近在远东的发展，英美对中日冲突的政策，日本财政与产业方面的战争管制，以及中国的政治变革——这些都值得好好讨论。我并不支持刻意打乱现有研究计划，但如果鉴于眼下的乱局需要放弃什么现有项目的话，那么我认为国际研究委员会可以考虑上述相关主题以为替代。我并无意向霍兰和阿尔斯伯格直接提议，但对于我来说，只有制定了可行的具体目标，才有可能妥善地整合出正式文件来。

欧文常驻蒙古的想法，以及亨利埃特关于民族问题的研究，一定会给这次会议贡献良多；希望摩脱利夫（Motylev）可以让欧文尽快按计划成行。现在的国际局势，必然会引爆另一个太平洋上的重点——菲律宾。眼下维奇（Veitch）先生重返国务院，因此原来由美国委员会提出的有关菲律宾群岛的研究，很可能就要遗憾终止了。如果奎松（Quezon）政府愿意合作，也许学会尚能找机会组织类似项目。

诚挚的

陈翰笙

（陈宇慧翻译）

卡特致陈翰笙

（1937 年 9 月 27 日）

亲爱的陈：

在此真诚感谢你的信，很有启发，还要感谢你致帕金那封信的抄件。我已说过，希望你继续就这方面给我写信。

附件是我从莫斯科写给你，但未曾发出的信之抄件。

你的专著《中国的政治危机》（*The Political Crisis in China*），我在赴华途中重读了两遍。我曾打算在战争爆发前将其带到英国出版。战争之危机，以及南京、延安双方团结起来的强烈愿望，让这本书眼下原封不动出版的机会更渺茫了。情势已经发生了转变。要是你甫一写完即在纽约出版就好了。

你回信时，可否就时局谈谈你的看法?

诚挚的

爱德华·C. 卡特

（陈宇慧翻译）

卡特致陈翰笙

（1937 年 9 月 27 日）

亲爱的陈：

你 7 月 28 日的来信昨天已收到，恰好给我提供了需要了解的详细信息。我希望，请你至少一月写上一封这样的邮件。很遗憾你还没有踏上回国的旅程。南京和延安方面达成明确谅解，在眼下这个关键阶段，你对于中国太平洋国际学会、太平洋委员会以及你的祖国来说都是无比宝贵的。命运的走向悬而未决。我因此希望，如果你收到这封信时还没离开，你应尽早搭上回中国的汽船，助力那些你我认为未来五年中国的关键事业。

我们已经看到华北的战端。我去了一趟满洲、朝鲜和苏联的远东地区，收获颇丰。

你来信未提夫人身体是否康复。内子与我希望，待确认她身体无恙之后你再动身。

你写给比尔·霍兰有关返沪的信，可否抄一份给我？

你 7 月 28 日的信，内容对刘驭万很有帮助，我可否抄一份给他？

诚挚的

爱德华·C. 卡特

（陈宇慧翻译）

陈翰笙致卡特

（1937 年 9 月 29 日）

亲爱的卡特先生：

弗雷德去加州之前，就围绕未来可能的和平协定展开研究协调一事，他让比尔·洛克伍德提提意见，这个问题昨天下午在执行委员会和美国委员会职员联席会上被提出来了。弗雷德不在。比尔·洛克伍德和拉斯克两人今早来找我讨论这件事，我因此给他们看了会议记录。我不是美国委员会的成员，所以不会将自己的观点和盘托出，但关于国际研究的安排，我有自己的看法，所以不由给你私下写几句。

要想提出任何可行的和平协定，需要厘清引发战争的主要原因，还有影响和平条款的内外环境。比起主观地架构所谓和平模式，认真研究一些关键议题，如中国的政治关系、日本的战争经济等，还是更靠得住些。在我们完全弄清战争的起因和最新的进展之前，任何药方都不科学，而且不切实际。

这样一来，我对美国委员会职员会上提出"国际秘书处要求所有成员委员会针对主要议题准备一份更有哲理的声明，以期能对太平洋地区的和平与稳定进行更富有成果的国际讨论"表示质疑。在我看来，这样的议程所能产生的成果，恐怕既无代表性也无分析力。类似的作品如怀特爵士的备忘录，可以说当然很有用，但很难指望每个国家委员会都能交出同等质量的备忘录，而且无论如何，这种成果都不是研究领域内的。除此之外，尽管我们很想要求提交这样的地区备忘录，也不应该对所有的国家委员会提出统一要求。

你显然已经问过阿尔斯伯格和霍兰的意见，他们俩在这个有关国际研究委员会的问题上给出的意见远比我好得多。我写这封信，主要是因为眼下没法与你和弗雷德当面谈。

诚挚的

陈翰笙

（陈宇慧翻译）

卡特致陈翰笙

（1937 年 9 月 29 日）

周一夜信，你觉得日本会速胜还是被持久战打败？华府会采取何种措施阻止日本？如果日军兵临黄河，是否会借此企图进一步占领上海、厦门、广东？中国的团结是否在削弱？山东是否会加入统一战线？

（陈宇慧翻译）

陈翰笙致卡特

（1937 年 10 月 1 日）

亲爱的卡特先生：

非常感谢你通过凯瑟琳·波特告诉我有关欧文的问题。我已经读到他的北戴河来信，以及 9 月 19 日你从阿姆斯特丹写的回信。我能理解美国委员会站在研究工作的立场上，只要找到人来接替她在这边的行政事务，然后有足够经费的话，会同意弗雷德有关让凯瑟琳与欧文在菲律宾会合的意见。除了弗雷德的建议之外，凯瑟琳也征询了其他同事，大家都认为她不应该错过这次机会。

你也问过我看法，但我必然站在国际秘书处的立场。对我来说，最重要的考量之一是季刊和研究的权重，两者都有欧文和凯瑟琳的参与。既然凯瑟琳现在是《太平洋事务》的总编，首要问题应该是要不要将编辑部和发行中心从纽约迁到马尼拉，以及到底是长期还是 10 个月的短期转移。我倾向于不要转。

我们这样在全世界发行的季刊，眼下面对的待定研究议题，宜在纽约这样的都会进行，不应在亚热带地区。诚然马尼拉现在牵动着世界的神经，可是它提供的素材更集中于殖民地的历史、社会与族群议题。我们虽然需要这些，但不应该为此牺牲更重要、更紧迫的议题。另外，今后一定还会有更多人去马尼拉，我认为，现在这几位不应该是候选者。

假设上述理由不成立，而且季刊的发行要在马尼拉，那么问题的关键在于经济上和技术上凯瑟琳有没有条件离开纽约。在我看来，布吕芒塔尔女士可以主管发行，希尔达主管推广。另外，凯瑟琳迄今在发行和推广中心的工作节省了时间、提高了效率，一直是很重要的优势。如果她离开，则或者是放弃这种好处，或者要费力重新建一套体系。

假如欧文暂时从北平到马尼拉，对他本人和学会来说，会不会是相对更简单的计划呢？我相信这种办法明显更有益。菲律宾问题的重要性，我已经在最近给你的信中提到了。

眼下这种讨论中，必须顾及我们季刊的迫切需要。应该给刊物提供额外的经费，以资持续出版、支付更高的稿酬以吸引作者，乃至为编辑工作支付翻译费用等。因此听说你在回程路上会游说经费，我很高兴，这样学会就可以订立指导方针了。

诚挚的

陈翰笙

（陈宇慧翻译）

卡特致陈翰笙

（1937 年 10 月 3 日）

亲爱的陈：

附件抄自凯瑟琳·波特 9 月 9 日寄给我的信，请你、邱茉莉和奥斯滕小姐参阅。

诚挚的

爱德华·C. 卡特

（陈宇慧翻译）

陈翰笙致卡特

（1937 年 10 月 4 日）

山东亦不例外加入了军事统一战线；中国的团结受阻，导致过去半月美国民众孤立主义见长；华府近期内将保持不作为；日军到黄河后不太可能占领厦门、广东，肯定部分占领上海，尤其是赢下绥远之后；南京的抵抗取决于政治统一战线，但小型游击战仍会发生，阵地战很可能因为法肯豪森（Falkenhausen）或罗伯特·豪（Robert Howe）从中斡旋签订停战协议而终止数月。

杰弗里

（陈宇慧翻译）

陈翰笙致卡特

（1937 年 10 月 5 日）

亲爱的卡特先生：

昨天（星期一）我回复了你几天前较晚的那封信。行文扼要，但愿表达足够清楚。你可能已经猜到，我用法肯豪森和豪分别指代德国的顾问（非正式外交官）和英国外交官。在战争之幕背后，苏联、德国和英国的外交官都在各自忙着说服南京方面同意己方的计划。即使是昨天，也有些德国飞行员经停纽约飞往南京。这些德国顾问甚至直截了当地对蒋总司令说，既然中国尚未与莫斯科方面在政治上结盟，他们会留下来，尽力帮助中国应付眼下的斗争。我个人认为，开始英国外交官并不愿南京进行军事抵抗，现在他们倒在和德国人争相博取南京方面的青睐。

你读到此信时，陇海线以北的华北地区大概已不会再有全面的阵地战了。目前为止，由于政治和军事两方面准备不足，中国在北方战线的溃败几乎已成定局。八月中旬关东军增援察省南部之前，据守南口的中央军和邻省军队本来可以趁此良机突进到平津——实际上，傅作义将军已经计划周详。然而谋划未能成功，要归因于刘汝明将军的无知和优柔寡断。刘建军是 29 军的指挥官之一，其部队当时驻扎在张家口及附近地区。他向南京方面做了关于南口防务的错误报告，之后又拒绝给中央军派出山西和绥远的增援部队（汤恩伯将军麾下只有一个军），最后他还被亲日的伪蒙司令蒙骗，以为其会投降。其部与伪蒙军以及随后赶到的关东军派遣团狭路相逢、溃不成军，这场战败导致南口失守。驻守关隘的中国军队在极大的困难面前英勇奋战了两周有余，但败局已定。你一定知道，最初建造万里长城，就是为了防止北方民族的入侵，因此它也给那些守卫平津抵抗日寇的军队造成了障碍。此外对于没有援军的中国守军来讲，守住所有的高点是不可能的，到最后连炊事员都上了火线。

缺乏有效的协调指挥，又有刘汝明这样的半封建军阀当害群之马，这是失败的根本原因。问题不在军事，而在缺乏政治组织和训练。

保定和德州一役战败原因与南口类似，晋北失守亦然。即便是 9 月 24 日、26 日八路军（过去的红军）之前连续取胜，并俘虏了约 2000 名日军，也对整体颓势于事无补。中国的红色政权今后必须在北方将农民组织起来，同时吸纳地方军队的进步势力，以开展抗日游击战争。据我所知，政治训练学校和军事学院以此为目标纷纷开办。去年 4 月，延安已经建立了红军大学（最早在陕北的吴堡，西安事变之后迁到延安）。

魏特夫夫妇（The Wittfogels）今早到了这里，看来非常高兴。胡适和一位中国同事明天会到，然后直接去华盛顿。外交政策学会的布尔通过办公室约了明天的采访。如你所知，布尔（Raymond Leslie Buell）最近在费城发表演讲，谴责《中立法案》不中立。他说："这会让日本成功占领中国，而菲律宾就是下一个目标，也会帮助德国和意大利在世界另一端成功会师。法西斯势力会在毗邻我们的拉美持续扩大。我们的大陆孤立是不可能的。"巴特勒（Butler）也已公开反对日本，从附件简报可知。但我必须要强调，他之前的演说影响实在太大，现在公众已经不把他的表态当真了，至少纽约肯定如此。我也将《纽约时报》的一篇社论放了进来，你读时可知麦克唐纳已进到何种程度。

据说刘驭万会短期访美，和胡适一起拜会各处。倘真如此，你可与他恳谈。我倒是希望，如果你想让他获知 7 月 28 日我的信中内容，最好不要将信直接抄寄给他，而由你亲自传达。我 7 月 14 日写信给在上海的霍兰之前，已经问过凯特·米切尔，之后我将抄件（唯一一份）交由她保存。那时我以为既然寄的是航空信，你一定会在上海读到。而从事态当前的发展来看，无论如何信的内容已经没有意义了。

邱茉莉和我已经读到比尔·霍兰9月3日给你写来之信件摘要，他认可会议安排和日程，我们对此很高兴。我们较同意比尔的看法，即来年4月不必单独召开研究会议。

同样地，你在9月27日信中提到，一开始我就质疑不应发表《中国的政治危机》。我从未忘记我们机构的宗旨，即员工不应该在机构刊物上就有争议的话题公开表达立场。所以你如何看待欧文的《有限战与总体战》（*Limited War and General War*）？这篇文章可能会在《太平洋事务》12月号上发表。我担心的是，如果文章发表，欧文恐怕再无可能踏足日本，这对于我们学会来说是个坏消息。

内子已康复良多，我们共同向你们夫妇致以问候。

诚挚的

陈翰笙

（陈宇慧翻译）

卡特致陈翰笙

（1937年10月6日）

亲爱的杰弗里：

写这封信是为了确认最近的电报往来内容。9月29日我拍发的内容如下：“周一夜信，你觉得日本会速胜还是被持久战打败？华府会采取何种措施阻止日本？如果日军兵临黄河，是否会企图据守上海、厦门、广东？中国的团结是否在削弱？山东是否会加入统一战线？”

昨日收到你的回复如下：

“山东亦不例外加入了军事统一战线；中国的团结受阻，导致过去半月美国民众孤立主义见长；华府近期内将保持不作为；日军到黄河后不太可能占领厦门、广东，肯定部分占领上海，尤其是赢下绥远之后；南京的抵抗取决于政治统一战线，但小型游击战仍会发生，阵地战很可能因为法肯豪森或罗伯特·豪从中斡旋签订停战协议而终止数月。”

你或许知道，我要在英国皇家国际事务研究所的会议上发表演说。我觉得在问答环节，你对美国思潮的判断会非常有价值。

张彭春到伦敦见了一些政界和城中显要，你可能已经知道了。从他最近可能得到的支持来看，显然其中一些人愈发倾向支持侵略的受害者，而非侵略方。

彭春让伦敦许多人印象深刻。我希望胡适博士在争取英援时能有一样的运气。

我发现，相比较满洲和阿比西尼亚事件时期，现在英国的公众舆论高涨得多，而且和 1931—1932 年那种巨大分歧相比，现在的感觉迥然不同，令人吃惊。但即便有这样的民意支持，大家还是认为如果英国海军开往远东，则墨索里尼可能会乘虚而入，将英国人赶出地中海。

罗斯福先生在芝加哥的演说是否有利于支持英、法、苏和国联的政策，尚待时日观察。

再次感谢你拍来的电报。

诚挚的

爱德华·C. 卡特

（陈宇慧翻译）

卡特致陈翰笙

（1937 年 10 月 7 日）

亲爱的杰弗里：

写这封信是为了诚挚感谢你 9 月 29 日的来信，其中观点令人印象深刻。

我希望你和邱茉莉花几天时间，着手你们之前筹划的基础研究。我抵达之前，如果你们能够积攒相当丰富的材料，凯特、我就能和你们将其全部厘清一遍，然后私下传阅，以便在那些最活跃的委员会中进行基础调查。对你在提案中不可替代的作用，我要表示诚挚的感激之情。

诚挚的

爱德华·C. 卡特

（陈宇慧翻译）

卡特致陈翰笙

（1937 年 10 月 20 日）

亲爱的陈：

我给你看附件着实有些犹豫，这是 10 月 5 日我在英国皇家国际事务研究所的演讲稿。我希望你能仔细阅读，然后挑出其中所有重要讹误告知我。请回复你的评论。

诚挚的

爱德华·C. 卡特

（陈宇慧翻译）

卡特致陈翰笙

（1937 年 10 月 20 日）

亲爱的陈：

这是阿瑟·斯威策（Arthur Sweetser）一封私人邮件的抄件，9 月我们在日内瓦时，他帮助我们厘清局势，信息价值无可估量。顾维钧做开幕演说前两晚，我们在斯威策家吃过晚饭。同席的有顾维钧、卡罗尔·宾德（Carroll Binder）、埃德加·莫瑞尔（Edgar Mowrer）、康德利夫以及麦基奇小姐（Miss McGeachey）。

斯威策正着手报道美国新任驻瑞士代表利兰·哈里森（Leland Harrison）在国联和远东教育方面的动向。

斯威策是中国在日内瓦最好的朋友之一。下次你到欧洲来，应与他多接触。他希望今后你能来日内瓦研究中心工作，其地址与秘书处一街之隔，你可以充分使用国联图书馆及其资源。

诚挚的

爱德华·C. 卡特

（陈宇慧翻译）

卡特致陈翰笙

（1937 年 10 月 20 日）

太平洋委员会会议何时何处召开？秘密征询胡适意见：南京，4 月；英格兰，1 月；美国，2 月。无线电回复。

卡特

（陈宇慧翻译）

陈翰笙、邱茉莉致卡特

（1937 年 10 月 21 日）

鉴于你最近结束世界旅行，有很多有意思的新观察，对学会将十分有益。我们已从纽约视角观察了一段时间。因此对目前的时局写下我们的看法，也许并不逾分。

1. 关于国际秘书处

A. 即便在目前的形势下，欧亚大陆上的战争也在日益加剧学会的困难。

但对于我们来说，想要克服这些困难，不减损学会的功能，需要国际秘书处有明确的方针，不涉及任何调停的职能，专注成为一个纯粹的、不同国家之间的委员会。

B. 尽可能避免日益敏感的政治才较为明智，学会的主要功能现在于进一步繁荣研究项目。我们认为，目前一个主要方向在于构建有关国际关系和国家事务的政治知识。我们的工作，终极目标是解释事件的背景和趋势，而不是对于国际协定提出具体方案。我们的研究工作若要求实效，不能没有解释，但任何解释都应明确基于个人而不能基于学会。

C. 作为一本期刊,《太平洋事务》应该从多方面鼓励研究工作。我们要时刻谨记，各国委员会的刊物可能会更受欢迎。我们的期刊应转为表达严肃意见的平台，这些作者会通过期刊贡献有价值的研究。既然编辑已经回到了美国，很应该考虑将杂志扩版。也许立竿见影、较为灵活的办法，是以小册子或者单行本的方式发行增刊。

由于山川（Yamakawa）先生的建议，团队中增加了日本成员。这很容易让人觉得，我们和日本关系日益密切。有关于文献的项目，上次提出的版本与拉斯克先生在美国委员会的版本已经很不相同。日本成员的到来，也许有助于建立这一项目。

2. 关于美国委员会

追溯所有国别委员会的历史，只有三家已经建立了成熟的体系——美国、中国和菲律宾。而美国委员会在学会中历来地位突出。我们不禁为其未来发展感到焦虑，尤其现在我们与其关系密切，因此我们做出了如下观察。

A. 美国委员会所有的出版物——特别是《概况》杂志——其编辑方针一直强调要“学术以及完全客观的观察”。现在他们囿于这一口号，自己束手束脚，即编辑需要写作或者某种程度上重写所有的文章。而且“中立”和“诠释”两者之间的矛盾会使编辑左右为难。供稿作者迅速收窄，信息来源更加贫乏，而读者也搞不清楚文章本身谨慎平衡的措辞。目前的编辑方针，正在将美国委员会拉向一个危险的陷阱。从其他委员会的经验来看，这本是容易避免的。应该认真考虑学习英国皇家国际事务研究所的办法，由供稿人自己担起责任，不受拘束，把握好平衡和中立。

如果这样还对争议文章之道德责任存疑的话——对于英国皇家国际事务研究所来说这不是个问题——那么看看苏联和日本委员会都在组织刊登对彼此的尖锐批评，这种质疑即可烟消云散。苏联委员会属于半官方性质，而从当前的出版物来看，日本委员也是如此。当前鼓励公开讨论的理由，只能是学会认为其并非政治组织而是知识教育相关的机构。从这一点来看，不应该反对争议文章的发表。

B. 在编辑方针基础上，还有一点有关《概况》的意见。非常希望该刊的编辑将更多时间投入在联系外界上。不只是为了搜罗潜在的稿件，也是为了和不同派系的论者保持联系。但是目前要么出于公务繁忙要么出于人员减少的原因，多多少少都有日益见长的"关门办刊"的嫌疑。

C. 目前多数国家委员会鼓励大家学习本国有关国际关系的事务。这对于服务本国公众来说是必要的。尽管美国委员会希望振兴对远东的资料研究，但该组织效率若想提升，至少应该匀出一名成员去专门学习美国在远东事务中的有关突出议题。

D. 在我们看来，重建美国委员会图书馆是当务之急。从目下各种事件来讲，最近一件事就足以为证。一位外国报业协会的访客需要查找《九国公约》的文本，但在该馆至少花了15分钟才找到。该馆没有建立有效系统防止资料遗失，而且刊物区也有外部吵扰。

E. 从整体行政工作看来，美国委员会眼下更需协调。特别需要一个有效而非行政性的工作分配系统。当前的问题并不新鲜，但弗雷德去西部以后，问题多多少少更严重了。

《概况》开始在研究货物和贸易方面十分用力，因其发展最早被设定为商业类半月刊，当时也被英语世界中的很多贸易类期刊所引用。这种设计范围是否过窄乃问题之一。而现在，是否还要坚持这种办刊方针成为了另一个问题。

在我们看来，《概况》杂志的编辑方针现在到了要明确改变的时候，过去只选择经济类话题，而且把经济关系中的宏观现象缩窄至贸易关系。现在更多选择政治类话题，却又把这类话题收窄至贸易领域进行讨论，从科学和研究角度来看更加危险。这样一来，某个政治话题只会有单一的观察视角，这样得出并发表的结论实在很难置信。

我们希望你对这份备忘录严格保密，只供你个人使用。

（陈宇慧翻译）

卡特致陈翰笙

（1937 年 10 月 22 日）

亲爱的陈：

附件是詹姆森有关中国基础英语的报告，非常有意思。你浏览之后，请转给亨利埃特·摩尔、夏洛特·泰勒（Charlotte Tyler）和邱茉莉阅读，有任何意见，请她们择机转告我。

不知是否可以请你们帮我留意一个从北平到拉德克里夫来的姑娘？她在第□□[①]页被提及过。我在北平见过她，觉得她很有前途。你们是否能给拉德克里夫的院长写信，并以我们的名义写信欢迎她？

如你所知，南开被毁之后，张彭春飞到了日内瓦。

诚挚的

爱德华·C. 卡特

（陈宇慧翻译）

卡特致陈翰笙

（1937 年 10 月 22 日）

亲爱的陈：

埃德加·斯诺的《红星照耀中国》刚在伦敦由格兰茨出版社出版，这本

① 原信缺失页码信息。

书在美国出版了吗？如果出了，出版商是哪家？售价多少？你的评价如何？

诚挚的

爱德华·C. 卡特

（陈宇慧翻译）

卡特致陈翰笙

（1937 年 10 月 23 日）

亲爱的陈：

写这封信是为了感谢你即时的电报回复：

“胡适意于 1 月在英或美开会。”

也许你可以私下即告胡适是否愿意尽早召开太平洋委员会会议，或者他只是觉得既然必须开会，则在英美开胜于在中国开。

我尚不确定是否应该开会。在正式决定提交给太平洋委员会前，希望你发表意见。我希望邱茉莉小姐也能给出建议。

诚挚的

爱德华·C. 卡特

（陈宇慧翻译）

陈翰笙致卡特

（1937 年 10 月 25 日）

1. 回答你有关太平洋委员会的会议问题。我从与胡适的谈话中得知，他并不是很想尽早开会，也许主要是因为他不确定自己什么时候去欧洲。他认为如果会议时间确定，南京方面不会有异议。

2. 并无关于会议议程的任何消息。邱茉莉和我都没有什么举办会议的建议。

3. 贝尔肖教授（Professor Belshaw）提出在新西兰同时刊发多篇文章的建议，并由他进行。这样做看样子很不错。我想秘书处需要进一步研究这种做法。

4. 你在10月7日的短信中提到准备一项“基础研究”，但我不是很清楚具体构想，希望着手之前与你详谈。

5. 我还未阅读斯诺的《红星照耀中国》，但我知道这本书要到1月以后才会在美国出版，出版商是兰登。我还听说，月度最佳书目俱乐部已经决定要提名林语堂的《生活的艺术》为12月精选，而斯诺那本放在1月。

（陈宇慧翻译）

米切尔致陈翰笙

（1937年10月28日）

卡特先生希望知道您对下述问题的看法，您的观点是最值得信赖的来源：

1. 从上海“一·二八事变”起到当前的战争爆发为止，其间在中国的一系列“抗日”事变如北海、成都等地中，有多少日本人被杀。

2. 在满洲“剿匪”中，最准确的日本人死亡数字估计是多少。

3. 通州事件中有多少日本人可能被屠杀。

①“抗日事变”中日本人的死亡人数

1937年8月14日，2人，青岛（《国际研究与评论》（日本太平洋学会出版物），1937年10月，第□页）

1936年8月24日，2人，成都（同上，1937年2月，第□页）

1936 年 9 月 3 日，1 人，北海（同上，1937 年 2 月，第 318 页）

1936 年 9 月 23 日，1 人，上海（同上，1937 年 1 月，第□页）

1936 年 7 月 10 日，1 人，上海（同上，1936 年 11 月，第 284 页）

1935 年 11 月 9 日，1 人，上海（同上，1936 年 8 月，第□页）

从各方面来看，日本人死亡 8 人，至多 10 人。

②上海之后参见附纸。

③ 7 月 29 日通州事件中的死亡日本人数字，据 8 月 8 日的统计是 93 名男子、57 名女子，34 人未知性别，总共 184 人（《国际研究与评论》1937 年 9 月）。德川家达□ 10 月致信《伦敦时报》称，死亡人数□[①]

（陈宇慧翻译）

陈翰笙致卡特

（1937 年 11 月 5 日）

亲爱的卡特先生：

今早许仕廉来电话，得知他昨晚到纽约，明早会再去华盛顿，在那边待到周四晚上。

他在华府的寄宿处是哥伦比亚大街 1841 号 209 公寓，他的私人电话是亚当斯 6826W。

有意思的是，他私下告诉我，他已经电报南京，要求不接受任何经德国调停的对日停战协议。我很期待下周三下午在纽约和他见面。

诚挚的

陈翰笙

（陈宇慧翻译）

① 原信①至③为手写补充内容。注“□”处系原信残损之故。

陈翰笙致卡特

（1937 年 11 月 10 日）

我有意拖延评论你昨日给我的弗雷德来信，因为我想多点时间好好考虑一下。因为你要求我做出评论，我根据他的来信内容提出以下七点：

1. 旧金山夏日凉爽，但总的来说当地知识界的氛围并不如意。那里的知识界十分封闭，几乎只接纳教授，而教授们则普遍狭隘，学术上近亲繁殖。纽约完全不同。纽约是世界大都会，人们对思想碰撞习以为常，而且乐于参与讨论——纽约的话题也的确更多。

2. 即使可以保证纽约在外部人事和联络方面有更好的资源，还是有种看法认为，我们自己增加的员工用不着这些。即便要增加你在信中提到的那些人，我也不敢苟同。对我来说，一次会议不可能涵盖所有的讨论，之后不用彼此切磋、彼此启发就能继续自己的研究了吗？实际生活中，一切有利于沟通联络的手段都是必要的，倘若我们保有更多的联络关系，我们的工作也会更有活力。

3. 过去也曾提过，我们的工作需要有整体的规划，不能纠缠受制于日常的活动。尤其是经过一段研究之后要集中精力写作的时候，闭关当然有其好处。为了将这种优势与大都会里研究和联络的便利结合起来，在纽约设置总部，然后在新英格兰专门为写作辟一处幽静场所，岂不是一件美事？

4. 纽约拥有丰富藏书，这一点也胜于湾区，遑论纽约与波士顿、华盛顿地理位置更近。对于我们的研究来说，国会图书馆是无可替代的。

5. 即便旧金山花销相对更低，但届时差旅费会奇高。而且即使总部设在旧金山有经济优势，相比非经济方面的损失来说也不值一提。

6. 如果我们搬去西岸，也许的确会在 12 月的美国委员会年会上有即刻的财务收益，但这种收益从根本上来说是很有限的。有些“本地大佬”之后也许的确会捐很多钱，但如果着力于网罗他们，也许会失掉和“国家级大佬”的联系。除此之外，同样从吸收捐赠的理由来看，南加州比北加州更有钱，如果我们搬去洛杉矶，可能要冒与筹资人发生摩擦、导致竞争的风险。另外，如果我们建立了国际声誉，也很容易绕道出差去加州，号召力也会更大。

7. 无可争辩的是，美国委员会在湾区的经营优先于波士顿或者芝加哥，但不应该将其与国际秘书处的关键问题混淆，秘书处需要一个永久性所在，而不是半年一迁。如果现在认为将旧金山设为国际秘书处的永久总部所在是明智决定，我全力赞成搬迁至该地，否则任何临时性的好处都最终会丧失掉。

我强烈感觉到，好比我们在纽约乘坐的“国际特快”，只要之后能赶上，我不介意下车。从学会的利益出发，这是一个待考虑的很重要的问题。纽约和旧金山——你觉得设在哪边更有利于提高国际声望呢？

（陈宇慧翻译）

卡特致陈翰笙

（1937 年 11 月 11 日）

请为我尽快准备一份简短声明，我要署名发表在国际联盟出版的《世界政治年鉴》（*Chronicle of World Affairs*）上，指出《中立法案》将会对中国造成伤害。另外请斟酌文中是否应该指出，即使在经济层面上该法案对中国的伤害也更甚于日本。

起草该声明时，可否尽量使日方不要认为我的表态十分有敌意。国联希望，太平洋国际学会的官员能够写篇文章，反驳之前有关远东调查团的文章造成的种种影响。

（陈宇慧翻译）

卡特致陈翰笙

（1937 年 11 月 15 日）

随信附上两份抄件，一封是刚接到的阿瑟顿（Atherton）来信，一封是我的回信。请你与邱茉莉、凯特·米切尔和凯瑟琳·波特等传阅，之后寄还给我。

（陈宇慧翻译）

卡特致陈翰笙

（1937 年 11 月 15 日）

写这封信是要补充说明，自上次给你去信之后，我又增加了如下行程：

11 月 16 日，我要在布林莫尔的罗兹（Rhoads）夫妇家晚宴上讲话，当日在费城还有一场午餐会；

11 月 17 日，我要在市中心与雷曼兄弟（Lehman Brothers）共进午餐；

11 月 22 日，要与林赛·布莱格登夫人（Mrs. Linzee Blagden）共进晚餐；

11 月 24 日，在纽约邦德俱乐部（Bond Club）午餐会上演讲。

11 月 28 日—12 月 4 日，小威廉·H. 奥里克（William H. Orrick Jr.）会陪我到访中西部。

米切尔小姐今天会确定斯雷德夫人（Mrs. Slade）是否会为我安排晚宴及准确时间。

（陈宇慧翻译）

卡特致邱茉莉、陈翰笙

（1937 年 11 月 15 日）

随信附《日本可被抵挡》（*Japan Can Be Stopped*）一文，阅后寄还。

你们可否多向克希威（Kirchway）小姐的办公室打听一下，是否有美国出版商愿出版这本小册子。可看看封底下方，诺顿出版社出的是厄特利小姐的书，不是这本。

附：邱茉莉致卡特

克希威小姐的秘书今日又告诉我，诺顿出版社正准备出版这本小册子（她的原话是已经出版）。我告诉她，诺顿方面说对此毫不知情，然后她回答说弗蕾达·厄特利（Freda Utley）和大卫·威尔斯（David Wills）曾指望国家出版社来出，那边则认为这本书不在他们的出版范围之内，但他们显然努力找到一些委员来上马项目。

目前为止，他们都没有出版，尽管麦克斯韦尔·斯图尔特（Maxwell Stewart）还对出版计划有兴趣，但并没有付诸行动。克希威小姐觉得，该书需要为美国读者做一定的修改。

（陈宇慧翻译）

陈翰笙致卡特

（1937 年 11 月 16 日）

新研究计划的陈述稿现在清晰得多也全面得多了，我认为可以向我们的目标听众介绍，无须进一步细化。我只有一些小的改动建议，列述如下：

第二段讨论与巴黎和会研究的区别，我认为其中需要补充第四点。在我看来，从任何角度上来说，准备时间都非常短，无论是伦敦还是华盛顿都是如此。我们能提前开始研究，这一优势应该要明确写出来。

我还建议第三段第七行调整如下：“无论是日本全国的真正诉求，还是中国人民的共同愿望，皆毋庸提及。”

下一句话我建议代之以“这种解决方案本质上来说是暂时的，因为接下来国际国内会有一系列复杂动向，各处会十分动荡，游击战愈演愈烈，经济和战争本身压力加剧”。而之后的一句，我也建议修改如下：“这段时间也许仅持续几年，但在此期间，对合理的国际政策进行数据收集与分析的规划，需注意在各方面长期上有利于政府和公众。”

第二页第二段，我建议做如下修改：“首先，在两到四个月间要强行保持和平，所以该研究要想完成，时间十分仓促，遑论产生任何即时的影响。但强行和平在任何条件下都不可能稳定，所以之后的调整十分必要。其次，冬天结束以前也许会出台停战协议，此后会有长时间的调停或谈判期。这样，如果调查成果有价值，也许对双方和调停者都有不可估量的作用。第三，如果大国应该支援中国相当的军需和贷款，同时中国的士气得以维持，打持久战是很有可能的。这样一来，随着远东局势不断复杂升级，调查之成果也许会更加不可或缺。但无论最终达成何种政府间协议，公众、新闻界和学界都会继续研究有关问题，以助于达成远东的势力平衡。”

我还冒昧建议修改一下第三页主题列表之前的致辞如下：“根据具体建议，计划中的调查需将下列主题作为研究基础。此备忘录的读者应在其中鲜明表达观点，并明确期待的重点或其他重要的补充观点。”

第一页第二段第 8 行，八位“学生”改为“学者”；

第三页第三段结尾，“永远”改为“或多或少永久性的”；

第三页主题 A 第四款，原文之 a.、b.、c. 替换成如下内容似乎更为准确：

a. 国民饮食；

b. 农民；

c. 陆军与海军。

（陈宇慧翻译）

陈翰笙致卡特

（1937 年 11 月 18 日）

不久你就会见到裴斐本人，所以我要向你报告部分中国人因他最近的文章和讲演所产生的观感。昨天晚上在大使旅馆，我向几个中国朋友谈及与裴斐先生的小争执。在座包括孟治、胡适和 K. C. Lee。我们对他看法一致。高石（Takaishi）中伤他、指责中国侵略、鼓吹美国完全孤立主义等等，尚且不论，要害突出体现在他最近发表于《亚洲》（*Asia*）上的那篇文章里。他阐发了自己的看法，认为西方国家援华完全是出于自利，最后中国因为外援而绝无好转可能。

显然裴斐先生的观点远超前国务卿史汀生所谓“鸵鸟式孤立主义”，实际上他在伤害中国的自卫事业，在助长日本的强盗行径。胡适和我认为，裴斐先生近期曾在中国游历学习，应该知道中国军队若没有西方物质支援，无力驱逐侵略者。胡适说，他本人也倾向于裴斐先生的和平主义立场，但他绝对不认为任何西方国家援华只是纯粹出于自私目的。当然，史汀生国务卿炮制“不承认主义”，不单是为了美国利益。倘若按裴斐先生自己的说法，他的观点简直就是对中美双方公众的羞辱。

你也许会对英国工党的代表克兰（Kerran）先生感兴趣，他刚从南京来，在那边见了很多中国官员。昨晚他告诉我们，在他看来法国声明不会从印度支那边境运送军需，仅仅只是表面上打打官腔而已。克兰对最终形成苏英法联合抗日阵线非常乐观。此外，他还会在周五晚6：35 CBS广播讨论远东局势。

（陈宇慧翻译）

卡特致陈翰笙

（1937年11月19日）

一两天内，请你为我们在旧金山那个月开会所需要的书籍杂志草拟一个清单。如果我尽早将这份清单转给弗雷德，他就可以从容安排，从各图书馆和其他地方搜罗所需书籍杂志。这样我们可以尽量轻装出发。

（陈宇慧翻译）

陈翰笙致卡特

（1937 年 11 月 20 日）

亲爱的卡特先生：

我想再次确认昨日我们谈话的内容。需要说明的是，我对外交政策协会的那位不具名提问者报以掌声，因为我觉得至少裴斐先生应该澄清立场，而不是鉴于暗示或者委婉的指责。我 11 月 16 日致信裴斐先生解释，之后他于 11 月 18 日写信给《纽约时报》，驳斥高石先生 11 月 1 日在广播中的转述。

裴斐先生误解我在会上的行为是对他的不尊重，我十分遗憾。我当然应对他这位中国的朋友表示抱歉，对他的人格我毫无异议，但他如何解读我鼓掌这件事则出乎我的意料。如果方便，麻烦你能把这封信复制一份转给他，我不胜感激。他一直对中国人民抱有极大的同情，我绝无伤害他感情之意。

诚挚的

陈翰笙

（陈宇慧翻译）

卡特致陈翰笙

（1937 年 11 月 22 日）

我没有拿《太平洋文摘》（*The Pacific Digest*）做任何事情，这让我很恼火，弗雷德在这里的时候，我甚至都没有拿给他看。

这期还有多余的吗？之后几期到了吗？

（陈宇慧翻译）

卡特致陈翰笙、米切尔

（1937 年 11 月 22 日）

凯瑟琳·波特要取消《伦敦剪报》，请二位先告知你们是否同意取消，或者你们作为国际秘书处的成员觉得现行剪报对你们有所助益，亦请告知。

（陈宇慧翻译）

卡特致陈翰笙

（1937 年 12 月 4 日）

亲爱的陈：

非常感谢你发来的 10 月 11 日《大公报》翻译稿，读来兴味盎然。是否要将其寄给胡适？

我多么希望，你和胡适、孟治和许仕廉可以搭上最近的航班飞回中国，向蒋总司令力争一个类似的计划，组织一支队伍在全国推行。

诚挚的

爱德华·C. 卡特

（陈宇慧翻译）

陈翰笙致卡特

（1937 年 12 月 10 日）

亲爱的卡特先生：

应要求，我把附件中的草稿邮寄给你，希望有所助益。也许你需要自己补充一些文字，因为我也想不出更有建设性的内容了。

建立一个活跃的中国太平洋国际学会，其重要性不言自明。尤其是当前局势下，其地缘优势越发突出，即便从纯机构设置角度来看，中国委员会也应该是我们的重心所在。

另外，这项工作迫在眉睫，因为相比较包括日本在内其他地方的太平洋学会，唯有中国受战争和政治动荡而如此混乱。毋庸赘言，如果中国太平洋国际学会没有持续活动，那么是没有什么前途的。形势所迫，确实亟待刘驭万和同事们在中国的活动，以及我们在海外的支持。

我想知道你是否已写信给何廉，他可以向你直接报告国内的现实状况，以资考虑是否有可能将中国太平洋国际学会带上一个新台阶。

希望你在西岸诸事顺利。

诚挚的

陈翰笙

（陈宇慧翻译）

附件：

陈翰笙致胡适信草稿

亲爱的胡博士：

到了旧金山我非常高兴地发现，您在当地人和华人社团中都十分受欢迎。在我看来，西海岸的华人相较于东岸，整体更加爱国。但我敢肯定，无论国内还是海外，中国人都十分尊敬您，并对您寄予厚望。受这样的氛围感染，我不禁在和您重逢于纽约之前，匆忙给您写信。

我们确实生活在一个动荡的年代，我认为中国尤其如此。我能充分想象到，在这个特殊节点上，许多单位——行政的也好、教育的也好——在不断消亡，新的又在建立起来。从这层意义上来说，您一定已经考虑过中国太平洋国际学会的事情了。自我上次访华以来，中国委员会就力图在财务和人事上展开新行动，我不知道您在这方面有没有消息。在当前局势下，无论你们有什么新计划，我都非常有兴趣，请尽可放心。

您是否可以为学会召集一些中国学者展开新的研究？我正在考虑的人选

有著名法学家王宠惠博士等。比尔·霍兰告诉我，徐淑希一直在使用中国太平洋国际学会的图书馆和设在上海的太平洋国际学会有关设施。我们某种程度上能不能利用这层关系？

无疑中国未来会需要更多从事中国内外关系研究和公共教育的机构。当新中国从满目疮痍的当下中诞生时，中国太平洋国际学会将会是其中的佼佼者，对此我抱有很大期望。

敬颂时祺

此致

（陈宇慧翻译）

卡特致陈翰笙

（1937 年 12 月 13 日）

亲爱的陈：

请将这份摘要严格保密。但如果你能够仔细通读之后，将主要建议以及如何将其融贯其中的想法空邮给我，我会感激不尽。现阶段，我特别需要收到不同意见。

诚挚的

爱德华·C. 卡特

（陈宇慧翻译）

卡特致陈翰笙

（1937 年 12 月 14 日）

亲爱的杰弗里：

实在感谢你 12 月 10 日来信中所附给胡博士的信件草稿。只稍微做了调整，这封信开头就显得极为巧妙了。但我还是希望，你能为中国太平洋国际学会提供三到四个具体的研究方案，然后空邮到旧金山给我——无论是汉口、重庆抑或是在海外会员指导下都可以。

我注意到，你在信中说你也想不出更有建设性的内容了，但是我还是希望你在现有基础上提出一些明确方案，我可以转给胡博士参考。

你提出让我联系何廉，此建议甚好。

诚挚的

爱德华·C. 卡特

（陈宇慧翻译）

陈翰笙致卡特

（1937 年 12 月 16 日）

亲爱的卡特先生：

您读过《大公报》社论译稿之后给我寄了一份短信，记得其中写到希望我们建立起合作联系，我很高兴地告诉您，今后这样的机会将越来越多。就在昨天，麦克唐纳（McDonald）邀请孟治、胡适和我共进午餐，席间讨论热烈。所有三条路径都汇集在一起，我觉得让东道主印象深刻。

希望你有兴趣读一下附件中的社论。我也附了一篇斯蒂尔（Steele）昨天在《太阳报》上发表的一篇电讯打印稿。本想抄但未成，所以希望你读完之后寄还给我。

我刚拿到肖特维尔（Shotwell）的新书，我猜应该是你授意寄给我的，在此不胜感谢。

诚挚的

陈翰笙

（陈宇慧翻译）

陈翰笙致卡特

（1937 年 12 月 17 日）

亲爱的卡特先生：

回答 14 日尊函提出的问题：简要说来，尽管看来似乎不尽如人意，但第一次与胡适见面，我觉得也不可能比现有草稿里讨论得更多了。我倾向认为，最好还是请胡适先回复，一旦我们给了时间限制，我相信他会即时行动起来。此外，他对目下新规划所面临的困难和复杂性有自己的想法和理解，这都是必然的。换言之，我觉得我们能做的就是建议他尽快行动，然后全听其安排。有鉴于此，我在上封信里说我想不出“更有建设性的内容”了。也许我应该说得更明白些，“建设性”真的指信中的内容，而不是中国太平洋国际学会的具体可能性。

当然，中国太平洋国际学会肯定有自己特殊的困难情况，如果胡适征求你的意见，或者之后与你讨论，你自然就心里有数了。

诚挚的

陈翰笙

又及：也许你感兴趣：罗曼·罗兰、罗素、爱因斯坦和杜威四人，最近发表联合声明谴责日本，呼吁抵制。罗兰写给杜威的信里，形容日本政府“贪婪掠夺、疯狂成性”。我们得知，几天之内，全印国民大会将通过对抗日本的决议。

又又及：前天胡适告诉我，他要在美国再驻一年。我还得知张彭春圣诞节要来纽约。

（陈宇慧翻译）

卡特致陈翰笙

（1937 年 12 月 17 日）

霍兰和拉铁摩尔的电报：请告知陈翰笙，其分析将刊在三月《事务》上，中国的什么个人和组织在促成或者假装终止谈判？重启谈判大概有什么困难？任何谈判方都不能代表或者裹挟中国人停止写作。

爱德华·C. 卡特

（陈宇慧翻译）

卡特致陈翰笙

（1937 年 12 月 18 日）

亲爱的陈：

11 月 15 日的《大阪每日新闻》（*Osaka Mainichi*）和东京《日日新闻》上，刊载了有关外交政策协会 11 月 13 日纽约午餐会的报道，其中提到保罗·谢弗（Paul Scheffer）时有如下惊人词句：

> 《柏林日报》（*Berliner Tageblatt*）前编辑、记者保罗·谢弗最后登台，去年夏天他自德国经马来群岛访美，行程中顺访日本。其讲演点燃了现场气氛，他谈及外国人常驻东京的安适生活，赞美了日本人的国际主义。
>
> 他讲述了美国公民被中国土匪绑架、遭到非人的虐待，后来被日军所救的故事，深深吸引了现场的观众。

谢弗真的说了类似上面这些内容，尤其是其中关于中国人的这些吗？

我前几日才刚刚见过谢弗，我觉得他不像是这般说话的人。

诚挚的

爱德华·C. 卡特

（陈宇慧翻译）

卡特致陈翰笙

（1937 年 12 月 18 日）

亲爱的陈：

我今日已经将下文拍电报给你：

霍兰和拉铁摩尔的电报：请告知陈翰笙，其分析将刊在三月《事务》上，中国的什么个人和组织在促成或者假装终止谈判？重启谈判大概有什么困难？任何谈判方都不能代表或者裹挟中国人停止写作。

你可知这是三月《太平洋事务》刊物约稿。

诚挚的

爱德华·C. 卡特

（陈宇慧翻译）

陈翰笙致卡特

（1937 年 12 月 22 日）

亲爱的卡特先生：

20 日发出的 18 日来信收讫。我在外交政策协会 11 月 12 日会议上的见闻，与你信中提及的两份日本著名报纸所登载的内容不甚相同。下文为他所言，几乎是逐字复述：

> 对于我来说，远离了战争的恐怖是一个巨大的解脱，像现在这样对着如此智慧的一群观众讲演，又是莫大的愉快。在上海，弹片从身侧飞过、机关枪擦肩扫射，是中国还是日本军队实在难讲。我们从长坡上下来登船时，经历了一段非常窘迫的逃难。而到了东京，一切都非常有序平静。我抵达东京的第一天，去了一家日本鞋店买了双鞋，非常高兴。后来我才发现，这家店抵押给了一家美国银行。给我试鞋的男孩儿叫汤普森，实际上是个在东京生活的中国人。而我身为顾客，却是一个德国人——这种国际性简直让我着迷。我没什么要说的了，没有其他的话，谢谢大家。

他就讲了不到两分钟，其实布尔给了他五分钟。克兰用了五分半发表了一席对日本军国主义的抨击，很有感召力。观众对这两人的反应迥异，非常矛盾。次日这位英国工党领袖[①]告诉我的事也很有意思。他说："谢弗完全卖身希特勒了，我可以从会上他的表现看出来，我一进场，他的姿态很明显就僵硬起来。"

我们发现谢弗实际上说的和高石真五郎的报纸印出来的不一样，这很有价值也很有意思。这也是法西斯国家新闻报道的一个绝好的典型案例。

12 月 17 日你的电报里说会给我一封有关内容的来信。我一直等着收到信件，因为我对电报传递之益处一直半信半疑。

诚挚的

陈翰笙

（陈宇慧翻译）

---

① 即克兰。

卡特致陈翰笙

（1937 年 12 月 28 日）

亲爱的杰弗里：

出旧金山的路上，我希望你可以为计划 II 列出一个参考文献清单来，大概如清单油印草稿所示（第 2—3 页）。可以等你到了西海岸之后再做完，但我希望你在火车上抓紧时间，初步大致拟出计划 II 中所必要的书和文献来。

诚挚的

爱德华·C. 卡特

（陈宇慧翻译）

卡特致陈翰笙

（1937 年 12 月 28 日）

亲爱的陈：

秘书处的一些成员屡次建议我们延聘格拉基坦泽夫（Grajdanzev），他之前供职过外交关系委员会、南开大学，现在在伯克利。他们认为格拉基坦泽夫能够代替一位苏联成员。在这个位置上，他可能不会受苏联太平洋学会欢迎。你到旧金山后，可否即帮我打听他的观点和能力，私下写一份报告给我？

诚挚的

爱德华·C. 卡特

（陈宇慧翻译）

陈翰笙致凯恩斯

（1937 年 12 月 30 日）

尊敬的凯恩斯[①]教授：

在加州约塞米蒂公园举行的太平洋国际学会第六次会议上，展出了一些非英文期刊，或由太平洋沿岸国家出版，或研究太平洋事务。

因为这层关系，我受邀简要介绍展览中一些最重要的作品，作为专家为文章写一点摘要。我将其订成小册子，单寄给您一份，希望您与同事们有兴趣阅读。

毋庸赘言，眼下如果您觉得有用，我可以保证国际秘书处会无偿向《经济学杂志》（*The Economic Journal*）提供其中每一期或其他期号的文章摘要。现在外界对远东，尤其是中国、日本和苏联的研究兴趣日益见长，这也是此项文献服务的缘由。由衷期待您的总体评价以及对该计划可行性的看法。

诚挚的

陈翰笙

（陈宇慧翻译）

① 约翰·梅纳德·凯恩斯（John Maynard Keynes, 1883—1946），英国经济学家。他主张政府应积极扮演经济舵手的角色，通过财政与货币政策来对抗经济衰退乃至于经济萧条。凯恩斯主义有效抵御了 1920—1930 年代大萧条，也是 1950—1960 年代许多资本主义社会繁荣期的政策基础，因而凯恩斯被称为“资本主义的救世主”“战后繁荣之父”等。

1938 年 1 封

陈翰笙致欧文小姐

（1938 年 11 月 19 日）

邱昌渭任广西教育厅厅长。何廉是经济部两位次长之一。邱在桂林，而何廉在重庆。明年二月我和内人回国时应能见到他们二位。

以下是我关于张伯伦政策的看法：我认为这位老人已经完全沦为法西斯帝国的傀儡，为了维护少数人的利益，完全罔顾大多数人民的利益甚至生命。但是你不必感到遗憾。反民主的政策终究会失败，问题是还要多久。

我最近从中国来的美欧朋友都认为："问题不是'中国是否能赢'，而是'中国什么时候会赢'。"这种对中国胜利的信心，建立在比较参战国家相对优势与劣势的基础上。战前，日本的优势就众所周知，其富裕程度益发突出。而在战争开始一年后，日本就陷入了巨大的债务之中。黄金储备日渐空虚，外贸下降了 20%。显然战争靡费加速了其战争物资储备的消耗。其人民依然是理性的，而国内对战争的狂热已经到了拐点。我希望你读一读我近来从日本收到的大量信件。

中国当然会赢，问题是何时？我们知道日本的优势和弱点。而现有的游击战术和运动战，是我们对抗日本军队优势装备的有力武器。他们的猛烈炮火和毒气也许会清出一条通路，但之后我军亦可趁势而入，日军身后的道路会被游击队阻断。常规部队则会避其锋芒，诱敌深入，使侵略者不堪一击。

中国人民现在的自由、平等、博爱之歌唱得比其他任何国家都要响亮。反对希特勒、墨索里尼和日本侵略者的无数戏剧正在中国到处上演。艺术家们正以空前热情揭露战争的恐怖、赞美和平的力量、歌颂普通人的英雄主义。当我写下这几行字的时候，我对托马斯·潘恩歌颂美国独立战争时的诗句感同身受。

如果我们夫妇能离开纽约——可能要花费半年的时间——将在1月17日从洛杉矶出发，但行程还不确定。你若回信，请寄至以下地址，纽约市东52街129号。向你和令堂致以我们夫妇最诚挚的问候。也向两年多以前在你那儿见过的弗雷德里克森（Fredrickson）女士致意。

你图书馆的学生：陈翰笙

又及：阿蒙教授（Professor Ament）近来如何？我觉得他对中国的前景有些悲观。

（陈宇慧翻译）

1939年12封

斯诺致卡特

（1939年7月28日）

尊敬的卡特先生：

蒲爱德（Pruitt）小姐出发的时间大大推迟了——我也一样。她定于周六（7月30日）离开，应于8月末抵达纽约。眼下每周每日都有新动向，她很难提早动身。中国工合在援助问题上很有成就，也有影响力。蒲爱德小姐一头牵系着当地的工作，一头牵系着外部友人与支持者。

幸运的是，陈翰笙已经答应接任未来半年中国工合香港促进社干事的职位。我们也希望，这一任命可以让中国委员会“出借”邱茉莉给中国工合，让其担任主席秘书，因为翰笙所面临任务之艰繁，非其个人有限之时间精力可以应付，必需得力人手帮忙。同时，办公室日常人员已组织停当，振作精神，在合理预算范围内运行顺畅。

你所知的托管基金，有鉴于其重要性，现已成为现实。但我们将其设在中国工合国际委员会生产救助基金名下，多少扩大了其权限，提升了重要性。香港圣公会主教何明华（Ronald Hall）担任主席，中国银行经理陈乙明担任副主席兼司库。成员还包括宋子文、弗利神父（Rev. Foley）（马尼拉委员会主席）、薛芬士（Alfonso Sycip）（菲律宾中华商会会长）、艾黎（Alley）先生、蒲爱德小姐、罗文锦爵士（the Hon. M. K. Lo）等。如果你无暇担任，我们希望你能够提名代表美国的委员会成员。

国际委员会现如今已不只是纸上谈兵，而已成为现实。不久前已通过有关规章。委员会在艾黎访问此地期间正式成立。华币100万元银行贷款已划至委员会账上，为支援东南服务。由于中央银行是主要出借方，且得益于孔祥熙博士亲自做出允诺，委员会因此与政府合作较为顺畅。双方正在共同建立基金，再加上这方面的其他非政府贷款，总额在华币 30—40 万元间。我们刚接到一封薛芬士先生之绝好来信，为委员会进行了背书，也答应了参与邀请。他再次确认虽然“要费约一月时间”，但菲律宾华侨可为本基金募集 50 万美元！！同时，巴达维亚方面也向孙夫人捐款华币 10 万元。

我们正在印制声明和规章、附录等，不久即寄送于你，尚需向你继续求助。我们正满心期待美国方面的鼎力帮助，也万分盼望你对于加强中国工合国际委员会的有关建议与合作。我决定自己不参加委员会，理由之前已向你说过，我觉得孙夫人和子文已完全谅解。虽然孙夫人出于一些考虑不进入国际委员会，但对委员会全力支持，她也依然是香港促进社的名誉主席。

眼下，1911 年的《日美通商条约》已经废除，蒲爱德小姐成行的可能又增加了。我坚信，华盛顿方面在这件事上的立场，深受不参加日本侵略委员会一直以来耐心细致的说服工作影响，所以，你要是能指点方向就太好了。显然，这种新动向会大大提升该委员会的工作量，其领导人会无暇顾及工合，仅仅给与道义上的象征性支援。我倒认为可能也就仅限于此。我觉得，两场运动不应该雷同。在我看来，即使有业务重叠，中国工合也应该发展新的团体。

迄今的经验告诉我，如果中国工合委员会或者协会在美能够保持领导层和话事权都完全在美籍人员手上，则佳绩可期。当然，也应保留中方的意见或者协助。但要在此地达成最大目标（我认为应是便利当地工作），组织应完全由美籍组成，避免外界可能产生的是否有中国政府或意识形态宣传背景的质疑。

如你所知，蒲爱德小姐并未受雇于中国政府。过去 8 个月以来，她承担这份全职工作，但始终依靠自己的积蓄生活。所有工合的承运都没有政府资助，而是靠自己来募集资金。其中许多人、甚至可以说大多数人，都十分具有奉献精神，热情十足，一直在尽力养活自己。但对贡献最大而经济条件有限的人来说，许多事无能为力。

从过去经验看，蒲爱德小姐的生活费如不能从公支付，显然是不可行的。她是国际委员会和工合之间的往来秘书，因此海外支持者实际上应该提供她的开支。这对她稳定在此就职，以及工合的下级机关来说帮助甚巨，此后她即可完全不用依赖本地或者华侨的资助。

在我看来，眼下有几种可能。一是美国委员会也许会选举或者委任她担任其中国事务秘书，负责执行资金分配、汇报成果等等。她的工资作为一项特别开销，由委员会支付。实际上钱不是很多，蒲爱德小姐作为有特别任务的秘书，月薪两百美元，她觉得已经足够开销，甚至能覆盖多数出差开支。

另一种可能是，美国委员会付给蒲爱德小姐一笔薪水，由工合救济基金中美国捐赠资金所产生的利息划拨。如你所知，附加条款里有一项授权给国际委员会因追加贷款向在地单位收取利息，用于出版和促进工作的开销。如果美国委员会可以募得 10 万美元，则可让国际委员会以上述名义每年收取 3000 美元。这笔钱的一部分就可以作为蒲爱德小姐的薪金付给她。

当然，最好还是洛克菲勒、卡内基之类的慈善机构专门资助中国工合，并且指定蒲爱德小姐为资助款项在中国拨用的代表。库恩和格兰特之前十分热情，但现在成绩平平，我对此尤为失望，对那边已经不抱什么指望。卡内基的钱我不是很清楚，古根海姆方面也许更有兴趣。但在我看来，更可能的情况是其他一些富豪，比如维拉德·斯椎特夫人（Mrs. Willard Straight）、克雷恩家族（The Crane Family）或者小拉蒙特（Lamont），能够出一笔专款，填补这一小笔支出。

蒲爱德小姐早些回来，并且继续她业已开始的工作，都是非常重要的。任何可以助力、能予以她一定行动自由的安排，对未来发展都很关键。

我觉得幸运的是马尼拉基督教女青年会安妮·古斯里（Anne Guthrie）小姐较早抵美，她可以帮助你和蒲爱德小姐在推广和组织方面做些工作。古斯里小姐在马尼拉委员会中一直很活跃。她的演讲、组织经验十分丰富，而且在美国广具人脉。她本人给一家西北的合作学校募了一大批专家和钱物，竭尽所能，而且在美国一直在为这一目标努力。我希望能在纽约建立基金，供你、蒲爱德小姐、古斯里小姐之间成立一个委员会或者碰头会，在这方面做出计划，在一个大框架内来做推广和宣传的协调培训，这个框架则可由你、鲁斯（Luce）、赫尔希（Hersey）与乐恩施坦主教（Bishop Lehenstein）实施。

我今晚飞重庆，之后会在当地给你写信。

向你本人与赫尔希致意。

诚挚的

埃德加·斯诺

陈翰笙致斯诺

（1939年8月17日）

亲爱的斯诺：

前日正在读《华盛顿邮报》对你抨击蒋的有关报道时，收到了你8月6日的来信以及你给佩吉（Peg）去信的副本，读来兴味盎然。剪报附后，想来你会感兴趣。

翟夫人的确将你的信件连带所有附件全部转给了主教。国际委员会仍然任务艰巨。泗水方面7月15日电汇的10万美元，仿佛是落在了一个极荒的深谷里，杳无音信。还有菲律宾汇款：李清泉夫人8月2日分别给宋美龄和宋庆龄拍电报；但并未对蒋夫人提及孙夫人，而在给孙夫人的电报上说，240000元款项的一半都来自蒋夫人。而当孙夫人收到电报时曾咨询银行，我则代表委员会，向身在马尼拉的李夫人写信，请她再给蒋夫人拍一封电报。240000元全款于8月5日汇至重庆，但我们目前还未从那边得到任何消息。我已写信给薛芬士，询问他委员会方面应记录下哪些汇款；另写信给艾黎，让他为100万贷款的用途给出正式的、列出具体用项的建议。下次委员会召开前，上述诸事要厘清至少一项。

我相信你已经从重庆办公室处拿到委员会的公告副本。这些副本已经在国内外传开来。香港促进社正在走上正轨；我们现在有个支付系统，可以接收捐赠、开具回执，开始油印每周简报（第一期8月19日出版），月度简报也在扩版。赫尔曼（Herman）刚刚着手组织发行委员会；露西负责会员委员会，正在筹划新的项目；与此同时，财政和技术委员会则维持旧例。

我们正在研究海南难民计划，我会和泰德讨论龙州玩具合作社的前景和可行性。你说我们一定要生产一些资本周转快的产品，以期在合作社引入机器时能够有资本讨价还价，对此我完全同意。你也许还记得，我们刚到香港时即谈过此事。但我现在认为，龙州才是最便宜之处。

急盼你的回信。

诚挚的

陈翰笙

（陈宇慧翻译）

斯诺致陈翰笙

（1939 年 9 月 6 日）

亲爱的陈翰笙：

我昨晚从宝鸡乘火车抵此地。上周一直在宝鸡参观合作中心，与会员和工作人员交谈，搜集西北地区运动的有关材料。自成都搭乘工合的卡车来此地的路上，有卢广绵和吴去非作陪，我还去了工合在沔县、宝城、双石铺、汉中等地办事处，而在去西安的铁路沿线，我看到了激动人心的工合十里铺工业区。当然，西北还有些工合办事处我无暇去参观，特别是那些甘肃地区的。现在西北工合下设机构已达 300 多家。

此处无法尽述我的见闻，但我想国际委员会的成员们也许对一些事情和观感会有兴趣。首先，这里的多数工合组织都是商业模式，运转良好。除了个别机构之外，他们都在赚钱，至少也能平账。已经有够多成果说明，工业合作模式至少在战时是卓有成效的。

其次，在工合成员这边，主动性和自我管理方面已经大有改观。许多行业和手工业建立了工会或协会。每个办事处都已经或者正在建立区域性的协会。正在筹划建立全西北的工合联盟——联合社。

第三，各合作社正在分担运动的责任。全西北工合联盟之金库也在筹建当中，其中工合成员将有代表。合作社成员将认股金库，以此筹资，并进行监管。这将会是工合之中央银行系统的肇始。

但在这些进展之外，亦有如下事项尚需平衡：

第一，西北总部没有流动资金来扩大运动范围。政府承诺给整个工合5000000元，但现在仅仅提出2000000元，其中目前只有700000元已拨付给西北。上月了解到，之前保证会提前付给支持工合的所余3000000元，但目前有困难，因此这部分资金不可动，且暂时看不到拨付的希望。

其实自5月以来，西北总部就没有收到重庆方面的资金，因此其工作多有滞后，新计划基本都停滞下来了。完全是通过向国内银行以8%的利率贷款20万，才得以支持到现在。国军预付了一小笔钱购买军毯，也使工合得以建立若干新的纺织合作社。但这么微薄的资金对项目整体显然帮不上什么忙。

第二，西北总部的员工已有两月未收到重庆方面的款项，用以支持办公室和人员的开销。工资都是从资本金中借的。除非重庆方面尽速支付欠薪，否则员工们无力维持。假如工合组织的运转没有足够资金支持，那么所有的资产将被清算，或者由银行接管。后面这种情况一定出现一个银行的代理，而且还会有一堆伪工合组织冒出来。

第三，工合在西北的目标之一完全不能实现——甚至是最重要目标。在发展二三线工业之余，工合未能在前线工业方面有任何贡献。从工合的最初目标来讲，在敌占区、敌后游击区和邻近后方，要发展流动工业组织，是需要前线或者游击工业的。这样的组织与二线地区的其他组织建设路径类似，也要彼此协作。（参见《中国工合手册》第一版）而工合出现在二线及后方，却几乎完全在前线缺位了。

这一失败并不是工合组织乏力的原因，工合在游击区做了很多努力来开展工作。关键在于，工合在这些地区没有资金，也没有经费供给当地员工，重庆方面也未允许在这些地方建立办事处。从西北总部的资本金中划拨了20000元，用以开展陕南的工作，并在当地派驻一位代表。但重庆方面既未允准这笔资金，也不给这里划拨其他经费。另有一笔20000元拨给了延安办事处，重庆也没授权，现下若要给这处重要的游击战根据地争取亟需的发展经费，已经不可能了。工合在陕东南、陕北、冀中、察哈尔、绥远等地已经不可能做任何工作——而这些都是重要的游击队根据地。当地中国人要重建生产、给成千上万的难民提供就业、抵抗日本商品的经济侵略等等，都急需资金增援。

还有一事供你参考，日本商品的渗透已不仅限于游击队根据地抑或敌占区。大量的商品如潮水般倾入西北战线后方和黄河西岸。我搜集到可靠数据显示，六七月间有价值 5500000 元的日本商品自潼关抵达西北。这不是什么“走私”商品，而是向中国海关交税、走正常渠道入关的进口货品。按此比例计算，每年有价值 33000000 元的日本商品自潼关进入中国的非敌占区。进口货品倾销的主要通道还有：经张家口过榆林，经包头过榆林、宁夏到兰州，经老河口过豫北，等等。即便如此，和长江沿岸港口——汉口、芜湖、南昌、杭州、南京等——的进口贸易规模相比，西部甚至不值一提。

在西北，工合的存在某种程度上成为检测日本货物流向的一个指标。工合的工厂把物价拉低到本地产品可以在许多地方与进口的敌方商品一较高下的水平。既然贩售日货牟利不多，商贩们就不愿意大批买入。甚至可以自信地说，政府在西北哪怕给工合组织投入小小的一笔 5000000 元，日货的流入将被阻断，或者至少降到不值一提的数量。但是，工合在非敌占区的发展还是不能解决敌占区里日寇的经济渗透问题，后者之规模，主要是为其长远和现实军事利益服务。

国际委员会要如何推进目前的局面呢？我与艾黎、卢广绵、吴去非诸先生谈过后，提出如下建议：

1. 国际委员会应利用自身影响，劝说政府继续给工合拨款，补足承诺但尚未到位的 3000000 元，以用作该运动的启动金。其中相当部分要指定划拨给西北，按现下需求缓急，自主投放在一二三线地区；

2. 国际委员会应联络在香港的中国银行界，要求为西北工合提供低息贷款帮助。使工合未来一年在当地至少可以支用 5000000 元。如果能以 2% 的利率从银行贷出这笔钱，国际委员会的周转金可以担保并预支，指定划拨给西北总部。预支给具体成员机构时，可将贷款金利率从 2% 提升到 4%，以此支付工合的雇员薪资。

银行为西北二三线地区工合贷款是最安全的内地投资。当地银行认为风险很小，很愿意以一般商业利率8%给工合贷款。但是这种办法并不能使工合存续并壮大，也不能为教育、医疗、实验室、战时工业等非盈利社会服务项目提供专门经费。因此，工合以后会逐渐建立区域金库、拥有自己的资产和资金，之后还可以开办合作银行、可以支持这种开销。但此前，必须要找到无利率的资金或者低息贷款。

除了找华人银行给西北工合总部以投资形式贷款5000000元以外，更应该由国际委员会出面劝说这些银行，预支相同或类似金额来支持前线或者游击地区的合作社。工合领导考虑到在敌占区无法发展运动，只能假想在所有游击地区运动都会受挫。他们认为，除非游击地区还保有中国人的工业，而且这些地区的流动制造业会满足军民两方面的需要，否则长期抵抗整体上会失败。如果日本可以征服北方诸省，并加强经济控制，使之成为一个专门市场，那么工合会和所有其他中国工业一样，注定也会在中国西部失败。

因此，从自身抵抗来说，工合应向银行界寻求爱国贷款，支持在前线的项目。显然眼下来看，当地工业会比后方工业的商业风险大。但应该说，预付资金大半会有很好的收益，多数流动的游击式工业车间也能免于战火破坏而保全下来。

鉴于上面两种需求，西北总部正在详细规划，不久即会向国际委员会汇报。中国工合5000000元的贷款需求会附带一份机构财务、会员资格、资产、业务、制造、销售和前景的报告。这份规划将会提出未来在一二三线地区未来发展的需要。

3. 虽然工合未来有商业贷款支持，甚至单靠自己的流动资金，工合希望，即便工合没有政府的经济支持、一线工业前景极为黯淡，现有各办事处也仍然能够维持运营，即便关掉一两个也行。可以肯定的是，政府资金不投在这些地方。已经建起来的合作社正在艰难运营、勉强支撑，不可能再做额外的工作。而且他们的协会最多只能运营其资产帮助当地的协会。尽管西北总部的管理层敦促国际委员会游说银行界和爱国人士给前线发放无息贷款，或者发放非定向贷款，当然，他们也不会高估获益的可能。

因此，西北工合的领导层——这里包括艾黎、吴去非、卢广绵诸先生——都在催促国际委员会从周转金中尽可能多地为前线地区“工合”贷款，比如靠近日寇边界的游击地区和根据地，或者后方。

现有一份关于立即向前线流动工业合作社投资500000元的计划，覆盖了豫北、陕南、陕北、察南、晋北、冀中游击地区和根据地的最低工业所需。晋南、豫北和晋北的工合办事处已经建立起来，但都没有资金和开支维系。豫北的代表因为缺钱已经撤走了。如果接下来还是没有资金，则陕南的代表会步其后尘。晋南办事处因此也奄奄一息。虽然工合有若干受过训练的合作社领导人可备派往游击地区，在当地开展工作，但没有必要将他们送到缺乏资金支持的地方，还是让他们待在后方比较好。

因为没有组织者、技术、机器、可动员的资源和劳动力，最主要的是工合名下没有资本和钱来弥补上述这些欠缺，日本商品正在征服敌占区，这远非刺刀所能办到。只要工合真正有运转起来的制造业，则不光能打赢和日货这场仗，也能够在经济上取得成功。光是军事采购一项就足够这些工厂运转了。比如单陕南一地，中国军队一年开支约30000000元，大多数钱主要用于购买军粮和武器，其中超过一半是手工产品，只要有流动的轻工业厂家，即能组织生产供应。

因此我强烈建议国际委员会将余钱分配给西北前线游击工业的发展，上文提及的有关计划，将很快寄往香港，标题为“工合国际委员会西北游击地区国际工业合作项目”。

如你能通过秘书处，将上述意见提请国际委员会关注考虑，我将感激不尽。

向你本人和国际委员会全体成员致意。

诚挚的

埃德加·斯诺

又及：关于上述项目的总结，国际委员会可以直接通过“军工”指令来电汇贷款，在宝鸡这可以无须多言而得到体认。他们的详细指令可以通过航空邮件寄来，副本可以抄送西北工合总部负责人卢广绵先生，以及同在宝鸡的艾黎先生。

又又及：缺少有关游击工业和前线工业的评论，我还要强调之前所有要求将在此领域投资的报告基本都是在空想。这不是指报告人故意说假话，金融问题严重、受到密切关注的时候，工合的资产每周都在变动，实际财务情况越来越糟糕。只有非常认真地确定大笔款项会拨给工合后，才能够提出申请。特别是为工合的前线工业提供经济支持的报告，一定要有不可动摇的证据。这种看法源自看到最近一份《工合新闻》上有份报告，称政府要拨款250000元建立游击工业，一定要指出这种说法毫无根据。

（陈宇慧翻译）

陈翰笙致斯诺

（1939年10月21日）

亲爱的埃德①：

何明华主教让我在下次国际委员会开会前列出资金需求和项目计划的清单。我便赶忙请你列出西北地区项目计划和所需经费，不必详细。

你可以在会上简要说明资金数字或项目计划，但会前还是要传阅计划清单和必要的说明。这是主席前两天和我沟通的结果。方便的话，请在周一前给我华北的计划清单。

诚挚的

陈翰笙

（陈宇慧翻译）

① 埃德（Ed）是埃德加（Edgar）的简称。

陈翰笙致何明华

（1939 年 10 月 23 日）

亲爱的主教：

这封信以工合促进社的名义，主要是为了请求您划拨部分资金给广州湾地区。应总部设在新加坡的琼崖华侨救乡总会的请求，工合国际委员会的多位成员（包括我本人）去广州湾地区参访，调查是否有可能在广州湾地区建立工业合作社，以解决近 20000 海南难民生计问题。在完成有关难民个人情况的数据统计工作之后，我想向身为国际委员会主席的您报告总体情况。

20000 名海南难民中，大约一半都是中等收入，并非赤贫，其中许多近期回到了琼岛。剩下接近 10000 名难民都出自赤贫家庭，其中至少有 2000 名是孩童，而 4000 名以上是壮年男性，也有许多壮年女性。眼下大约 100 名女子从事渔网织造，可供出口暹罗。而剩下可就业的男女都是赤贫的战争难民，没有工作，都由琼崖华侨救乡总会接济。该协会现正力图帮助孩子上学，而如何将难民中的劳动力组织起来则是工合的工作。

在广州湾及附近的中国领土范围内，组织合作生产是颇有广泛基础的，因为粤西南物产丰富，禽畜饲养发达。亚麻、兽皮、火柴、毛巾还有皮具等都需求旺盛，以广州湾为中心，赣、琼等省的军队都急需这些货品。

本地有 1500 万人口，我们显然应该首先在广州湾筹办一个工合讲习班，建立一些合作社。这是华南最具战略意义的要冲，相当于陕西之于华北。无论从社会还是政治意义上考虑，本地工合都应该在组织诚信生产者方面扮演领导角色，帮助军队和本地民生。既有这个想法，我不禁写信给你，恳盼你们仔细考虑。那些高谈阔论中国东南、中国西南的人总是不幸忽略这一地带，因为它实则横跨在两地之间。

可喜的是，爪哇华侨向财政部为工合定向捐款法币 100000 元。你也许还记得，我们 9 月 21 日在香港曾经索要过这笔款项，而 27 号终于收到了。全部款项由 S. J. Chen 10 月 9 日带到赣州。

我们已收到财政部给香港促进社 10 月 20 日的来信称，根据爪哇华侨给该部 9 月 9 日的去信，这笔法币 100000 元的款项指定拨给福建和广东，我想国际委员会应有权在两省做进一步分配。是否可以将这笔钱的四分之一即

25000 元给广州湾地区？这笔钱会用来在这个要冲地区开办工合习班，还有一些小的合作社，我已尽量向你阐明其重要意义。

诚挚的

陈翰笙

（陈宇慧翻译）

陈翰笙致斯诺

（1939 年 10 月 27 日）

亲爱的斯诺先生：

应主席要求，我已将所有收到的资金分配提案在委员会内传阅。

你寄来的文件已全部分发出去，所以无法再给你寄回去一份。附件是艾黎的文件、弗雷泽（Fraser）博士的提案，还有我关于广州湾地区的看法。

因印数有限，请你下周一下午开会时务必还将这些文件带来。

诚挚的

陈翰笙

（陈宇慧翻译）

陈翰笙致斯诺

（1939 年 11 月 10 日）

亲爱的埃德：

关于西北如何分配，我们进行了反复而冗长的讨论，特别是如何让艾黎在香港理解和密切关注这个地区的实际情况。11 月 4 日，艾黎终于发来了一封亲切的短信，可画休止符。他说："我建议 100000 元中十分之一用于游击地区的技术训练，这对当地农民帮助甚大，他们可以通过从事农业生产一起维持生计。其他项目可以继续，应保持较小规模。除非自耕农资金周转状况良好，否则不应搞大规模生产，我希望可以就此问题当面表达看法。"

我想告诉你，孟受曾很快会到屯溪。艾黎希望他能在安徽、浙江两省成功组织起来，那边有位会计在帮助他。我想只要收到孟的到任电报，国际委员会将立刻向该地区拨款。

我给刘广沛写了封关于兰道尔（Landauer）的信，并与司徒永觉夫人一直保持密切联系。夫人将会为兰道尔的计划筹措第一年必须的 39720 法币经费。兰道尔寄给我们一份非常详尽的计划，我已带还给她。

你能不能详细谈谈艾黎信中第一段所言及之事：

> 我附了一张 20 港币的支票，上封给埃德的信中，忘记告诉他给广沛、弗兰克和我买 1940 年的日记本了。附上给弗兰克和广沛的新年贺卡。我人不在，附贺卡致问候。多谢。

他要具体什么样子的日记本？我要转给你支票和艾黎的贺卡吗？请写信告我。

向你和佩吉衷心问候。

诚挚的

陈翰笙

（陈宇慧翻译）

斯诺致陈翰笙

（1939 年 11 月 16 日）

亲爱的翰笙：

收到你给我的短信，其中引用了艾黎 11 月 4 日的来信内容。附件中致艾黎的信里，我的猜想可对？若如此，能否请你通过安全途径尽快将信转给他？我一收到你来信详细解释，我会把辞职信交给国际委员会。

得知孟受曾一到任，国际委员会就拨付了给安徽项目的钱款，我很高兴。你是否能保证其专用于泾县与八路军、新四军合作社，就像叶挺写给菲律宾信中所请求的一样？既然所有钱都从菲律宾寄来，又都是为新设工合所筹，这样指定专用应是必要的。

得知兰道尔要前往八路军、新四军处推进其计划。你能否给我寄一份计划副本，也许能从这边给予什么帮助？现在计划进行到什么地步？工合或者国际委员会、保盟，最好是以上三家有否代表？孔博士如果能亲自指定代表，以加强地位、便利行动，那就再好不过了。

关于日记本，泰德·赫尔曼知道详情。他有两本，准备找人带来。让他再多准备一本即可。艾黎想要那种每日一两页笔记的日记本，口袋大小，皮面的那种。如果支票要兑现金，最好直接从艾黎的账户预支。我和柴夫人离开之前，或者在给赣州寄包裹时给他捎点东西。

回到这里头痛欲裂，而斯泰普勒夫人（Mrs. Stapler）还在湾景酒店为我准备了盛大的欢迎宴会，要我发表关于工合情况的演讲。菲律宾来了超过200位宾客，都是可能的捐款者。这个接风简直比任何前线都糟糕。我在重感冒的情况下尽力而为。第二天，新任高级专员赛尔（Sayre）给马尼拉委员会送来50比索的支票，所以演讲效果看来还不坏。马尼拉委员会不久还会寄来大约1000比索。

你可以把附后的电文给赫尔曼看看。正是由于他的工作、太平洋国际协会的支持帮助，才会有此结果。我回信称未得到准许，近期无意返美。

你的继任者确定了吗？眼下此事最为紧要。从国际委员会的角度来看更甚于工合香港促进社。回信请相告。

薛芬士在马尼拉与我谈话，言及此地浮现的重要问题之一，即如何甄别日货和上海生产的中国货品。上海进口的棉纺织品，商标写着中国制造，实则是日货。我告诉他你刚从上海来，调查了当地的工业情况，对此事有把握。我引述了你的话，告诉他中国工厂在采购棉花方面的困难等等。因此他决定要就此事给你去信，我想或者会给你发来问卷。我自己也很想知道你的答复，相关情况应予以公布，否则当地的抵制可能会转入低潮。

代问泰德、邱茉莉、切尔夫人（Mrs. Chair）和你们夫妇好。

诚挚的

埃德加·斯诺

我的地址：展望道小区 2 号

碧瑶，菲律宾

（陈宇慧翻译）

陈翰笙致斯诺

（1939 年 11 月 27 日）

亲爱的埃德：

最近诸事繁忙，特别是我想在国际委员会 11 月 23 日开会有了结果之后再给你写信，因此未能及时回复你 11 月 16 日来信。附件是 10 月 30 日第六次会议的备忘录，上次会议的备忘晚些寄给你。

请放心，孟受曾一到任，我们就给屯溪方面寄了法币 8200 元，并如你希望指定用于泾县工合的建设。我会写信给上海再要求捐款法币 6000 元，以促进此事。

和重庆方面通信往来后，我们收到一封刘广沛的来信说，“我 11 月 17 日写信给兰道尔博士，附上一封委任他为中国工合技术顾问的通知，我想他会尽快去兰溪”。兰道尔认为，浙江兰溪比安徽屯溪更合适。他从贵阳寄来详细的计划，要求一笔法币 40000 元的款项，包括初期花销和制药合作社第一年的预算。他的月薪为法币 100 元，由工合支付。除了这笔预算，我今日还写信给司徒永觉夫人，希望她向在港英人救济金募款 20000 美元，再向外国志愿队募 20000 美元。现在看来希望很大。

从艾黎给佩吉的信来看，东南地区依然需要你的帮助，我把这封信也附在后面了。艾黎 11 月 21 日给我写信，说当地情况越来越好，地方士绅也给了资本金。莫德·罗素（Maud Russell）正在从北方回来的路上，他对工合评价甚高。中国基督教女青年会正在发起一场宣传运动，动员组织工业合作社，每个建成的合作社都会移交给工合管理，他们可能只保留教育类项目。莫德告诉我，刘广沛很高兴，L.T. 已不管事，而艾黎是个很好的协调人，而且，法币 80000 元预算已经开始按月支付。

比上述新闻更令人高兴的是,11 月 23 日的委员会上，终于同意划拨 100000 法币给晋北工业中心地区的前线游击队了。但这笔钱现在还在工合的重庆办公室，很快会转到我们南京的账户上，然后我们会通过宝鸡汇到延安。

我读了艾黎 11 月 4 日来信，就一直在催促他向委员会正式提出上文里说的那些请求。艾黎依言于 11 月 12 日从成都写了信，我将其转呈委员会。因此，他 11 月 4 日信中那些异议部分就跳过了，只在我们的文档里，少有人知。既有此胜利，我一直将你给艾黎的信留在身边，等你通知即销毁。他自称“老马”，已经有太多要他操心的问题和担忧了。我觉得不转给他已经是过去式的一封信，也是对的。

我已经把你的信转给了蒲爱德，她用太平洋学会的钱给你打了一封恼人的电报。我把那封电报给泰德看了，现在交还给你。为着日记本，我还给泰德转了艾黎的 20 块港币。

你成功引起了新任高级专员的注意，争取了他的支持，我们都非常为你骄傲。对于工合在菲律宾的壮大，他可能会比历届前任态度都更积极。

感谢你让我和商会取得了联系，得以进行棉货的调查。薛芬士给我写信，因为把地址写在 1226 邮箱，结果在路上耽搁了。我今日就给他回信。在等调查结果期间，读一下日本出版物里关于日本出口的摘要或者对你有启发，我附给你一份抄件。

停笔之前还要告诉你一个好消息，上次委员会会议上，同意给成都讲习班划拨法币 6000 元。这个消息会让艾黎和刘广沛都很高兴的。

淑型和我向你们夫妇致以诚挚问候。

诚挚的

陈翰笙

又及：附件还有一枚艾黎致佩吉信中提到的徽章。

（陈宇慧翻译）

陈翰笙致斯诺

（1939 年 12 月 13 日）

亲爱的埃德：

我们多日盼望你和佩吉来港，但你最近未曾来信，而且这边无人能替你觅得公寓，故而我已不抱此想。

我迫切地告诉你，那笔法币 100000 元已经从重庆转到宝鸡，而且指明要给工合前线基金。我给卢广绵去信，估计此时已寄到，他会和艾黎商量。

艾黎对兰州热情很高，因此委员会可能同意给他钱在当地开办讲习班的请求。我相信你也读过上两次会议的备忘录了，这周内你会收到几个小时前的今日会议纪要。

工合在当地成功开设了几个广播，中英文都有。你看到《东南报道》（*Southeastern Report*）印出来了吗？《西北报道》（*The Report for the Northwest*）下月将发行。泰德正在一如往常编辑《工合新闻》（*Indusco News*）。邱茉莉现在是资格委员会主席，而罗旭龢爵士（Sir Robert Kotewall）现在开始站在我们这边积极活动。附件是孙夫人的讲话副本，还有一些别的内部通信。

淑型已去重庆，我不日将去与她汇合。我们向你致以问候，期盼你的回信。

诚挚的

陈翰笙

（陈宇慧翻译）

斯诺致陈翰笙

（1939 年 12 月 15 日）

亲爱的翰笙：

前几日收到了你 11 月 27 日的来信，不胜感谢。你关于国际委员会决议的报告十分清楚，我很感兴趣。

兰道尔计划一旦施行，应该会引起良好的反响。我希望外国志愿队承诺的支持届时能到位。计划有了更具体的形式之后，我相信菲律宾的一些机构也会更积极支援。

你是否知道一位即将来菲律宾就工会专题进行演讲的托平（Topping）小姐？她和香川（Kagawa）有什么历史渊源？我附了一张剪报给你。

是的，请你销毁给艾黎的信。给你写信的时候，我怕我会错了意，误解了你信中提及之艾黎的要求，倘真如此，我可不希望信寄出去。另外，我不确定艾黎有否改变想法，我只能靠推测，而且不想浪费时间在陈述立场上。让国际委员会如我们所愿进行分配，确实如你所说是个胜利。

我收到了卡特写来的一封麻烦的信，我转发泰德了。眼下我希望他别觉得冒犯，或者被怠慢了。我没对他做任何回去的保证。能不能请你写信让他和鲁斯继续他们的计划，我们在外面会全力支持？在我看来，他们二位是美国方面取得进展的关键人物。我也会写信给他解释误会——即他以为我要回去一事。

马尼拉委员会正在为两百位成员提供服务，因为新高级专员塞尔的夫人已经同意担任中国工合菲律宾协会的主席，因此在争取配额方面可以无虞。赛尔夫人分别写了三封亲笔签名信，向“精选”名单上的人员募款。我听说有些人觉得被冒犯了，因为他们不在邀请名单上。在我同胞的这种弱点上，请原谅我不厚道的嘲笑。听说已经筹得数千比索。狄夫人（Mrs. Dee）来信说应你请求购买织机。她通过孙夫人给国际委员会捐款 4000 多元港币，还说这次直接寄给了孙夫人。我希望菲律宾寄给工合的钱应直接汇到香港，以后成为惯例，不要像以前一样绕弯子。

我给主教写信提到豪瑟曼法官（Judge Haussermann），据说他要给工合送一份大礼，不知主教收到信否？我尚不曾接到他的回信。

你信里说附了一个艾黎给佩吉信后所描述的徽章，我没找到。是不是你忘记了，还是在路上寄丢了？

我给刘广沛写信，曾提到倘若他参加国际委员会，对双方都有好处。我跟他说有好多原因。过去他觉得，参加国际委员会可能有些不妥，因为起初没人知道政府对此态度究竟如何，等等。我让他告诉我们现如今再加入，对他来说是否还有负担。

我已给赫尔曼和艾伦去信，谈及在西北我的材料如何使用。艾伦回信，让我给他寄一本卢广绵的小册子。今早我看到了《东南报道》，其发行质量确实当得起高度赞誉。我觉得这是香港促进社发行过的最好的出版物。过去很多人觉得之前的报道都太简略了，这次当可让他们满意。

香港委员会的主席职位会有什么计划？你什么时候离港？谁来接任国际委员会的干事？这些问题每日萦绕着我。我觉得梁士纯可以填补你的职位，但很难取代你在国际委员会中的角色。不若你留任，直至找到满意人选交接，岂不妥当？邱茉莉小姐可在开会时充任你的代理人。

感谢你寄来有关日本棉质服装出口的文章。看到你给芬士的回复，我确实兴致盎然。你有没有国际太平洋学会不办年会之后的出版物？抑或还是我自己给纽约方面写信索要？

夫人的广播讲话十分精彩，这边很多人都收听了。（今后如有类似讲演，你能提前通知就更好了，这样菲律宾协会就能给会员和支持者写信鼓励去收听。）她的评论结构精当，翔实的史料让人印象深刻，使大家觉得中国工合正是应运而生的成果。

向你、淑型、邱茉莉小姐等诸位致以诚挚问候。

诚挚的

埃德加·斯诺

（陈宇慧翻译）

陈翰笙致斯诺

（1939 年 12 月 27 日）

亲爱的埃德：

得知艾黎从成都寄来的徽章弄丢了，实在惊讶。我清楚记得把它放在了大信封里。你是否留意信封有打开的撕口或者痕迹？当时艾黎寄来了两个徽章，一个让淑型带走了，这会儿应该已经在成都了。

淑型12月14日去了重庆，然后会去成都、兰州、昆明，之后返港。我希望你已经收到魏璐诗去信，最近我告诉她你的地址。她正在写一份有关四川工合的报道。

你在马尼拉的成绩斐然，我们都很骄傲。你信中所附油印的赛尔夫人之号召，我们打算下月在香港进行展览。也希望你给展览寄来更多类似的材料。展期自1月17日开始，预计持续一周。

艾黎写信告诉我，工合派梁士纯去国外出差，所以他未必在香港能待上超过一周。因此我安排了央行经理钟秉铎先生来帮忙，他下月很可能接替我的职务。

关于国际委员会的秘书一职，我会继续承担，尚无困难。你喜欢我的报告，我很高兴。这里还附一份上次会议的纪要，记得读一下最后四页。除开头两段之外，都是我们有关广州湾结论的汇报。

我还不认识这位海伦·托平，但她和香川的关联不由得让我立刻生了警觉。你怎么看？司徒永觉夫人允诺在经济上支持兰道尔的计划，但尚未从她那里得到进一步回音。坦白说我有些担心。

向你致意并送上节日的祝福。我给你寄了几张粉纸作为圣诞礼物，上面是上海方面写来的纺织业报告。

诚挚的

陈翰笙

（陈宇慧翻译）

1940 年 1 封

陈翰笙致陈洪进[①]

（1940 年[②]8 月 22 日）

洪进兄如握：

四月底手书，久稽未作复。深以为歉。终日忙碌，未略握管，亦是实情。一俟清理目前工作，当即着手用功，从事研究滇康两方之问题。宣君所需之药品，早已于一星期前购好。唯尚未觅得妥人带渝耳。如无人可带，恐只能邮寄。八月五日来函中所附关于康地写稿之目录，甚善。以后当于读稿时，再详为探讨。哲生[③]先生曾于上月底及本月中谈过两次。态度殊欠佳。但对文教馆[④]尚称良好。弟曾提及吾兄境况困难种种。彼即答称已有译书计划等等。此公头脑不甚尖利，故一味主观而说一面之词也。

吾兄于编著报告完结后，终宜另谋良图。不应久于蜷伏。最近偶得港

---

① 陈洪进，国际问题研究专家，曾任外交部国际问题研究所南亚室主任。20 世纪 20 年代在北大听过陈翰笙教授的历史课，30 年代在安徽开始追随陈翰笙研究中国农村问题，毕生坚定地跟随翰老从事学术研究工作。1949 年以前和翰老一起在印度做研究。

② 翰老此信问起“觉农兄现有何计划，是否拟久居复旦”，查吴觉农先生只有 1940 年在重庆并任复旦大学教授、系主任，1941 年即前往福建崇安筹建财政部贸易委员会茶叶研究所任所长，故推断此信写于 1940 年。

③ 孙科（1891—1973），字连生，号哲生，孙中山长子，广东香山县翠亨村人。1907 年加入同盟会。1917 年在广州担任大元帅府秘书，1921、1923、1926 年分任广州市市长，1931 年任南京国民政府行政院长，1932 年任立法院长。1947 年任南京国民政府副主席；1948 年与李宗仁竞选副总统落选，后再度出任行政院长；1949 年辞职后长期旅居香港、法国、美国等地；1965 年任台湾高级咨议。

④ 即中山文化教育馆。

币百元换成国币六百五十。用上海银行支票奉赠。微表通有无而证互助之意耳。幸检入，以备添购米粮及零物之需。至以为盼。觉农兄现有何计划，是否拟久居复旦。便祈代为致候。手复专祝康健。

弟翰上

八月廿二日

（附上海银行 8903 号支票一纸。）

（黄燕民识录　丁利刚校正）

中國工業合作協會
香港促進社
CHINESE INDUSTRIAL CO-OPERATIVES
HONGKONG PROMOTION COMMITTEE
P. O. BOX 222
HONGKONG

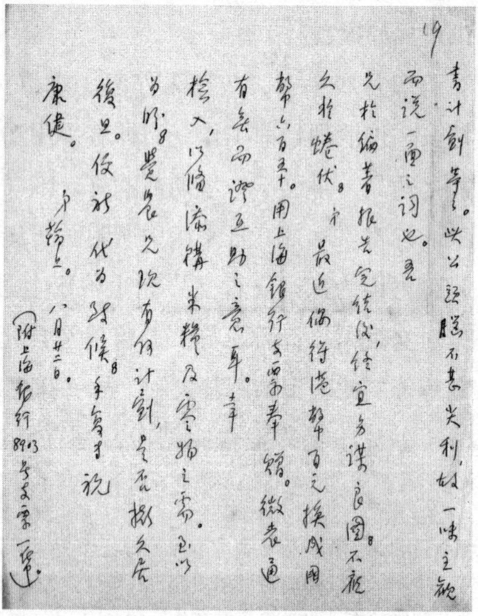

1941年17封

陈翰笙致卡特

（1941年1月16日）

亲爱的卡特先生：

感谢您1940年12月26日来信。我很荣幸接受您的邀请，继续担任国际秘书处成员。你寄来的400美元支票，足以负担1941年的所有开销。

很惭愧地告诉你，我在港及在华事务繁忙，还没有为学会做出足够贡献。部分原因在于，组建中国委员会方面我尚未做到应尽之事。我已与颜惠庆和陈光甫长谈有关中国委员会之可能事宜（两人均在香港），但在现有条件下，他们二位也不愿意向威利提及此事。

我应在近期完成于《太平洋事务》上将发之稿件，还有关于战时中国农村情况的调查报告。前几天收到了西康田野调查员的电报，我们已对康定西部逾2000家的情况做了调查。

随信附一份第25期《远东消息》，供你个人参考。我很高兴地报告，单在远东我们现在就已有超过60位订户。

顺致问候

陈翰笙

（陈宇慧翻译）

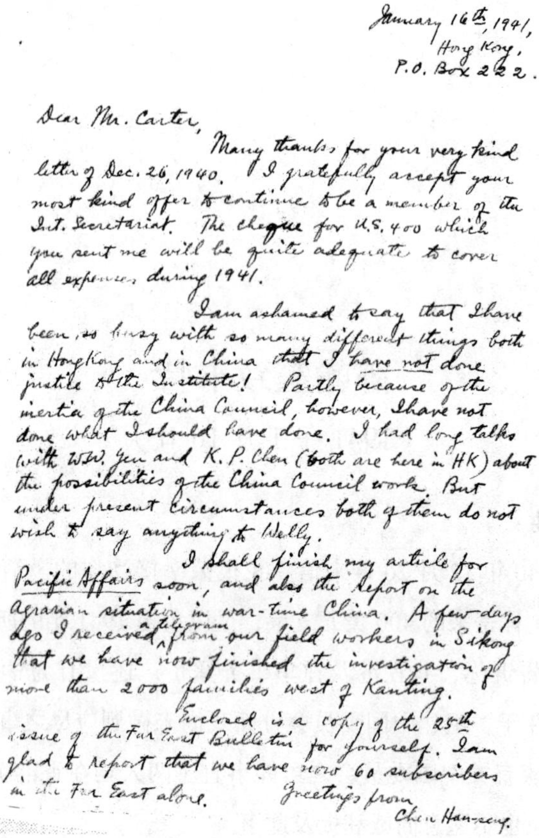
January 16th, 1941,
Hong Kong,
P.O. Box 222.

Dear Mr. Carter,

Many thanks for your very kind letter of Dec. 26, 1940. I gratefully accept your most kind offer to continue to be a member of the Int. Secretariat. The cheque for U.S. 400 which you sent me will be quite adequate to cover all expenses during 1941.

I am ashamed to say that I have been, so busy with so many different things both in Hong Kong and in China that I have not done justice to the Institute! Partly because of the inertia of the China Council, however, I have not done what I should have done. I had long talks with W.W. Yen and K.P. Chen (both are here in HK) about the possibilities of the China Council work. But under present circumstances both of them do not wish to say anything to Welly.

I shall finish my article for Pacific Affairs soon, and also the report on the agrarian situation in war-time China. A few days ago I received a telegram from our field workers in Sikong that we have now finished the investigation of more than 2000 families west of Kanting.

Enclosed is a copy of the 25th issue of the Far East Bulletin for yourself. I am glad to report that we have now 60 subscribers in the Far East alone.

Greetings from
Chen Hanseng.

陈翰笙致卡特

（1941 年 1 月 21 日）

亲爱的卡特先生：

匆匆写下这一短信，缘于我手头事务繁忙，特在此向你说明中国目下的严峻形势。由于战时管制，我们不能从香港寄出任何秘密邮件。因此我在此附上一篇今早登于《南华早报》的英国社论。这封信中的另一附件，是我们可爱的《通讯》，出版于 1 月 15 日。我希望其中第二篇有关日本国内外形势的文章，能引起纽约朋友们的兴趣。听说乔·拜恩斯（Joe Barnes）现在是《先驱论坛报》（*Herald Tribune*）的国际版编辑。你见到他时，请代我问好。

国军与新四军于 1 月 9 日到 12 日开战。新四军约 4000 人奉政府命令调至江北，国军突然袭击了他们。有关 4000 人如何死难，甚至孩童护士都要拿枪自卫，其中的真相未来总有一天会水落石出。其副司令项英在受伤后被刺杀。叶挺司令受重伤后被俘。自西安事变以后，中国的领袖曾经声言，枪口永远不再对准人民。这个承诺已被打破。如果此后不断撕毁这些共识，领袖们如何指望海外爱国人士在财政和物资上为抗战尽力？爱国人士如何能保证本国领袖宣誓有效？政治人物们过去说除非外敌击退否则绝不与之言和，这些话是否算数？当然，民主不是靠子弹得到的，而是通过选票得到。

孙夫人和国民党革命委员会的其他成员已经向蒋总司令寄去书面声明，要求不惜任何代价保持团结。我们都在尽全力要求我们的“领袖”不要在攘外期间发动内战。如果秘书处有任何我在此处的工作安排，请不吝告知。匆匆落笔。

诚挚的

陈翰笙

（陈宇慧翻译）

卡特致陈翰笙

（1941 年 1 月 24 日）

亲爱的杰弗里：

你先是在 12 月 15 日的来信中用《远东消息》替代了圣诞贺卡寄给我，然后又和夫人寄来这么漂亮的卡片，真是双倍的慷慨体贴。

最近几周，关于中国统一战线面临的严重困难，会有一个好消息。

经过漫长的等待，我们的朋友乔·拜恩斯，终于说服奥顿·里德（Ogden Reids）方面，任命埃德加·斯诺成为《纽约先驱论坛报》的驻华记者。因此，斯诺会成为战争爆发以来为美国公众提供最准确中国形势通讯报道的记者。

诚挚的

爱德华 C. 卡特

（陈宇慧翻译）

陈翰笙致卡特

（1941 年 1 月 26 日）

亲爱的卡特先生：

1 月 21 日我通过快船邮件给你发了一封信，感谢你 12 月 26 日的来信。那封信中，我表示愿意接受你的慷慨邀请。我希望你已经收到那封信中所附的《远东消息》第 26 期。我收到一封比尔 1 月 14 日的来信，我的复信也随此信附上。

下一期《远东消息》会登载重庆取消新四军建制的报道。出版之前我匆忙给你写这封信，欲在官方取消文告发布之前，尽量详细地向你汇报真实情况。这是一次在皖南茂林发生的激烈战斗。一小股新四军遭遇埋伏并歼灭。恐怕美国媒体的报道会有偏差，给公众完全错误的印象。以下是有关情况。

你大约知道，新四军 10 万人马已经转移到长江以北。1 月 1 日其第三支队仅余部分还在长江以南之皖南地区，其中战斗人员 4000 人左右。这些部队与包括教导队、医院等在内的非战斗建制均直属新四军总部，包括政治教导团、医院等等，总数约 1 万人。叶将军与项将军欲与第三战区长官顾祝同进行谈判，他们从一个安全通道渡江。因此北撤有些迟。与此同时，上述新四军有关 1 万人依然等在茂林听候调遣。国民党军队开始靠近他们，然后在方圆十里的范围之内将其包围起来。这些国军属于第九军的三个师，指挥官是上官云相，还有其他 6 个师（第 7 师、第 10 师、第 40 师、第 52 师、第 79 师、第 144 师）。也就是说，新四军总共 4000 名战斗人员加上 6000 名非战斗人员，被将近 8 万人的一支国军部队完全包围，这就是 1 月 3 日的情形。

第三战区方面并无诚意为新四军留出安全的渡江通道，而江南的新四军部队忠实执行政府原来的命令准备北上。新四军的指挥官认为，部队如不转移会受到政府威胁，因而被调集到附近。但他们没想到。新四军自己北撤的速度会拖延。当40师在附近集结完毕，而其他8个师突然在6号从天而降时，他们毫无防备。

1 月 6 日到 7 日，然后 1 月 13 日，八路军和新四军的司令、副司令联名致电重庆最高军事当局（即国民军事委员会），要求立刻停止军事行动。重庆方面已电令第三战区长官顾祝同司令停止军事行动，并要求新四军继续北上。而实际上，茂林的战斗已经同时打响，战斗十分激烈。

八路军和新四军司令部 13 日联名通电全国，质问到底是谁在违背命令。到底是谁在破坏国家的团结？呼吁全国民众认清现实，八路军和新四军在重要的战争前线拖住日本，但却遭到国民党军队背后突袭。新四军服从重庆的命令却被围剿。

孙夫人、柳亚子先生、廖夫人和彭泽民于 1 月 12 日发表联合宣言，要求蒋总司令和国民党中央委员会维护国家统一战线和全国稳定。再次重申孙中山的主张，入侵之日寇是国共两党之共同敌人。敌人之敌人为我之朋友，国民党不应采用剿共之方针。这篇宣言的结尾写道：“至于共产党之所言所行，苛系有违国人公意，必不为国人所爱护，何须施予武力；如其有力可用，我党自应询国人公意而加以爱护导之于有用之地，亦无所用其危疑。”

虽然有来自军队和民间的支持，茂林之战依然持续了 8 个昼夜，从 6 号一直到 13 号，新四军第三支队 4000 人弹尽粮绝。即使是护士和孩童都拿起来福枪进行自卫。1 万人中死难 4000 余人，2000 余人被捕。叶挺将军身受重伤，深陷囹圄；副司令项英在战场上被杀。无数干部、教导队成员、护士、工人和孩子也被杀害。

皖苏二省之长江北岸，集结着 20 万国军，给予八路军和新四军巨大压力。其指挥者是汤恩伯、李品仙、李仙洲、王仲廉、韩德勤。在西北诸省，国军增加到 50 万人，包围了共产党领导的边区。这些军队与茂林的 8 万人，使国军投入到全面内战中的人马总数达到80万人，这是国民党军队总兵力的一半。一旦内战全面爆发，将没有足够人手抵抗日寇。这会给日本极好的可乘之机，令其投入更多部队到中国战场，并准备在南太平洋扩张。

中国共产党要求何应钦下台，恢复新四军原有番号，停止反共活动，维护国内团结，安抚死难者家属。全国舆论要求公正和平。重庆《大公报》1月21日社论指出："我们希望在解决事变的过程中，总司令保持足够谨慎，不再调集军队。但愿全国人民的热望可以影响其决定。"《香港电讯》（*The Hongkong Telegraph*）1月14日社论指出："眼下适逢中国号召其人民投身到伟大事业中。这也许是最后一搏，将人民和国家团结到一个旗帜下。"香港《南华早报》1941年1月21日社论指出："共产党在抵御日寇方面做出了足够多贡献。从各方面来看，他们对中国的根本需求了解更深。而国家领袖们的头脑中，封建思想却依然顽固存在。未来成千上万人会集结在红旗下，追求有尊严的生活。国民党最好表达姿态，同时约束属下军队。"这是香港两家英国人所有、英国人经营的日报。

如有可能，这些情况和看法请传达霍恩贝克（Hornbeck）、何明华和关系美国远东政策的其他重要人物。如果毕森（Bisson）有兴趣，也请他读一读这封信——当然这要看你的意见。

向你本人、尊夫人和鲁斯致以最诚挚的问候。

陈翰笙

（陈宇慧翻译）

陈翰笙致卡特

（1941年2月4日）

亲爱的卡特先生：

我作为秘书处的通讯员给你写这封信，已经在1月份给你寄了两封加密邮件。威利暂时还未从重庆回来，我听说他回来之前可能要去趟昆明。我不知道他的任务是什么，但听说中国委员会的官方地位还有疑问。

希望你已读过 2 月 1 日出版的《远东消息》第 27 期。如果卡尔逊上校在纽约，请拿给他看看。我知道他 1 月 30 日已到达洛杉矶。他了解近来的局势背景，我相信他会乐于知道最新进展的细节。

这里我要告诉你中国国内冲突的最新进展。废止新四军番号的文告于 1 月 17 日公布。而中国共产党公开宣布成立中央革命军事委员会，1 月 20 日任命新的新四军司令部。显然，该委员会是与国民党相应委员会*的平行设置。蒋总司令是后者的主席，而该委员会废黜了新四军。三天后共产党宣布新成立这一委员会，给予新四军官方地位。显然，这表达了共产党人的明确立场，合作不代表着要屈服。

* 即重庆政府之国民军事委员会。

"屈服不意味着合作"这种态度，甚至在周恩来的个人表达中也鲜明呈现出来。皖南事变数日前，蒋总司令曾邀请周恩来共进午餐，据说周恩来本想利用这次机会讨论安全通道的问题以及新四军北撤的方式。但也有传言，他没能让蒋总司令对此类讨论产生兴趣。1 月 18 日，重庆共产党的机关报《新华日报》登载了周恩来的一首诗，表达了对皖南事变的立场。该报主事者被逮捕，周立刻打电话迫使其被释放。之后蒋总司令邀请周恩来讨论有关事宜，但周拒绝前往。

在中国其他城市的一些抗议活动中，的确发生了逮捕。一周之内，单重庆一地就有超过 30 位学生被关进牢房。所有国民党的重要将领都在重庆与蒋总司令会晤，讨论反共运动究竟要走向何处。我这里说国民党将领，因为国民军事委员会不断签发命令给国军。而没有国民党籍的军官则不会被升职，或者在自己的职位上也不长久。近来重庆方面的政策是让政府每一级都处于国民党控制之下，而中央政府也在国民党的掌控之中。所以必须称之为中央军。共产党和其他许多人则反对一党专制。

共产党在延安领导的中央军事委员会 1 月 20 日发布命令，表达了对皖南事变的正式立场，分析了重庆亲日派的十五种政治与军事动机。2 月 1 日该命令在重庆全文发表。

1 月 22 日，新四军新军部指挥官就任。他们给所有国民党方面的友军发去通电，称他们由共产党新成立的委员会任命。坊间传言重庆将派大批军队到皖北，围剿新四军，拦截新四军与八路军会师。这些传言并非空穴来风。因为桂系现在的确反对新四军和八路军，其著名将领是李宗仁和白崇禧。

他们和何应钦麾下的其他将领，主观上未必亲日，但是他们所追求的方针，无可避免地使其在客观上亲日。所有的日本报纸和傀儡政权组织都用同一个调子发表文章说，和平是反共最好的武器，而反共是国家之必需。重庆方面也许说反共是维持和平之最好办法，而重庆和南京最终将会沆瀣一气。显然，皖南事变由重庆主官发动，使亲者痛，仇者快。

新四军之新军部就职电报于1月22日发出，重申了孙中山所提出的“三民主义”之方针。这支共产党领导下的军队重申国民自由和国民革命而不是社会主义。

蒋委员长对此明显装聋作哑，但现在不能不为敌军的活动而焦虑。15万中央军在长江中游步步向东，袭击皖北的新四军，切断其与山东八路军的联系。内战已经开始并逐步扩大。日本充分利用了这一局面。汤恩伯指挥的中央军精锐部队集结在豫东南，6000人被日军围剿。即便在此事之前，美英方面也表达了对中国内部分裂的忧虑，蒋总司令向许多重要人士征求意见，但少有人敢于回应。我的一位朋友昨日到达了重庆，告诉我蒋总司令要求八路军驻重庆代表叶剑英半夜11点乘坐其专机去延安讨论此事。

我在重庆的信源说，延安会采取坚决而明确的立场，会要求先实现民主，再来谈为国防动员全体人民之事，以巩固国家团结与和平。你也许有兴趣知道延安向重庆提出的十二点办法。我听说这些被视作任何实质性谈判的前提条件。

第一，悬崖勒马，停止挑衅；

第二，取消1月17日的反动命令，并宣布错误全在己方；

第三，惩办皖南事变的祸首何应钦、顾祝同、上官云相三人；

第四，恢复叶挺自由，继续充当新四军军长；

第五，交还皖南新四军全部人枪；

第六，抚恤皖南新四军全部伤亡将士；

第七，撤退华中的“剿共”军；

第八，平毁西北的封锁线；

第九，释放全国一切被捕的爱国政治犯；

第一〇，废止一党专政，实行民主政治；

第一一，实行三民主义，服从《总理遗嘱》；

第一二，逮捕各亲日派首领，交付国法审判。

共产党要求释放一个异见经济学家，同时还要求实现孙中山的原则和主张，这清楚地揭露了重庆现在的伪装。我们希望尽快会有切实的进步。

诚挚的

陈翰笙

（陈宇慧翻译）

卡特致陈翰笙

（1941 年 2 月 15 日）

亲爱的陈：

你 2 月 4 日的加密邮件今早已经收到。我正在秘密地向霍兰、洛克伍德、冀（Chi）、卡尔森（Carlson）、凯特·米切尔、菲尔德、许（Y. Y. Hsu）、哈里·普莱斯（Harry Price）和米莲·法尔利（Miriam Farley）寄送副本。

卡尔森已经到了，前日来办公室待了三个小时，他在美国委员会成员的一个私下聚会中欣然讲演，部分参加名单附后。

诚挚的

爱德华·C. 卡特

（陈宇慧翻译）

卡特致陈翰笙

（1941 年 3 月 17 日）

亲爱的陈：

你未注明日期但十分有趣的来信昨日随着劳希林·居里（Lauchlin Currie）所搭乘的快船到了，非常、非常感谢！

同样还要感谢你给我寄来了《南华早报》3 月 1 日的剪报。我非常高兴拿到它，可在许多地方派上用场。我会请博格（Borg）小姐查查看其中是否有《远东概况》的一篇文章。

波特小姐和其他人都很高兴得知，你很欣赏新的《简讯》。

诚挚的

爱德华·C. 卡特

（陈宇慧翻译）

陈翰笙致卡特

（1941 年 4 月 8 日）

亲爱的卡特先生：

附件是最新一期的《通讯》，我希望你喜欢刊尾那篇有关滇缅公路的文章。最后两段的数据十分重要，这些数据此前从未发表过。

我们都很高兴你要去联合中国救济会的美国支出委员会。我肯定，你对中国工合的支持将一如既往。

前日英国大使经新加坡赴重庆，路过此地。我跟他私下讨论了有关工合的事宜。对话非常愉快。你可能知道，阿奇博尔德爵士（Sir Archiebald）对于艾黎和他的工作发自内心地同情。工合领导层内部那些琐碎、幼稚的政治斗争，某种程度上使孔博士疏远了艾黎。大使担心这件事，还表达了美国公众给予艾黎的支持和同情。我知道何明华主教刚刚给迪克·威尔什（Dick Walsh）写了一封密件，他认为美国委员会应要求孔博士让艾黎访美两三月。我个人认为，这可能是拯救艾黎和工合运动本身的最好办法了。我依然担心孔会不会轻易放艾黎来美国，他多少嫉妒艾黎的受欢迎程度。如果你能直接向蒋总司令进言，谈及让艾黎来帮助目前的活动，则是善莫大焉。

一个又一个月地过去，中国国内政治愈发复杂。现在看来，居里的访问确实阻止了事情朝着更糟方向发展。站在中国工合的角度上，拯救工合运动需要美国方面的帮助。这也就是为什么我认为你会是中国工合的远程救世主。很抱歉也很心痛要对你如此直言，但为使情势不至于无可逆转也只好如此。

诚挚问候

陈翰笙

（陈宇慧翻译）

卡特致陈翰笙

（1941 年 4 月 22 日）

亲爱的杰弗里：

提笔写这封信十分艰难，因为这个问题十分复杂，高度保密。

有些人希望蒋夫人或者孙夫人可以今年内访问美国。中间机构可以是美国中国救济会或者一些类似的合适机构。

一些人自然认为，首先应尽全力促使蒋夫人访美。一般认为她是中国的第一夫人。基于国内的政治原因和健康原因，一直有传言蒋总司令绝不会允许夫人访美。果真如此，我猜那些对中国最了解的美国人里，大部分会认为就应该努力促使孙夫人来访。这样的话，我觉得一些调整是必要的：

（1）如何能确保蒋总司令或者其夫人同意，或者反过来讲，如何能避免蒋总司令夫妇或其重要阁僚反对？

（2）如何资助这次访问？使经费不至于让孙夫人捉襟见肘。因为她现在没有任何职务，其地位也不太确定。

（3）如何安排美国方面的接待细则？不至于使美国或中国的任何势力所利用，导致抹黑中国之团结，或抹黑美国为中国之事业所团结起来的努力？

（4）这样一次访问中，如何保证孙夫人的健康？使之不至于由于各单位争相招待，导致心理负担过大。

最可行和最好的赞助团体供孙夫人安排访问的是联合中国救济会。当然通过这样的慈善机构露面，不光可以宣传中国，也会在财政上给中国争取巨大的支援。

两三位在此地的中国朋友质疑，是否宣传本身影响了她成为中国最好的发声筒，我本人倾向赞同孙夫人通过救济会访美的观点。有人质疑是否有可能安排其他机构。如果救济会不方便邀请，我回答太平洋学会是次优选择。当然首先要促成救济会邀请她，并且以一个妥当的方式安排行程，以获得良好的公众效应。

蒋夫人的友人向我保证她确实不想来美，而且她希望中美各界都认为，她和孙夫人的关系是百分百和谐的。如果此类消息属实。而且救济会或鲁斯先生能够邀请孙夫人，那我想救济会或者鲁斯应该首先邀请蒋夫人，然后再保证蒋夫人对孙夫人访美持支持态度。

我在国务院没有直接关系，不能打听到他们对这个问题的看法。倒是听说了一个二手消息——但我也不是很确定——即美国政府同意如果蒋夫人不能成行的话，欢迎孙夫人来访。

当然，两位夫人无论谁来访美，对于所有在中美之间为中国奋斗的美国人之理念都很重要。两位都不是为任何个别事业如孤儿、药物救济等等而来，无论任何个别事业有多重要。救济会需要的是生动、无偏见地对所有这些重要问题的全面关注。但此外要对于当下中国有所了解，对中国为了自由而团结奋斗的伟大事业有所了解。当然在救济和重建方面，上述努力也许会衬得美国的所有努力微不足道。

写这封信，我并不是想为救济会说话。

我猜有相当一批人会写信、电报或者直接来拜访你。我希望你知道我们多么渴望蒋夫人或者孙夫人来访。我们很多人衷心在为促成这次访问成功而努力。

有些人说你可能暂时离开香港回内地。有鉴于此，我先将这封信的一个副本寄给老朋友何明华主教。我要求他将其作为私人密件对待，不做记录，然后也不要向他人提起此信。因为我在此事上没有任何的官方立场，也不愿意通信向别人谈及。同样，我也希望你不要向任何人提起此事，除了主教本人。

诚挚的

爱德华·C. 卡特

（陈宇慧翻译）

陈翰笙致卡特

（1941 年 5 月 5 日）

亲爱的卡特先生：

随信附上《通讯》。我们的内战危机暂时有了喘息机会。一个月以前，中国西北乌云压城，大规模内战几近爆发，消息震动了全国，甚至还有海外的朋友。鉴于此，国军中的高级将领不愿意开战，情况暂时有所好转。

美国的态度是支持中国的民主，支持全国一致对外。这对于不久以前还在相信美国会支持剿共战争的那些人来说，不啻是一种正面影响。近来的一些事件显然说明，国际上为民主和国家独立进行斗争的力量是强大且坚决的，因此中国国内的统一战线将会继续存在下去。

感谢你寄给我美国友人对当下中国局势的真知灼见，特别是你另一封给中国大使的信。

亨利·鲁斯会半小时之后来这里，明晚他要偕夫人去重庆，5 月 19 日以前不会再返港。我猜他们会坐 5 月 21 日的回程快船。希望他这次访华，可使大家知道美国的立场是帮中国自助。

致以最亲切的问候和最良好的祝愿。

诚挚的

陈翰笙

（陈宇慧翻译）

卡特致陈翰笙

（1941 年 5 月 6 日）

亲爱的陈：

我饶有兴致地读了你寄来的《通讯》中关于滇缅铁路的文章。感谢你一直用航空信寄来刊物。

也谢谢你写的关于分配委员会的内容，这样一个委员会，本应该在活动开始前六个月就建立起来，我们现在只能尽全力弥补时间。

我得知布莱恩（Blaine）先生、亚内尔（Yarnell）上将和迪克·威尔什已致电重庆，要求艾黎来美帮助活动。有人告诉我，孔祥熙发电报问梁士纯，以其在这里的观感，让他回答为什么艾黎必须要来。梁士纯写了很长的一封电报，充分说明了艾黎所以来美的诸种原因。

你上封信里说希望我发电报给蒋总司令，我要去尽快询问一下威尔什，搞清楚艾黎的事情到底有没有解决。如果没有，我会努力找到渠道致电蒋总司令，避免作为分配委员会的主席给他留下坏印象。

居里十分感谢你在香港给他的帮助。他执行任务非常出色。回国以前，他所做的工作比过去二十年任意十个美国人加起来还要多。

我附了一篇《时代》周刊 5 月 5 日的文章《罗斯福 VS 希特勒》，你也许会觉得部分有用，甚至全篇有用，特别是有关于居里访华的那一段。这篇文章同样也可以给哪家香港报纸采用。

诚挚的

爱德华·C. 卡特

（陈宇慧翻译）

陈翰笙致卡特

（1941 年 5 月 13 日）

亲爱的陈：

《远东消息》始终保持了重要的价值，因为它提供了其他渠道所不得的、准确快速的材料。如果邱茉莉离职去结婚了的话，我真不敢相信你是如何同时应付身上种种责任的。

上周一些团体设宴，款待你们新上任的外交部长。他强调了美英中三国（ABC）合作的意义。晚宴后，我问他是否规划对苏联的新政策，即他是否在避免委员长的窠臼——委员长总是强调中国欠了美英苏的人情。他说自己绝不会如此。中国依然在接受并且十分欢迎苏联的物资援助。他强调既然是在回答一个美国观众的提问（他在华尔道夫星光厅发表演说），自己只是单纯提到他认为美国观众会感兴趣的内容。例如美英中三国合作。

梁士纯正在返港的路上，他在重庆方面的领导下努力工作，代表工合见了许多重要的人物。中美两国高级政府官员是否认为美国政府可能贷款给中国工合？他表示乐观。我还没有从其他渠道听说两边政府有任何类似的行动，所以我能报告的就是梁士纯认为自己的活动收获了效益。只有让时间来检验他所访问的人究竟确实是在策划政府的行动还是避免让他伤心。他已经尽一切可能去博取旁人对工合的好感，而不仅仅是技术性解决工合内部复杂的问题。

出于一些原因，尤其是我现在还担任着中国救济会分配委员会的主席职务，在和他谈话时，我不能显露任何立场。

至于孔祥熙和这里的人是否就艾黎的到来交换意见的事情，梁士纯告诉我，他离开纽约到西岸前，并没有从孔那里得到确凿答案。

诚挚的

爱德华 · C. 卡特

（陈宇慧翻译）

陈翰笙致卡特

（1941 年 5 月 14 日）

亲爱的卡特先生：

很晚才收到你 4 月 22 日和 24 日的两封信，因为寄到了 1688 邮箱，那是威利的。实际上，何主教给我打电话说起你和他的通信，我甚至完全不知道有你的信。在和他通话之前，你慷慨而体贴地在信中提到的内容，廷博理之前告诉我了。但是眼下的光景稍有不同，现就我所知向你报告如下。

5 月 4 日鲁斯夫妇抵达香港，第二天他们和你信中提到的那位女士见了面。他们先见了她，然后在香港见了她的姐姐。第三天深夜，主教陪同他们去了重庆。如何在战时首都重新组建中国工合的总部，所有人都很感兴趣。何明华主教的旅程也是特别为方案而来。艾黎在此前两天已经离开香港。他其实也需要在重庆，说服那位最年轻的妹妹以及工合的主席，因为重组是急需的。

鲁斯夫妇见你提到的那位女士时，鲁斯先生向她谈及来自 R 夫人和中国救济会的邀请。她表示，如果总司令承诺类似皖南这样的事件不再发生，全国一致对外的话，她会给出肯定答复。鲁斯保证他去重庆后再与她联系，这应该是接下来几天的事情。如果一旦促成，我会电报给你。

我有机会向她谈起你 4 月 22 日来信中所提到的四点建议。显然鲁斯正在处理前两条，而至于后两条，为了确保成功让她接受邀请，我们需要你的帮助。另外有件事情要提前告诉你，胡适反对这个问题，并且已经致信重庆。当然，他无论如何都没有办法影响最终决定，但可以想见，他对于过去一些有关自己的事情仍然不是很愉快。那位女士过去听闻他在北边不体面的举动之后，就将他从上海的民权联盟里除名了。我觉得你应该知道这些事情。

何明华主教至少要在重庆待上一周。艾黎 20 号可能回到香港，我们已经帮他订了 4 号从香港飞檀香山的机票，但还没有订他从檀香山到旧金山的船票。你肯定知道，艾黎是受工合美国委员会的邀请前往的。

我们向你和夫人致以最真切的问候。

诚挚的

杰弗里

（陈宇慧翻译）

陈翰笙致卡特

（1941 年 5 月 20 日）

亲爱的卡特先生：

上一封快件里，我报告了有关鲁斯先生在香港期间的一些提议。他今晚自重庆返回，但鉴于我要赶上这一波送件船，所以我之后再写信向你报告他回来之后的说法。

下几周对远东来说是非常关键的，恐怕华盛顿正在认真考虑重庆政府的立场，还有欧洲的紧张局势。华府也要考虑以重庆政府接受的方式来援助，但我充分相信华盛顿方面会服从理性，继续支持中国人民。

主教会和鲁斯先生一起自重庆返回。艾黎先生晚几天再自渝返港。乔治・菲奇（George Fitch）已经被孔博士指定为中国工合的顾问，马上就要担任工合领导机关的总书记。但只要工合内四部的结构不发生改变，那么不会有什么进步。这就是为什么我们都希望美国委员会伸出援手，促使重庆方面明白总部亟需改革的必要性。

艾黎先生要在 6 月 4 日乘船离开，他到纽约之后会向你和美国委员会做详细汇报。

附件是最新一期《远东消息》，这是美国能拿到的第一份。

最忠诚的

陈翰笙

（陈宇慧翻译）

卡特致陈翰笙

（1941 年 5 月 26 日）

亲爱的陈：

卡尔森上校奉命返回海军。他意听从此命令，因为他发现这个国家中，平民的言论自由正在无可避免地不断缩减。他从海军内部就重要问题发声，相较于从外部发声有更大的自由度，也更有分量。

他最近在华盛顿陆海军俱乐部进行了一场演说，主题是关于新的纪律理论。这对于新美国军队非常重要，因为美军有如此大的规模，又是在民主社会中组织起来的。他倒是无甚期待，以为只有批评。但是陆军和海军的军官对此极为感兴趣，因为他完整回顾了军事流程。

正是因为有这一次讲演，海军邀请他重返部队服役。所以他接受了一个职位。现在他已经离开了纽约，去了圣地亚哥。临走之际，他让我给你写信，解释他如此行动的原因。

诚挚的

爱德华·C. 卡特

（陈宇慧翻译）

卡特致陈翰笙

（1941 年 7 月 11 日）

亲爱的陈：

我们正在筹划出版一本地图册，呈现太平洋地区各利益争夺点的有关材料。附件是第一封草图的抄件。如果你看过后发现了明显的错误或者遗漏，请通过航邮告诉我们，不胜感激。这样能赶在正式图纸绘成之前进行更正。

诚挚的
爱德华・C. 卡特

（陈宇慧翻译）

卡特致陈翰笙
（1941 年 8 月 7 日）

亲爱的翰笙：

这封信是为了告诉你，我们的同事向景云博士偕夫人通过爪哇太平洋线从加州赴香港，大约 8 月 22 日到。

向博士一直在威斯康星大学从事土地经济学研究。去年因此项研究获得洛克菲勒基金会资助。霍兰先生、康德里夫博士、拉铁摩尔先生和我都觉得，向博士的工作是非常重要的。他在中国的头两三个月要为学会写一本小册子。

他非常想见你，我们也非常希望促成你和他相识，并且给他提供帮助。

诚挚的
爱德华・C. 卡特

（陈宇慧翻译）

1942年4封

陈翰笙致陈洪进

（1942年4月25日）

洪进兄大鉴：

四月十日手书，在桂林展诵。因忙于运动省府开办堆肥厂及农具厂之故，久稽未覆。日前由衡阳转道来此，拟于明日赴南雄转赣州。盖工合东南区主任陈志昆兄电邀赴赣有所商谈也。

车里由原始氏族公社直入封建制之社会，其间所以未有奴隶制之故，诚如兄所言与外界久已隔绝之情形所致。一则劳力者人数较少。二则亦无战争中俘虏来充当奴隶也。秦始皇未推倒封建制，实进而造成专制之封建王国，立论至当。惟西周文王武王时代似已有封建之规模。且武王时即有力租，甚至于有物租之发现。而其时奴隶之从田间逃亡者甚多。地主已不得不招佃户来承种。弟意殷商之败亡即奴隶制开始衰落之象征。嗣后秦汉唐各代中封建与奴隶制固然尚并行。奴隶制逐渐变为封建制，似早在周时已开始矣。吕振羽去年过港时面谈多次。彼以为封建时代有初期与专制两期。秦以前为初期，而秦时则肇专制封建之端。彼又以为中国封建社会中呈现文化停滞性之主要原因，乃由于历代换朝代时候或民变时，大批技工移殖于国内南方与西方文化最落后诸地方；技工既无甚竞争即绝少进取之成绩。此题本拟好好研究。徒以尚无图书资料，只得暂时等待耳。

就来书所说，发生疑端二点。一则春秋设是奴隶社会，则其时田制与耕作法是否仍与周以前相同。二则所谓秦始皇用暴力对待奴隶制而失败，有何事实可以说明。且周以前之奴隶与唐时之奴隶是否有不同之处。弟之印象则唐时奴隶似只集中于都市间，故或须将农田上之奴隶与家庭中奴隶及工商业奴隶稍加分别。诚如来书所提，农奴制（封建制）决非田奴制（奴隶制）也。北魏均田制似以家奴之多少为准则。未知究属如何实情。又唐宋如为宗族地主出现之时代，则此种集团地主之形成，是否与大批移民有关系，亦尚可加以研究。

在桂林时见渝大公报载，哲生先生兼任文教馆研究部主任。由黄文山、杨幼炯、谌小岑三人分任三民主义之研究工作。而左胥之兄任季刊之主编人。左已送眷赴桂林。弟与之相左，而未能在衡阳会面。二十日后由赣返桂时，当往彼衡阳办事处走访也。

西康报告由兄苦干到底，居然蔚为大著，不胜欣羡。车里报告尽可量力为之，不必因赶写而损及其它事情为妥。毕君处事甚佳。农情商情之统计，最大有裨益于现时土地问题之观察。弟在桂林时开明书店等人曾邀弟编辑一本十五万字之《战时中国经济》。经讨论后，拟由十人分担此工作，每人各撰一文作为一章。所拟如下：（一）狄超白——货币与税捐。（二）章友江——对外贸易。（三）（尚未定人选）——国内贸易。（四）陈洪进——土地关系。（五）毕相辉——农村副业。（六）秦柳方——农村贷款。（七）寿进文——敌后工业。（八）张锡昌——后方工业。（九）郑克伦——沦陷区工业。（十）陈翰笙——不平衡的发展（即所谓区域化之促进）。稿费以千字二十元计算，每篇约一万五千至二万五千字。能于两月内脱稿最好。敬请兄担任土地关系一章，而与毕兄面商担任农村副业一章。弟返桂后当再详函述明一切。匆匆手复，并祝研安。

弟翰上

卅一年四月廿五日

来函请仍寄桂林为盼。

（黄燕民识录　丁利刚校正）

陈翰笙致陈洪进

（1942 年 7 月 19 日）

洪进兄如握：

来书所论奴隶社会，多启发新思潮处。如奴隶社会果于汉唐尚居重要地位，而宋以后宗法思想与族产有若大影响，则我国文化何以停滞之原因固不难推论也。故问题之要紧，已甚明显。惟古书性质问题及秦汉时代汉族与外族之关系，似尚可进而研究以便有所检讨。因此弟一面极愿找一机会读书，一面愿当面与吾兄商讨，惜一时不易办到耳。弟来桂后曾赴赣闽一行。返来作短文二篇。一为利贷资本与手工业。一为物价与中农。现筹备工合研究所桂林分所，已有头绪。预算月支一万左右。工作分国外之工合宣传，国内与工合有关之经济调查，以及试办一关于工业之月刊。预算可望于月底通过。工合国际协会另在此组织工合桂林促进社，以便利应用特款而督导湘桂区之合作社及其联合社也。

西康调查报告近想已抄完过半。可否尽先将一部份寄下？大约何时可以全部抄完？此项抄费如何拨充？又关于云南之调查材料虽已大部整理完结，尚须如何手续方能完功？并应有若干费用方克济事？祈吾兄做一预算，以便去设法为要。弟之通讯处最好暂由桂林中华路十四号中国工业月刊社收转。稿件最好挂号，以免遗失。郑克伦君稿关于沦陷区工业者，已寄来。兄最近能抽暇写五年来土地问题一文否？匆匆手颂研安。

弟翰笙上

卅一，七，十九

（黄燕民识录　丁利刚校正）

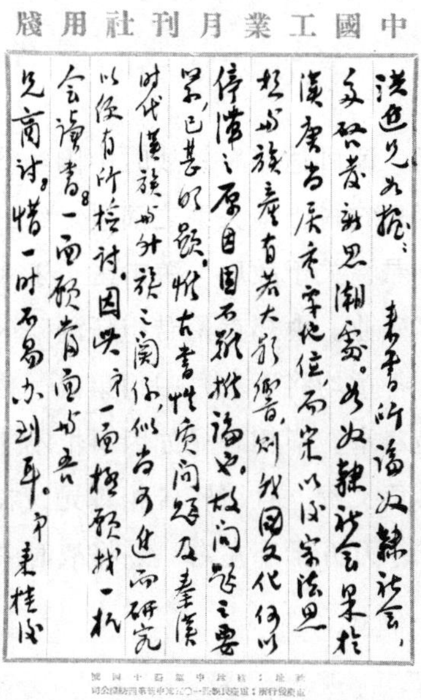

中國工業月刊社用牋

洪进兄如握：来书所论奴隶社会，文献考订新思潮处。如奴隶社会果于汉唐为占市场之地位，而宋以后宗法思想与少数民族产生若大影响，则我国文化何以停滞之原因不能据论也。故问题之要点已甚明显。惟古书性质问题及秦汉时代汉族与外族之关系，似尚可从进而研究，以便有所检讨。因此，弟一面极欲找一机会读书，一面颇有意与吾兄商讨。惜一时不易办到耳。弟来桂后

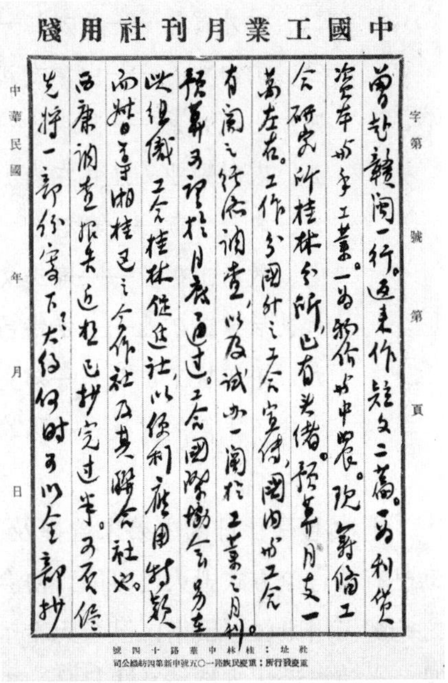

中國工業月刊社用牋

曾赴韶关一行。近来作短文二篇。一为利用资本以办手工业。一为动员以办中农。现筹备工合研究所桂林分所，已有头绪。预算月支一万左右。工作分国外之工合宣传，国内的工合有关之经济调查，以及试办一关于工业之月刊。预算可订于月底通过。工合国际协会另有此组织。工合桂林促进社，以便利应用对农而对香港湘桂之合作社及其联合社也。西康调查报告近想已抄完过半。可否将一部份寄下？大约何时可以全部抄

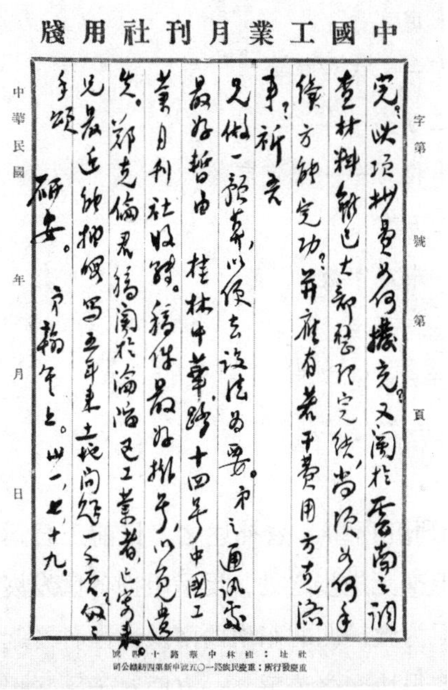

中國工業月刊社用牋

完？此项抄费如何拨兑？又关于香港之调查材料能否大部整理完结，尚须如何手续方能完功？并应有若干费用方克济事？祈兄做一预算，以便去设法为要。弟之通讯处最好暂由桂林中华路十四号中国工业月刊社收转。稿件最好挂号，以免遗失。郑克伦君稿关于论临邑工业者，已寄来。兄最近能抽暇写五年来土地问题一千字左右否？

手颂

研安。

弟 翰笙上。卅一、七、十九。

陈翰笙致陈洪进

（1942 年 8 月 11 日）

洪进兄如握：

七月廿日邮上一函，谅可达座右。战时中国经济一书，请吾兄担任土地关系一章，申述五年来农村土地关系之演进。约二万五千字。未卜现已著手写作否。请转告寿君，关于敌后（游击区）工业一章，须涉及矿业方面。故拟改称为敌后工矿业。由郑克伦君担任沦陷区工矿业一章。锡昌兄担任后方工矿业一章。各章均将于九月中旬集稿。兹已函章友江兄请其担任对外贸易及国内贸易二章。毕相辉兄如因事忙不能动笔，可否劝其另请一位助理共事而仍由其负文责。且请转告相辉兄，农村副业一章必须包括渔业及林业。最好写成一万五千字左右。兹将战时中国经济一书之目录列下，以备参考。

一、财政货币物价——狄超白——二万五千字

二、对外贸易——章友江——未定字数

三、国内贸易——由章友江请人——未定字数

四、土地关系——陈洪进——二万五千字

五、农村副业（渔林在内）—毕相辉——未定字数

六、农村贷款——秦柳方——二万字

七、敌后工矿业——寿进文——未定字数

八、后方工矿业——张锡昌——二万字

九、沦陷区工矿业——郑克伦——未定字数

十、不平衡的发展——陈翰笙——二万字

上次七月廿日函中弟未曾提及工合研究所事。兹补述之。目前工合运动已有被官僚方式毁灭之可能。协会不但毫无进步之处，反呈阻抑各区发展之趋势。川康区、云南区已全无希望。但为救护西北东南西南及晋豫各区起见，尚值得设法支持。其法只是一方面取得协会之谅解，一方面对于国际捐款及推进工作特别下一番工夫，以协助有希望之各区使其向前迈进。国际捐

款向为工合国际协会所料理；而推进工作如训练人才改进技术分析营业调查经济以及对外宣传，现已归工合研究所办理。弟在港九时代担任国际协会之义务秘书。今则因时地变迁，决辞去该职，而专做推进工作。故拟在桂林创立工合研究所桂林分所。现租得中华路十四号房两间，即在锡昌兄办事室之楼下。研究分所邮箱为桂林279号。电报挂号为“研”字即4282。以后请用邮箱号数，不必寄书施家园三十九号，以免耽误也。

研究分所工作暂定三种：一为对外宣传工合，与美国英国印度加拿大南美各国取得往来。二为调查各种工业组织以作比较。如家庭工业，手工业工场，小规模机器工业，救济机关所办工场，及工合本身，要在观察其各个关系与如何适应现时物价问题等等。三为襄助编辑一月刊，专讲国内外工业情况者，以鼓励民族工业界之人士，亦同时宣传工合之意义。

六月十三日手书中所论对于封建制所以形成较晚之猜测有六条。始作答如下：

（一）孔孟荀均主张封建制，而不为各国君王所用。据弟所想，孔孟荀所提倡者非秦以后专制封建，而是商鞅以前甚至西周初年之初期封建制。但当时各国君王已为债务所迫，渐渐依靠商人兼地主之财富所有者。故事实上不能采取孔孟荀复古之学说。

（二）商鞅时代秦政府集中“余子”而供其膳宿，且防止其逃逸。在兄以为秦政府利用奴隶。而在弟则以为秦既提倡小农经济，则政府为富强起见自有利用人力政策。此种“余子”不一定是奴隶。

（三）兄以为汉代有王国乃真封建之规模。弟则疑汉之有诸侯王，乃沿用西周之策略而册封异族者也。

（四）汉哀帝时“田宅奴婢价为减贱”。在兄以为此乃指农田上之奴隶。但奴婢之买卖不一定指奴隶之存在。农奴亦曾被买卖。王莽禁止土地买卖，而又禁止奴婢与牛马同栏买卖。可见其时所谓奴者，已不完全连上土地关系矣。土地不可买卖，而奴婢牛马可以买卖，是则农奴不一定是奴隶矣。

（五）北魏均田制乃以家奴为标准。家奴亦有耕作者。但已非奴隶。既谓“妇任耕，婢任织”；对谓“耕牛十头当奴婢八”。可见男家奴为奴；女家奴为婢。而耕牛与织婢同计其数。北魏之均田法，实即限于富农范围以内也。

（六）兄以为周礼是当时社会思想之反映。弟亦同意。故汉人伪造古书，乃托古改制之意。然所谓托古改制者，欲改专制封建重商抑农之制度，而回到初期封建重农抑商之制度耳。弟以为孔孟荀之所谓先王之制，是指西周初期封建而言。

汉代儒者均愿西周或西周以前之社会复活。其主要点在于反对富商兼并土地。故历代儒者赞扬北魏之均田，而竭力说明无恒产者即无恒心之意。

兄谓唐代地制集封建之大成。然亦肇端于战国汉晋六朝。此实表示专制封建制开始于秦国之变法，而稳定于王莽之失败，而发扬成长于唐代也。奴隶制与封建制（最初期者）是否可于田租之转变中决定之？弟以为奴隶时代无所谓租。初期封建则以力租占优势。专制封建中便有物租居上风。中国田租之历史当有可研究之价值。

六月十三日手书中，所举中国封建之特点六个，完全正确。但宗族土地所有与商业高利贷资本之关系，尚未明瞭。城市经济所以附属于地主经济者，实即商人兼为地主之意义也。因地主商人结合为一体，故另一方面则手工业者大部分不能脱离农业经济。是以独立手工业工场无多，而家庭手工业始终还是占优势。商人兼地主而家庭手工业不能迅速转变为独立手工业工场，即是中国封建文化长期停滞之主要原因。现时工合运动之理想即是要化家庭手工业为工场工业，而使工场工业应用简单之机器也。

来书详述汉族与外族在政治制度上关系。最好能将经济方面之关系亦配合起来来说明之。弟疑汉族商业高利贷资本控制外族之关键，至为重要也。得暇请函示最近之心得，与现时工作之情况，至以为盼。匆祝研安。

弟翰上

卅一，八，十一

（黄燕民识录　丁利刚校正）

陈翰笙致陈洪进

（1942 年 8 月 16 日）

洪进兄如握：

七月廿，八月十二两书想已达左右。毕寿两君之稿请就近代催为幸。

顷与岭南大学校长李应林君谈，彼重托为之介绍一位专任教授。担任中国政治思想史，中国社会经济史，及国际问题诸课程。每周授课十二时。住在校中。该校已由港九迁入内地：农学院在坪石（粤汉路线上），医学院在泰和（与中正大学同舍），而文理学院则在离曲江不远之乡间（离城四十公里）。闻在曲江乡间较曲江为幽静。月薪三百六十元，加津贴一百二十元，又加米贴每人五十元（如兄报有父母子女全家六人则米贴为三百元），约共七百八十元。弟以为兄如愿担任此等课程，并借以为继续做学术工作之张本，则当与校方交涉由渝东来之旅费。可否加以考虑，而惠我一电，以便转告李君。电报挂号为桂林 4282，“研”字。前华岗在某杂志中所写一文，述西康乌拉差徭及其社会性质者，兄对其内容有何批评？最近徐乐英关于周代制度一文，写来不甚清楚。不易阅读。惟对于“国人”之见解则颇以为当也。彼引兄名以证西康现有之“室”。此君是否专研史学者？愿得机会认识之。匆上手祝

研安。

弟翰上

卅一，八，十六

（黄燕民识录　丁利刚校正）

1944年1封

陈翰笙致张锡昌[①]

（1944年6月25日）

弟于3月21日离桂后，4月22日郑州失守，5月25日洛阳继之；6月18日长沙又继之。缅想衡韶现在吃紧，两地已告疏散。幼礼必已由衡阳医院撤退，如尚在桂林，务恳兄弟等照拂为祷。此生兄病愈，闻之甚喜。便乞代为问候。桂林近况与实情常常在念，务祈时时函告。此次弟隔多日未曾写信，实因早晚忙碌，未暇握管之故。原拟为月刊撰一文，或讲印度工业之现状；或讲印度国内外财务之对工业影响；或评述最近印度工业家自拟之战后计划。曾见方显廷君在渝《大公报》上有此评述，实嫌肤浅！惟终以事忙尚未能作文。又久欲略告印度大概情形，以供诸位友人参考。兹略述如下：

印度为V字形之半岛。离海岸不及一百英哩有V字式之高原。而北部则在V字之上，全系高山。惟高原之中，或第二V字之间，即为一大平原，其东为加尔卡塔城，其西为孟买城，而南方东海岸，则有麦特拉斯城。平原之北部中心，有新德里，为印度中央政府所在地。北部高山一带，即尼泊尔、阿富汗及西藏之边境也。

资源分播之情形，为东北之加尔卡塔附近有煤、铁、煤油、树胶、茶叶及黄麻。西部孟买附近有纺织业、化学工业及其它近代工业。近阿富汗边境有森林，煤油、小麦。新德里亦为小麦产区。中部多产丝及棉花，南部麦特拉斯附近有米、茶、丝三大宗。而孟买以南沿西部海岸多产烟及咖

---

① 本信前有缺页，故参考汪熙、杨小佛主编《陈翰笙文集》识录。

啡。印度半岛最西南角，亦产树胶。须知印度黄麻产量占世界第一位，棉花仅次于美国。甘蔗南北皆有，产量仅次于爪哇而已。印度的新式灌溉及水电业均较我国进步。以产业之发展而言，我国实已比印度落后。战前我国有铁道 8000 英哩，而印度则有 4.1 万英哩。战后后方各地全国所有之柏油路恐不到 100 英哩！而印度柏油路则有 7.6 万英哩。以柏油路与其它稍次之公路一并计算，则印度有公路 30 万英哩矣。中国现有电线若干长，弟无从知之。但印度电线之统计则达 78.7 万英哩。至于无线电之发达，则印度更超过我国也。印度牛只达 2.5 亿头，几占全世界 1/3，而羊则有 4200 万，亦远多于我国。印度水泥可以自给，每年产 110 万吨，试问我们每年可出几吨？孟买纺织厂近百数，即以其最大之十厂计算，每年可出布 3.5 亿码，每码平均值 10 个罗比。现时印度全国每年产布约为 68 亿码。其中 48 亿码为厂中机织者，余 20 亿码为家庭或工场手织机上之产品。闻所出 68 亿码布匹中，有 12 亿码供军用及应付出口市场，56 亿码则支配于其国内各市场。试问我们每年可出几万码布呢？印度纺织业之发展甚为迅速，可从其对外贸易统计知之。1914 年输入之纺织品占全国所用之 60%，至 1940 年则进口货仅占全国所用之 7.5% 而已，战后进口之成份更少，恐不及 5% 也。去年我国后方产钢只是 1.9 万吨，而印度产钢在 120 万吨以上。以印度之 120 万吨比苏联之 3000 万吨，或德国之 4000 万吨，或美国之 5000 余万吨（英国仅次于德国），固然落后了不少，但我国比印度落后的程度则更难堪矣。

本月印度工业家已得其政府之许可，集股筹设造汽车之工厂，战后说不定可以有印度汽车运到中国来了。1939 年欧战以来，印度已由入超国变为出超国。一则因缅甸煤油及米粮之入口已绝迹；二则因印度茶叶、油菜籽及重要矿砂之出口大为增加。在太平洋战争爆发后，虽然失掉欧洲与日本之市场，但近三年来印度出口货在南美、埃及、中国，尤其在美国之市场上大为扩张。印度现已由负债国变为债主国了。1939 年欧战开始以前，印度欠英国 3.6 亿金镑。现在呢，不但全数还清了，印度还有 7.37 亿金镑存在英国。这一笔存款将来如何用法，须得英政府之最后决定。是则对于印度工业之前途当有非常大的影响！印度工业发展之最大障碍，即如大家所应可预料，即民众之购买力过于薄弱。归根到底，亦即农村经济之尚未妥善上轨道。

土地问题是工业发展之最基本问题，如以印度情形而言，实最明显无比也。印度人扫地只用扫帚而无簸箕，即扫帚亦无手柄，只是一把席草罢了。路上所见运货之工人，或搬场之男女，既不用扁担木杠，也不用篮子篓子，只是顶在头上行走罢了！除掉牛车、马车、骆驼车之外，凡是运货总见用人头顶着行走。两个人用头前后顶着一大衣柜在道上行走，或四个人用头顶着一个钢琴，要走八英哩之远，均为常有的事。印度人吃饭用右手，大便完事用左手，均无工具。工具之少，在印度为特别令人注意之现象。城市中赤足之人甚多，乡村更不用说了。一般穷相毕露，购买力非常之低。

普通大学教授月薪只 250 或 300 罗比。大学毕业生谋事之月薪以 60 罗比为标准。月薪 1,000 罗比之人在城市中 1% 还不到。然依照弟个人之生活，则非月费 300 罗比不能过活，应酬费尚不在内。足见一般印人生活程度之低下，何况乎乡村之间乎！闻乡村中农业季工每天工资仅有 1/4 的罗比。即城市中高等厨师能操西餐者，每月 60 至 70 罗比之工资是最普通之事。由是亦可见印人与西人间生活标准之相去远甚也。

印度政府近有农业扩充之计划，但其性质实为预备救济战后复员后之官兵。农村经济之基本问题愈来愈严重矣。西北 Punjab 省多自耕农而出小麦，故信用合作最为有成绩。东北 Bihar 省多大地主而出米、茶，故贫农有协会之组织。南方 Madras 省则中农不多，租佃者甚多，其情形与 Bihar 不相上下。将来得机会时当加以研究，可以详知印度各种土地制度。

印度人种相当复杂，最早之土著为黑色而矮小之 Dravidians。西历纪元前 2000 年，中亚细亚之 Aryans 由西北角入寇，将 Dravidians 赶至南印。今北印及东印之 Aryans 即所谓 Hindus 人。又西历纪元后 1000 年光景，土耳其、波斯一带之回教人来侵犯，占据印度北部、中部、东部而统治，此乃所谓 Mogul 帝国，统治者受阿拉伯文化之陶育，至今称为 Mohamm-udaus or Musilms。其它边疆各族及土著中之各派别占全国总人口 20% 以下。举例以明，则 Madras 为 Dravidian，Bihar 为 Hindus，Bengal、Hyderabad、United Provinces、Bombay 均为 Hindus。惟 Punjab 则为 Musims，新德里所见者，有 Dravidian 之官员及知识分子，占少数。亦有 Musilm 之店员官吏及仆役，尚不占最多数。最多数则仍为劳动者及一般农民，均为 Hindus。国内港沪一带素所习见之戴头巾蓄长须之印度人亦 Hindus 中之一派也。

Dravidian 之语文多用在南方。在北印方面则 Hindus 用 Hindi 文，而 Musilm 则用 Urdu 文。文虽不同而语言则一，此共同之语言，即为印度国语。即所谓 Hindustani。Hindi 文实沿袭于印度古文 Sanskrit。而 Urdu 文则创始于第 6 世纪。为阿拉伯文、波斯文及 Hindi 文三种之混合物。然此 Urdu 之混合文现在有绝大势力，阿拉伯诸国家及波斯之朝廷均用之。此文形似波斯文，甚美丽；且横写时亦由右而及左。弟已始习 Hindustani 语而用 Urdu 文。举例来看，如说，“是的，我可以等待一下”，在印度语即要说：“Han, main thar saktahoon”。然此仅为发音一方面，至于 Urdu 文之写法，则此句为“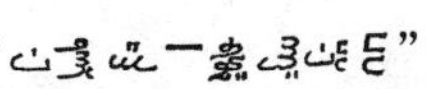”。现淑型与弟每日下午 5 时半至 6 时习印度语，预备半年后即开始学习 Urdu 文。如能达到读印度文出版品之希望，则以后当有所效劳耳。

印度天气半年温暖，半年奇热。10 月初至 3 月底为温暖之半年；新德里天气一如欧洲避冬场所。4 月初至 6 月底为干热季，温度可以高至 120 度，但以干燥而易于忍受。最难受为 7 月初至 9 月底之潮热季，温度虽仅百度左右，而潮湿程度仅次于沪汉一带也。

拉杂写来，已是八页。桂林诸友如超白兄等，中华路同事如简王王诸位，均可将关于印度之情形转告，恕不另写矣。报载衡阳正吃紧，桂方情形如何？祈速示知，以释远念。余再述，手祝
阖府安吉。

弟翰上

六月廿五日，星期日晚灯下

（黄海燕识录　丁利刚校正）

1948年2封

陈翰笙致王福时①

（1948年2月18日）

福时先生大鉴：

前于年初，接获由霍金斯大学转下大札，欣悉吾兄现任世界日报编辑部职务。弟于一九四七年夏走访冯焕章先生时，曾与蔡增基君谈过一次。其实李大明君留檀岛尚未返金山也。李为蔡所误，诚如兄所言。而蔡在华京之一切活动，均为弟等所熟悉之事。冯先生亦因厌其不忠于民众，故弃西岸而于是年秋间来东部。孙家驹兄久未通问，尚在印度时见过，先生去信时祈代致候。彼现在港九任何事，尚未知其详也。

弟与先生上次见面，只半小时。实在加尔葛搭市大公报访员马君楼上。该时因公忙，未能多谈为憾。

文旗去夏来东部，亦闻诸友人处。惜刘思慕兄处弟甚少寄资料。闻先生处为之照料，甚慰。去秋弟来宾夕法尼亚大学，专事研究印度之农村经济问题。盖自离印后，一直未曾对印度之探讨有所间断也。周鲸文兄在港，兄与通讯否？彼之近况何似，甚以为念。

又报载李德邻在宁，曾有营救张学良少帅之意。其实如何结局？内容曲折如何？如兄有所闻，务恳函示以详，不胜企盼之至。弟于一九二九

① 王福时先生原在《世界日报》工作，离开后又参加创办《中西日报》。他的父亲王卓然是张学良将军的秘书幕僚与挚友。陈翰老非常钦佩张学良，1938年初曾应太平洋学会加拿大分会的邀请，专程前往加拿大讲述“西安事变”真相。陈翰老和王卓老一直为恢复张公自由奔走呼号，王福时先生也在印度和美国做同样的努力。

年在东北时与少帅相识。对其为人多所佩服处。余再陈，手复即祝旅安。

弟陈翰笙启

二月十八日

（王晓恕识录　丁利刚校正）

霍兰致陈翰笙

（1948 年 5 月 28 日）

亲爱的陈教授：

非常感谢您 5 月 5 日的来信。按照您的要求，我直接写了航空信给胡适先生，在此附两份该信的抄件，也许您想当面将一封交给周炳琳院长。我非常希望校方能够允准近期必需的暂离。

我非常高兴您已经开始着手研究工作。

诚挚的

威廉 · L. 霍兰

秘书长

附件：

霍兰致胡适、周炳琳信抄件

尊敬的胡校长、周院长：

如两位所知，太平洋国际学会国际研究委员会已经启动一系列有关远东现代商业阶级发展的研究项目。其中最重要的研究之一是关于中国现代商业阶级的发展。经过仔细审查研究人员资格后，乔治·桑塞姆爵士（Sir George Sansem）与我诚邀贵校经济系陈翰笙博士前来着手调查工作。我们将为他提供3000美元研究经费，据我所知，他希望研究尽快开始。为使该研究取得令人满意的成果，陈教授需要赴沪、宁两地常驻一段时间，因此恳请贵校容许其暂离北大一年或稍长时间。虽然我深知他对于贵校不可或缺，但我紧急恳请允其离校。过去两位一直对太平洋国际学会之研究工作颇为垂注，因此我也恳盼两位同意这一要求。

如您二位同意，我提议将此项研究置于双方联合名下。南京中央研究院社会科学研究所陶孟和博士与梁方仲博士已慷慨应允，在陈教授驻留期间提供研究帮助。也正是陶博士作为太平洋国际学会的中国研究主席，首先提名陈教授为该项研究的主持人。

我已将此研究计划告知中国太平洋国际学会秘书刘毓棠博士，而且我认为他已经与身在南京的梁博士讨论过此计划。我也将此信的抄件转给他。我诚挚盼望二位近期允准陈教授动身。我深信，此项计划是太平洋国际学会历年最重要的研究之一，鉴于各种原因，我希望该项研究能尽快展开。

谨致最良好的祝愿。

诚挚的

威廉·L. 霍兰

秘书长

威廉·L. 霍兰 留存

抄送：刘毓棠

陈翰笙（2）

（陈宇慧翻译）

1949 年 2 封

陈翰笙致王福时

（1949 年 11 月 18 日）

亲爱的王先生：

非常感谢您十一月一日的来函及附件。我很高兴尼赫鲁先生在湾区期间您见到他。我们仅希望印度对北京政府的承认不会受英国的压力而拖延，就像英国受美国的压力而退让。

我很高兴地从您来信得知旧金山将有一份新的中文日报出版。显然，诸君做得非常好，而且我特别祝贺您已经找好胜任总经理和总编辑的人手。

您计划何时与家人返回中国？我希望您在夏天之前不会离开，这样您就能够帮助新日报适当立足。

谨致最良好的祝愿。

诚挚的

陈翰笙

（黄燕民翻译　丁利刚校正）

陈翰笙致王福时

（1949 年 12 月 9 日）

亲爱的王先生：

大约一个月前我给你写了一信，寄至 1940 Fillmore Street，San Francisco。我不知你是否收到。你的收信地址是否仍为 251 Kearny Street？

此地朋友们告诉我你现在《中西日报》工作，我特此衷心祝贺。我自 11 月 29 日以来即收到贵报。该日社论以及近日有关李宗仁美国之行的社论俱极精彩。我们相信贵报的发行量将很快超过 Tsai Tseng-chi 所编报纸的发行量。

谨致最良好的祝愿。

诚挚的

陈翰笙

（黄燕民翻译　丁利刚校正）

1954年1封

陈翰笙致王福时

（1954年[1] 12月27日）

福时同志：

来书诵悉后，因开会忙、新年导致延迟看卡片的时间，非常抱歉。卡片是十七日收到的！隔十日才还您。这一次因政协开会耽误了。实在不应该的！

卡片分类虽嫌粗一些，但对编制新书报道是无妨的。有关中国苏联的书有些太反动（如 Guy Wint），有些完全没有用处（如冯友兰哲学史英译本），似不必放入新书报道中。

有些反动书籍可放在外部或外交学会做参考，颇有价值。又如乔治·凯南的书，英版较美版价廉一倍光景。可以买英版就行了。

俄译《印度历史》英文原名一时查不出。后来查到再函告如何？手致

敬礼

陈翰笙

十二月廿七日晨

卡片一包送还，请点收为荷。

（陈宇慧识录　黄燕民校正）

---

① 本信原件未呈现写作年份，鉴于1954年王福时在中国国际书店任进口部副主任时期曾请翰老帮助选择书籍，因此推测本信写于1954年。

1961年2封

李克农致陈翰笙

（1961年[1]5月10日）

翰笙同志：

五月十日寄来“古代中国与尼泊尔的文化交流”及七律诗一首，均收到，谢谢你的好意。如有意见，待读后再告。此复。顺致敬礼！

李克农

五月十日

（黄燕民识录　丁利刚校正）

李克农致陈翰笙

（1961年12月11日）

翰笙同志：

你十二月三日信悉，附有“印度农邦阶级”的文章也收到。原拟趋你处面谈，因冬季气喘病又发，医嘱不准出门，只好休息治疗，生活精神均感苦闷。迟复乞谅。

---

① 本信原件未呈现写作年份，鉴于陈翰老的《古代中国与尼泊尔的文化交流》一文发表于《历史研究》1961年第2期，因此推测本信写于1961年。

关于印度经济问题，应好好研究，在美帝操下，池田与尼赫鲁接近以后，可能在东南亚粮、棉方面以及日本轻工业方面，常备武器方面，要阴谋新花样，对此须加警惕。苏联廿二大是一件不愉快的事，最近《人民日报》社论与中共中央同志的谈话须要仔细研读，以免迷失方向。专此奉复并祝健康！

李克农

一九六一年十二月十一日

（黄燕民识录　丁利刚校正）

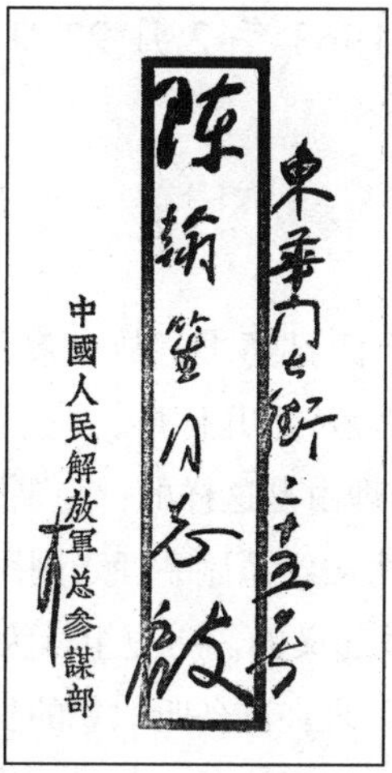
東華門大街二十五號
陳翰笙同志啟
中國人民解放軍总参謀部

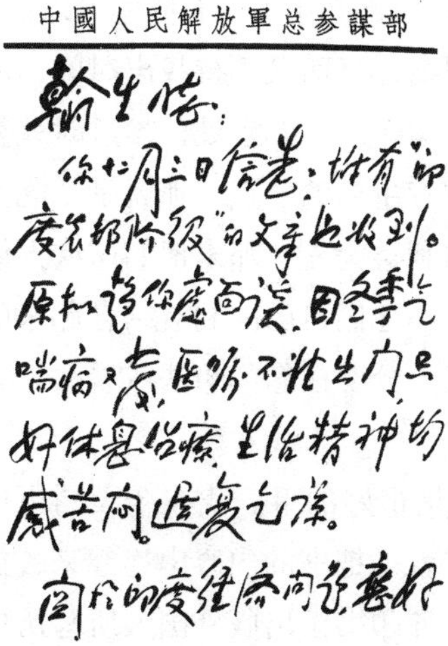
中國人民解放軍总参謀部

翰笙同志：

你十二月三日信悉，论有"印度农业阶级"的文章也收到。原拟请你处面谈，因冬季气喘病又发，医嘱不能出门，只好休息治疗，望你精神好。

关于印度经济问题应好好

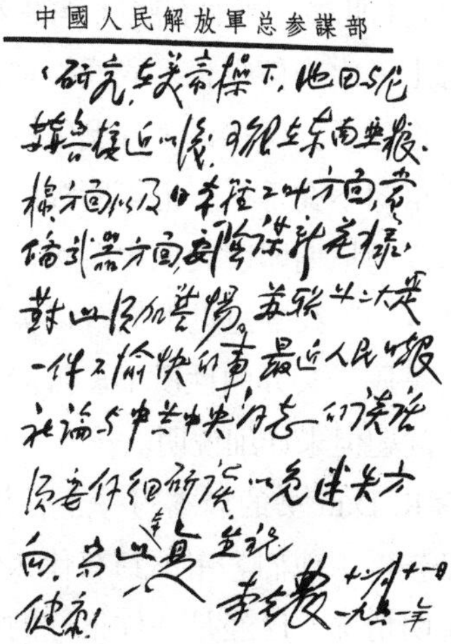
中國人民解放軍总参謀部

研究，在美帝操下，池田与尼赫鲁接近以后，可能在东南亚粮、棉方面以及日本轻工业方面，常备武器方面，要阴谋新花样，对此须加警惕。苏联廿二大是一件不愉快的事，最近人民日报社论与中共中央同志们谈话须要仔细研读，以免迷失方向。专此奉复并祝健康！

李克农 一九六一年十二月十一日

1963年4封

陈翰笙致陈洪进

（1963年2月27日）

洪进兄：

昨夜在家接到本月二十四日惠书，故今晨八时即走访人民出版社。这次去谈了关于他们历史组和经济组几件事，花了一个钟头。关于决定不出版《印度1857年起义》一书的理由是这样的：一是因为马恩论1857年印度史的文章将出专集，二则东北师大史学系副主任丁则民及教授王某合写的一本《知识丛书》也是讲1857年印度起义的。历史组认为在这个题目下不宜出版太多的东西，应当经济一些为宜。现在准备听取您的复信而对所有译文的人酌付稿费。历史组负责人同我说这一次译成的文章尽可将来并入印度史论文集，而且希望我们如此做。当然有些已译的文章就可以不必用了。有些还可以待用。

您上一次来信很长，我原拟详复。因要详复而又等待找出时间，所以愈等待愈拖延了。现在，今日上午我在《中国建设》办事处，趁这时就复您而您的原信却不在手头。记得所提的问题中有主要的一点，那就是"既然英国统治印度的早期印度大地主阶级都以英国利益为先，那末他们这些人们是否是买办呢？"我的意见他们既以英国利益和他们自己的利益结合起来的，那他们就是属于买办的性质了。可能我还没十分明白您的想法或看法。来信提了这个问题但未详细说明。

为R. Dutt书的译本写一个长篇序言是很好的事。我在今天同历史组谈话时已告诉了他们。用不到有什么创见，就是把书的内容串连起来，概括一下，说明情况，已经是一件很好的事。商务印书馆出版外国人所写历史的译本，也请我写了几篇序言。关于澳大利亚史一篇序言已出版了。现在我正在写两篇关于中美关系的译本的序言。

顾先生[①]鼻梁中血管一时硬化而破裂，故元旦日（一月一日）晚大放其血。仓促入同仁医院，住了四个星期之久，方才回家。现在尚在家休养呢。次日我一人在家又不能去探访医院，就写了一首七律如下。

1963 年元旦

六十六年劳顿身，
于今幸作自由民。
茫茫往事如春梦，
莽莽前途警卧薪。
四海车书情已贯，
三洲黎庶志求伸。
屠苏畅饮祝人寿，
远嘱高瞻好问津。

顾先生近日仍操古琴，且在去年年底得病前在摄影学会表演过一次。上星期日她弹琴时我赠她一首七绝。

东风一扫大千红，
四十二年甘苦同。
我诵诗篇君奏乐，
流光久暂总相通。

现在我在研究所只是五天一星期，或者还少一些时间。星期三整天不去。每逢星三我上午在《中国建设》，下午到科学院去。“中建”现在除已有英文、西班牙文版以外，还要在本月出版一个法文版。为法文版已组织了八个干部，另外还请外面的法国、比国人改稿。科学院历史研究所侯外庐兼管该所世界史组二十人，这些人都是国外新回来的留学生，也是历史专业者，大部分是在苏联和东欧诸国学习了四五年才回来的。科学院最近决定将此组改由我负责兼管，且拟于数年后扩为一个研究所。现在我们将此组改名为“外国史研究室”。

李同志在政协想很忙。是否今春来京一游？您自己仍继续打太极拳否？祝您们双安。

翰手上，淑型嘱附笔问候
63 年 2 月 27 日上午

（黄燕民识录　丁利刚校正）

① 指陈翰老夫人顾淑型女士。

陈翰笙致陈洪进

（1963 年 3 月 2 日）

洪进兄：

前寄挂号信想已收阅。记得还没有答复你所问关于陈成章稿费事。陈即陈宪泽，由海关研究室退休的人员，他所译的那篇 Joshi 的文章早由我介绍到天津《历史教学》刊登了。杂志社已给他稿费，因此不必再同他算账了。

昨日下午我曾赴北京师大向历史系全体四百人做了一个报告，题目是“对历史科学的认识：历史是否就是过去的政治？”。晚餐后又同他们那里搞外国史的教师们开了座谈会。发现那里有四五人是专搞印度古代、近代史的。其中刘家和（江苏，六合人）曾写了一篇关于种姓的文章万余字。

下星期北京史学会开会，讨论专题文章。轮到我去支持一个讨论会，讨论两篇文章：（1）彼得一世与俄瑞战争（1700—1721）；（2）俄国立宪民主党的成立及其阶级本质。可见北京对外国史的兴趣还很好。

我要外国史研究室同志们做了一个北京各图书馆订阅外国史期刊的目录，竟多至 138 项目。你如要看，我可寄上一份油印的。匆此即祝

近祉

翰手上

63 年 3 月 2 日

（黄燕民识录　丁利刚校正）

[illegible]兄：

前寄排字信想已收阅。记得还没有告[illegible]你所问关于陈成章稿费事。陈即陈宏译，由[illegible]研究室退休的人员，他所译的那篇[illegible]的文章是由我介绍到天津《历史教学》刊登了。杂志社已给他稿费，因此不必再同他算帐了。

昨日下午我曾赴北京师大向历史系全体四百人做了一个报告，题目是《对历史科学的认识：历史是否就是过去的政治？》晚餐后又同他们那里搞外国史的教师们开了座谈会。知道那里有四、五人专门搞印度古代、近代史的。其中刘家和（安徽六安人）曾写了一篇关于种姓的文章万余字。

下星期北京史学会开会，讨论专题。轮到我去主持个讨论会，讨论两篇文章：(1)彼得第一世与俄瑞战争(1700—1721)；(2)俄国立宪民主党的成立及其阶级本质。可见北京对外国史的兴趣还很好。

我要外国史研究室同志们做了个北京各图书馆订阅外国史期刊的目录，竟多至138项目。你如要看，我可寄上一份油印的。此候

祝　近祉

[illegible]上，63年3月2日。

陈翰笙致陈洪进

（1963 年 7 月 12 日）

洪进兄：

六月初寄来的信至今尚未能奉复，实因最近事务太多，而且因时局关系，工作非常紧张。一天一天地拖下去，就到今日才有办法写信。

首先，要说明侯外庐曾告我，他已收到你的序文。我想等待几天后将所内事稍为料理有头绪就来看你的序文。其次，我想若要做带有说明的书目，若要用图书目录，恐以在北京为最适当。你的文件早由合肥寄来了。现在由学部送中宣部再转国务院去批准才能正式决定。希望能来北京。研究室与国际关系研究所有不同地方，官气少而学术气氛较多。没有人想做官，大家都想搞历史工作。研究室现在虽只有二十三人，其中有办事员和图书馆员几人，不久将来可能有五十余人的编制。我在研究室半年的经验还是很顺利进行了组织工作。大家都安心有工作做，情绪很好。

科学院和外交部都举行了“五反”运动，成绩很不差。下月研究所将有“整改”工作，届时可盼有一种新局面。但无论如何我还是要兼研究室事以继续搞些历史工作。

这次反官僚主义运动中，我写了两首诗如下：

（一）

千辛万苦除前政，
有位于今或渐骄。
但恐居高感优越，
潜移竟化新官僚。

（二）

风吹杨柳颠狂舞，
俨似人群逐显荣。
倘使规箴无诤友，
深渊沉坠失坚贞。

古体诗最宜于叙述历史。最近我也试写了一首如下：

一九六三年六月二十五日太平天国翼王石达开就义一百周年祭

朝为田舍郎，暮登天子堂。
将相本无种，男儿当自强。
题此诗者谁？翼王石达开。
挥毫勉其侄，得意展文才。
金田村起义，弱冠左军治。
转战经六省，咸称过人智。
湖口败湘军，敌船五十焚。
敌帅欲自尽，赫赫著其勋。
岂料杨秀清，欲博万岁封。
天王恶其僭，韦石挫其锋。
韦氏侈杀戮，石谏不能容。
竟屠石氏家，石乃折其凶。
班师回天京，甫将内讧平。
佐理新国政，天王疑忌萌。
如此起风波，改革势难成。
叱咤走西南，孤军作远征，
大渡河一战，兵溃难全生。
被俘至成都，壮烈以捐躯。
今日百年祭，令人长叹吁。

将来我在研究室希望能试编外国历史歌，或用五字句或用七字句，你看如何？手祝

双安

翰笙启

七月十二日

崑元同志前均此候好。

（黄燕民识录　丁利刚校正）

陈翰笙致陈洪进

（1963年[①]12月2日）

洪进兄：

九月间曾去承德避暑山庄住了一星期。十月廿日离京又赴江西各地旅行一次，十一月十二日方返此。过泰安时得诗一首：

天际红霞布彩昙，重山遥似昼中涵。
今朝驰过泰安站，便觉江南景可参。

在南昌赋诗一首：

八一大桥赣江天，南昌气象异当年。
百花洲上绿云满，血战功高胜地传。

到了井冈山留两天，又写了一首：

杉木满山银杏黄，巍巍五哨敌难当。
于今四海来宾客，赞我军谋誉孔彰。

后来我们（顾先生同去摄影）回南昌，再出发赴景德镇。过黄金埠时见一片红土，赋诗如下：

横贯群山大道红，禾黄蔗绿兴无穷。
旱天如此犹丰稔，公社力强动我衷。

在景德镇也写了一首：

① 1963年秋，翰老夫人顾淑型曾远赴南方数省进行摄影创作，故推断此信写于1963年。

立马瓷都有茂林，昌河运转势骎骎。
新窑旧厂参观罢，一盏浮红话古今。

昨天下午亚非学会开会，介绍您为会员，已经通过。如阅附件即知。

手祝

近佳，崑源同志均此问候。

陈翰笙手启

十二月二日

（黄燕民识录　丁利刚校正）

1965年3封

陈翰笙致牟瀛

（1965年5月9日）

牟瀛同志：

很长时间未能与你通信，但11月4日与12月3日你的来信早已看过。特别是最近半年，我之工作牵扯了极大精力，无暇他顾，因此没法与外界通信。

你应该很快就可以回京。倘如此，请来信告知我何时返程。我希望你回京后即能见到你。

国际上最近的新闻是美军入侵多米尼加。你肯定读了相关报道，我就此赋诗一首，想来你应有兴趣读一读。

美国以武装干涉多米尼加，感赋

加勒比海岛国多，
抗美救国须枕戈。
多米尼加揭竿起，
古巴壮烈开先河。
瓦斯克斯执政后，
四十年来都傀儡。
军民联合举义旗，
买办政权今摧毁。
花旗伞兵阵阵降，
藉口护侨侵邻邦。

美帝开张真面目，
现修欲庇亦无方。

希望你回京以前能给我来信。

你的朋友
陈翰笙

（陈宇慧识录、翻译）

陈翰笙致牟瀛
（1965 年 5 月 23 日）

牟瀛同志：

得知你两三周后即将返京，非常高兴！

你提到 5 月 14 日的第 2 颗原子弹试验，我亦有诗咏之。

庆祝 1965 年 5 月 14 日我国试验第 2 颗原子弹成功
蘑菇云彩往复回，
试验空投第一枚。
举世腾欢惟敌惧，
和平世界乐春台。

不久以前我偶然听到一位西藏女生作报告。这位姑娘才 22 岁，汉语非常流利。她天资十分聪颖，我听介绍说她学汉语不超过 4 年。回家后我写了下面这首诗来赞美她：

听政法干部学校西藏女生次旺作报告有感
世上苦人多，农奴久折磨。
军到日喀则，助民除烦苛。

次旺女农奴，血泪洒滂沱。
解放后何似？青青出水荷。
入学在咸阳，进修政法科。
挺胸作报告，汉语如悬河。
慷慨陈往事，可泣复可歌。

我听说近一个月来你的睡眠有所改善，睡眠充足是必要的，积劳毁人健康。

盼着你回京面谈。

忠诚的
陈翰笙
北京
1965 年 5 月 23 日

（陈宇慧识录、翻译）

陈翰笙致牟瀛

（1965 年 12 月 26 日）

牟瀛同志：

随信附上一份《人民日报》的剪报，可见我们有多么重视美国黑人运动。这是一篇有关今年 8 月沃茨暴乱的评论。

也许你还记得洛杉矶这场暴乱的有关材料。暴乱持续 5 天，夺走了 35 条生命，摧毁了 232 家店铺，伤者达到 632 人。自那时起，至今已有逾百家黑人团体成立，抗议薪酬问题、要求就业机会、争取联邦救济等等。

此外过去的一些团体，如国家促进有色人种权益协会等，正在派遣工作人员前往洛杉矶的黑人聚居区，希望针对一些老大难问题，找到新的解决方式。

暴乱过去 16 周之后，大部分团体只在一个问题上达到了共识：暴乱之前的所有困境依然存在。比如可以想见，大量失业的情况不可能终结。沃茨区属于洛杉矶市的一部分，该区 1/3 的人口没有工作。4000 黑人聚集在政府门前要求就业机会。

洛杉矶市还有 50 万墨西哥裔美国人。这些墨西哥裔拿到了美国公民身份，但却长期陷于贫困，许多人也处在失业状态。

以上这些是想说明，美国的黑人问题是个非常鲜活的问题——从其本质上来说带有革命性。

你的叔叔

CHS

12月26日，1965年

（陈宇慧识录、翻译）

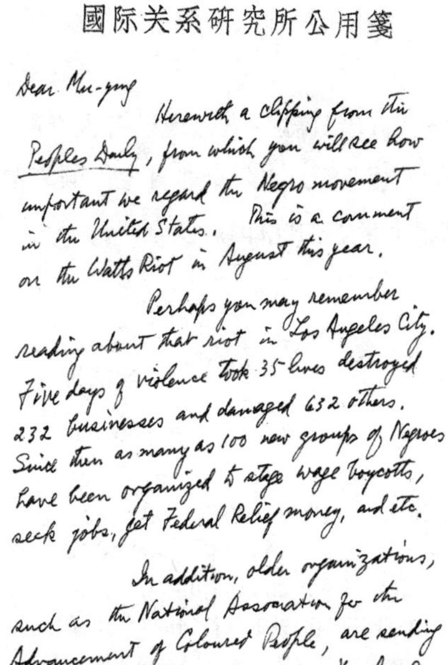
國际关系研究所公用箋

Dear Mu-yung

Herewith a clipping from the Peoples Daily, from which you will see how important we regard the Negro movement in the United States. This is a comment on the Watts Riot in August this year.

Perhaps you may remember reading about that riot in Los Angeles City. Five days of violence took 35 lives destroyed 232 businesses and damaged 632 others. Since then as many as 100 new groups of Negroes have been organized to stage wage boycotts, seek jobs, get Federal Relief money, and etc.

In addition, older organizations, such as the National Association for the Advancement of Coloured People, are sending staff workers into Negro areas of Los Angeles to devise new approaches to old problems.

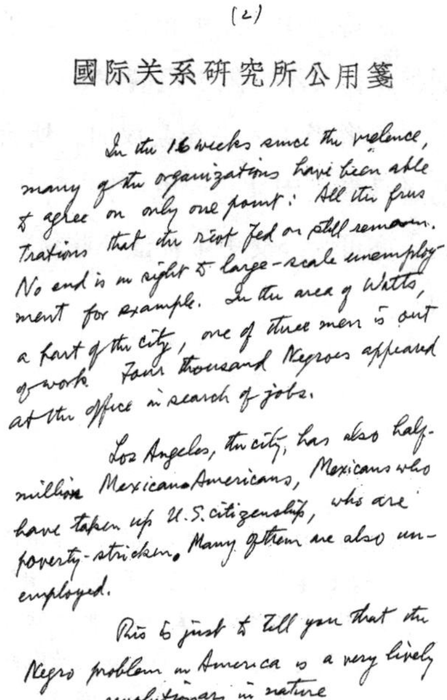
(2)

國际关系研究所公用箋

In the 16 weeks since the violence, many of the organizations have been able to agree on only one point: All the frustrations that the riot fed on still remain. No end is in sight to large-scale unemployment for example. In the area of Watts, a part of the city, one of three men is out of work. Four thousand Negroes appeared at the office in search of jobs.

Los Angeles, the city, has also half-million Mexicans Americans, Mexicans who have taken up U.S. citizenship, who are poverty-stricken. Many of them are also unemployed.

This is just to tell you that the Negro problem in America is a very lively one — revolutionary in nature

Your uncle

CHS

Dec. 26 th 1965

1966年4封

叶恭绰[①]致陈翰笙

（1966年1月11日）

翰笙先生：

日昨漆君交下大作一首，已经拜读。执事于外交史研究有素，今复关心敝著中俄密约之事，甚为佩感。其他有关此方面材料尚有何种？亦盼便中见告。

尊诗题中“旅大租借”四字似可不要，因我所写该文中俄密约关系各方面甚广，并不只限于租借旅大也。

再者当年太平洋会议时，所讹传梁揆[②]订借日款一事，现已有人查明，乃是马素[③]因挟怨而电王宠惠，便由王传出此消息，实际全非真象。顺笔奉告，亦可为外交史中补证一些材料，祈惠察为幸。匆此即致

敬礼

叶恭绰

1966.1.11

---

① 叶恭绰（1881—1968），字裕甫（玉甫、玉虎、玉父），书画家、收藏家、政治活动家。又字誉虎，生于广东番禺书香门第，祖父叶衍兰金石、书、画均闻名于时，父叶佩含诗、书、文俱佳。叶恭绰早年毕业于京师大学堂仕学馆，后留学日本，加入孙中山领导的同盟会。曾任北洋政府交通总长、广州国民政府财政部长、南京国民政府铁道部长，1927年出任北京大学国学馆馆长。中华人民共和国成立后，曾任中央文史馆副馆长、第二届中国政协常委。

② “梁揆”指梁士诒，民国初年的国务总理有“阁揆”之谓。

③ 马素（1883—1930），字绘斋，民主革命家、外交官。毕业于香港圣约瑟书院，1911年起成为孙中山在上海的私人秘书。1912年，马素任《民国西报》法文总编。1914年，马素赴英国伦敦政治经济学院就读，1915年转赴美国纽约读书，并担任国民党驻美国、加拿大、墨西哥代表。

再胶济铁路事已由顾维均先生有函证明。证明当时外交部致三代表之电，衹言梁揆云主张“借款自办”四字。并无“日”字。此借日款自办之“日”字，原电所无。合并附及。

翰笙同志，

漆老袖示大作，此事数十年前，几于家喻户晓，而某君指责，实出意外。事关交涉，不能不加辨正。公根据外档，更可瞭然。其实外交上此类事不少，惜无人能一一更正耳。大作可作一则诗史矣。唯中俄密约中似不止一事。大约系先有人向那拉口陈其要，嗣由老李与维忒[①]面订成文。再由该管如军务处公使馆等（军务处与军机处不同，乃临时所设的最高的军事机关。表面由老恭王主持。）分别订成条文。故东清铁路为一合同。租旅大又别立文件。因此大作题目，似以用“中俄密约”四字包括为宜。管见如此，不知尊意以为然否？弟久病耳目皆聋聩，书此代面，诸祈教正。

恭绰上

（黄燕民识录　丁利刚校正）

陈翰笙致牟瀛

（1966 年 2 月 11 日）

牟瀛同志：

此信特为告知，最新一期《国际问题译丛》（1966 年 2 期，页 20—25）登有过去向你提及之文章，综述了有关美国黑人的处境。亦可读另一篇载于近期《国际问题研究》（1966 年 1 期，页 23—29）的文章，描述了美国黑人

① “那拉”似指那拉氏慈禧太后，“老李”应指李鸿章，“维忒”似指与李签订中俄密约的俄方财政大臣维特。

的革命斗争，作者是李佩琼。

下周三（2月16日）我要去山西参加社教，会和当地农民家庭一起生活，了解更多农村现状和阶级关系。大约会在3月20日前后回到北京。

希望行前你给我来个电话，也盼着你学习进步。

诚挚的

陈翰笙

朗斯顿·休斯、弥尔顿·梅策：

《图说美国黑人史》

纽约：皇冠出版社

1956年版，定价5.95美元

（美国黑人史）

（陈宇慧识录、翻译）

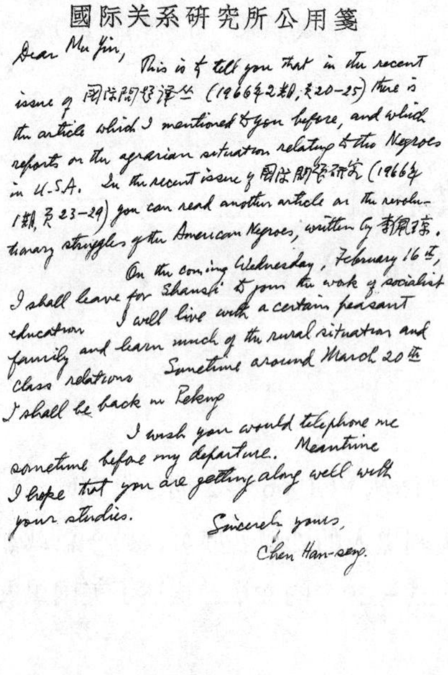

國际关系研究所公用箋

Dear Mu Yin,

This is to tell you that in the recent issue of 国际問题译丛 (1966年2期，页20-25) there is the article which I mentioned to you before, and which reports on the agrarian situation relating to the Negroes in U.S.A. In the recent issue of 国际問题研究 (1966年1期，页23-29) you can read another article on the revolutionary struggles of the American Negroes, written by 李佩琼.

On the coming Wednesday, February 16th, I shall leave for Shansi to join the work of socialist education. I will live with a certain peasant family and learn much of the rural situation and class relations. Sometime around March 20th I shall be back in Peking.

I wish you would telephone me sometime before my departure. Meantime I hope that you are getting along well with your studies.

Sincerely yours,

Chen Han-seng.

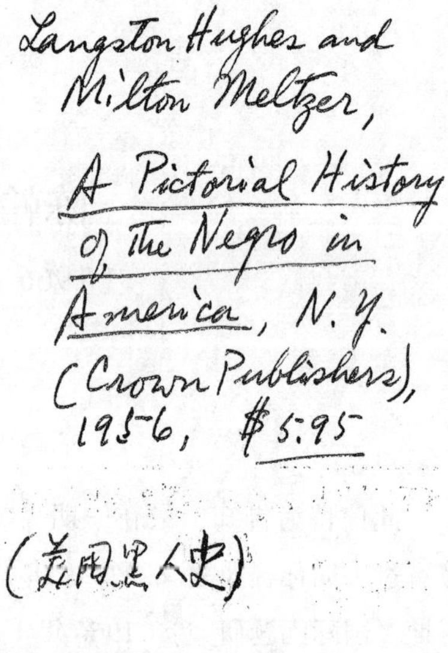

Langston Hughes and Milton Meltzer,

A Pictorial History of the Negro in America, N.Y. (Crown Publishers), 1956, $5.95

(美国黑人史)

陈翰笙致牟瀛

（1966 年 5 月 15 日）

牟瀛同志：

八日来信收到了。欣知你近况很好。可能你学习外文的时间稍比在校时多一些；如有文字须润饰尽可寄来。

想必你要看我最近写的诗。故选录几首短的如下。

自解

大地山河亦变灭，
人生斯世百年绝。
倘知今是而昨非，
夷险无关心愉悦。

铅刀行

党国正宣威，
铅刀亦含晖。
行年虽七十，
时促意不微。
愿伴工农兵，
躍如塞雁飞。

暮春感事

一市绿阴桃李开，
风云动地迓惊雷。
传闻美帝谋攻我，
抗敌收功岁月催。

你世伯嘱为附笔问候。

翰手上

5月15日

（陈宇慧识录）

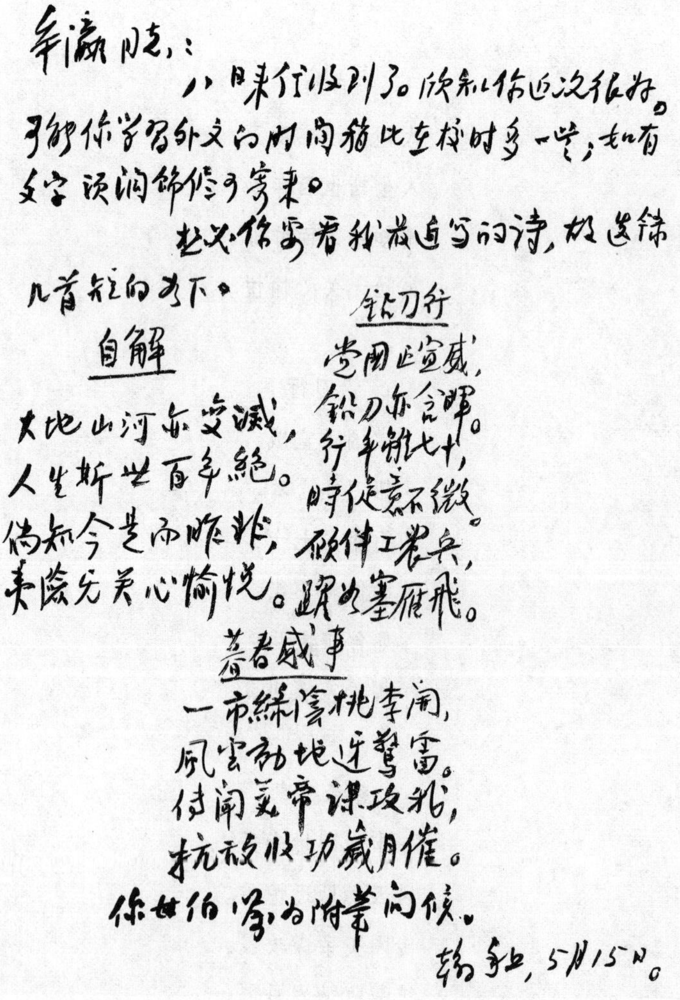

陈翰笙致牟瀛

（1966 年 5 月 29 日）

牟瀛同志：

今天下午收到你的来信和英文习作，我批改的版本附后。

等你下月回去，不知道你们学校是不是要搞社教运动。其他许多高校和研究单位已经开始了。

前日我写了一首诗，录下供你一阅。

咏社会主义文化革命

为谁著作为谁忙，兴无灭资正立场。
结合工农如鱼水，文艺源泉日月长。
情感意识从大众，科学技术百花芳。
堂堂文化今革命，共仰明哲提天纲。

你回来之后可来看我，对你近来的工作和思想愿闻其详。

（“明哲”是指毛主席而言）

诚挚的

C.H.S.

（陈宇慧识录、翻译）

1969年2封

陈翰笙致吴觉农[①]

（1969年12月4日）

觉农兄：

我们一行一千一百五十四人于上月十一日上午离北京，十二日上午即抵长沙，停留了两天。曾参观毛主席读过书的“第一师范”，又曾乘火车二时半去韶山毛主席故乡参观他的旧居。知道他年少时如何帮他父亲种田，帮他母亲养猪、看牛，他自己如何练习游泳。他在师范时天天洗冷水浴，并到山岗上面对大风大雨，那样锻炼自己的身体。他在一九二三年初所办的工人夜校，我们也去参观了。

到此后颇有感慨，有诗表达如下：

世情变幻本寻常，甜酸苦辣供备尝；
好事多磨成俗谚，主流总比逆流强。

现时我们借用烘茶的大房间为宿舍，六十个铺位相连，分两排横陈。我自一九一五年离开学生集体生活后，现在过了五十四年，又在过着这种生活了。生活上我没有什么顾虑，但眼疾和痔疮颇使我烦恼罢了。

甲先[②]是否已去江西上高？姓蒋的帮手是否还要回宜兴去？宣昭姊近来

---

① 吴觉农（1897—1989），浙江上虞人，原名荣堂，1918年留学日本，著名农学家、农业经济学家。中华人民共和国成立后，曾担任首任农业部副部长、全国政协副秘书长。吴觉农被誉为“当代茶圣”，其所著《茶经述评》是当今研究陆羽《茶经》最权威的著作。

② 应为甲选，即吴觉农之子。

健康如何为念。

我因年老且病，故在此不多参加劳动。既不参加种茶、移茶苗，也不参加筑路和种菜。我只看守宿舍，每天进用三餐而已！我们正在建筑新宿舍，也是集体的，预备明年二月间让出这个烘茶间。

你自己近来身体如何，一切务必善自珍摄为盼。敬祝你们全家安康。

翰笙手启

六九年十二月四日

（王晓恕识录　丁利刚校正）

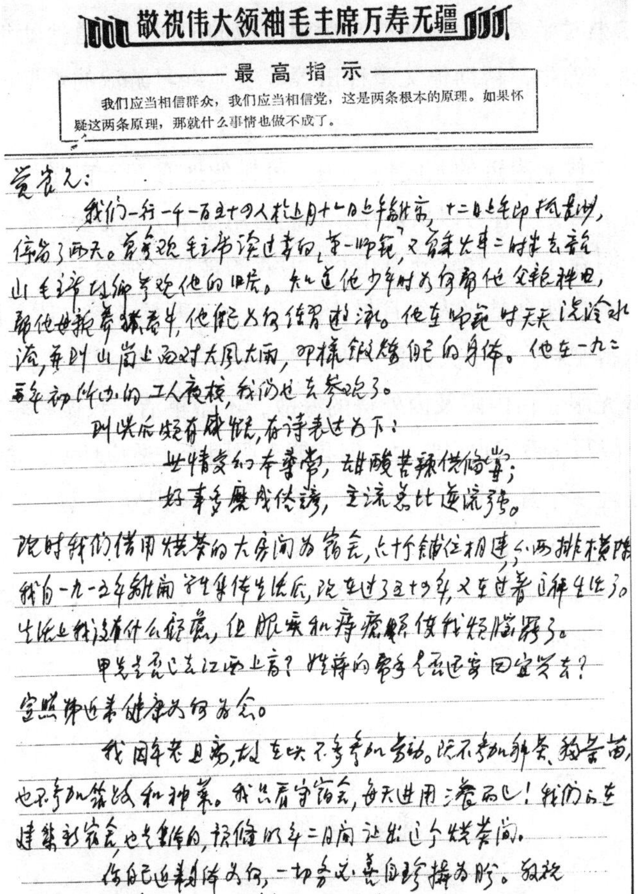

敬祝伟大领袖毛主席万寿无疆

最高指示

我们应当相信群众，我们应当相信党，这是两条根本的原理。如果怀疑这两条原理，那就什么事情也做不成了。

觉农兄：

我们一行一千一百五十四人於上月十七日离北京，十[illegible]日上午即抵长沙，停留了两天。曾参观毛主席读过书的"第一师范"，又曾乘火车[illegible]去韶山毛主席故乡参观他的旧居。知道他少年时如何帮他父亲种田，帮他母亲养猪喂牛，他是如何练习游泳。他在师范时天天洗冷水浴，并到山岗上面对大风大雨，[illegible]样锻炼自己的身体。他在一九二五年初所办的工人夜校，我们也去参观了。

参观后颇有感慨，有诗表述如下：

世情变幻本寻常，甜酸苦辣供品尝；

好事多磨成佳话，主流总比逆流强。

现时我们借用烘茶的大房间为宿舍，六十个铺位相连分两排横陈。我自一九一五年就开始过集体生活后，现在过了五十四年，又在过着这种生活了。生活上我没有什么舒适，但眼疾和痔疮颇使我烦恼罢了。

[illegible]是否已去江西上高？[illegible]回宜兴去？望照[illegible]近来健康如何为念。

我因年老且病，故在此不多参加劳动。既不参加种茶、移茶苗，也不参加筑路和种菜。我只看守宿舍，每天进用三餐而已！我们正在建筑新宿舍也是集体的，预备明年二月间让出这个烘茶间。

你自己近来身体如何，一切务必善自珍摄为盼。敬祝你们全家安康。　翰笙手启，六九年十二月四日

黔印四厂（69）1—1

陈翰笙致牟瀛

（1969 年 12 月 11 日）

牟瀛同志：

昨晚，本月十日，很高兴地接阅你三日来信。虎踞山邮政属于茶陵，但地近攸县。来信还是写明茶陵较妥。又我们学校一千四百多人，分编为十五个连。我属于第八连，故来信请写明八连以免查究的麻烦。

上月十一日上午我们一行一千一百五十四人，下放干部和疏散户口一起，老的有八十七岁的老妇，小的有不到周岁的婴孩，乘了一个专用列车，从北京直达长沙。在那里停留了两天参观毛主席读过书的“第一师范”。又曾乘火车二小时半去韶山他的故乡参观了他的旧居。知道他幼年时曾帮助他母亲养猪、养牛，帮助他父亲种田等等。他练习游泳的水塘，我们也看到了。

干校是在攸县附近的茶陵地界中。可耕的地有五千亩光景。现已种了一千二百亩茶树，明春可以烘茶叶。我们暂用烘茶房做宿舍，但急于新建房屋，以便于明春让出。食堂分为九个，但有的食堂还须容三百人，故拥挤不堪，常须立食。伙食是每人每月付十三元半。已开始养猪，改善副食问题，且为茶树取得肥料。每十天休息一天，平常则有八个钟头劳动。我因年龄较大，且有青光眼、白内障及内外痔的缘故，不做重活，只做些轻微的劳动。眼睛不好，故写字看书也很吃力。但我能克服困难，适应环境，请勿念。

来此已经一个月光景，还是在知识分子和半知识分子里过集体生活，而不曾有机会接触贫下中农，这是一个遗憾。

经过“文化大革命”三年，社会上一切较前进步了，人与人之间也和气一些了。除个别坏蛋以外，都比较以前好些。我用《七绝》一首表达我感想如下。

世情变换本寻常，
甜酸苦辣供备尝；
好事多磨已成谚，
主流总比逆流强。

若要将此译成英文，我就试译如下。

Nothing remains unchanging,
all ready for tasting;
but while the good up against the evil,
the good shall be conquering.

你看何如？

密云我曾到过两次。一次是到承德去的途中。顾淑型同志在一九一〇年曾在密云县城内某家教过书，那时她刚从北京“京师女子师范”毕业。希望你到密云后再来信，告我你和你一家的情况为慰。

师大其他同学现在大多数到哪里去了？我的外甥女现已分散到黑龙江、江西、银川等处了。其他亲友也分散到云南、湖北、浙江、福建等处，我们大家还是通讯，免去失掉联系。

祝你和全家大小都健康，一切顺利。

陈翰笙手启

69 年 12 月 11 日

湖南，茶陵，虎踞山，外交部五七干校，八连，陈。

（陈宇慧识录）

1970年15封

李秋娥致陈翰笙

（1970年）

陈大爷：

您好！

近来您身体好吗?

我于前天回到了虎踞。是坐您们校部的车子来的。

昨天我在刘根良那儿玩。他告诉我了。并把50元钱给了我。但是我心里激动极了。这只有在今天，在毛主席领导的社会主义的新中国才有这种毫不利己、专门利人的高尚的共产主义精神。您正像白求恩同志那样，对同志对人民极端的热忱。把我——一个普通商业战士的痛苦，当作自己的痛苦，急他人之急，想他人所想。真不愧毛泽东时代年老心红的老干部。

陈大爷，钱我已收下并把它赔给国家。您的这种高尚的共产主义者精神，使我永生难忘。我只有加倍努力搞好工作。“放眼世界，立足本职。”把党的工作兢兢业业做好来报答您对我的关怀和爱护。并赠给您一枚毛主席转赠湖南的芒果纪念章，以表心意。

陈大爷：有时间请您上这儿来玩，来指导。

致以

崇高的革命敬礼

并祝您健康长寿

70年　虎踞供销社　李秋娥

翰老亲笔注：李秋娥，70 年 23 岁，茶陵虎踞镇供销合作社会计。谭渝平（其爱人），在茶陵（离城十华里）一个师范学校附属小学教书。他在小学教语文，每月上课八次；在师范教革命文艺（绘画和唱歌）四次，已在那校两年。

（黄海燕识录　丁利刚校正）

孙少礼[①]致陈翰笙

（1970 年 1 月 28 日）

寄爹：

相别已有两月。我于去年 11 月 28 日离开北京，在长沙、韶山参观三天，12 月 3 日安抵江西上高县长岭。休息一天后就劳动。12 月 25 日开始水利工程大会战。目前水渠已基本完成。我们正在进行总结。过两天一部分同志修公路，一部分积肥。

我们住在长岭一间仓库内。这个仓库原是 803 部队修的，69 年外交部干部下来后，把仓库隔成一大，一中，一小。大间住男同志 30 余人，中间也住男同志十余人，同时放我们吃的粮食，小间住单身女同志十五人，每人有一床位，有放箱子的地方，室内没有桌椅。我给你写信就是放在膝盖上写的。每月伙食 13 元，早饭是馒头和粥，午晚是米饭。早晚均有开水，十天休息一次。带家属的同志分住菜地和深山。离长岭三四里路，另有 300 人住在绸厂。离长岭 7 里。我们住的很分散。

经过将近两个月的劳动，我的身体更结实了。下来以后没有生过病。长岭是丘陵地带，我们住在山顶上，四周都是山，没有一个老百姓。

---

① 孙少礼（1917—2001），陈翰老的外甥女，中联部副部长张香山的夫人。1970 年 1 月 28 日，她在江西上高外交部五七干校给翰老写的这封信，对当时五七干校的工作和生活情况作了真实记录。“寄爹”（即北方话中的“干爹”），是孙少礼对翰老的称呼；“二宝”，是翰老对孙少礼（她在兄弟姐妹中排行老二）的称呼；“一凡”，即张一凡，孙少礼的儿子。信中提到的抄了几首诗的“另纸”，不在信封中，应已遗失。

上工都要走山路。刚下来时，天气很好，一直是晴天，干起活来，汗流浃背，连毛衣也穿不住。早晚则很冷。一月份下了大风雪，室内温度曾降到0下12度，脸布全冻了，水桶内的水结了厚厚的冰。但是没有几天寒流就过去了。以后又下了一次大雪，但温度一直在0上。最高气温为6—8度，最低温度为4—6度，不算太冷。最近常下雨，非常潮湿，洗了衣服也干不了。

我的问题还没有解决。下来以后马上投入生产，生活问题也不少，连领导还来不及抓斗批改及“文化大革命”中遗留的问题，看样子要拖一个时候了。

你的情况我从母亲信中略知一二。听说湖南条件比江西为好，但你年纪大，一时恐怕不易适应。希望你注意保护身体。

一凡寄来他试做的几首诗，对于诗，我是门外汉，现抄在另纸上，请你替他改改吧。他的地址是：河北邯郸峰峰矿务局红卫矿营选队。

你如给我来信，请寄给母亲转我。祝你春节愉快！

二宝

70,1,28夜

（黄燕民识录　丁利刚校正）

陈翰笙致牟瀛

（1970年1月29日）

牟瀛同志：

喜读一月十五来信，知你于春节后即可去密云。我前信也说过，密云是顾淑型同志一九一二年时教书的地方，我同她于一九六四年也去过密云再到承德的。现在你也去那里，不禁想往而思念。

来信说丢弃了英文的学习，闻之为你叹惜。还想劝你自备一本英文的《毛主席语录》，时时取出读读。还可以自备一本英文《毛选》，这是自修英文的方法。你也可以用英文写信，以资学习。备战时期，学习外文也是重要的事。此处干校下半年可能安排学习外语的事体。将来战事爆发后定会有战俘在我后方。那么，做战俘的工作必然要用俄语或者英语，最可能是用上两种。

我们干校渐渐上了轨道，加紧自力更生，自己建校的精神从事工作。现在我们连同家属已有一千八百人光景。老的过了八十，小的只几个月的婴孩。食堂有十二处，每天要用四千斤煤烧饭烧水。粮食一天就需二千余斤。最近编制又有变动。我们是从“八连”改为“四连”了。因此，你到密云后希望你来信写明“四连”，不再写“八连”了。

四连的工作是“后勤”工作。其他的连则专搞铺路和建房屋。“后勤”包括食堂、菜园、猪圈、运输、磨豆腐、磨粉、碾米等等。还有小卖部。我虽只看守集体宿舍而不参加户外劳动，但天天和他们工作者接触。还有种茶的人们常常见到。我十分愉快地写了六首七绝（七字一句，每首四句），抄来给你看看。

外交部湖南虎踞山五七干校

（一）

一山伏踞洣江边，（洣江在茶陵）
山下辟塘少村烟。
高地茶园千亩碧，（此处有一千二百亩茶）
培苗恳恳望他年。（茶树可活一百年）

（二）

批修改造史无前，（我们有斗、批、改）
思想革新斗私先。
劳动炼人期远大，
登山干部垦良田。（我们种稻）

（三）

新栽蔬菜景物妍，

绿叶鲜花百垅连。
农圃精诚已默化，（我们习惯于脏的东西）
施肥用粪服拳拳。

（四）

土瘠调和最宜先，（此地黄土不肥）
猪圈可作施肥泉。
饲料打浆为所望，
醣化饲料最垂涎。（猪喜食醣化的东西）

（五）

贫下中农德艺兼，
斧镰传授意何虔。（他们师傅教我们工作）
循循讲述村社史，
口若悬河斗志坚。

（六）

济济同窗数逾千，（一千八百人中干部有一千多）
精神纪律两能全。
明朝踊跃承新命，（干部调去他处工作）
昂首趋前比铁肩。

你到密云，一切安排好后，如得便请来信告知为念，手祝你好。

翰手启

一月廿九日

（陈宇慧识录）

陈翰笙致吴觉农

（1970 年 3 月）

觉农兄如握：

昨日接到你邮寄的一本书，《苏联是社会主义国家吗？》，这是我在去年读到的连续刊出的文章的全部，值得再读一次。承你留意，特为寄给我，真是感谢、感谢。

你们二老想仍安居在一起，但小辈多已离京，可能会少一些家务劳作了。果然如此，则蒋阿姨返宜兴去了也不成问题了。韦如姊仍在东华门大街，正在料理各事、准备南下。她一人在那里较为寂寞。我妹妹素雅同她爱人都下放到上海市郊奉贤县去加入干部学校。来信说他们生活上已上了正轨。

外交部干校已有一千七百多人，现我从“八连”改到“四连”。今后可在信封上写“四连”为妥。我们四连是专搞后勤工作的。这就包括食堂、磨豆、碾米、菜园、养猪等等。其它有些连是专搞种茶苗、制茶、筑路、建房等等。

我们此地在高岗上，在洣江的江边上面，播种了一千二百亩的茶树。春季来了，快要在烘茶厂房里制茶了。我因年龄大，体力弱，加以犯了眼疾和痔疾，故组织上特为照顾。只让我看守宿舍，每天打扫一下，而未能去参加集体劳动。但还是天天在劳动的同志一起过生活，故觉得精神愉快。且我准备去割了外痔，割了以后也可参加轻微的劳动。来此后写了六首诗，附此给你指正。

湖南虎踞山外交部干校

（一）

一山伏踞洣江边，
山下辟塘少村烟。
高地茶园千亩碧，
培苗恳恳望他年。

（二）

批修改造史无前，
思想革新斗私先。
劳动炼人期远大，
登山干部垦良田。

（三）

新栽蔬菜景物妍，
绿叶鲜花万垄连。
农圃精诚已默化，
施肥用粪服拳拳。

（四）

土瘠调和最宜先，
猪圈可作施肥泉。
饲料打浆为所望，
醣化饲料最垂涎。

（五）

贫下中农德艺兼，
斧镰传授意何虔。
循循讲述村社史，
口若悬河斗志坚。

（六）

济济同窗数逾千，
精神纪律两能全。
明朝踊跃承新命，
昂首趋前比铁肩。

（王晓恕识录　丁利刚校正）

陈翰笙致吴觉农

（1970 年 4 月 13 日）

觉农我兄如握：

自三月六日至四月五日住在攸县人民医院整个一月。这次是为割去痔疮的目的，幸手术尚好，经过亦平安，现已返干校，勿念。附上十五首“七绝”表达我在那一个月内的见闻。

此间干校分散在三个地点，两个在攸县境内，一个在茶陵境内。校部本身则在茶陵虎踞山。我对我们的营长、连长、班长都很满意；他们确是照毛主席的思想说话和行动的。这也足够证实这一次“文化大革命”的成绩斐然。

乡间农民的生活情况确比二十年前大有改善；而贫下中农响应毛主席号召热心帮助我们外来的知识分子，也可见文化大革命的胜利了。

返校后于八日接阅你上月十九日手书，欣知宣昭姊患病已痊愈。此次疗程虽经过几个星期，终于能渡过难关，实属不易之事。究其病源，恐因在家务操作过劳、少休息、饮食不符合规格等等。奉劝她今后要多多注意，善于保养为是。

我们年龄渐入暮齿时期，恢复健康的能力不如少年时期了。回想过去，真是“一事不忘是少年”，少年时期多么好精神呵。今年二月五日我写了一首古体诗如下：

七十四初度

山居静念断弦琴，
春节又逢风雨侵。
年逾古稀无可慰，
百事难称一人心。
我今意识已默化，
鉴别穷通且放衿。

阅报详知周总理访朝经过，从两国政府的公报（本月七日）中就可推知最近日本军国主义势力已在威胁我大陆上几个国家了。但中朝友谊从此重行恢复，加紧团结，亦表现了反帝统一战线的扩大和加强。

我们干校正在开始搞四好、五好运动。我是准备积极参加的。

听说北京工厂中增加了很多工人，今年第一季度工业生产在北京已比去年同季度增加了21%，不知确否。

手祝你和宣昭姊安好，全家健康。

翰笙手上

四月十三日

（王晓怒识录　丁利刚校正）

顾韦如[①]致陈翰笙

（1970年4月15日）

翰弟：

（十四日）昨日接你四月十日寄来的信，知已出院回校，非常高兴，但精力体力复元否？很想念。望告我。四月二日自攸县医院寄来一信，五日收到，我六日寄攸县人民医院一信，信封上注（此人如已出院，请退回此信）我想此信一定退回也。

佩纶已调回北京。仍在原机关办公。稚礼探亲假回来已快三周了。

街道并未发动疏散户口。看情形不像以前那样紧张了。

来信说三个背心。你记错了，只有一个头绳背心，这是淑型亲手打的！

① 顾韦如（1893—1970），亦名顾淑礼，翰老夫人顾淑型（1897—1968）之姊。她写此信时，翰老被下放到湖南茶陵虎踞山外交部五七干校。翰老夫妇生前感情深厚，信中提到背心“是淑型亲手打的！最好的纪念品”，可为点睛之语。“佩纶”和“稚礼”，系吴佩纶和顾韦如三女孙稚礼夫妇。

最好的纪念品了！明日把你所需要的东西一并寄你。物品细单，明日开好寄你暂不写了。祝你身体日益健康为祷！

韦如

四月十五日

（黄燕民识录　丁利刚校正）

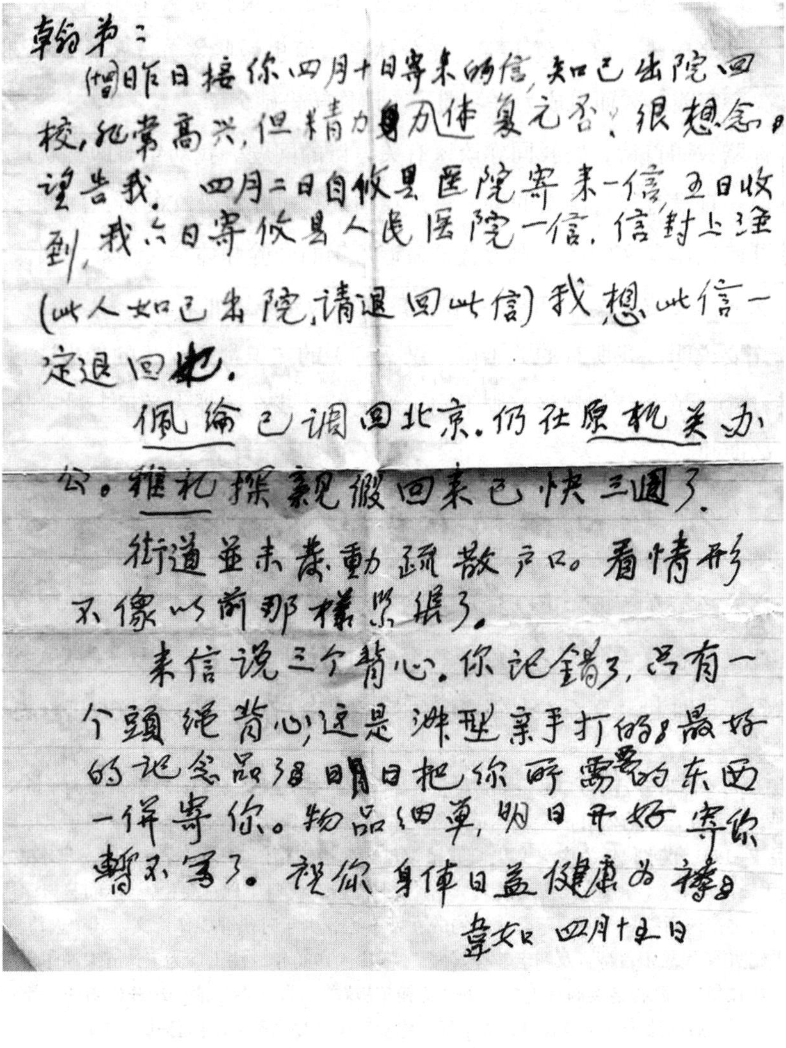

卓翰弟：

昨日接你四月十日寄来的信，知已出院回校，非常高兴，但精力体复元否？很想念。望告我。四月二日自攸县医院寄来一信五日收到，我六日寄攸县人民医院一信，信封上注（此人如已出院，请退回此信）我想此信一定退回吧。

佩纶已调回北京，仍在原机关办公。维礼探亲假回来已快三周了。

街道並未发动疏散户口。看情形不像以前那样紧张了。

来信说三个背心，你记错了，只有一个头绳背心，这是渊聖亲手打的，最好的纪念品了！明日把你所需要的东西一并寄你。物品细单，明日开好寄你暂不写了。祝你身体日益健康为祷！

韦如 四月十五日

陈翰笙致吴觉农

（1970 年 5 月 12 日）

觉兄如握：

本月六日来书，承告知北京市场、交通，以及五一节前后热闹的情况，并明示天安门建筑的修理工程的内幕，至以为快。

宣昭姊虽已病愈多日，但仍宜劝其节劳为要。万事都有一个限度，过犹不及，以适当为善。我意应当定出规章，自己约束，每天上午做二小时事，下午做两小时事。多了就不干。充分休息，但也做些家务。最初必然不惯，但如决心实践，久而也成为好习惯了。请你转告她为幸。

你赠我四首诗，要我同你谈谈有关写诗的问题。我幼年时即喜欢这种文体，但一直没有写过汉文的诗，只是在国外写过几首外文的诗；一九六〇年底才开始试作汉文的诗。因为有了最近几年的经验和体会，而你又很诚意地要我谈谈，故姑就我所知的一些微浅的知识为兄陈述如下。

先要说明，我所有的关于诗（汉文诗）的知识都来自我的先生漆运钧[①]（字铸城）。英文诗的规格，则不同于汉文的；我在国外大学里上过半年“诗学”的课呢。

一九六〇年十一月经裕容龄的介绍，我拜中央文史馆馆员、贵州人漆老为师，学习写汉文诗。当时他已是八十一岁的老人，现在他进入九十一岁了。裕容龄（女）现在也已有八十五岁。她是前清时代第一位驻法国公使的女儿，又是慈禧（西太后）的译官。解放后她同漆运钧都进入中央文史馆。从六〇年那时起，直至六七年底我每周向漆老当面请教，他教我读杜诗，也

---

① 漆运钧（1878—1974），字铸城，号松斋，贵州贵筑人。毕业于日本早稻田大学政治经济科，曾任北洋政府农林部佥事、农商部主事等职，兼任北京大学讲师。1948 年退休后专研经史，1951 年被聘任为中央文史研究馆馆员。漆运钧精修古籍，著有《四书集字说文钞》《十三经集字》《春秋左氏传人表》，译有《日本史要》《日本地理要论》。陈翰笙与漆运钧的诗书之谊还延续到了下一辈。漆运钧的女婿王达五少年时代即能作诗文，其个人诗集中 20 世纪 70 年代的多首诗言及翰老，称其为“诗伯”。1980 年，漆士珍为王达五编油印诗集《达五犹在集》，陈翰老为封面题签，署“陈翰笙敬题”；同年冬，漆士珍开始担任陈翰笙的中文助手。后因漆士珍年事较高，加上迁居缘故，中文秘书事务渐由孙幼礼担任。

改我的试作。从他那里我知道了一些关于写诗的常识。

古代的诗，不讲究平仄，不讲究文字句的长短，只是要押韵。但通常都是隔一句（或一行）就押韵，不是句句或行行要押韵的。只有在朝廷上君臣聚会赋诗时，由天子首唱一句，诸臣一一续和，亦各人一句，必须与首唱同韵。句句同韵的诗叫做柏梁体，柏梁系殿名或台名，即赋诗之处。好像柏梁体是起于汉朝。前清时代，皇帝（乾隆）与诸臣所赋柏梁体诗现在还刻在北京南海瀛台殿上。作柏梁体诗的很少。

唐代创出所谓律诗，每首五字句或七字句，称为五律或七律。五律每句为五个字，七律每句为七个字。但律诗都是要八句，头两句和末了两句可以不做对子，中间四句必须是两个对子。唐代又创出五字或七字一句的四句成诗的五绝或七绝。无论是七律也好、七绝也好，都是隔一句或头两句一同要押韵，并且每句要按字的次序讲究平仄。

因此唐以前的不论平仄、不论长短句的诗称为古体；而唐及唐以后的律体、绝体则称为今体诗。但都不是每句押韵的。上次我附上的十五首诗是今体，是七绝。我七十四初度一诗是古体。我最近写的二首《庆放卫星》是七绝，你看那一首较好些？

庆放卫星

九天遥播东方红，
我放卫星行太空。
美帝苏修惊且叹，
自怜核霸已临终。

（或）

响彻太空东方红，
环球倾听斗志雄。
从今直捣华尔街，
打破帝修霸权梦。

我最近写的一首七律如下：

阿尔巴尼亚的“大寨”

斯库台区万仞高，荒山顽石称不毛。
一声农社冲天干，千亩梯田起海涛。
夏雨溟溟滋麦穗，秋风凛凛荡葡萄。
平原丰产真接踵，峻岭低头拜俊豪。
（注：斯库台在阿尔巴尼亚的北部）

此诗曾经漆老改了几个字，但他来信还称赞我能做律诗了。

平时我写古体诗多，律诗或今体诗少。原因是律诗要做对子，拘束了思想，故我不喜欢。但我对现时报上发表的白话诗，毫不欣赏。原因不是因为不讲平仄，押韵不好，而是因为这些白话诗的内容。我所读到的白话诗，内容平淡，无味道。原因是以口号代诗句，以成语代写情，不能引起读者的情感。

漆老常说，诗要有三个因素：写景，抒情，叙事。没有描景，没有表情，没有具体事件的诗，就无所谓诗了。三者之中最重要的还是情感。不能引起情感的东西，是白白地称为诗！还有，诗同文章一样，必须字句简明、层次清楚、内容连贯。同文章一样，读起来也必须字句顺口。因此，古体诗中虽然不讲究平仄，但也必须句句顺口。

你既然诚意地要我谈谈你的四首诗（古体），我“就”讲下面几句话吧。（附还你原作）

（一）第二句费解。“琴”和“情”不是一个韵；前者属“侵”韵，后者属“庚”韵，都是平声。虽然两韵可通，但不如用一个韵为佳。

（二）“更”和“心”也不是一个韵，前者为“庚”韵，后者为“侵”韵。第二句“变更”是指规律吗？规律不能变更的。“静休”不顺口。第四句“称人心”不如说“鼓舞人心”。“大好形势”何所指，不清楚。

（三）四句都用平声作为末一个字；但又不是柏梁体。此处四个字属于三个韵：“先”、“侵”、“东”。头两句同末两句中间缺少联系的思想。“半天”不如“九天”，或不如“太空”，因卫星虽离地球最近处也有四百三十九公里。

（四）头两句押两个韵：“阳”和“侵”，但末两句的末一个字都是仄声。“舌本”不如“舌根”好。

毛主席说得好，“读书是学习，使用也是学习，而且使用是更重要的学习”。我的体会是，我们要不断练习，才能有进步。我用功了几年还不过是入门的样子。万事在乎做，什么都是做出来的。小孩最初走路也必须学大人怎样走才能学会。但没有一个小孩长大了不会走路的，因为时刻在那里练习的缘故。

祝你健康。

翰笙谨上

五月十二日

（王晓恕识录　丁利刚校正）

陈洪进、岫琛致陈翰笙

（1970 年 5 月 19 日）

翰老：

五月十日函，十四日收到。

我们机关，于五月十九日全部干部去息县。崑原暂时留京。住原处。来函请暂寄崑原。

这次我们全所是烧石灰。

情况待陈述。

洪进

70.5.19 上午

洪进于 19 日下午一时半离京去息县。除世界史所全体干部外还有法学所的干部。他们坐了一个车厢。目前学部除历史所和学部总部都已去息县干校劳动。他们有的种田，有的烧砖，有的盖房。据工人师傅说一年后房即造成，家属就能同去，接受再教育了。

岫琛又上

19日下午

（王晓娴识录　丁利刚校正）

陈翰笙致吴觉农

（1970年7月5日）

觉农吾兄：

上月二十二日来信，二十九日才收到。信面上写着“东安北街22号陈寄”。因此我在这信封上也写着“陈宣昭同志手启”。你来信说你大媳妇不久前曾赴外地。大概不是指甲先[1]的爱人吧。甲先在江西，他爱人在北京新华社工作，对不对？

你能把牙齿镶好了，确是一件大好事。否则吃东西太不方便而且会影响消化的。我也是一口半真半假的牙齿。上下都有一排假牙。在北京时我每晚拿下来让它休息。在这里则人太挤、房太小，无处安置假牙，只好在每次吃用后洗涤一下就带上去。因我假牙多，又常洗它，所以我这几年来不刷牙齿，不用牙膏。又我久矣不用镜子。不戴帽子，无论寒暑都不戴，也是我的老习惯了。

孙老太太，顾氏韦如，淑型的姐姐，是在五月二十日早上五时半在协和医院逝世的。她儿女婿六人曾轮流看护近三星期，常有函信来说明她病情。她在五月一日忽然不能说话，手足又不能行动。急送去协和医院，当时诊断为“脑血栓”。事后又犯肺炎。肺炎刚治好，又犯胃出血。胃出血是由于脑神经破裂所致。终于无法挽救而于五月二十日早晨五时半逝世。

---

① 应为甲选。

韦如和淑型二人各有优点和弱点。韦如长于思考，做事老练，什么都讲分寸。她只是脾气太大，有时不免多主观些。淑型较有勇气，也较多义气。

我在山中居住，早晚对着山丘上的云彩和池塘中倒影，每每追念淑型。总想无法再渡过我们夫妻五十年的经历而觉得自悲。最近就写了一首“七绝”。

追念淑型

水影山光惹慕思，
旁人冷眼笑吾痴。
琴声隐约何人作？
五十年华不可追！

此诗可请转给宣昭姐看看。她同淑型一向是朋友。我为韦如也写了几首诗，就不值得抄给你们了。是的，还有一首追忆淑型的如下。

忆淑型

平生才艺本兼长，
智慧能离法捕房。
信有微功遗社会，
更将援手拯贤良。
晚年服务新华社，
拍摄新闻奔走忙。
一曲偶弹焦裕禄，
筝声高朗信难忘。

（一九三二年她辞职离艺文中学赴上海。因帮助一个秘密机关的转移而被拘于法租界巡捕房。当时她用法语同他们头子谈了，说她是法国留学生。说明替朋友搬家具的。头子马上放她回家了。）

反美帝的全世界统一战线被毛主席发动而组织起来了。这是一件伟大的事业。同列宁组织十月革命一样地伟大。毛主席发现社会主义是一个历史时期，百年以上的时期，不是一个仅仅过渡到共产主义的短时期。因此要准备长期的阶级斗争。因此要组织一个强大的党。也要组织一个全世界反帝统一战线。真是伟大！你看，现在美国的学生和人民也起来了，醒悟了。

此间一切如常，天气则比北京高几度。北京28°C，此间则已是35°C了。专此敬祝你俩暑中保持健康，注意劳逸结合。

翰笙敬上

七月五日下午

（王晓恕识录　丁利刚校正）

陈翰笙致吴笙[1]

（1970年7月13日）

吴笙同志：

接到你来信，从这第一封你写给我的信看来，我十分高兴地知道你的汉文很好。

听说肌肉炎或关节炎，应用维生素（Vitamin）B，和维生素B12打针，可以帮助新的细胞长好。请你顺便问医生这样对不对。很高兴地知道按摩已使你的病有起色了。但还是要耐心地继续医疗才是。时间长了对你是有利的。病是需要时间才能治好的。俗语说得好，“病来如箭，病去如线”。线是慢慢地放出来的呀。

写了给你妹妹的信，请你读一下再替我顺便寄去吧。现在还要附给你近来写的三首古体诗，你看了可以想象到目前的国际形势。第一首是说印支半岛的战争。第二首是讲中东问题的紧张。第三是叙述我自己的思想变化，亦即反映国际形势和国际关系的变化。

① 这是翰老写给外甥孙女吴笙的回信。当时翰老在湖南省茶陵虎踞山的外交部五七干校劳动，吴笙在陕北插队因腿疾被病退回到北京，她曾遵母亲孙稚礼（当时在位于河南省的中联部五七干校劳动）之嘱给翰老寄鱼肝油并写信问候。

柬埔寨加入抗美救国战争

澜沧迢递接湄公，我与印支休戚同。
半岛人民今团结，锄奸抗美建巍功。
西哈努克奔走忙，爱国忠诚斗志昂。
民族高棉今愤起，发扬神武荡戎羌。
（美国在西半球，比作西羌）

石油战

洛克菲勒首作祟，争夺环球石油地。
美帝苏修日法英，西德参加兼及意，
七国财团互猜忌。中东蕴藏量独多，
油层既浅油质好，工资微薄剥削苛；
巴勒斯坦揭竿早，伊斯兰亦起干戈，
残毒生灵诚可恼。侵略频频战役催，
垄断资本实贪财。宝藏被夺亚非拉，
石油霸王真罪魁。
（洛克菲勒是美国的石油大王）

纪念在美国珀莫拿大学毕业五十周年，一九二〇—七〇年

世情变幻我心煎，暮齿情怀非少年。
俭学勤工游北美，适当五四运动前。
资产阶级司教育，个人主义最当先。
我受学位离学校，追求名利亦当然。
岂料归国观时局，内外危迫无安全！
倒蒋功成始解放，社会主义是真铨。
文化革命方挺进，修正主义不足传。
压抑人群殊可恶，与众为善乃圣贤。
人民力量今胜昔，环球革命喜相连。
星条学子思想变，哀哀美帝那能延！
（星条即星条旗下的意思。星条旗是美国国旗。）

我是一八九七年出生的，是在“鸡年”。《幼学》上说：“鸡曰翰音”。故我小名为翰生。后来在“生”字上加了“竹”字头，“翰笙”就成为我正式名字了。你的名字是什么来源？是谁替你取名的？便中幸函告。祝你好。快快痊愈。

陈翰笙手启

七月十三日

（黄燕民识录　丁利刚校正）

陈翰笙致吴觉农

（1970 年 9 月 25 日）

觉农吾兄：

还是七月二十一日欣接你七月十六来信，因忙于参加会议和讨论新宪法草案而久迟复你为歉。我们这里曾讨论了几次中央机关和北京市的四届人大全国代表的名单，其中年龄最小的是十九岁的人，而最大的就是八十一岁的李四光了。讨论新宪法草案以前，也曾讨论了草案内容应为何写的问题。我曾提出四条意见：（一）党政关系应在宪法中说个明白；（二）人民公社应成为一节或一段；（三）公社中应规定有养老院；（四）自留地还可以保留。按现在已经在党的九届二中全会上基本通过的草案，则我这四条意见都满意地写进去了。

你的四首白话诗《党的生日》，进步甚好，可喜之至。我在听到党的九届二中全会九月六日公报后，也写了如下一首古体诗。

听了九届二中全会九月六日公报以后

革命须彻底，反修贵整风。
拥尧必斗跖，莫作洗耳翁。
赵高不可怕，王杰我推崇。
老牛服孺子，万事先从公。

企望亚非拉，喜见旌旗红。
今天听公报，斗志倍加雄。

诗稿中所称尧，即尧舜之尧。跖是春秋时代一个大盗。尧代表好人，而跖则是代表坏人。尧要传位于许由，许由不肯做接班人，反而逃至河边去洗他的耳朵。故我们称他为“洗耳翁”。他是代表一些不管事、不问政治的人们的。赵高是秦国的大宦官，曾陷害当时宰相李斯。这好譬是“五一六”阴谋集团的反革命行为，要暗害周总理也。王杰是继雷锋之后为最近的模范党员。老牛服务于孺子是用鲁迅的成语。

你信中说宣昭姊要看我关于韦如姊的诗。可惜我未曾写过这样的诗，也写不出来。现在只好请你给她看看我下面两首诗稿罢。两首都是最近在中秋那夜里写的（九月十五夜）。

（一）

一九七〇年中秋夜

我似浮云泮茶陵，
愁心一片有谁矜？
今宵明月照京沪，
好把心潮寄友朋。

（二）

虎踞山上诉月

楚山夜静望秋月，秋月曾照楚宫阙。
世情变幻经千年，今窥纽约贫民窟。
贫民窟、何时歇？数万人、贫病没！
人间矛盾先后催，独汝逍遥若傲兀。
倾听一曲东方红，应知争斗正蓬勃。

此诗含意是批评那些不管事、不问政治的人们的。他们，如同月亮一样，貌若傲兀。骄傲而兀然无动于中！他们对世界革命、阶级斗争是无动于中的！月亮曾在古代照着楚国的贵族，而现在又照着纽约的被压迫的黑白人们。月亮是等闲看待人间事，不问政治的呀！

上月我们此地的干部大多数参加了双抢，即到生产队去帮老乡们抢收夏作物而同时抢种秋季作物。现在刚刚忙完了采茶的事。春茶、夏茶、秋茶、一连三次“大会战”，动员了全校的人去干的呀！采茶时节，每天六时开始工作，一天要搞上九小时。现在我们学习毛著和外文。每样每天一小时。但每天仍有六小时的劳动。

听说中央在豫皖鄂三省某些地方盖新房屋，预备民主人士去用的。你在政协方面有这样消息否？今年国庆在北京一定比去年热闹得多。外宾一定比往年来得多。如有新闻，希你见告。

你信中提到河南的新修铁路。此间所闻则由焦作至湖北枝江（近沙市）的铁路已经通车了。目前湖南各县也加紧建设铁路和小工厂、小矿场。故而招收几万、十万民工。茶陵就招了十五万。因此生活上供应就更紧张了。这使我们干校更须要十分之九的在粮、菜、肉方面自给了。粮由国家津贴。养猪、种菜则须要紧张起来了。

祝你们全家都健康。

翰笙手上

九月二十五日

（王晓恕识录　丁利刚校正）

孙仲连[①] 致陈翰笙

（1970 年 10 月 7 日）

寄爹：

这次国庆节在北京如往一样热闹。因纳赛尔去世降半旗，游行队伍几

① 孙仲连（1921—1996），翰老的外甥，称翰老为“寄爹”。信中提到“阿姨的骨灰”，“阿姨”是指翰老夫人顾淑型。信中也谈及翰老多位亲戚的情况，其中，二姐即孙幼礼；育之、小礼即龚育之、孙小礼夫妇；龚饮冰是龚育之父亲；香山即张香山；韵铮即孙仲连的夫人程韵铮，宪成即孙宪成，是他们的次子；吴笙是翰老的外甥孙女。

乎全部齐步走，因此一个小时便走完了。值得重视的是国庆节两报一刊的社论和林彪讲话。晚上的绚丽焰火有两种新产品，只是时间不长，十时全部结束。毛主席身体很好，在检阅游行队伍时，中间有较长时间在室内休息。

梅阿姨依然如故，每天早出晚归，整个院内仅老阿姨一人看管。近日防空洞还未挖完，已转弯到后西院向北，即将拆除厨房，将与合作社防空洞连接。因此我近两月，每次回家都得收拾屋子，搬搬弄弄，腾出拆除室内的东西。

阿姨的骨灰，我已去八宝山续存。根据六月份新规定，续存只准一年，存满三年后即不准再存。我问什么原因，答称：国家不批准再盖存骨灰的房屋，因此限定年限。如有特殊情况可联系续存。

寄爹所写中秋诗，读后感凄凉。往年我在中秋节时很少在家。但今年因亲近人远走较多，每次回家，都感到寂寞。宪成上学，家中有时竟一人无对话人。有时我阅书籍，有时去东风市场或百货大楼。今年供应较好，商品充足。尤其国庆节市场供应更好，蔬菜、鱼、肉、鸡、鸭随意购买。尤其农村，像延庆近年来肉价最低级只有五角多钱，而且很多，最高级八角四分，比北京便宜，而且新鲜。唯独冬季蔬菜紧张，年年如此。

吴笙将于一二天内去湖北。我帮她打行李。她身体很好。

二姐已恢复党组织生活，精神很愉快。小礼来信，她已于四日到上海，在复旦大学住半个多月再回江西。当前龚饮冰在江西病重，育之赶去，病情还不清楚。香山胃溃疡较前好，有愈合的可能。医生还希望动手术，因此病不切除，可以转化胃癌，切除后可避免转化。

中东紧张局势，暂时稳定。主要阿拉伯国家团结不好，因此不能一致对付美帝及以色列。苏修与美帝暗斗，中东问题十分复杂，迟早还会有战争。那里是个火药库，非打大仗后才能解决问题。

韵铮身体很好。延庆已秋凉，开始落叶，早晚穿棉衣了。

致

革命敬礼

仲连

10.7

（黄燕民识录　丁利刚校正）

陈翰笙致吴笙

（1970 年 10 月 21 日）

小笙[①]如面：

行装甫卸你即来信，接阅后至为快慰。此次到郧阳能在你父亲身旁参加建设工作，是一件大好事。惟不知你病情如何，是否已根除为念。

来信写得很好，生动地叙述了旅途情况，并表达你革命气概。信中每两行间空了一行，这是体谅我有眼疾使我容易阅读的用意，对此我真感激。

郧阳（郧县）山区位于襄樊西面，实居南北要道的侧面。工厂地址选得很对。抗日战争时光化（即老河口）就是抗敌前线，面临豫鄂的日本驻军。你信中提到将通铁路事，是很好的消息。工厂没有铁道运输或轮船水运就要吃大亏。到了我能来你处参观时，铁路当早已修建成功了。

湖南今年冬天也开始筑铁道。一条通贵州。再一条通广西。第三条则称“湘东铁路”，由醴陵达茶陵，中间经过攸县。明年国庆时可通车。惟我想到那时我可能已离开茶陵了。

因为造路所以找来很多民工。茶陵一县就多至十二万人。此地属湘潭专区，专区有七县，茶陵、醴陵、攸县都在内。毛主席出生处是韶山镇，属湘潭县。现湘潭已改为市，韶山则成为一个自治区。今年春天，从韶山经湘东各县到江西井冈山的公路，长四百多公里，已经通车。醴陵有车站，即浙赣路的一个延长到湖南境内的车站。我们干校的人现在从虎踞山乘卡车或吉普车到攸县，再乘公路车到醴陵，就能上火车去北京、上海、广州、长沙等地。明年铁路通了，就能从茶陵或攸县直上火车了。

今冬至明冬一年内，因民工很多，粮、菜、肉的供应就紧张了。对我们干校来讲，也有很大影响。我们要力图百分之八九十的自给才行。我校千多亩茶园不再扩大了。但菜园、猪场、碾米房等就必须扩大。年轻的干部都更加忙碌了。

---

① 翰老和吴笙的名字都有“笙”字，故翰老在信中称吴笙为“小笙”，自称“大笙”。吴笙之父吴佩纶于 1970 年上半年由一机部五七干校抽调到位于湖北省十堰地区的二汽建设总指挥部任三分部（即东风汽车集团的前身第二汽车制造厂）副总指挥长。当时二汽招收职工子弟，于是吴笙进厂当学徒工。

我还是没有参加集体劳动，只是每天五时起床，早饭前打扫卫生，上午或下午参加学习和会议，晚饭前分发六十多份报刊以及或多或少的信件。一天走动走动，也可替代运动。除眼疾外我没有问题，身体很健康，呼吸、消化、血压全是正常。

你不是喜欢看看诗词吗？中秋节晚上我写了下面一首诗。

虎踞山上诉月

（此诗以月亮为譬喻，批评那些不管事、
不问政治的人们袖手旁观的态度、无所为的意识。）

楚山夜静望秋月，秋月曾照楚宫阙。
世情变幻经千年，今窥纽约贫民窟。
贫民窟、何时歇？数万人、贫病没！
人间矛盾先后催，汝独逍遥若傲兀。
倾听一曲东方红，应知争斗正蓬勃。

月亮千年多以前曾照着楚国（湖南、湖北）的贵族，他们住在宫殿里，宫阙就是宫门。而今它又照着美国纽约市的贫民窟，那里有许多黑人和白人，都是很穷的。他们一生是贫、病交加而死亡。月亮对古今的人、对贵贱的人，等同看待，无动于衷。你说它何等逍遥自在呀。我就申诉它这种态度。

三年半前开始开挖的新汴河，工程很大。豫、皖、苏三省四十五万民工战天斗地，拓宽了沱河（在河南）、挖了新汴河，构成一条横贯三省的大型河道。新汴河流入江苏洪泽湖，减轻了淮河排水量，解决了一千五百万亩耕地的排洪、排涝问题，并为发展灌溉和航运等事业提供了有利条件。我就写了一首赞美它的诗。

新汴河

贫下中农伟绩多，汴河新辟贯沱河。
百年淮汛今无患，永庆安澜护田禾。
河面远超苏伊士，朝闻汽笛夕渔歌。
备荒备战均堪恃，行旅联编日夜过。

苏伊士运河打通了地中海和红海，是中东地区（即阿拉伯人和巴勒斯坦人的区域）运货的要道。过去英法两国争夺控制这地方的权利，现在则美苏两国在那里争夺。苏修以阿联为基地，附有叙利亚。美帝则利用约旦和以色列。两方争夺的目的就是控制石油产地和石油的运输路线。现在日本、意大利、英、法、西德也要靠中东的石油维持它们的重工业和运输等。石油也是军事方面的需要品。目前正在紧张的中东问题，就是美帝和苏修的暗斗明争了。

我们干校现在每天有一小时学习外文的时间。五十岁以上的人可以免去。我就利用这一小时同你笔谈。

请告诉你父亲，他所认识的一位同志，袁泰，最近已被解除“群众专政”。袁泰现在我校猪场工作，工作态度很好，且有成绩。

你母亲在沈邱有信来讲起她最近情况否？好久没接她来信了。你妹妹在陕北想是很忙。如有可告我的情况，请写信来。

此信到时，可能你已经分配到什么工作。什么工作也请告我。不多谈了。即此问你好，并祝你和你父亲都康健。

大笙手启

十月二十一日

（黄燕民识录　丁利刚校正）

陈翰笙致吴觉农

（1970 年 10 月 22 日）

……[1] 模的集体所有，然后由集体所有变为全民所有。行程或多或少，总要许多年呀！

你和宣昭娣向我索诗稿。现将两首录下请斧正。一首是古体诗（古代的

① 本信首页遗失，省略号由编者添加。

白话诗体），第二首“新汴河”是唐代所创的七言诗，讲究平仄的。

（一）

哀冲绳（古体）

冲绳一岛三易手，
百万居民忧心忡。
甲午日寇是祸首，
清廷割地偿款息兵戎。
岂料今日美帝驻军后，
人权地权俱成空。
国家领土贵严肃，
那许异国海陆空军武士武器入塞充。
彼邦执政无远虑，
自鸣得意荼儿童。
核子潜艇坏此岛，
渔业被夺渔民穷。
抗敌自救宜抖擞，
时时须防背盟为反攻。

（二）

新汴河（在河南，三年半开成）

贫下中农伟绩多，汴河新辟贯沱河。
百年淮汛今无患，永庆安澜护田禾。
河面远超苏伊士，朝闻汽笛西渔歌。
备荒备战均堪恃，行旅联编日夜遇。

一九六六年十一月至今年五月，三年半时期内，豫、皖、苏四十五万民工战天斗地，拓宽沱河、开挖新汴河，构成一条横贯三省的大型河道。新汴河流入洪泽湖，减轻了淮河排水量，解决了一千五百万亩耕地的排洪、排涝问题，并为发展灌溉和航运等事业提供了有提条件。

去年全国农业大有发展。今年计划则着重于发展小工厂和交通运输。湖南省内今年添不少工厂。还在建筑三条铁道：一通贵州，一通广西，一通江西。通江西的是湘东铁路，在醴陵接上浙赣路。

因工交方面发展，此地一县（茶陵）即招收了十二万民工。如此，生活上的供应就紧张了。我们干校逼得要增加自给的成份。现在必须多种菜、多养猪、多碾米。需要的劳动量更须增加！！！大家努力，就一齐使工交发展，也促使农业发展。这样，希望过了几十年以后，人民公社可以成为全民所有，我们的子孙可以进入共产主义社会了。不多写了。专颂你和宣昭姊健康。

宣昭姊均此恕不另。

翰笙手上

十月二十二日

（王晓恕识录　丁利刚校正）

陈翰笙致吴觉农

（1970 年 12 月 20 日）

觉农兄如握：

十一月二十四日惠书已悉，因最近赴醴陵解放军一六七医院检查身体故于昨日返校后才能坐下复你。此次检查结果（一）肺（呼吸）、心脏（血压）、胃肠（消化）都很好；（二）内痔今春割去手续良好，外痔尚待形成、可多吃蔬菜以利大便使其不形成；（三）惟眼力较前更差，青光眼程度较前提高而白内障须待其成熟后（一尺以外看不见）方能动手术。

军医院比人民医院有天渊之别。今春在攸县人民医院时（我写过几首诗）所见的不良现象在军医院都没有。军医院很负责，很有纪律，很赤心服务。

我们的军队确实好。从部队教育出来的人们既可领导政治运动又可为医界增光。近年来中央各部很多地方用部队的人们当权，实在是有道理的。

此间干校从上月起搞“一打三反”运动，现尚未结束。“一反”就是继续清查五一六反革命集团的骨干分子和幕后操纵者。我们此地也查出几个重要分子来了。闻北京现在也正在搞这样一个运动。如有关于这方面的见闻，便中幸告知为盼。

家驹素有资产阶级代言人之名声。不知他们那里群众现在如何对他了。秉文之病确很危险。已告知吴半农了。吴半农自十月起即住医院，患有“败血症”及“黄疸性肝炎”。他爱人名朱涪，也在医院陪他。十一月十三日那天他几乎死去。现在虽已过了危险时期，但尚未出院。

写一首诗给你和宣昭姊看看吧。

为人民

婴儿呱呱待哺育，童年入学从师读。
少壮油然露风华，参加行业充公仆。
意志还宜常锻炼，水深流急不颠覆。
后己先人好作风，大家团结能敦睦。

手颂你和宣昭姊近好。

翰笙手上

十二月二十日

（王晓恕识录　丁利刚校正）

1971年13封

宋庆龄致陈翰笙

（1971年1月23日）

亲爱的朋友：

收到你的来信，你可知道我有多么宽慰和欢欣，因为上两封去信不见回音，我不由担心你的身体是否康健，精神是否安宁。这封信让我十分振奋，我期待着与你这位多年挚友与同志早日相聚。

我想你一定已获知时讯，对重要资料亦可拣视，所以不再赘述，但有件事例外——《红星照耀中国》之作者偕夫人前来逗留4个月，计划再出一本书。他对新思想依然十分敏锐，聆听时也十分专注。然而虽才65岁，他的健康状况却并不理想，头发亦已全白。来华前，他刚做完手术，已然不复健康。

肥仔[①]刚刚获释，但因为心脏病住了院。他的亲人、我们“保卫中国同盟”的“司库”[②]最近因为脑溢血病逝，思之不胜悲痛。

请一定珍重身体，我已老弱多病，但依然乐观抱定生前我们还能见面的念想。

致以真挚的友情

SCL

1971-1-23

（陈宇慧翻译）

① 即廖承志。

② 即邓文钊。

Dear Friend:

You cannot imagine how relieved and happy I was to get a reply from you, since 2 former notes were unanswered and my mind began to wander whether you were well and in good spirits! It is reassuring and may the day hasten when I may greet my most respected friend and comrade of decades again.

I believe you are well informed of news and accessible to all the reading matters so shall not repeat them — with one exception, however. The author of the RSCC and his wife were here for 4 months and will bring out another book. He is receptive to new ideas and is really well-intentioned. However his health is not good and his hair is entirely white now, altho' he is only 65. Just before coming, he had an operation which seemed to have sapped his life.

Fatty was recently liberated but is in hospital with heart trouble. His relative, our China Defence League's banker, has suddenly passed away from cerebral hemorrhage, sad to relate.

Please take best care of your health. I've grown so worn and old, but live in hope of seeing you before I pass away. As always, with sincere affection. SCL 1971-1-23

陈翰笙致吴觉农

（1971年1月11日）

觉农兄：

本月四日来函敬悉。欣知你们在政协学习的情况。令亲在协和医院看病的事，想来颇有意义。

此间食品当称丰富，罐头东西请勿寄下。花生和鱼在此间食堂也是常有的。惟因建筑铁路的民工有数万，一时供给食品较前紧张，我们食堂没有过去那样多肉吃了。但我是要多吃蔬菜的，不喜欢肉食。

蔬菜在干校已是百分之八十的自给，我们菜园出产很多花样，有二十余种蔬菜。外面市上的青菜也很便宜，一毛钱可买七斤。食堂很少给鸡蛋，其实此地市上鸡蛋只卖六分钱一个。

政协学习的情况，听来好像是在干部学校了。今年元旦社论的学习，在此地也很认真。我个人对这篇社论的体会是：（一）说明了革命是当前主要的倾向，而且世界革命的范围正在扩大；（二）我国是要支援革命群众的，不管在什么地方；（三）因此我们不要做什么超级大国；（四）但我们要多、快、好、省地建设社会主义国家（政治路线）；（五）因为思想工作行先，政治第一，故在新的五年计划前必须加紧努力使党员和干部认真学习政治思想而改造世界观；过去一九四二年在延安有政治教育、整风运动，故以后取得一九四九年的革命战争的胜利。现在要准备世界革命，非先认真搞好思想学习和路线学习不可。我这样地体会可能与你们那里的先生们所想的有些不同吧。

我们干校还在搞“一打三反”运动。现在“三反”的阶段已过去，但“一打”即清查“五一六”分子的事，仍在进行。外交部“五一六”分子特别多，所以干校中也不少。“王、关、戚”想夺外交大权，故对外交部施加压力。火烧英国使馆以及“打倒陈毅”都是他们的反革命阴谋，妄图打倒无产阶级司令部！

听说在北京砸西单商场和打王府井百货商店，也是出于“五一六”的反革命阴谋。有些机关的武斗也是出于他们这般坏蛋的诡计。当时我未曾明白，现在才深知“五一六”的恶意和阴险。他们利用当时的极左思潮，把“文化大革命”干扰得不成样子。其实，现在想来，我自己也就是因为这个极左思潮而受到长期的冲击。

我是一九六八年三月初被隔离审查，经过十四个月于六九年底才能回家。六九年七月四日宣布，解除了我的“群众专政”，但因疏散人口故又于六九年十一月中来虎踞山。来此以后大家忙于生产、基建、建校、学习，不久又就搞政治运动，故对我的问题虽然早已查清而未曾能宣告结束。

直到七〇年即去年十二月二十九日晚，正在搞“五一六”的时候，特抽出时间为我一人开了大会。要我在会上作“斗私批修”报告。我讲了一个钟头的自我批评，随后有十个男女同志，提了一些意见，终于说大家对我谅解可以恢复组织生活。今年一月四日又开大会时，就正式宣布我恢复组织生活（即重新入党）。大概是在两个大会相隔时间中由中央批准的。

甲先现在江西上高，是否已返京省亲了呢？记得他上次在东华门大街三十八号见到我时曾说要我争取恢复组织生活。此事本来没有可争取的，只能由群众和党决定的。现在我已恢复组织生活，请便中函告甲先为幸，就此可使他知道，并请为我对他的关心致谢。

我们在此学习社论时，讨论到政治路线与世界观的关系。毛主席常常提到世界观（宇宙观），并说了唯心和唯物两种的不同。但毛著中没有一个整个定义，说明什么是正确的世界观。在学习班上我就提了一个定义，让大家讨论了。现将我所拟的请你看看，你有什么意见？

正确的世界观就是站在无产阶级大公无私、反对剥削的立场，用唯物辩证论分析事物，以破私立公的精神改造自然和社会环境。

这个定义，你看如何？内中包括立场（情感）、观点（分析）和方法（言行），并着重知行合一。意思是要从实践来判断认识，要以改造客观世界为世界观的标准。

此间初冬多雨，今日才有晴天。那几天连日下雨，我写了一首诗。

初冬留虎踞山干校

细雨纷纷旬日飞，人人都着塑料衣。

雨中翻地宁劳累，重念农时不敢违。

吴大琨现在哪里去了？如有什么消息请便中告我为幸。敬祝你同宣昭姊康健如恒，并注意保健。

翰笙谨启

七一年一月十一日

（王晓恕识录 丁利刚校正）

陈翰笙致吴觉农

（1971 年 1 月 31 日）

觉农兄如握：

多谢你寄赠我的一本排字很好、装订美观的大样“毛著五篇哲学文章”。送到此处时，大家很注意，抢得要翻阅一下，认为最合我的学习，因为字样是大号而易于看得清的。谢谢你关心我的眼力，费神邮寄下来，送我这本宝贵的书。

患咳嗽半月后现在尊体已恢复康健否为念。甲选此时想已返江西上高，他此次在京不知已能充分休息否！他在外交学院的同事、教国家法的谢振骝现在我处，几乎天天同我见面。

来信提到“五一六”反革命阴谋集团的罪恶，此间亦有所闻。前外文局（北京阜外）的警卫长某某和其同伙二人活活打死了一男一女。女的姓李，原为日文校对员，他们逼她揭发姓方的（男）。李不肯，遂被害。当时谣传李是被方所杀。但不久方亦被杀了。李和方都是用麻袋包扎后打死的，因此无伤痕。经过二年之久，通过群众线索而竟然破获此案，大快人心！凶手三人尚在交代，还未判刑。

上次我提拟了一个定义：“正确的世界观就是站在无产阶级大公无私、反对剥削的立场，用唯物辩证论分析事物，以破私立公的精神改造自然和社会环境”。承你对此提出两点，颇愿商酌。

（一）在“唯物辩证论”下加上“历史唯物”。其实后者即已包括在前者中间了。理由是：马克思认为历史的发展以经济为基础，故谓之历史唯物论。毛主席更进一步讲历史的发展全靠阶级斗争。也是历史唯物论。用唯物辩证法去看历史即是唯物辩证的方法了。经济影响到上层建筑、斗争影响到生产，都是辩证的两方面。这就是用唯物辩证论去分析历史；亦即分析事物。分析这事物（现在的）和那事物（过去的），原来是用同一个唯物辩证论的方法。因此统称“唯物辩证论”就足够了。

（二）定义末了可加上“从而加速社会的发展”。其实“加速社会的向前发展乃是一个目的，是改造世界观的目的。定义既然说“以破私立公的精神去改造”社会环境，“去改造”就是促进，促进就是使社会主义发展得快些。因此可以不必加上“从而加速其发展”了。

据闻吴大琨现在江西鹰潭附近“人民大学”的五七干校。有一次他去鹰潭铁路医院去看病，医院的一个医生就是我胞妹的次女童瑜琼。故我有所闻。但不知其近时情况！“人大”是否撤销，还未知确息。但“人大”干校原有一千人光景。经一年来调出四百多了。现在听说又从北京本校调去四五百人，故五七干校中仍有一千人左右。

虎踞山干校也已调出几十人了。一位出国去当驻瑞士大使，一位出国去埃塞俄比亚当大使，两位去某地当俄文教师，十五名青年调去到“北京图书馆”做工作，二十多人去北京新立的橡胶厂当工人。还有调到北京对外友好协会的，到外交部服务处的、礼宾司的等等。我校终将并入江西上高。但我不想去江西。春夏间或秋冬间我可能被调走，或去工作或暂时休养。

现在写一首卷心菜的诗给你和宣昭姊看看。

咏卷心菜

绿叶如花四面摊，
遥看排列翡翠盘。
晴氛宠[①]罩菜畦上，
秀色可餐我心欢。

① 此处为陈翰笙笔误，应为“笼”，1971 年 2 月 3 日信中亦提及此事。

敬祝你和宣昭姊新年如意，保健如恒！

翰笙手启

七一年一月三十一日

（王晓恕识录　丁利刚校正）

陈翰笙致吴觉农

（1971 年 2 月 3 日）

觉农兄：

前于一月卅一日复书，感谢你赠我大本毛著，信中有两点错误应当更正。

首先是在咏卷心菜的诗中第三行，笼罩误写为窕罩，应当更正。

还有在定义中，响应你的提议，可加上“和历史”三字。因此定义应改写为：

“正确的世界观就是站在无产阶级大公无私，反对剥削的立场，用唯物辩证论分析事物和历史，以破私立公的精神改造自然和社会环境。”

理由在于以唯物辩证法去分析历史或看待历史，就是历史唯物辩证论。前信已说明了。

唯心的辩证论者只把事物或历史分作两面：如好、坏，是、非，利、弊等等。但没有看到事物或历史的矛盾性（即对立统一性）。只有从唯物辩证观点看事物或历史（即问题）才是客观的、唯物的。

兹补充以上几点，请兄鉴察如何。

翰笙手上

二月三日

（王晓恕识录　丁利刚校正）

李伯悌[①]致陈翰笙

（1971 年 2 月 14 日）

陈先生：

收到您的信，知道您解放了，非常高兴，您的身体好吗？每天要送那么多的信，一定是身体很好。我记得您是很能走路的。

您信上提到那个顾上岭（上海人）为了逼您说我的坏话，对您进行武斗，竟至叫您下跪，我看了非常生气。我告诉了其他同志，他们也很生气。这人和他的同伙都是反革命阴谋集团“516”分子，他们搞我，是打隔山炮，矛头是对着总理的，因为总理对我的问题有三点指示。另外，他们还谋杀了方应鸣。他们把《中国建设》搞得黑呼呼地。这些事，谭爱清大约都告诉您了吧？我自己在他们的残害下，顶不住，两次企图自杀，太软弱了。今后要坚强起来。顾上岭等现在已围起来，我们还要狠狠地斗他们。

我现在已恢复工作，还是搞杂志的编辑工作，水平很低，请您多提意见。

此致

敬礼

李伯悌

71.2.14

（王晓恕识录　丁利刚校正）

① 李伯悌（1918—1996），安徽安庆人。1945 年，担任美国《时代》杂志社驻重庆、上海分社记者。中华人民共和国成立后，在新华通讯社天津分社工作。1951 年参加筹备《中国建设》杂志社工作，任编译组长、编辑室主任，是杂志社初创时期陈翰笙最重要的助手之一。1980 年参与英文《中国日报》的创建工作，任副总编辑。

陈翰笙致吴笙[1]

（1971 年 4 月 4 日）

小笙：

三月廿四来信已收悉。很高兴知道你曾返北京一次而现在又在厂里工作了。

来信提到你工作问题。我想同你谈这个问题。旧社会里青年就业（找工作）的矛盾是什么呢？有钱读大学或专门学院的人可以得到好位置。家里没钱的读不起大学的人只能当学徒，至多做中等技术的事。钱是主要的矛盾。毕业是矛盾的主要方面。

现在大不相同了。小学毕业、初中毕业就被分配工作了。钱不再是主要的矛盾了。因此矛盾转为校内校外的工作好不好了。工作好坏便成为主要的矛盾。因此，过去常常凭借资格或人情而得到好位置。现在却不同了。要看工作好不好才能希望能否得到好位置、满意或得意的工作！

新社会里凡百都在创业。新制度正在逐步建立起来。今后定有机会提拔好青年去进专门学校读专门东西。只要把目前的、当今的工作（不管什么工作）搞得很好，搞得大家都满意，那总有一天有机会上进，再入专门学校学习一门高等技术！

所以我如果现在站在你的地位的话，我一定要专心做好本职工作。同时要告诉人家（你父亲当然要知道才好）喜欢将来去学习什么。要托人告诉你将来有什么机会。人家一面知道你本职工作做得好，同时也知道你有志气要上进。人家自然来帮你的忙了。不必告诉太多的人。告诉你父亲和你的知己的同事就行了。

在本职工作中，不管什么工作，总可以专心学习一些东西。举一个例子，细心体会人家愿意你怎样做事，你就把事做好了。再一个，关心人家有什么困难你就替人家解决了困难问题，人家就认为你是好心人，诚心为人服

---

① 当时吴笙在工厂担任车间统计员（实际是统管一切杂事的事务员），想学习技术，写信给翰老时吐露心声。翰老在这封信中从不同角度阐述了工作与学习的辩证关系及学习方法，这对吴笙的工作学习都起到很大的启迪作用，以后她不管在什么工作岗位上都兢兢业业，边干边学，退休后仍坚持学习参加公益事业。

务的。反之，如果你只想自己一面的方便或责任，而不顾到人家的不方便和要求，那就方圆不相纳、两方不对头了。观察好的工人如何做事的，也是一种学习。体会到毛主席的语录而实用之，使用到自己的工作中，就更是一种学习。我们都是在工作中学习的。同时在学习中（学习时期）工作。过去有人要我教一门新的功课，我曾大胆地教了，在教书中自己学习。现在我学习毛主席的哲学，我就用在“讲用会”上发言。形势、条件不断在变化。因此我们都要不断地学习。学习就是工作。工作中也要学习。这是辩证的看法。学习→工作→学习。{学习
工作}

但是，现在的学习是在现在的工作中学习。将来进入专门学校去学习，那又是另一种门类的学习。把现在应该学习的学好，那就更有机会去进入另一种门类的学习了。换句话说，现在的工作做得好好的，那就会有机会转入另一种部门的、更高的、更专门的学习了。所以，如果体会到这些道理，就既能安心工作，并且会把工作做得好好的。

你不是喜欢我给你诗稿看吗？下面是我最近写的几首。

春兴

大地春回柳色新，
喜闻南越捷如神。
自由王国可争取，
敢战人民定翻身。

卷心菜

绿叶如花四面摊，
遥看排列翡翠盘。
晴氛笼罩菜畦上，
秀色可餐我心欢。

迎春

风伯逢春来，舒和暖日回。
寒林笑相迎，花坞欣郁催。
窗外多鸣鸟，炉中减余灰。
军民赴公社，播谷喜同陪。

劳动赞

雨降消尘氛，
汗流息劳筋。
文明仗人力，
工苦创奇勋。

你妹妹由复兴大路写来的信，我已回复了。她也希望能在最近的将来来你处同你一起工作。

请代我向你父亲问候。

祝你们都安康。

大笙

四月四日

（黄燕民识录　丁利刚校正）

陈翰笙致吴觉农

（1971年4月21日）

觉农如握：

三月三日来信，十一日即妥收；四月十日来信，十六日亦妥收。所以迟未早复，一则因自三月六日至二十二日此间高干集中学习了九大二中全会党中央文件，天天忙；二则因自学习结束后即展开大批判运动，仍天天忙。文件在各小组宣读，每件读十多次，随即一面读一面议，最后由各人写出意见作为批判。至于运动则集中到外交部几个案件，其批判和揭发工作更为轰轰烈烈了。就这样，没有能及早复你，至深抱歉！

首先要谢你们给我寄来两张摄影，一张为四人合摄，另一张为十一人合摄。济济一堂，团聚盛况，可想而知。恭喜恭喜。小宁已入中学，可贺。甲选此次省亲返京能参加盛会，亦是令人欣羡之事。

来信提及曾在浴室遇见杨扶青老兄，此老是我旧友之一，从一九二四年起即发生友谊的。如再有机会见到他，敬请你代我问候。

北街22号房屋，如尚能对付，如尚能勉强住下，我意暂不去申请换房为佳。只有在自己知道能和别人住宅对调时才去申请为宜。否则徒然旷日持久地等待而已。

我自己的工作问题现在也仍然在等待中。主要原因是运动没有搞完，五一六分子尚未完全清查结束，干部调动因而只是少数而且是部分的。即使不给我工作了，对我休养的地点也未能一时决定，恐正在探索中。过去有要我去安庆之说，但安庆早已放弃了。该地处在长江沿岸，战时恐不相宜。后来曾考虑醴陵，又考虑茶陵，但均未决定，因该两处均无好房子。待地点，工作地点也好、休养地点也好，我就返北京，届时能朝夕聚首了。

吴大琨在江西南昌附近的人民大学干校，未曾和他通信。陈洪进在息县的干校，闻现已迁至明港。明港也是近信阳。迁校之事因为要集中力量搞清查“五一六”分子。我与陈洪进也未通讯。但从他那里来的消息，说他是叛徒，已落实政策，即照人民内部矛盾处理而团结他。我准备将来待运动完结后再同他往来。

吴半农在五个月以前去醴陵医院，因重病而卧床不起，由他爱人护理。迄今未能返校。他所犯的是肝病兼曼尼尔氏耳病，经日不起床，起床便头晕不辨方向。他的血压也曾高至一百九十度。看来他以后只能退休了。

来信提到外文局的谋杀案，我是知道的。第一个破获的是姓李的（女）被害，第二个是姓方的（男）被害，第三个是姓方名应旸（男四十五岁）被害。第三个方应旸是“中国建设”的人。为他的案件曾于四月六日下午在市党部的党校开了大会，到者千余人。

三人都是被说成自杀的，但都是被“五一六”分子谋杀的！现在知道谋杀方应旸的人有十四人之多，主谋为管计莱。管是“五一六”骨干分子。现在还有一个被谋杀的人，在《北京周报》晚版的。此案不久也将破获的。

来信索我诗稿，兹抄录下面的请指正。

湘东铁路建筑中

绿江流水声潺潺，两岸民工总未闲。

双手填平百丈谷，一肩挑走万重山。

苦力当年失业愁，翻身今日铁路修。

崭新社会真优越，生产飞腾仗远谋。

虎踞山三九天清早

旭日一轮山后升，倒影姣姣塘水澄。

塘鱼不解人间事，公社愚公喜气腾。

咏紫云英

绿肥密植宛如秧，极目紫云十里长。

惹得翔飞蜂酿蜜，鲜花凝泥稻芒香。

咏卷心菜

绿叶如花四面摊，遥看排列翡翠盘。

晴氛笼罩菜畦上，秀色宜人众所欢。

《茶叶史话》，或《茶史漫谈》，何时着手写稿？鄙意可将此书分为两大部分，即（一）综合，（二）各地。

记得你曾在国外如锡兰、日本等处调查过。如能将国内外茶的品种说明它们的联系，也可供茶史中参考。茶之传播于国外与华工出国当有些关系，是否如此，愿请教。

宣昭姊近来健康如何。均此问候，恕不另。

祝你们阖门大吉常健！

翰手启

四月二十一日

（王晓怒识录　丁利刚校正）

陈翰笙致吴觉农

（1971 年 6 月 13 日）

觉农兄：

五月十八日展诵十二日来函，因当时事忙未及早复为歉。承你关心、寄赠巴黎公社百年纪念邮票，至为感激。我在五月中重新读了《法兰西内战》一书，得益甚多。在文字方面讲，也是一本出色的著作。

最近我干校掀起学习马列主义著作的风气。已组织了不少学习班，常常讨论问题、并共同解决疑难问题。最难读的一本书是《反杜林论》，是恩格斯著的。我们曾逐章逐段地讨论。学习上可称十分认真。我有舍不得离开干校的情绪。不但喜欢参加这样的学习班，并且我和群众关系也搞得很好。许多人早已不称呼我名字而叫我“老头儿”了。

但因急于治疗我眼疾，故于六月五日早启程来上海。六日晚七时半即乘广州到上海直达快车到了这里。当我出站时就遇见人山人海、夹道欢迎罗马尼亚党政代表团赴宴。该代表团次日参观了江南造船厂。

我连日访问一些亲戚和朋友。听到许多事体。同时眼见上海市容比八年前我来此时清洁多了。里弄组织和学习也不差。我胞妹素雅于去年十月底退休后就一直在里弄做宣传工作，并常常去说服学生的家长让学生下乡上山实践生产劳动。

上海商店中服务态度比北京还好。青年男女到店里去买什么东西，常常称呼店员（年老的）为“老伯伯”。而店员对顾客也十分照顾。这种现象使我感到确实是我们“文化大革命”以来的一个成绩。

明后日我将去苏州医院去看青光眼。回上海后再在此治白内障。一俟疾病治好后就返北京。

杨扶青老兄又一次遇见否？何以千家驹要他介绍“对象”？难道千的爱人逝世了吗？又何必再找“对象”呢！千的老母亲和爱人，我都见过。

敬祝你们阖门安吉，宣昭姊均此恕不另。

翰笙手上

六月十三日

（王晓恕识录　丁利刚校正）

陈翰笙致吴觉农

（1971 年 7 月 4 日）

觉农兄：

上月十六来函十九日即展诵了。欣悉宣昭姊暑期比冬日更康健，而你们的两位女儿也回家了。

承告知北京大会批斗姚登山和邵宗汉事，这两人曾先后被押到我们湖南干校来过，关于两人的历史我们也早从文件中知道了。姚是山西人，早年是阎锡山部下的一名反共军人，还有血债未清。他是野心家，投到王力之门，想做外交部长，因而成为反革命集团的头面人物。邵宗汉我曾认识过。他是常州人，早年在上海一个洋行里当过翻译。后来混入报界，曾去新加坡编辑华侨的报纸。解放后任北京光明日报主笔（总编辑），后调入外交部在研究室和新闻司先后担任工作。此人不多言，表面是一个老实人；但投机成性，在“文化大革命”中成为“五一六”及反革命集团的幕后策划者。姚、邵二人都是败类。

自从六月六日晚我到上海后，一直忙于看病和访问亲戚朋友。曾去苏州医院，中西医会诊了我的病，据诊断我患老年性白内障和慢性青光眼。给我眼中草药和药丸。在上海我也去五官科医院，西医给我两种药片一种药水点眼睛。现在预约七月底去复诊。

上海天气很热，近日连日高温在摄氏三十六度以上。因此出汗很多，行动不甚方便。但近一个月内已遍访亲友，只十分之一的人还未见到。

绍兴路是介于陕西南路（前亚尔培路）和瑞金二路（前金神父路）之间。故近我们过去住过的花园坊。前中华书局编辑部和前中华学艺社都在绍兴路。从绍兴路去淮海路步行不到十分钟。淮海路即过去的霞飞路，为前法租界商业中心。（前英租界商业中心是南京路）但绍兴路没有电车和卡车通行，故较为安静。

四月中上海市从下放在农村插队的男女知识青年中选拔了五六百名回到上海来当警察，在各街道口上指挥车辆和行人。待遇一如在部队。十二元伙食费和六月津贴。我常见二十多左右的女青年很神气地指挥车辆。电车司机路过时要将一瓶冷饮给女警察喝。她摇手拒绝了。

来函说最近看《共产党宣言》，你们学习时是否对下面一个问题注意到呢？

你们用的中译本，想来是一九六四年 9 月第 6 版。第 23 页说“到目前为止的一切社会的历史都是阶级斗争的历史”。这样说来，总有一个阶级胜利，一个阶级失败，但不会“同归于尽”。但是，第 24 页第四行又说“斗争的各阶级同归于尽”。这个前后不符合、两处说法有矛盾的问题如何解释呢？你们学习班上有人提出这样的问题吗？

素雅胞妹和我将于本月中旬同赴江西鹰潭去探望她女儿童瑜琼医生。她是在鹰潭铁路医院服务的。大约往返只一星期。八月什么时候我和素雅还要去青岛在那里留一星期。我准备九月同她来北京。在北京想去广安门内中医院用针灸法治我白内障。

敬祝你们全家康健，宣昭姊均此不另。

翰笙手上

七月四日

（王晓恕识录　丁利刚校正）

陈翰笙致吴觉农

（1971 年 7 月 30 日）

觉农兄：

本月八日手书已奉悉。接信后不久即有江西鹰潭之行。我同素雅胞妹同去访问了她的第二个女儿童瑜琼。瑜琼在该地铁路医院当内科大夫。该地是江西的交通要道，铁路通上海、重庆、北京、福州、厦门、长沙和南昌。鹰潭在信江之畔，航运亦有发展余地。

上海近来流行一种恶性结膜炎，俗称红眼睛。这病传染得很快。工厂中很多职工已患此病，学校中也如此。昨闻上钢三厂三千人中竟有七百多患此传染病。而学校中定期游泳也被取消了。

日前（二十七日）“文化革命广场”召开了一个全市大会，纪念工人阶级开始专政的三周年。到会者一万四千人。但患红眼睛病的，尽管有入场券也被拒绝而不许入门。

在那个大会上，上海市革委会徐景贤等三人作报告，着重指出要将各机关的专案组工作加紧前进以利于搞好清队工作。还要求镇压流氓阿飞以及抵制妇女们奇装异服。上海有些女人喜欢“出风头”，穿着很短的裤子和裙子，上腿也露出来了。

我青岛之行须至九月初实现。但在回上海后，约九月中旬，即可北上。我们在九月中旬可以会面了。

上海天气今年也很热。六月二十八日至七月八日都已摄氏38度的高温。现在这几天也是37度左右。一般讲来，凡吹西南风时，气流从内陆来，从江西湖南来，天气就较热。凡吹东南风时，气流从太平洋来，从黄海、中国海来，天气就较凉。

上海真是人口众多。南京路和淮海路天天挤得像北京王府井大街（人民路）星期天一样。浙江省各公社各工厂来沪办采购的人每天就有三千上下。各招待所和大小旅馆都塞满了人客！

商店里多专业化了。修理织补行业远远比北京好。修理红木家具的人还到里弄里来叫喊，就地可以修理。修理鞋子的地方几乎每二三条街就有一处。食品之丰富，无以复加。我曾参观过许多店铺，亲眼见到各色各样冷热点心。点心还有很多中式西式各花样。就糖果而言，中西式合计不下于五百多种！

上海人聪明。百货商店和药店就有随时量体重和量血压的地方。体重称称只花一分钱，至多三分。血压量量只花三分钱。有些药房还可以随时针灸，看小病，卖各色常用的中西药品。

医院也专业化了。有妇婴医院、有妇产科医院、有专门五官科医院、有专门看中医的文献馆门诊部、有小儿科医院，还有各工厂的疗养院、各里弄内的卫生站可以打针。

上海服装店就比北京多不少倍！饮食店更比北京多了。冷饮的品种多至廿余种，为北京所望尘莫及。只是水果店没有北京多、外国人没有北京多。

蒋阿姨病好了没有？你们全家都好吧。如你们在上海有事托我，请函告以便照办无误。祝你们全家都安康。宣昭姊均此恕不另。

翰笙手启

七月三十日

（王晓恕识录　丁利刚校正）

陈翰笙致吴觉农

（1971 年 8 月 18 日）

觉农吾兄：

顷展诵十三日来函，惊悉宣昭姊不幸于本月上旬失足折骨，并因腿骨脞开而须动手术。此信到时是否已定期动手术为念；我到京后即去反帝医院访问。

她在病中可能有些苦闷的心情。现抄下最近写的两首诗，请她看看，可以博得她微笑吧。

来上海后看到我八年没有见到的妹妹，常常同她一起到淮海路（旧时霞飞路）去走走，喜欢看到她虽年已五十八而精神面貌还是样色健康，因而写了：

我的妹妹

淮海路旁玉臂摇，
腰身健直姿态豪。
并肩欲语心暗喜，
黑发如膏唇樱桃。

我妹妹的第二个女儿童瑜琼，现任江西鹰潭铁路医院的内科医生。不久前返沪分娩，产一男孩，我为他取名叫做许肖佗。他父母二人都是医生，故我认为他是肖像华佗祖师。这个婴孩耳朵很大，鼻子很高，食量非常大，现在出生了才二十四天，一次就能吃三分之二的半磅牛奶。他母亲的奶不够他吃，所以必须拿牛奶来补充。

初生的肖佗

呱呱肖佗疾声呼，
高举四肢何所图？
瞪目不知娘抚拍，
奶头撞嘴更糊涂！

自从上月十六日下午尼克松要来北京访问的消息传出后，各方面，国内外，都有许多猜测。我想这次来主要的是为要谈中苏和中日的关系。中苏问题如果同美帝方面没有了解，就会牵涉到印度问题。中日问题如果同美帝方面没有了解，就会牵涉到中美关系。而从我们来讲最重要的是关于日本的野心政策，如果日本军国主义不在现在挫败它，那末台湾问题也靠上了。因此，台湾问题就成为此次会谈的要点了。

最近上海各机关正在听取不久前结束的中央教育工作会议的议决案。市面上几乎家家店铺正忙把红漆标语换成新做的商店招牌。将有新市容准备迎接国庆了。

祝你全家好，宣昭姊均此恕不另。

翰笙手上

八月十八日

（王晓恕识录　丁利刚校正）

陈翰笙致周砚

（1971年10月3日）

周砚同志：

九月二十六日来信三十日才由邮差递到东华门大街38号。展诵之下无任欣喜。一则你曾去井冈山参观革命圣地，二则到食堂劳动后晚上已不大吃药片了。唯腰病是否能告痊愈，尚以为念。

国庆节日我同此间亲友曾去长城一游，从德胜门外乘长途汽车去的，回来时就坐了火车。也写了一首诗：

七一年国庆节日游长城

万里长城斗风霜，城上红旗放光芒。

自古蔚蓝映天险，于今备战有民防。

昨日买到《毛主席50张彩色像片》一套，包装在纸匣内，外有腊纸，长一尺二寸、宽八寸，很重。原想寄来，但不易包札付邮。好在你不久将来京，是否届时面交。如你要我将此邮寄干校，则当设法照办。

外语学校什么时候招生上课，当探听后再奉告。

现在我去阜外五棵松地方解放军总医院（301）眼科专家张福星处看病。正在打两种针，其一是日本大阪造的Catalin。

来信询及十月十一月份我的五十七斤粮票。请你向张凌青同志代我领出，费神递寄北京东华门大街三十八号（38）陈翰笙为感。余容后述，手祝近好，并致敬礼。

陈翰笙手启

七一年十月三日

（黄燕民识录　丁利刚校正）

周砚同志：

九月二十六日来信三十日才由邮差送到东华门大街38号。展诵之下，至佳的喜。一则你前去井冈山参观革命圣地，二则到食堂劳动后晚上已不大吃药片了。惟股癣还不能告痊愈，尚以为念。

国庆节日我同些亲友前去长城一游，从德胜门外乘长途汽车去的，回来时就坐了火车。也写了一首诗：

七一年国庆节日游长城

万里长城斗风霜，城上红旗放光芒。自古辉煌映天险，于今备战有民防。

昨日买到《毛主席50张彩色像片》一套，包装在纸匣内，外有牛皮纸，长一尺二寸，宽八寸，很重。要想寄来，但不易包扎付邮。好在你不久将来京，是否届时面交。如你要我将此邮寄干校，则当设法照办。

外语学校什么时候招生上课，当探听后再奉告。

现在我去复外五棵松北方解放军总医院(301)眼科刘家琦医生处看病。正在打以下两种针，其一是日本大阪造的Catalin。

来信询及十月十一日付我的五十七斤粮票。请你向邵爱青同志代我领出，费神送寄北京东华门大街三十八号(38)《陈翰笙》为感。余容后述，手此问好，并致敬礼。

陈翰笙手启，七一年十月三日。

陈翰笙致周砚

（1971 年 11 月 26 日）

周砚同志：

上月三十一日惠函本月七日才收悉。我于本月八日到 301 医院去复诊，曾代询是否有云南白药可购取。据中医说现在缺货，每用它种草药代替。

崔彬之病闻可用硝酸甘油常备救急，不知他已从醴陵返虎踞否。杨柏森病假期间不知何人代他担任班长。他现已回虎踞否？

十月十六日学习班中是否添了一些新人？四月的学习班刘思慕、李纯青等未能参加，不知他们这次参加了没有？我在上月亦参加了部里的学习班。事后还写了一篇一千字的批判书。

近日在外文书店代询英文版的学习书本。可惜《反杜林论》还未出版，只购得一本《国家与革命》。这本英文书留在我处，俟你回北京时和五十张像片一起送给你吧。我想你在虎踞时可能无暇看很多的英文书刊。

来北京忽已逾两月，幸此间熟人多，彼此走访不觉寂寥。我在亡友李四光家和他爱人就谈了两小时。现李的女儿和女婿奉总理之命停止其它工作而专心为李整理他生前的笔记和文稿。周鲠生也于今年春季去世了。还有好些人病卧在家。闻张明养又因眼疾而进入北京医院住五官科病房。

侯志通上月二十五日到北京后，原拟在部里翻译队工作，但不久即于本月九日随同陈楚去纽约了。他爱人仍留北京在北京师范大学参加运动。毕季龙这次来北京时我曾遇见，王惠民在他回非洲岗位前我也曾谈过一次。

我现在每隔三天打一针，用的是维生素 A 和 D，每天用日本药卡塔林和“利明”药水各点三次。眼科主任张福星大夫约我于十二月中再去复诊。

最近我还去香山看了枫叶。想来明年总不会在北京而颇有感慨，作诗如下。

游香山

枫林一片满山红，疑是祝融扫翠空。

秋景年年入图画，而今激我别离衷。

北京地下铁道近日又开放了。全长二十三公里，由北京火车站达五棵松过去、八宝山过去的古城路。行车时间为四十分钟。我去301医院也可乘地下铁道了。你来北京时务必先去参观一下。

我十二月份工资请你代扣四元缴顾世荣同志作为我的党费，余二百六十元请你还是汇至上海绍兴路九十二号陈素雅收。

但我在北京还得用全国粮票。托你代我向食堂领取十二月和明年一月两个月的粮票，全国粮票五十七斤，费神寄给我，写明北京东华门大街三十八（38）号陈翰笙收。汇费邮费见面时当奉销。

日前我寄一信给浦寿昌，由祝成才转。俟我知其住的地方后想去同他谈谈；我想知道招收外语新生的情况。余容后述，即祝你身体保健，腰病快愈，并请注意劳逸结合。

陈翰笙

十一月二十六日下午

（黄燕民识录　丁利刚校正）

1972年11封

陈翰笙致吴觉农

（1972年1月29日）

觉农兄：

二十五日惠书，甚感。欣闻王府井交通规则新创，有利于行人。

来此已逾旬日。亲友等重新团聚，殊觉热闹。尤以这个，那个拉我去吃馆子，大有不可推却之势。兹赋诗一首。

吃在上海

沪滨餐馆又增多，
川粤苏京菜肴嘉。
绿杨村，梅龙镇；
贵妃鸡，薰对虾；
顾客如蜂拥归巢。
西餐幸已能恢复，
旧店新开名凯歌。
烙昌鱼，煨牛尾；
满楼陈设似星河，
楼下老少并肩遇。
烹调妙术宜切磋，
远邦友人来观摩。

上海今冬尚未见雪。气温在摄氏八度至零下一度之间。希望在返京后就可看到雪景。雪映红墙，当分外美丽。

上海街上女青年多穿花色衣服，比北京好看多了。外地回沪的男女实在拥挤，可在南京路和淮海路一带看到。

此次春节放假，大学只有四天，中学亦只十天。复旦大学诸友人曾谈过。复旦历史系的编写工作较北大为更忙。已编写出五十余万字的一部书稿，《帝俄侵略史》。

你们在上海有托办的事吗？请来信告我为妥。大约在二月底我可返京。

敬祝你们阖府欢度春节！

舍妹均此问候，恕不另。

翰笙手启

一月二十九日

（王晓恕识录　丁利刚校正）

陈翰笙致周砚

（1972 年 1 月 31 日）

周砚同志：

此次在京沪两地得以把晤，殊觉快慰。唯你腰病是否痊愈，常在念中。返虎踞前治牙之事已完毕否亦为惦念。

素雅与我于廿二日乘九十三次车去杭州，廿三日星期日同我侄陈炳宏一起赴桐庐。在桐庐的窄溪地方，即富春江最美丽的一段，散发我亡妻顾淑型同志的骨灰。骨灰是由我从八宝山带回南方来的。

哭亡妻顾淑型同志

窄溪依依送骨灰，

凄凄水上我徘徊。
何时物化能随伴?
携手夜台笑语陪!

本月廿四日至廿八日下午我和亲友等在杭州玩了几天。腊梅、茶花都已开放。“花港”和“玉泉”的鱼也都活跃。

但我自己的情绪却因没有工作而觉得沉闷。

廿八日晚乘九十四次车返上海时，在车中试吟一首七绝。

游杭州
阳春未到杭州来，
只见孤山茶花开!
映月三潭怜闲散，
观鱼花港寸心摧。

总希望它日我眼疾治好后再担任工作，重新搞起。如无集体工作，个人工作也是好的呀!

廿九日汇上拾元。请以此还陈瑞云同志上月汇费，余数留作今后汇工资的费用以及邮费等。

请你将二月份工资汇上海。又要烦你到食堂去代我取二月和三月份（五十七斤）粮票，寄上海绍兴路九十二号陈素雅收。估计我将于三月中去北京。手祝近佳，并致敬礼。

陈翰笙
一月三十一日

（黄燕民识录　丁利刚校正）

陈翰笙致周砚

（1972 年 2 月 16 日）

周砚同志：

欣读本月十一日来函，藉悉种种。承你费神汇来二月份工资及二、三月份粮票均已收到，多谢、多谢。四合院住房调整后承你将我寄放的行李存在陈尺楼同志处，我非常感激。我约于四月中来干校，开赴抚州。

五七办公室的同志最近曾去抚州为我看好新屋，本月十二日他来上海告我及我胞妹，说有五间房划给我们用，水电等已安装就绪了。他并约我们于三月二十左右到北京去料理家具，好让他们代运去江西。我将于四月初返沪，然后动身来干校。

下月（三月份）工资请仍费神代汇至上海我胞妹处。四月份就不必再使你麻烦了。

今年大雪，南北都有。北京来信，自上月廿九起已下过两场大雪。浙江来信，十天前大雪使金华、温州一带公路汽车断绝了。虎踞镇也有大雪也就不奇怪。但累坏了你们了。食堂供给想必因此而使人头痛。

小柯又外出调查了。可见专案方面的事情还有等待料理的。赖亚力为何教起英文来了！去年他牙齿坏了曾在攸县修好。你是否也去攸县西街去试一试？

上次我附在信中一首诗稿，现在要修改并扩为六句。重录如下。

游杭州

阳春未到杭州来，
目击孤山茶花开。
映月三潭悲闲散，
观鱼花港几徘徊。
望远且登六和塔，
不见北京寸心摧。

如承来信，请告我柯华同志有何种眼疾、刘思慕同志与李纯青两人近况何如。我要到三月十九日才离开上海去北京。盼你注意劳逸结合，早些设法治好牙齿。

陈翰笙手启

二月十六日

（黄燕民识录　丁利刚校正）

陈翰笙致吴觉农

（1972 年 2 月 23 日）

觉农兄：

本月十五日来函敬悉。《十万个为什么》第六册（天文）已购得，即日寄上。第一、第二册已售罄一时无法购取。第九、第十册尚未出版。出版社是在绍兴路，但发行则还是由新华书店代办的。为你购取的第六册就在南京路新华书店找到的。

上月十六日中午我们到上海后一直忙于同亲戚往来。在北方我是朋友多于亲戚，而在南方则反之。

上月二十三日星期日，我和素雅及其长女到杭州去，会同我们侄儿（在电力局工作的）去桐庐。当天在富春江江面最美丽的地方，即桐庐窄溪，散发了淑型同志的骨灰。返杭州途中，曾吟两首：

（一）

富春江上散骨灰，

碧水东流不复回。

留得淑姿常想念，

红旗手号志英才。

（淑型同志在60年被全国妇联评为红旗手）

（二）

浩荡窄溪送骨灰，

凄凄水上我徘徊。

何时物化应作伴，

携手夜台笑语陪。

未返沪以前我们在杭州呆了四天。杭州市面很好，供给充足。工厂都在远郊，故市与风景区几乎呵成一片。返沪途中，又吟一首。

游杭州西湖

阳春未到杭州来，目击茶花孤岭开。

映月三潭慰闲散，观鱼花港几徘徊。

如此名湖越境胜，神京北望仰琼台。

本月五日上海的亲戚们邀我到一个扬州饭店“绿杨村”去宴会。即席我作了一首：

七十六初度

置酒开筵情谊笃，庆我初度七十六。

平生从未感孤独，更喜相亲能敦睦。

时代革新重教育，培训男女成贤淑。

须忘眼疾与老秃，天天做一好公仆。

现定下月四日去苏州，探望我一些亲戚。大约在三月二十日左右我和素雅妹可以动身来京。本月十二日外交部有人来看我，说他从江西抚州来看了新屋已落成，约我去北京料理家具，可以托运去抚州。他说我们可以在四月间去那里。[①] 因此我们这一次来，只能在北京居留十五天到二十天光景了。

尼克松是昨天到北京的。我昨天写了一首古体诗如下。

闻尼克松访华有感

流年一何驶！时局张又弛。
中美要复交，昨非而今是。
美帝来访华，环球咸注视。
国际腾风云，评议满报纸。
纵曰为和平，和平岂可恃？
吁嗟资本家，从不露爪牙。
明明捣乱鬼，偏装大佛爷。
鬼胎虽满腹，面戴双重纱。
声声谈仁义，屠杀如刈麻。
印支正挥刀，誓斩两头蛇。

① 1972 年，外交部准备安置翰老去江西省抚州市落户居住。据龚克（翰老外甥女孙小礼之子，曾任南开大学校长）回忆：

抚州的事我当年还给姨公（翰老）写过信，介绍抚州情况。那年春节我在抚州看我爷爷（龚饮冰），当时我妈、大阿姨也都在江西，很欢迎姨公去抚州。我还记得我爷爷说刘少文与姨公姨婆都很熟悉。

1971 年九一三事件之后，记得有两件事，引发对老干部政策的进一步变化。一是陈毅逝世（我记得特清楚，72 年 1 月 6 日，我正在抚州，闻此噩耗，我爷爷长叹不止，后来知道毛主席出席追悼会又非常兴奋）；二是陈正人去世（陈那时不到 70 岁），导致总理指示高级干部回京体检。后来，他们纷纷返回北京。我爷爷大概是 72 年 4—5 月间回北京的。邓小平是在 72 年 8 月致信毛泽东要求工作的。

老干部逐步被解放、被恢复和安排工作。但那时并没有高级干部退休制度，因此尽管在林彪事件之后，开始对老同志还是在外地安排，湖南、江西、广东等地都有。但安置的条件也在改善，比如抚州那里就新盖了一批房子，我记得当时中组部派人去抚州看望我爷爷等老同志时，也去看新房子建设情况。因为新房子条件好些，原与我爷爷一起安置的蹇先任就搬过去了。外交部在抚州也建了新房子，准备把翰老安置在那里。从姨公信中看，他还是期望被安排工作的。尽管那时他已年逾古稀，但除眼疾外没有其他问题。

顺祝你们全家安康，宣昭姊均此问好，恕不另。

翰笙手启

二月二十三日

（王晓恕识录　丁利刚校正）

陈翰笙致周砚

（1972 年 2 月 29 日）

周砚同志：

日前寄上西德英文周刊两期，想已收到了。这是每周从西德报刊上撮录下来的文字，可供研究国际关系的参考资料。

最近我曾去苏州看亲戚，并游玩了几天。还写了一首诗：

赠——表妹

一生难忘童年事，
老秃重逢涌芳思。
闲逸依依作郊游，
春光正罩寒山寺。
将别苏州往抚州，
亭亭盼读八行字。

昨日素雅妹同我到“绿杨村”楼上去吃点心，也写了一首：

南京路上进糕点

南京路上百货汇，顾客拥挤成人海。
绸布如花千万丛，食品精制争文彩。

我同素妹来盘桓，绿杨村店锅饼餐。
锅饼芬芳微袭鼻，枣泥味美翻涛澜，
有舌知味复何言！

不久前在上海的亲友们为我生日而组织了一个宴会。即席我写了一首诗如下。

七十六初度

置酒开筵情意笃，庆我初度七十六。
平生回忆不孤独，更喜亲旧咸敦睦。
时代革新重教育，培训男女成贤淑。
竟忘眼疾与老秃，终生做一好公仆，
献劳于国心乃足。

上海中心广播电台从明日（三月一日）起，每天要广播三次（7: 30 A. M.、12: 30 P. M.、7: 30 P. M. 开始），每次半小时，讲授英语。听者可用最近印行的课本。不知虎踞能收听否！

三月份我的工资请仍汇至素雅妹处（上海绍兴路九十二号）。党费亦请代缴。四月份的请留下，待我来干校当面向你领取吧。

手祝健安，并致敬礼。

陈翰笙

二月二十九日

（黄燕民识录　丁利刚校正）

陈翰笙致吴觉农

（1972年2月29日）

觉农兄：

顷读二月二十六日手书，快慰何似！书中未提到宣昭姊足疾的情况，想必较前已大好。唯不知行动完全复元否为念。

承询及我游杭州诗，今答如下。古体诗诗句不论长短，亦不拘有多少句。只是到了唐朝才有所谓今体。今体则有绝句和律诗之分。律诗含有对子，绝句则无对子而有五言一句、六言一句、七言一句之别。律诗有八句，但亦有五言一句者，有七言一句者。因此，古体诗不必为八句，常常只有六句。

拙作《游杭州西湖公园》只有六句。但上次抄来给你看的有一个错字，那就是境应改为景。现将此诗稿再一次录下：

阳春未到杭州来，目击茶花孤岭开。
映月三潭慰闲散，观鱼花港几徘徊。
如此名湖越景胜，神京北望仰琼台。

此诗含义，应在此陈述。“阳春未到”意为社会主义建设尚未完全成功。茶花开得少是指我们好的领导太少而言。闲散是我拿了工资不工作。神京是首都之意。琼台即最高领导所在地，指毛主席而言。我意如果毛主席直接领导我，就不会让我去休养而会给我工作的。我叹自己闲散而又想到好领导的人数太少。

再抄上近作两首，请指正。

南京路上进糕点

南京路上百货汇，
顾客拥挤成人海。
绸布如花千万丛，

食品精致争文彩。
我同素妹来盘桓，
绿杨村店锅饼餐。
锅饼芬芳微袭鼻，
枣泥味美翻涛澜，
有舌知味复何言。

上海淮海路
一片春光似水流，
屏居沪滨近街头。
淮海路上来散步，
旧名霞飞今重游。
昔年络绎多舞女。
于今左右商店稠。
下乡少壮忙返市，
竞购百货如追求。
琳琅橱窗尽夺目，
精美货品如愿酬。

星期六（三月四日）我同素雅妹要去苏州看一位亲戚。大约在那里要住一个星期。大约在三月二十日我们可以动身来京。快见面了，不多写。

手祝你们阖门大小安吉；宣昭姊均此恕不另。

翰笙

二月二十九日

（王晓恕识录　丁利刚校正）

陈翰笙致周砚

（1972 年 3 月 3 日）

周砚同志：

二月廿七上午来信，昨已展诵，欣悉你们春节热闹的盛况。*The Diplomat*[①] 一书是否还存在东华门住宅，当于此次去北京时找寻一下。此书及其它有用的英文小说清理出来以后，当即寄赠。

干部司的人最近从抚州返北京；他过上海时曾来看我及我胞妹。据说那里的新屋可住十六家人家，已全部落成。现约我们于三月二十日左右到北京去料理书籍和家具以便运去抚州。故我们大约于四月中旬可以去抚州。但我想在赴抚州以前，还要从上海到虎踞来一次。届时可以面叙。

尼克松这次访华，在联合公报中表示了同我们一起反对苏修侵略亚洲各地，反对大国独霸或分割势力范围。这是好事。但尼克松仍在印支问题和南北朝鲜问题上表示同我们对立。至于台湾问题，这一次只是初步得到解决。

尼克松访华有感

流年一何驶！时局张且驰。
中美欲复交，昨非而今是。
美帝来访华，环球咸注视。
国际腾风云，评议满报纸。
纵云为和平，和平岂可恃！
吁嗟资本家，从不露爪牙。
明明欲作乱，偏装似佛爷。
鬼胎虽满腹，面戴双重纱。
声声谈仁义，屠杀如刈麻。
印支正挥刀，誓斩两头蛇。

① *The Diplomat* 一书似指澳大利亚作家詹姆斯·奥尔德里奇（James Aldridge）所写的英文小说。

手祝近佳，并致敬礼！

陈翰笙

三月三日

（黄燕民识录　丁利刚校正）

陈翰笙致周砚

（1972 年 3 月 16 日）

周砚同志：

日前接到你寄来我三月份工资，费神多谢！上星期在苏州探望亲戚，同时结伴游览了几处名胜，如看邓荟山[①]梅花、司徒庙一千八百余年的古树、虎丘之寺塔、留园之布景，东风公园（旧名拙政园）之幽境和朝阳公园（旧名狮子林）之怪石等等。

星期日各地来游虎丘者超过三千人。忆李白《苏台览古》一首七绝，我曾用其韵而反其意，不吊古而颂今，就写了一首如下：

虎丘览古（此处原有云岩寺）

云岩七层古塔新，梅花朵朵报初春。

只今劳逸能结合，一日三千尽游人。

灵岩山在太湖一角的上面，风景颇佳。我从那里返来也写了一首古体的诗如下。

登灵岩山

松柏参天罩灵岩，声声鸟语细细闻。

曾照西施吴王井，水如明镜欲生纹。

---

① 此处邓荟山应指邓尉山。

佛堂静默无佛事，佛去庙空茶室新。
借问茶室谁服务，昨日僧徒今出勤。

灵岩寺的顶上有两口井：吴王井和智积井。西施曾临井照容貌。现在庙已改建，一部分成为茶室，而服务员多为过去的大小和尚。

上海街上日益热闹。写了一首咏此情况的古体诗一首：

上海淮海路
一片春光似水流，屏居沪滨近街头。
淮海路上来散步，旧名霞飞今重游。
昔年络绎多舞女，于今左右商店稠。
下乡少壮忙返市，竞购百货如追求。
琳琅橱窗尽夺目，纷纷购者如愿酬。

这次来沪未事先与上海外事局联系，故学习第四号中央文件我就参加绍兴路里弄委员会的学习班。连续一星期，现已学习完毕了。

预备于下星期一（即三月二十日）同素雅妹启程去北京。今后通讯仍请写明“北京、东华门大街三十八号（38）”为盼。王承泽和陈瑞云两位同志见面时务请代我问好。恕不另函。手祝近安。

陈翰笙
三月十六日

（黄燕民识录　丁利刚校正）

陈翰笙致吴觉农

（1972 年 3 月 17 日）

觉农我兄青鉴：

顷获十五晚所发航函，欣悉宣昭姊不久可以丢去拐棍。

苏州探望我表妹为时有五天，今已返申。她年已七十有二，还是六十年前会过面的。此次重逢实不胜迟暮之意。但依依同游郊外，欣赏了苏州几处名胜。

在虎丘值星期日，各地来游之人超过三千！回忆昔年读过李白《苏台览古》一首七绝如下：

旧苑荒台杨柳新，
菱歌清唱不胜春。
只今唯有西江月，
曾照吴王宫里人。

我就用其韵而反其意，不吊古而颂今。于是试吟：

虎丘览古
云岩七层古塔新，
（云岩寺有木塔，早已改为砖塔，最近又修理了）
梅花朵朵报初春。
只今劳逸能结合，
一日三千尽游人。
（各地来游览者星期日有三千以上）

登灵岩山
（此山在太湖边上，近苏州木渎镇）
松柏参天罩灵岩，
声声鸟语细细闻。
曾照西施吴王井，
（井在山顶，吴王曾看过，西施也照过）
水如明镜欲生纹。
佛堂静然无佛事，
（烧香即佛事）

佛去庙空茶室新。
借问茶室谁服务，
昨日僧徒今出勤。
（茶室服务者皆为大小和尚）

原定于二十日启程来京，现因事当稍迟才能启程。素雅妹能否同来亦尚未最后决定。但前承借阅的《我的前半生》一书，当由我来京时带来奉赵。

上海天气也已稍暖，常在摄氏10度与4度之间。如来京则当遵嘱多带替换的衣服。匆复即祝，阖府安康。

翰笙

三月十七晚

（王晓恕识录　丁利刚校正）

陈翰笙致周砚

（1972年5月17日）

周砚同志：

前寄挂号信，附有致凌光荣信，想早已递到。自接你四月廿四日来函后久无音信，不知你又患病否为念。

《列宁选集》四卷本，英文版现无处可买到。四卷本中文版则在“文化人革命”后早已不见上市了。新出的书有《马恩选集》四卷本及《马克思传》等，均系中文版。

部内新添五位副部长，何英、余湛同志在内。章文晋同志为部长助理。柯柏年、龚普生仍在国际司为顾问。

你在什么时候能来京？来京时住何处能先函告为幸。匆复即致敬礼。

陈翰笙

五月十七

（黄燕民识录　丁利刚校正）

陈翰笙致张芝联

（1972 年 9 月 25 日）

芝联同志：

上次在南小街 51 号楼上陈翰伯同志召集讨论世界史编写的会议上，吴于廑同志提出编写的方法只有两种，或者仿照苏联的以年代为纲，或者以英国的分国别为纲。你在发言中似乎赞成可以用社会性质为纲，我是同意的。

用社会性质的转变来编写世界史，就易于说明阶级斗争和社会转变的道理。以世界史为范围，以重点地区来编写，就易于使读者明白历史发展的规律。

若以时代为纲或以国别为纲，常常会疏忽阶级斗争的真相。不暴露这种真相而仅仅描述某阶级上台了或某阶级下台了，也就不能彻底说明政权的变迁。

记得六三年某一期《红旗》杂志上发表过一篇文章，题为《英国 17 世纪斯图亚特王朝的复辟》，文中并未指出复辟的真实原因。日前接到人民出版社业务组送来一本《世界通史近代部分上册》，翻到第三十八页叙述这个王朝复辟的一段。也未见暴露那次阶级斗争的真相或斗争的动力。

那次王朝的复辟，据我所知，实缘于克伦威尔军事独裁后这位将军自己就逐渐变成了一个大地主，他手下的军官们以及驻在苏格兰的军官们也变成了地主，这些新地主阶级实为复辟的动力，就是那次阶级斗争、王朝复辟的真相。

以王朝复辟的历史为例，也可以说明对某些题目还有深入研究的必要。但若汪士汉同志所提出的那样必须在各专题研究好了以后才来编写历史，倒也不必，而且也不能等待。

编写历史和其它事物一样，有范围也有细节，有框框也有条条。要求框框和条条同时完美是一个矛盾。其主要方面都是在框框而不是在条条。因此我们应先以社会性质为框框，而以阶级斗争的真相为条条。应当以社会性质为编写世界史的纲而待将来进一步研究各专题以说明斗争的真相。

你是久于参加编写世界史的同志，还要长期继续搞这个重要的工作，故将鄙见函达，幸祈酌纳。

手祝日佳，并致敬礼。

陈翰笙

九月二十五日

（陈宇慧识录　黄燕民校正）

1973年2封

陈翰笙致中国科学院近代史研究所

（1973年8月31日）

中国科学院近代史研究所：

读八月二十三日来函，附有田汝康《郑和海外航行与胡椒运销》一文的油印本，知你所黎澍同志要我对此文稿提出意见。今将鄙见列举为下。

（一）读完此文稿后，还不知作者为什么要写这篇东西。如果说要说明明朝对外贸易与货币的关系，那么这篇文稿没有说明当时财政的危机是什么，也没有说明外贸与货币的关系。货币的价值涨落不能等同于财政危机，作者对这些问题没有理会。

（二）如果要说明郑和停止下西洋，不再做第八次航行的原因，那末这篇文稿没有说明为什么要去西洋的基本理由。难道只是为要运进香料吗？难道不是主要地为推销我国的丝绸和瓷器吗？文稿一开始就说郑和下西洋是为了使亚非商品在我国开辟广大市场；这样，岂不是说郑和出洋是为别国扩大贸易吗！更重要的是，文稿没有说明为什么郑和在第七次航行后就没有再下西洋。文稿说第六次航行后因经济原因未能再速去西洋，但又说所以有第七次航行也是为了经济或货币的原因。那末，读者要问，为什么再也没有第八次航行呢？

（三）文稿中从未说明胡椒和苏木占到进口货的几成。只说胡椒进口有多少，而不说所占的成分，则不能说明胡椒与出洋航行的重要关系。

（四）文稿中十八页倒数第二行："终于动摇了王朝垄断机构的独霸地位"，未说明什么是王朝垄断机构，也未说明如何独霸起来的。

（五）第十页提到苏木，苏木多于胡椒否，未说及。第十五页第八行中说有三百万斤胡椒苏木由南京运到北京。未说明为何要大批运送。

（六）第七页第三行称八百石，但同页第五行又称八百斤，是否有笔误？第八页第七行“胡椒”二字后没有写上价格二字。第十一页倒数第三行“一分九钱”应为一分九厘。

以上六点或可供编辑部参考。附来的油印本文稿在此附还，请妥收。手致敬礼。

陈翰笙

七三年八月三十一日

（陈宇慧识录　黄燕民校正）

田汝康[①]致陈翰笙

（1973年10月8日）

翰老：

手书奉悉。对《郑和与胡椒》一文所提的宝贵意见，是一个关键问题，许多学者曾以不同的方式提出过。我初步的设想认为，这仍然是由中国封建社会性质所决定的。恩格斯指出过，航行事业根本与封建制度格格不入，它是一种毫无疑义的资产阶级企业。从世界史上看来，在前资本主义时代，不管希腊罗马或是岛国的日本。远洋航行全是受到歧视的。郑和上次航行后，这样航行不能继续的原因，一则是由于国家的财力所限，二则是由于士大夫认为这样的航行是劳民伤财。明陆树声《长水日抄》中有一段记载，叙述兵

① 田汝康（Tien Ju-Kang，1916—2006），生于云南昆明。就读于北京师范大学，后因抗日战争转入国立西南联合大学，1940年获文学士学位。1945年赴伦敦大学政治经济学院深造，1948年获哲学博士学位。曾任浙江大学人类学系教授、复旦大学历史系教授，以及中国社会学学会副会长、中国华侨历史学会副会长、中国东南亚研究会顾问等职。田教授一生致力于海外华人的社会经济结构、中世纪中国航运史及中国云南省宗教之研究。

部大臣将航海图藏起来，“都吏检三日无所得，言官交章谏阻，再一次航海的建议遂因而作罢。关于这一点我在 1964 年《新建设》8—9 月号中的一篇文章中作了些初步分析，但确切的证明还缺乏足够资料，今后有空当继续读点书，能进一步有所探讨，以不负长者期望之厚意。

《中国帆船》原由《历史研究》发表，第一篇又出过单行本，特检寄一份另邮寄上请求指正。《沙拉越华侨社会结构》一书 1954 年列为伦敦大学政治经济学院人类学丛刊第 11 种发表，六四年重版过一次，但手头却无存书。有关加里曼丹华侨公司材料，我在《厦门大学学报》的那篇文章，在 1962 年南洋研究所要编写《华侨史》时曾重新修改过一遍，并附有一幅当时华侨公司分布的地图，原稿存南洋研究所。另外有人曾就我保留在伦敦的材料，在香港大学的 *Oriental Studies* 上写过文章，但我没有看到。过去我还写过一篇厦门人民反抗英国殖民主义者贩运华工斗争的文章，发表于《光明日报》，随又被收集在一本《鸦片战争论文集》的册子内，里面还有点有关这方面的反抗斗争材料。谨复，并请

著安

田汝康

73 年十月八日

（黄海燕识录　丁利刚校正）

翰老：

手书奉悉。对《郑和下西洋》一文所提的宝贵意见，是一个关键问题，许多学者曾以不同的方式提出过。我初步的设想认为，这仍然是由中国封建社会性质所决定的。恩格斯指出过，航行事业根本与封建制度格格不入，它是一种毫无疑义的资产阶级企业。从世界史上看来，在前资本主义时代，不管希腊罗马或是岛国的日本，远洋航行全是受到歧视的。郑和七次航行后，这样航行不能继续的原因，一则是由于国家的财力所限，二则是由于士大夫认为这样的航行是劳民伤财。明陆树声《长水日抄》中有一段记载，叙述兵部大臣将航海图藏起来，"都吏检三日无所得"，"言官交章谏阻"，再一次航海的建议遂因而作罢。关于这一点我在1964年《新建设》8—9月号中的一篇文章中作了些初步分析，但确切的证明还缺乏足够的资料，今后有空当继续读些书，作进一步有所探讨，以不负长者期望之厚意。

《中国帆船》，原由《历史研究》发表，本一篇又出过单行本，特检寄一份，请求指正。《沙捞越华侨社会结构》一书1954年列为伦敦大学政治经济学院人类学丛刊第11种发表，64年重版过一次，但手头都无存书。有关加里曼丹华侨公司材料，我在《厦门大学学报》的那篇文章，在1962年南洋研究所所编写《华侨史》时，曾重新修改过一遍，并附有一幅当时华侨公司分布的地图，原稿存南洋研究所。另外有人曾就我保留在伦敦的材料，在香港大学的《Oriental Studies》上写过文章，但我没有看到。此外我还写过一篇厦门人民反抗英国殖民主义者贩运华工斗争的文章，发表于《光明日报》，随又被收集在一本《鸦片战争论文集》的册子内，里面还有点有关这方面的反抗斗争材料。谨复，并请

著安

田汝康 73年十月八日

6816

1974年1封

杨东莼[1]致陈翰笙

（1974年10月13日）

翰老学长：

久不见，思念为劳。我与陈此生邀您于本月十九日上午去香山看红叶和菊花，借此谈谈。同去之人有林励儒、叶圣陶、沈雁冰、胡愈之诸老。希望您请假半天，吃完饭，上班。是日九时左右由陈此老接您，因我要去接林老。此致

最敬礼！

弟杨东莼上

十三日

您是不愿请假的，这是原则，但有原则自必有例外，以此，希望您破格一次。又及。

（王晓恕识录　丁利刚校正）

---

① 杨东莼（1900—1979），湖南醴陵人，历史学家、教育家。青年时代参加五四运动，1920年参与组织北京大学马克思学说研究会，从事传播马列主义的工作。1923年加入中国共产党，进行早期工人运动和抗日救亡活动。曾任广西师范大学、广西大学校长，华中师范学院院长，中央文史研究馆馆长等职。

翰笙学长：久不见，思念为劳。我与陈此生邀您于本月十九日上午去香山看红叶和菊花，借此谈谈。同去之人有林励儒、叶圣陶、沈雁冰、胡愈之、洪老。弟拟您请假半天，吃完饭，上班。是日九时左右由陈此老接您，因我要去接林老。此致

最敬礼！

弟杨东莼 十三日。

您是不是请假的，这是原则，但有原则自可有例外，以此，弟希望您破格一次之久。

1975年3封

胡乔木致陈翰笙

（1975年6月7日）

翰老：

前询"在这里平等权利按照原则仍然是资产阶级的法权"一语（《哥达纲领批判》单行本13页），疑义和不同解释很不少，考虑到德俄英法汉五种语言有许多不同，参照原本和已有的各种权威译本（包括日译本，因有些词与汉语相同），此句究以如何译法为好，即既能忠实于原文，而又合于汉语的习惯？

与此相关，《共产党宣言》单行本41页"你们的法不过是被奉为法律的你们这个阶级的意志"一语，也有很多疑义，中译文曾改过多次，终不易令人豁然贯通。此书的英法俄日译本更易查检，不知可否根据德文原文并参照英法俄日译文，拟出一种较好的中译文，以供编译局同志参考？

以上两个小问题，除请您帮助考虑外，不知您能否转请国际问题研究所对有关外文和法学有专门研究的同志共同研究一下？

敬礼

胡乔木

六月七日[①]

（黄燕民识录　丁利刚校正）

---

① 本信原件作者注明"六月七日"，旁边另有人注"67年"，编者认为年份有误。首先，信纸左中部的生产厂家注明"北京市电车公司印刷厂出品七五·四"，指1975年4月生产。此外，

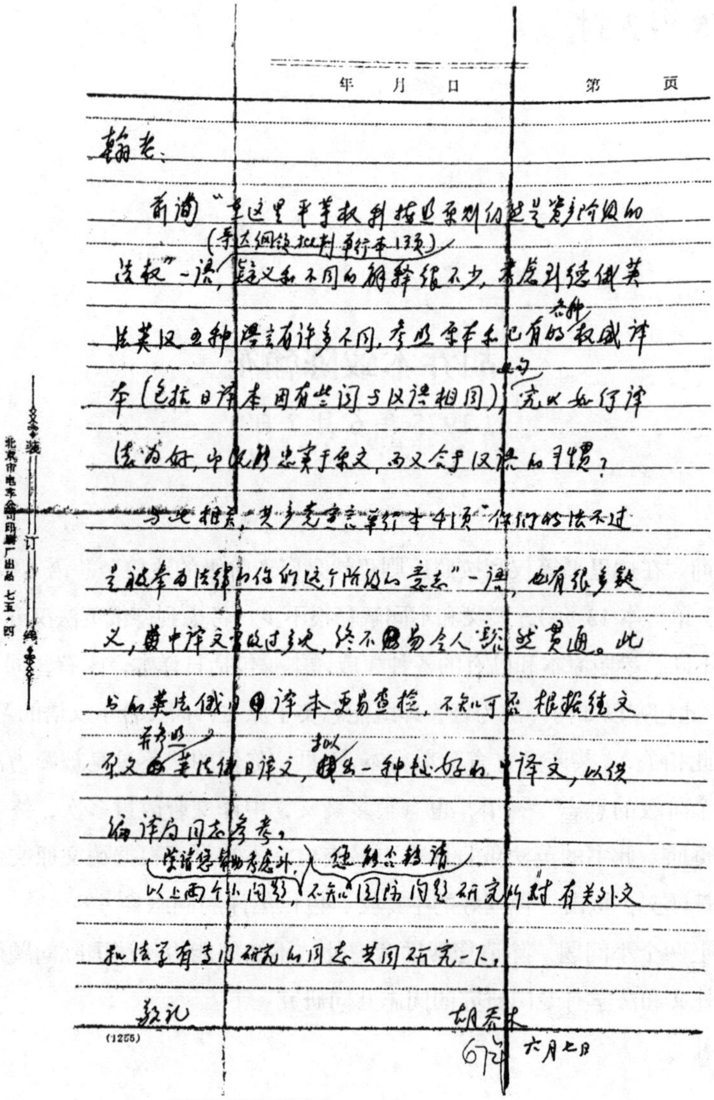
年 月 日 第 页

翰老：

前询"在这里平等权利按照原则仍然是资产阶级的法权"一语（哥达纲领批判单行本13页），疑义和不同的解释很不少，考虑到德俄英法英汉五种语言有许多不同，参照原本和已有的各种权威译本（包括日译本，因有些词与汉语相同）的，究以如何译法为好，才既能忠实于原文，而又合于汉语的习惯？

与此相关，共产党宣言单行本41页"你们的法不过是被奉为法律的你们这个阶级的意志"一语，也有很多疑义，当中译文虽改过多次，终不易令人豁然贯通。此与由英法俄日中译本更易查检，不知可否根据德文原文并参照英法俄日译文，拟出一种较好的中译文，以供编译局同志参考。

以上两个小问题，除请您翰老考虑外，还能否转请不知国际问题研究所对有关外文和法学有专门研究的同志共同研究一下。

敬礼

胡乔木

六月七日

6/7

(1255)

北京市电车公司印刷厂出品 七五·四

装 订 线

（接上页）1975年1月6日邓小平约胡乔木谈话，说要研究资产阶级法权等问题，之后不久胡乔木恢复工作。但到1976年，随着邓小平再次被打倒，胡乔木也被打倒，直到1977年5月24日王震邓力群向复出的邓小平汇报，邓说要用胡乔木。（见《快乐老人报》2015年7月20日第14版，作者：佚名，原题：《邓小平请胡乔木重新出山》。因此，胡乔木只有1975年这个短暂的窗口期写这封信。同理，胡乔木6月18日写给陈翰笙的信也应写于1975年。

胡乔木致陈翰笙

（1975 年 6 月 18 日）

翰老：

挂号信十三日就收到了，迟复为歉！

关于宣言中那句话，一据俄译译权利，一据原本译法，仍不能作出定论，而且俄文的 право 和德文的 RECHT 本都有权利和法的两种意义，译文何以作出这种选择也不易了解。看来这句话还有些麻烦。您如有兴趣和有机会，不知可否找几位熟识的对马列主义有研究外国同志再交换一些意见？也不着急。如事忙没有时间，就先放一下好了。

如果您在进一步研究后觉得有什么话需要告诉我，请在电话中约一时间面谈，因为让您为这样的问题写信，我是太于心不安了，几句话很难解释清楚，写得多了又大损目力。总之，这个问题不要着急。

前嘱之事，一时还没有新的消息，如有所闻，当及时奉告。

又，下次见面时或来信时望告国际问题研究所您的电话。

敬礼

胡乔木

六月十八日[①]

（黄燕民识录　丁利刚校正）

---

① 关于本信的写作年份，请参考本书“胡乔木致陈翰笙（1975 年 6 月 7 日）”信件的脚注。

第　　页

翰老：

挂号信十五日就收到了，迟复为歉！

关于宪法中那两句话，一译权利，一译按照俄译法，仍不能作出定论，因为俄文的 ПРАВО 和德文的 RECHT 本来有权利和法的两种意义，译文所以偏于这种选择也不易了解。看来这句话还有些麻烦。如有兴趣和有机会，可否找几位外国对此有研究的（不知有无）再交换一些意见，也不着急。如事忙没有时间，就先放一下好了。

如果您在进一步研究后觉得有什么话需要告诉我，请在电话中约一时间面谈，因为让您为这样的问题写信，我是太于心不安了，几句话很难解释清楚，写得多了又太费目力。总之，这个问题不要着急。

前嘱之事，一时还没有新的消息，如有所闻，当及时奉告。又，下次见面时或来信时也告国防问题研究所您的电话。

敬礼

胡乔木 六月十八日

陈翰笙致胡乔木

（1975 年 10 月 26 日）

乔木同志：

前日星期五上午许涤新同志邀我去参加座谈会，谈谈编著中国资本主义发展史。我建议将这个题目分为六部分来写出。（一）资本主义萌芽，（二）资本主义初期，（三）外资侵入，（四）民族资本抬头，（五）官僚资本，（六）资本主义没有出路。我并劝说要把经济与政治、社会和文艺都联系起来，说明这个历史。对于资料的出处也举了一些例子，最后我说明此书将对第三世界国家很大教训，可以劝它们走民族资本但非资本主义的道路。

《共产党宣言》最近的译稿我已粗略看了一遍。曾将其字句略有改动，不甚清楚的地方也打了问号。兹附还。是否可考虑请语言研究所把文字进一步通俗化，同时请世界史研究所加上注释以便我们工农兵大众能看得懂。

75 年 10 月 26 日

（陈宇慧识录　黄燕民校正）

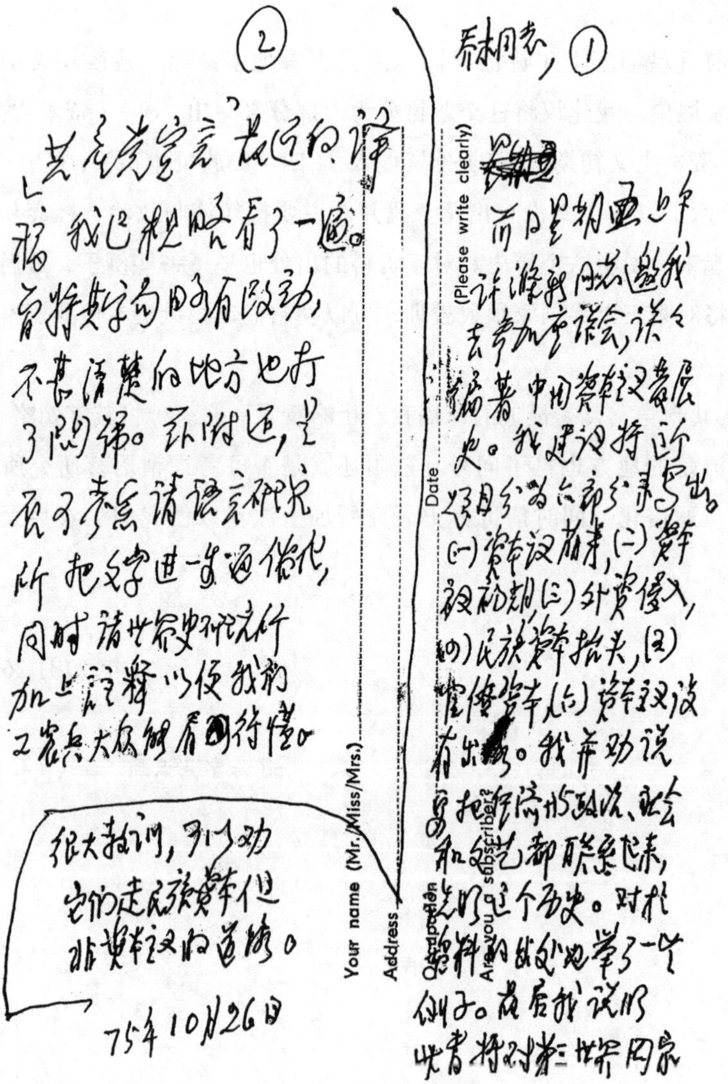

乔木同志，①

前日[illegible]许涤新同志邀我去参加座谈会，谈谈编著中国资本主义发展史。我建议将这个题目分为六部分来写出。(一)资本主义萌芽，(二)资本主义初期，(三)外资侵入，(四)民族资本抬头，(五)官僚资本，(六)资本主义没有出路。我并劝说要把经济和政治、社会和文艺都联系起来，说明这个历史。对于资料的收集也举了一些例子。后来我说明此书将对第三世界国家

②

共产党宣言最近的译稿我已粗略看了一遍。首将其字句略有改动，不甚清楚的地方也打了问号。兹附还，望良可参考请语言研究所把文字进一步通俗化，同时请世界史研究所加上注释，以便我们工农兵大众能看得懂。
免得这个乏味。对於
资料就到处地举了一些
例子。最后我说明
此书将针对三世界国家

很大教训，可以劝它们走民族资本但非资本主义的道路。

75年10月26日

1976年6封

陈翰笙致朱金甫

（1976年4月12日）

金甫同志：

兹有一事和您处商量，希望在您处的大力帮助下得到解决。

关于华工出国问题，我们原来的计划，是先由您处编辑《华工出国档案汇编》和我们编辑《华工出国史料》，此二稿完成后，再编写《华工出国记》一稿。此《出国记》早由人民出版社约定，并已列入他们的出版计划。现在《档案汇编》和《史料》二稿之完成，尚有一定时日，完成后还可能须送有关领导机关审阅，及一定时日的排版印刷过程。为了使《档案汇编》和《史料》完成后能够及时着手《出国记》的编写工作，拟请您处在为《档案汇编》选定资料进行复制时，多复制一份，分批交给我们。其已复制部分，亦拟请再复制一份，或于交出版社前打字时，多打一份，不知能获同意否？已复制而您处不拟收入《档案汇编》的文件，亦拟请交我们参考。此项复制费用，不知能否由您处支付，请函示。《出国记》的编写工作，将来如您处愿意参加，十分欢迎。此点亦请示及。并致

敬礼

陈翰笙

1976年4月12日

（陈宇慧识录　丁利刚校正）

宋庆龄致陈翰笙[①]

（1976年7月7日）

亲爱的朋友：

我于6月30日给你寄出一包特制的叉烧肉、素火腿和一罐花生酱，可以夹在三明治里。听说北京买不到花生酱，其他食品也很难买到。因你妹妹不在家，我就把包裹航空邮寄给了我北京的服务员张友，请他收到后立即送到你家。希望你能喜欢这些食品，我自己是非常爱吃的。

至于我胸部的疼痛，每天都有医生和护士来为我治疗，情况似乎有所好转。朋友告诉我北京眼下连花生酱都买不到。甚至连裘[②]也找不到你的妹妹，而订购的食物是会变质的，所以我用航空邮寄，并打长途电话给我所信任的服务员张友，请他去机场取回后立即送到你家。希望你能喜欢。

随信附上《人民中国》的来信，请你看一下我写的文章，并将你认为应补充的关于鲁迅的内容添上。请先看一下茅盾写的文章（阅后请还我）。我认为茅盾写的内容太单薄，因为他肯定比一般人更了解鲁迅。根据我的回忆，有一天晚上，勃加莫洛夫大使和雷帮将军（他俩后来被召回莫斯科，被政敌无端指责与托洛斯基有牵连，在大清洗中被秘密警察枪毙）设宴邀请左翼人士，宴会后又招待大家观看了苏联的最新影片《夏伯阳》。[③]夏伯阳是游击队队长。当勃加莫洛夫问鲁迅对影片有何看法时，鲁迅回答说："中国也有很多夏伯阳！"

---

① 本信和1976年7月8日宋庆龄致陈翰笙信以及1976年8月《追忆鲁迅先生》是宋庆龄约请陈翰笙代她写回忆鲁迅先生的一组信函。从中可以看到30年代左翼人士在上海活动的图景，以及宋庆龄和陈翰笙之间的深厚感情。两封宋庆龄的信件引自中国福利会编:《宋庆龄致陈翰笙书信》，中国出版集团／东方出版中心2013年版。

② 即陈翰笙帮宋庆龄找到的宋庆龄挚友庄裘毓葑。

③ 1935年11月6日，宋庆龄应从南京来沪的苏联大使勃加莫洛夫（时译鲍格莫洛夫）之邀，出席上海苏联领事馆为庆祝十月革命18周年而举办的招待会，并观看了电影《夏伯阳》。参加招待会的还有鲁迅、茅盾、何香凝、黎烈文、郑振铎、史沫特莱等人。这是宋庆龄最后一次见到鲁迅。

当萧伯纳（在上海）短暂停留时[①]，来参加在我寓所设的午餐会，在场的客人还有鲁迅、蔡元培、林语堂、伊罗生[②]（Harold Issacs）和艾格尼丝·史沫特莱。这次聚会本应有很有意义的谈话，但是艾格尼丝·史沫特莱以大声"耳语"对伊罗生说"激怒他！"的话，大家都听到了，尤其是萧伯纳，因为他看了她一眼。只有林语堂随便闲谈了几句。这次聚会没有什么成果。以上是我能回忆到的一些事情。《中国建设》也许有这次午餐会的照片，但我在自己的照片收藏中没有找到。这篇短文是约稿，请根据我的回忆写一篇中文稿，并连同茅盾的文章一起送还给我。

非常感谢你的协助。

感激你的

SCL

又及：请原谅我字迹潦草。我的胸部和手因最近一次摔跤仍然疼痛不已。

（陈宇慧翻译）

① 1933年2月17日，环游世界旅行的英国著名作家萧伯纳偕夫人乘英轮皇后号于晨6时抵吴淞口，宋庆龄偕杨杏佛等乘海关小轮前往吴淞口欢迎，并上英轮皇后号访萧伯纳，相见甚欢。10时30分，宋庆龄陪同萧伯纳下船登岸，先赴外白渡桥理查饭店与同时来沪各游历团团员相见，稍作寒暄。随即赴亚尔培路访中央研究院院长蔡元培。12时，宋庆龄陪同萧伯纳来到莫利爱路寓所，并设中式肴馔招待，蔡元培、鲁迅、杨杏佛、林语堂、伊罗生、史沫特莱等出席作陪。下午2时，萧伯纳应笔会之约请与蔡元培、鲁迅、杨杏佛、林语堂等人赴世界学院。3时许，萧复至宋寓所并在寓所花园接见中外记者。约45分钟后，记者相率告辞，萧复与宋等略谈。4时半，宋庆龄偕杨杏佛送萧伯纳返回停泊于吴淞口之皇后号轮船离沪赴秦皇岛，至8时许始返寓所。该日，宋庆龄与萧伯纳曾就中国局势等问题作详谈。

② 伊罗生（Harold Isaacs，1910—1986），20世纪30年代活跃于中国，曾任职《大陆报》，后主办《中国论坛》杂志。1933年参加中国民权保障同盟，任执行委员，与鲁迅等人关系密切。28岁时，即写成探索1925—1927年中国革命的经典作品《中国革命的悲剧》。1953—1965年任麻省理工学院国际研究中心副研究员，1965年以后任政治学教授。1980年曾到中国访问，拜访宋庆龄、丁玲与茅盾等人。著有《亚洲殊无和平》《心影录：美国人心目中的中国和印度形象》《以色列的美国犹太人》等书。

宋庆龄致陈翰笙

（1976 年 7 月 8 日）

亲爱的朋友：

我来（北京）是向我们的朱德委员长告别。追悼会结束后，我也许在 12 日上午回家，因为我的胸部疼痛以及其他病还没有治好。

我曾致函请你写关于鲁迅的短文，在信中，我忘了提鲁迅本人了。他总是平易近人，长年累月穿着那件普通的布袍。他的高尚和才智是无可置疑的。我深感懊悔的是我把他写给我的两封信放在我的“保险箱”中，而在我被迫逃到香港去时未能带走。有太多历史文件都落入了日寇之手。

我在此不能外出或者会见这里的任何人，所以你写信给我时，请写我的以下地址“后海北河沿 46 号烦张友同志即转”。

祝身体健康。如果你要我在上海办什么事，请写信告知。

致以亲切问候。

SCL

1976 年 7 月 8 日晚

（陈宇慧翻译）

陈翰笙为宋庆龄代拟《追忆鲁迅先生》

（1976 年 8 月）

鲁迅和杨杏佛曾于一九一一年同在南京临时政府担任职务，但直到一九二七年同加入中国济难会以后两人才有机会相识。一九三二年夏杨任中央研究院秘书时，请鲁迅先生加入“中国民权保障同盟”，当年秋季鲁迅、蔡元培和我都被选为该同盟执行委员。当时白色恐怖很厉害。鲁迅住在上海虹口区，处境困难。因为那里有很多国民党反动派的特务和警察监视他。

中国民权保障同盟每次开会时，鲁迅和蔡元培二位都按时到会。鲁迅、蔡元培和我们一起热烈讨论如何反对白色恐怖以及如何营救释放在关押中的很多政治犯和被捕的革命学生们，并为他们提供法律的辩护及其它援助。这个同盟虽做了一些工作，但一九三三年六月杨杏佛被暗杀后，同盟即停止活动。

当时林语堂是同盟的会员，他要求同盟停止工作，说否则同盟的会员都将遭到暗杀。

英国文豪肖伯纳有一次来我家午餐时，同盟的几位会员都在座。他早已受到英政府的警告，因而他在我处绝少发言。当时林语堂和他滔滔不绝地谈话，致使鲁迅等没有机会同肖伯纳谈话。

我最后一次见到鲁迅是在上海苏联领事馆。在那里从南京来的苏联大使勃加莫洛夫设宴请客。鲁迅亦在座。席散后演出苏联电影《夏伯阳》。电影完了后勃加莫洛夫面询鲁迅对影片有何看法。当然他很希望鲁迅高度赞扬这个影片。但鲁迅回答说："我们中国现在有数以千计的夏伯阳正在斗争。"

嗣后鲁迅因患肺结核而不能再出门了。苏联政府请他到克里米亚的疗养院去休养。但他婉言拒绝了。一天早晨我忽然接到冯雪峰的电话。在鲁迅家我曾见过他一面。当我这次去鲁迅家时冯同我走进卧房，只见这位伟大的革命家躺在床上溘然长逝了。他夫人许广平正在床边哭泣。

冯雪峰对我说他不知怎样料理这个丧事，并且说如果他出面就必遭到国民党反动派的杀害。他说只有我可以出面安排丧事。当时我就想到一位律师。他是民权保障同盟早要营救的七君子之一，他就是年迈的沈钧儒。我立即到沈的律师办事处，要求他帮助向虹桥公墓的地主金太太买一块墓地。沈一口答应，并马上去办理。

当时白色恐怖厉害，几乎无人肯冒生命危险在鲁迅的追悼会上发言。因此由我在会上致悼词，可能有人记录下来了。记得当时法新社的胡愈之亦在场。

（黄燕民识录　丁利刚校正）

兰欣[1]致陈翰笙

（1976 年 8 月 7 日）

亲爱的伯伯：

您的来信我们已经接到了。临行前我没能够赶去送您和素雅阿姨真是万分遗憾。八月一日早上我六点赶到家里，但家里人都不在，我又不知道具体车次和您是否能走成。后来才知道源和平平去送您，而我没来得及向您告别真是心里难过极了。

北京现在地震警报仍未解除，从您走后第二天开始下大雨，瘟疫在流传。我，平平，还有我小妹妹都发烧了好几天，更何况我们还从没在小棚子里栖身。看来北京市人民的户外生活在一两个月内还不可能结束。

伯伯能够安抵上海真使我们高兴极了。

这次我们能给伯伯帮一点忙，完全是我们应尽的责任，而真正接受感谢的应该是您。您不仅教会了我们英文和许多广泛的知识，而更重要的是教给我们怎样做一个正直的人。在和您相处的日子里，许许多多的回忆已深深的印在我们心里了。现在虽然工作、学习和生活安排上比以前更繁忙了，但我们还坚持看一些英文书和杂志。

伯伯这次到上海，一定要抓紧时间好好治一下眼睛，不要牵挂同学们的学习。我们衷心希望您在上海过的愉快！

等待着在车站口迎接您的那一天！

您的学生

兰欣

8.7

并代表平平、源源、萧君、克南

向您三叩九拜！

（王晓恕识录　丁利刚校正）

---

① 兰欣，即刘亭亭，刘少奇的女儿。她信中提到的“平平”是刘平平、“源源”是刘源。

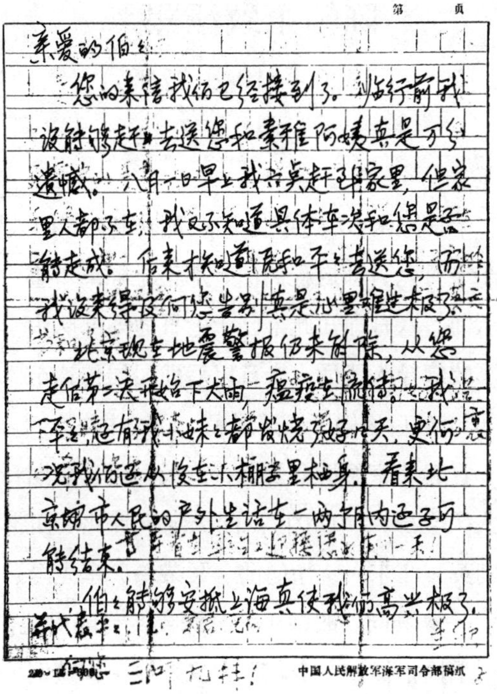

第 页

亲爱的伯伯：

您的来信我们已经接到了。临行前我没能够赶去送您和素雅阿姨真是万分遗憾。八月一日早上我六点赶到家里，但家里人都不在，我又不知道具体车次和您是否能走成。后来才知道虎和平平去送您，而我没来得及向您告别，真是心里难过极了。

北京现在地震警报仍未解除，从您走后第二天开始下大雨，瘟疫在流传。我平平，还有我小妹妹都发烧了好几天，更何况我们还住在小棚子里栖身。看来北京城市人民的户外生活在一两个月内还不可能结束。

伯伯能够安抵上海真使我们高兴极了。

28×15=300　　中国人民解放军海军司令部稿纸

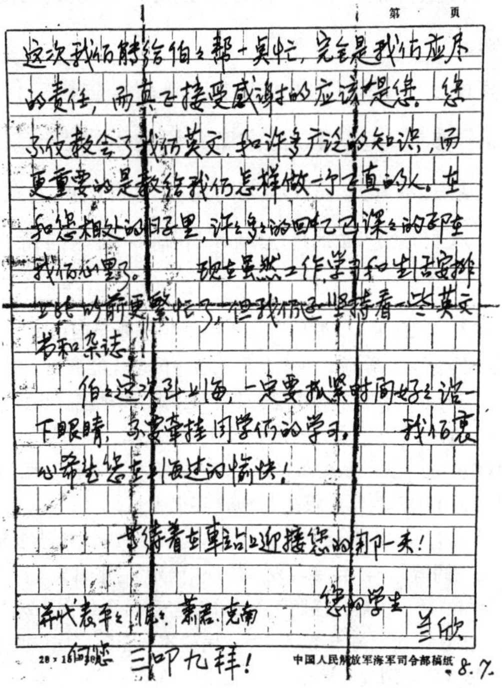

第 页

这次我们能给伯伯帮一点忙，完全是我们应尽的责任，而真正接受感谢的应该是您。您不仅教会了我们英文和许多广泛的知识，而更重要的是教给我们怎样做一个正直的人。在和您相处的日子里，许许多多的回忆已深深的印在我们心里了。现在虽然工作学习和生活安排比以前更繁忙了，但我们还坚持看一些英文书和杂志！

伯伯这次到上海，一定要抓紧时间好好治一下眼睛，不要牵挂同学们的学习。我们衷心希望您在上海过的愉快！

盼待着在车站上迎接您的那一天！

您的学生
兰欣

蒋代表平平、唯唯、萧君、克南
何懿　三叩九拜！

28×15=300　　中国人民解放军海军司令部稿纸

8.7.

陈翰笙致汪熙[1]

（1976年10月22日）

怡荪、幼娴[2]同鉴：

顷展诵你们二十日惠函，欣悉沪上民众赞成审查“四人帮”的大表演。

素雅妹同我于十月六日即启程离沪。那正是隔离审查“四害”之日。七日晨下车后尚无所闻。八日即知此事已于七日通知部队中十九级以上的干部了。九日总理同军政领导人谈话。十日以后即层层传达至党员群众。二十日（即你们来信的日子）最后通知了街道居民。同时中央十六号文件也发出了。

自昨天二十一日起北京的群众要游行三天。后日星期日（二十四日）天安门将举行百万人大会声讨“四凶”。闻决定审查此“四害”之举，曾由总理和陈锡联、叶剑英、汪东兴、徐向前、聂荣臻、李先念、杨成武和梁必业等事先商量。他们一致赞同。故即于六日深夜实行隔离他们“四凶”。闻当时王洪文还企图用手枪拒捕。一个彪形大汉把他一脚跌倒，然后就范。至于江青，她是在钓鱼台被捕的。据闻她的保卫员和服务员对她吐了许多吐沫，表示久已对她不满。

有两点可注意的。一是毛主席一九七四年就警告她三件事：不要乱批公文，不要出风头，不要搞小集团。毛主席并说她不代表他自己。二是江青对毛主席毫无感情。毛主席九月二日病危时她还出游山西大寨，要在那里宴请五百人之多！九月八日晚七时她还去新华印刷厂取李白诗选，待九时始还，

---

① 汪熙（1920—2016），字怡荪，安徽休宁人。1942年毕业于四川大学经济系，1947年毕业于美国宾夕法尼亚大学沃顿商学院。汪熙长期从事中国近代经济史、中美关系史和国际经济关系等学科的教学与研究，曾任复旦大学教授、上海工商学院院长等职。1985年，汪熙参与创立复旦大学美国研究中心，成为国内美国研究的重镇。他主编的“中美关系研究丛书”极大地推进了当代中国的中美关系史研究，在海内外学术界影响深远。汪熙与杨小佛共同编辑了《陈翰笙文集》，由复旦大学出版社于1985年出版。

② 董幼娴（1920—2011），汪熙教授夫人，四川宜宾人。1942年毕业于四川大学经济系。1944年加入中国民主同盟，1945年参与发起组织中国民主建国会，次年赴美国费城彭德山学院学习。1948年与汪熙回国后，任职于上海市财经委员会综合计划处、市工商局综合科。1984年起，董幼娴担任民建上海市委副主委，民建第一至第三届中央委员和第四、第五届中央常委，第七、第八届全国政协常委。

而毛主席于当晚过了十二时即逝世。医生嘱咐大家不要将主席翻身，而她故意去干这个坏事。

我们对她万分气愤。我就写了一首《咏事》即指六日审查这妖婆的事：

十载狂风捲北京，
路人千万枉牺牲！
国锋一刺原形现，
竟是妖兴白骨精。

手此祝你俩安康，请代我向汪楠问候。

陈翰笙启

76 年十月二十二日

（黄燕民识录　丁利刚校正）

1977年4封

陈翰笙致黄燕民[①]

（1977年4月17日）

燕民如面：

今将你英文来信修改后寄还。你可细细看看，注意到（一）文法，（二）造句，（三）用字，以及（四）章法。

将来你去大学参加入学考试的时候，可能用到英文。但那时主要的课题或试题是属于数、理、化的。

希望你能有时间多温习数理化一类书籍，如有余闲则加以英文的练习。下次来英文信可以写得短一些。

手祝你日佳。

翰笙手启
四月十七日

（黄燕民识录　丁利刚校正）

① 黄燕民，翰老外甥女孙幼礼和夫婿黄洛峰的次女，翰老的外甥孙女。1978年考入中国人民大学中共党史系学习，获学士学位。毕业后在中国革命博物馆（现国家博物馆）工作。1985年到美国得克萨斯理工大学博物馆学系学习，获硕士学位。曾在美国多家博物馆工作，后从事知识产权工作至今，并业余从事翻译工作。1977年4月17日翰老写这封信时，黄燕民在北京市顺义县张喜庄公社插队。她在父母的鼓励下，写信请翰老批改其英文作文。翰老亲笔回信，并附有他亲自用红笔批改的英文作文（现已遗失）。

陈翰笙致许本道①

（1977 年 6 月 17 日）

本道同志：

昨日收到你寄来的叁拾斤粮票，多谢、多谢。我处并不缺乏粮票，也不缺乏供应。请勿分享给我，可留作自用吧。

秀英何时分娩？产前务必注意营养。在攸城老家中休养是最好的安排。希望她在产假后仍能留居在良佳巷一个时期。

闻南方多雨。不知今岁攸县夏收如何？北京夏收很好。天气也正常。

我除眼睛的视力较差外，身体仍很健壮。可勿念。

手祝你们全家安康。

陈翰笙启

六月十七日

（黄燕民识录　丁利刚校正）

宋庆龄致陈翰笙

（1977 年 11 月 18 日）

亲爱的朋友：

我的老毛病又犯了，而又不得不处理一些公家的事情，所以没有写信给你，我打算不久离开这里去上海治病，大概在春节以前。

---

① 1970 年 3 月陈翰老在湖南干校期间因病住攸县人民医院，与许本道父亲同一病房。许本道当时在攸县网岺干校商店做临时工，时年 20 岁。之后的二十多年，许的全家受到翰老长期的关怀，连两个小孩名字都是翰老取的——女孩小英，男孩承志。翰老说：“本道即本道义而行事之意，承志就是继承这种道义。”本书收录翰老写给许本道的 12 封信，体现了翰老真诚待人之道。

我会在上海，知道你那时候在那儿，对你致以最热情的祝贺，对你给我的一切帮助表示感谢。

宋

1977.11.18

（王晓妁识录　丁利刚校正）

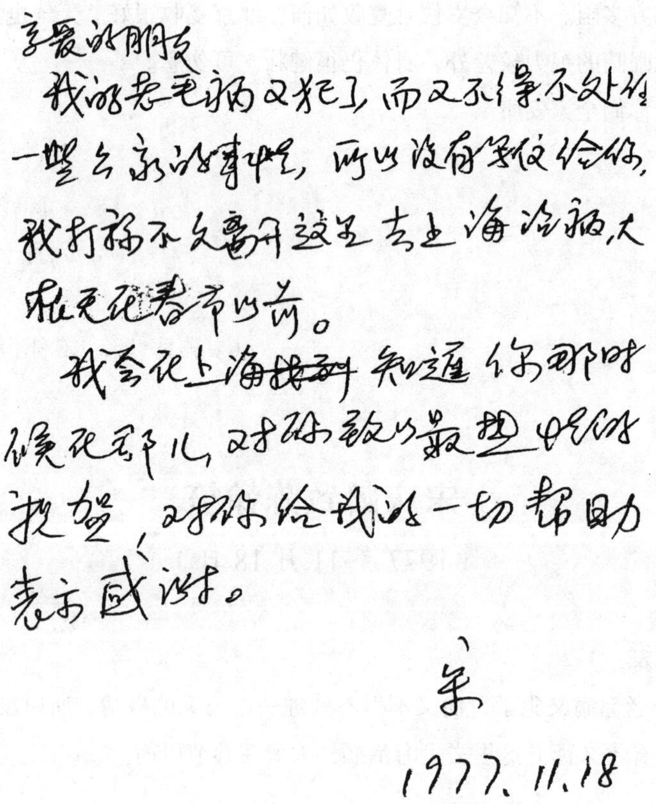

亲爱的朋友

我的老毛病又犯了，而又不得不处理一些家务事，所以没有写信给你。我打算不久离开这里去上海治病，大概在春节以前。

我会在上海，知道你那时候在那儿，对你致以最热情的祝贺，对你给我的一切帮助表示感谢。

宋

1977.11.18

胡乔木致陈翰笙

（1977 年 12 月 24 日）

翰笙同志：

您原拟任世界历史研究所顾问，我们考虑想请您担任社会科学院顾问。同时担任顾问的还有齐燕铭、周扬两同志，拟由齐燕铭同志任顾问小组组长。即报中组部转报中央审批。特告，希勿却。

敬礼

胡乔木

七七年十二月廿四日

（王晓恕识录　丁利刚校正）

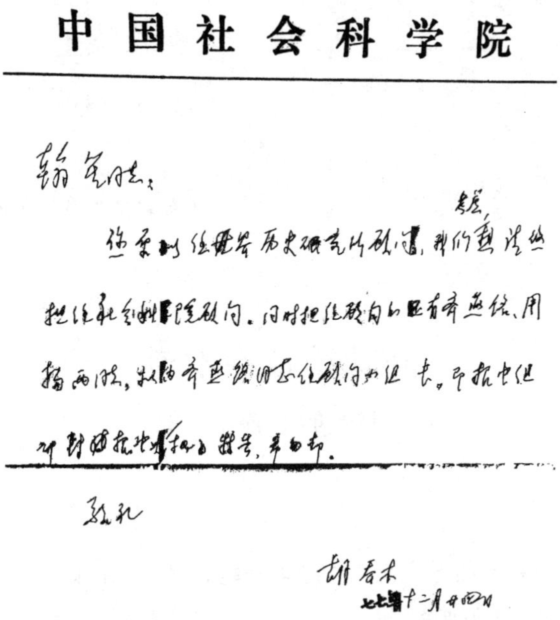
中国社会科学院

翰笙同志：

您原拟任世界历史研究所顾问，我们考虑想请您担任社会科学院顾问。同时担任顾问的还有齐燕铭、周扬两同志，拟由齐燕铭同志任顾问小组长。即报中组部转报中央审批。特告，希勿却。

敬礼

胡乔木
七七年十二月廿四日

1978年17封

张稼夫致陈翰笙

（1978年1月9日）

陈翰老：

特来看望，适逢你去开会了，孙女爱平蒙你教诲，获益良多，至为感荷！

我于今晚去太原出差，待我还来时再来看望你。

特此，顺致敬礼！

张稼夫

78.1.9

（黄燕民识录　丁利刚校正）

陈翰笙致许本道

（1978年1月12日）

本道如面：

本月七日来函已诵悉。往长沙办理采购，是否长住该处？工作此次有调动，对你是好还是不好呢？

多走一些地方，多长一些见识，总是好的。又经验多了，工作也更能精细而妥当的。

闻湖南年成比江西贵州等省都好些。浙江则今年生产只能完成三分之一的定额，因煤缺乏而又有武斗之故。

因不知你长沙地址，此信请你爱人转交。手复即致

衷心问候。

陈翰笙

一月十二日

（黄燕民识录 丁利刚校正）

陈翰笙致许本道

（1978 年 2 月 1 日）

本道同志：

接读你壹月二十四日由湘潭寄来的信，欣知你和秀英均安好如恒。

我除有两种眼疾外（白内障和青光眼），别无它病。故尚能照常工作。工作时常有人为我阅读，以节省我的眼力。

除在研究所（外交部的国际问题研究所）工作外，现在我还兼任别的研究所的顾问。加以同一些出版社有咨询的事，觉得没有什么空闲了。

秀英同志春假是否已返家？承志孩子已长得很大了吧。平时寄养在什么地方呢？你的工作有更动的希望否？希望你在不久的将来能来北京。

春节将到，今天汇上叁拾元贺敬，祝你们节日愉快，一切顺利。

你要我一张照片，兹附上 76 年夏九月在上海所摄的，请收存吧。

专复顺祝你们全家三代都平安。

陈翰笙启

七八年二月一日

（黄燕民识录 丁利刚校正）

万叔鹏[①]致陈翰笙

（1978年2月15日）

陈伯伯：

春节过得可好！许久未见不知身体如何？

最近孩子由合肥回来。再加上我房子搬家忙得不亦乐乎。今天才来上班。堆积的工作一大堆。因此暂时还不能来上课。这么长时间也没告你一下深感不安。

我家搬到北京站附近。地址是：春雨2巷40号。原来的家条件较好让给别人了。

现在一切还未就绪。繁重的家务事情使我焦头烂额。孩子过不久将送回合肥然后我再去上课。咱们现在是否还学的那本许什编的课本，我抽时间自己也往下看。陈伯伯近况如何？心情是否较前舒畅，我在报纸上看到陈伯伯的名字，感到很高兴。像您这样知识界的老前辈也的确不多了。

祝身体健康，精神愉快！

学生万叔鹏

1978.2.15

（王晓恕识录　丁利刚校正）

陈翰笙致许本道

（1978年3月22日）

本道：

接诵你三月十四日来信，甚慰。兹附寄你一张剪报，想是你喜欢读的。今后如见有好文章适合你阅读的，当续寄给你。

① 万叔鹏，第七届全国人民代表大会常务委员会委员长万里之女。“文化大革命”期间，陈翰老曾收她做学生教她英语。

桂英家添丁，可喜。代我同她道喜。你父亲年迈，现想退休否？他身体如何，念念。

前信提及你可寄些片糖。今因友人从茶陵寄来许多片糖，请你不必再寄。如在今冬有便再寄吧。

我眼力仍然不好，但尚能工作，还不想退休。

专复即祝你日佳。

陈翰笙

三月廿二日

（黄燕民识录　丁利刚校正）

陈翰笙致薛葆鼎

（1978 年 5 月 18 日）

葆鼎同志：

本月 15 日来信收到了。不知你所提到的三本书，都是英文的，还是有日文的。我现在写信给北京人民出版社和财经出版社，问他们是否有纸张？是否可以出版译本？俟有回音，立刻覆你。

据我所知，人民和商务二出版社，稿件很多，纸张不够，恐难同他们商量。

时宜同志九号以后尚未见面，她的临时工作，迄未明情况，想来已圆满结束。

匆此即覆，并致

敬礼。

陈翰笙于五月十八日上午

（陈宇慧识录　黄燕民校正）

季羡林致陈翰笙

（1978 年 5 月 23 日）

翰老：

中国社会科学院与北大已决定联合创建南亚研究所，科学院党组和北大党组都已经正式表示同意。我没有来得及取得您的同意就把您的名字列入筹备小组，务请原谅。我知道您毕生从事于研究印度的工作，我们这些人都可以说是您的学生。请您参加筹备小组，指导我所的工作，我知道，您决不会推辞，因此才敢这样去做。

现在请黄心川同志带上这封信，关于筹建研究所的工作，心川同志可以面陈。

敬祝

近安

后学

季羡林上

五月二十三日

（王晓恕识录　丁利刚校正）

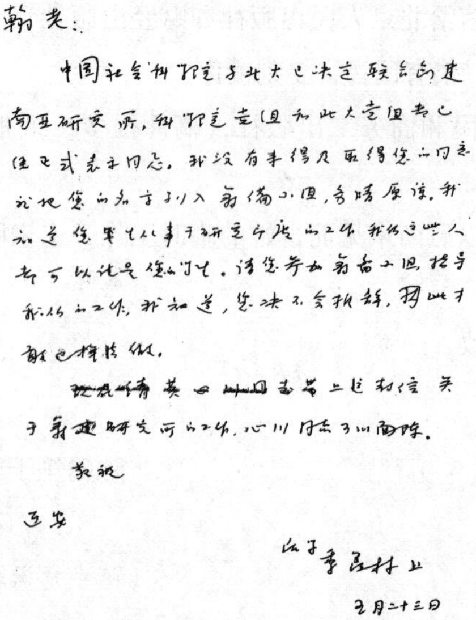
翰老：
中国社会科学院与北大已决定联合创建南亚研究所，科学院党组和北大党组都已经正式表示同意。我没有来得及取得您的同意就把您的名字列入筹备小组，务请原谅。我知道您毕生从事于研究印度的工作，我们这些人都可以说是您的学生。请您参加筹备小组，指导我所的工作，我知道，您决不会推辞，因此才敢这样做。
黄心川同志带上这封信，关于筹建研究所的工作，心川同志可以面陈。
敬祝
近安
后学季羡林上
五月二十三日

陈翰伯致陈翰笙

（1978 年 6 月 13 日）

翰笙同志：

五月二十一日，由社会科学院、科学院、国家出版局党组联合发出的关于编辑大百科全书的报告，经中宣部出版局报请中宣部领导同志圈阅同意，五月二十五日，张平化同志批示："同意上报。"五月二十六日，乌兰夫同志阅后批示："请华主席、叶、邓、李、汪付主席批示。"六月三日，我局收到华主席、叶、邓、李、汪副主席圈阅同意的批复件。现将批复件的复印件一份送上，请阅存。

此事如何贯彻落实，还需召开会议研究，届时当请您参加指导。

国家出版局 陈翰伯

一九七八年六月十三日

（王晓恕识录　丁利刚校正）

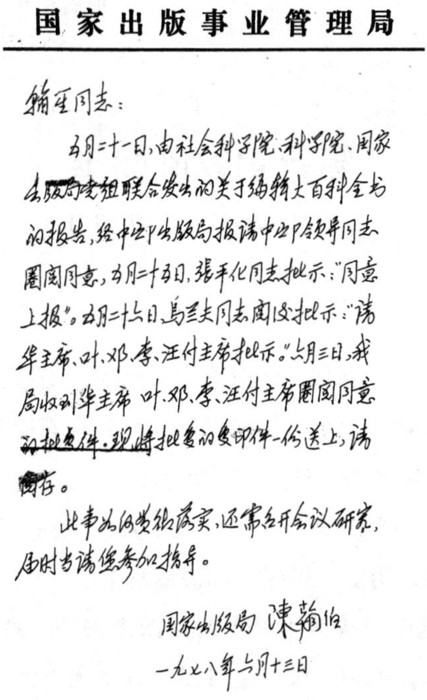
国家出版事业管理局

翰笙同志：

五月二十一日，由社会科学院、科学院、国家出版局党组联合发出的关于编辑大百科全书的报告，经中宣部出版局报请中宣部领导同志圈阅同意，五月二十五日，张平化同志批示："同意上报"。五月二十六日，乌兰夫同志阅后批示："请华主席、叶、邓、李、汪付主席批示。"六月三日，我局收到华主席、叶、邓、李、汪付主席圈阅同意的批复件。现将批复件的复印件一份送上，请阅存。

此事如何贯彻落实，还需召开会议研究，届时当请您参加指导。

国家出版局 陈翰伯

一九七八年六月十三日

陈翰笙致许本道

（1978 年 6 月 17 日）

本道同志：

接到你五月十日来信已过了一个月。因我事忙故迟未早复。

两个星期前你的妹夫托人带给我你所送来的片糖，谢谢你。

你信中附来的承志的照片，我已收到了。看了很高兴。今天我汇给你贰拾元，请你收到后为他购置点吃的或用的东西吧。因为我恐怕你常常离开湘潭旅馆，故我将汇款遂汇至攸县良佳巷六号。你回家时就能收到的。

现在我兼了一个顾问职务，因而较前要忙一些。因视力衰退故时时请人为我读书刊和报纸等。现在暑天你务必当心卫生，不要过于劳累了。

陈翰笙启

六月十七日

（黄燕民识录　丁利刚校正）

陈一鸣致陈翰笙

（1978 年 6 月 27 日）

翰笙老：

您好！我今春在京见到您，十分高兴，可是没有多少时间和您畅谈。现在您一定忙于参加各种讨论会，积极争鸣，精神振奋吧！将来，我再来京看朋友们，定会再来拜望您的，这时间可能不久。

我在“文化大革命”中又经历了一次审查，现在，正在复查。要除掉强加的不实之词。那时，历史，思想，都被搞乱了。

我去美国，是党中央决策下，上海党派出去的。现在刘晓同志已出来，这个问题能够澄清。在美国一段，也可以有许多同志证明。1950 年夏，徐鸣回国后，他介绍我和您联系，（唐明照处我不便去），常请教您。

关于我回国的决定，是由于发生了这样的情况：1950 年底，我国志愿军援朝反击美帝，哥大师院外国学生顾问林顿来信通知我去开会。他说，美国务院要了解中国学生的态度。我当即发言，指责美国军队入朝毫无理由，并维护我国军队入朝行动。（林顿面孔拉长，很难看，结束了会议。）不久，我接到国务院来信称鉴于我反美，停止所发中国留学生奖学金（E.C.A.）。我考虑到政治上暴露，难以留下去，决定回国。当时，曾向您报告。（记得因为我失去了一笔钱，您还支援我一笔，作为路费）。我记得，我向林顿是这样说的："I don't see any reason that the American troops should enter into Korea. If the American troops didn't enter into Korea, the Chinese Communist troops would not enter into Korea." 这一段事件，您还回忆得起来吗？

在美的工作总的都是党，特别是敬爱的周总理领导的。新中国成立后，徐鸣还被派去汇报请示过。想起总理，无限怀念。

您在美国时作了不少工作。您两夫妇对我们也颇为关怀，热情地协助过我，至今难忘。我患慢性盲肠炎，也是您介绍我去 Baltimore 医院手术的。你还介绍过我联系一对美国夫妇（Dick & Gladen?），他们为我们做邮寄报刊的工作。我在中国学生间，包括哥大中国同学会的工作，还受到你俩的鼓励。

关于我回国前发生的事，以后如果有需要，经组织，请您做个证明。因为有关对我的结论与估计。

当前华主席为首的党中央正在大力抓落实干部政策，我希望对我也能恢复历史的本来面目，在晚年，只要不再复发旧病，还能为党工作。此致

敬礼，并祝身体健康！

陈一鸣

78.6.27

如有空，请给我一信。可寄上海鞍山路鞍山一村 130 号 301 室。

（王晓恕识录　丁利刚校正）

陈翰笙致薛葆鼎

（1978 年 7 月 31 日）

葆鼎同志：

对不起！因事忙，延搁到今日才复你本月二日的信。欣悉若均同志等巧遇良医。你们的孩子也已指派在疗养地方。

据闻此次大学教育应该没有达成结论。有的人主张要各机关介绍，另有些人则主张只须入学考试而不必由人介绍。你们老友的医学文章尽可在 *China Medical Journal*，Peking 发表。

冶方同志已于六月二日回到北京，曾来谈过三次。他已被聘为社会科学院（前学部）经济研究所的顾问。许涤新同志被任为该所所长。

刘妈谢谢你，姓郭的已有信来，收到了你寄去的药品。

胖子已来沪治眼疾否？他神气如何呢？我想他的问题（所谓右派）应该从速解决了！狄超白同志早已申请翻案。他和我谈话时神气很得意。

你要调查上海的工业和城乡关系，我想只能用间接的方法；那就是找知情的人们来谈谈。

研究社会科学的人不注重调查也就等于研究自然科学的人不好好实验。最近美国杂志上有文章，说美国科学家在中国观光后认为我们的科技较美国落后了几十年，因为我们近来已停止进步达十年之久。

巴黎 *Le Monde* 报七月十五日第六版上载有贝特兰教授辞去法中友好协会主席的申明。说他不赞成搞掉我们那个“四人帮”！其理由是“为何重用四人帮、为何早不铲除”；他并认为四人帮是左派、是革命派！！你知道，他是《苏联内部阶级斗争》一书的作者，上海人民出版社有译本出版，我已读过。可见“四人帮”问题直到今年七月国外还有人不了解。

二中全会的经过和结局，想你早有所知，不必再函告。

你们全家何时返京，幸早给我一信为盼。

手祝你们大小安康，旅途顺利。

陈翰笙启

七月三十一日

（陈宇慧识录　黄燕民校正）

陈翰笙致许本道

（1978 年 8 月 15 日）

本道同志：

顷接你本月十日来函，欣悉你将调至电石厂去工作。

这个新厂的规模如何？工人有多少？每年产品值多少？管理得好不好呢？

你到新厂后如仍做出差的工作，那末你就需用手表了。得上海来信，知上海牌手表必须经过登记手续才能买到。已托我的外甥女婿去登记，他是在黄浦区职工会的干部。待他买到了，将由我妹妹从上海寄给你。

问你们全家安好。

陈翰笙

八月十五日

（黄燕民识录　丁利刚校正）

陈翰笙致艾丽斯·索纳[①]

（1978 年 9 月 2 日）

亲爱的艾丽丝：

欣启你 6 月 27 日和 8 月 25 日的来信，迟复为歉。我已离京，夏天都在北戴河岸。

很高兴得知你的爱孙雅克·丹尼尔（Jacques Daniel）近况。我记得我最后一次在费城见到菲比（Phoebe）时，她还在襁褓。如今她都是个光彩照人

① 艾丽斯·索纳（Alice Thorner，1917—2005）与丈夫丹尼尔·索纳（Daniel Thorner，1915—1974）毕业于哥伦比亚大学，同为印度问题专家，而且是陈翰笙的挚友。陈翰笙流亡印度期间，在实地调查和收集资料的基础上，于 1950 年完成英文本《南亚经济区域》，索纳夫妇二人为这本书精心编制了地图集。

的母亲了！我祝福你，也祝福她。

感谢你寄给我重印的文章、《南亚研究中心通讯》，以及第六届欧洲南亚研究会议的简报。我正在安排将你有关喀拉拉邦的文章译成汉语，想在下一期《世界经济译丛》（*Translated Articles on World Economics*）杂志上发表。待完成后，我会将中文译本寄给你。

我们非常欢迎你的任何于我们有助益的文章。我想告诉你的是，我现在是负责在北京筹办南亚研究所的六人小组成员之一。我们希望今年冬天正式成立这个研究所。如有机会，希望未来能邀请你来北京，就任何有关印度的话题进行讲学。

致以我深深的感激，希望你健康幸福。

最忠诚的

陈翰笙

1978年9月2日

（陈宇慧翻译）

陈翰笙致许本道

（1978年9月20日）

本道如晤：

顷得我胞妹从上海来信，说我托她买的手表尚有问题。她说：

手表，我上街时亦留心看看，只有天津、北京或广州货，就是没有上海货，你看北京牌或天津牌好不好呀？如果要等上海货，那就只能稍等些日子了。我们一定都留心，有货一定办到。

我已回信，告诉她不必等待上海牌上市了，可以选择一只好的手表，但不要买西安做的延安牌。曾嘱她买到后直接寄至攸县城关西街良佳巷六号。

你现在身体如何？工作情况好转否？冬天快来，你要注意冷热。在外出差要注意饮食。祝你好。

陈翰笙

九月二十日

（黄燕民识录　丁利刚校正）

陈翰笙致薛葆鼎
（1978 年 10 月 26 日）

葆鼎同志：

顷接李昌同志女儿李苹来信，附上请披阅。

可否将你的履历写好于星期六（本月廿九日）上午送我处。这样我便可将此文件面交李苹。因她将于星期日即次日上午来我处。

万一你无时间写此文件，那就请你寄往李昌同志处。

专此奉阅，并致敬礼。

陈翰笙启

十月廿六日

（陈宇慧识录　黄燕民校正）

陈翰笙致薛葆鼎[①]
（1978 年 10 月 30 日）

葆鼎同志：

李苹昨晚来上课，因她以为你的履历已经放在这里了可以取去。

① 薛葆鼎在此后不久即应邀去中国社会科学院工业经济研究所任职。

我告诉她你明天早上可以送履历来的；她要明天再来取。我因为此事不宜过早，所以告她尽可下次来上课时取去。她说下星期六准来上课。

因此我提议你将履历留下，待她下星期六的晚上来取去。

你寄给他父亲的一封告状信可以迟至下星期五日寄出，用挂号信寄出为妥。

翰笙留言

十月卅日早

（陈宇慧识录　黄燕民校正）

黄宗智致陈翰笙

（1978 年 12 月 15 日）

陈翰笙教授：

昨日消息传来，中国和美国终于正式建立邦交，这是一件使人兴奋的事情。我们多年来在国外致力促进美国人民对中国的了解，这是一个使我们更加振奋的消息。

随信附上一篇我几年前写的关于革命前的中国乡村的文章。文章中引用了一些陈教授以前的研究，请指教。文章是刊登在我自己五年前团结了一些北美和欧洲的学人而办的学术性季刊《近代中国》。随信附上最近的两期。

宗智将于一月四日至二十一日随同我校（UCLA）应中山大学邀请的代表团访华。预定一月十日左右到达北京。不知能否有机会见陈教授一面，向您请教一些我这几年在研究华北租佃和雇佣生产关系之中所遇到的问题。

黄宗智上

一九七八年十二月十五日

宗智大半生生活在美国，日常惯用英文，中文已成双手之中的左手，信中有不能达意和错误之处，请原谅！

（黄海燕识录　丁利刚校正）

MODERN CHINA

Department of History　University of California　Los Angeles, California 90024

Editor: Philip C.C. Huang (Tel. 213-825-3368)　Associate: Richard Gunde (Tel. 213-820-5260)

陳翰笙教授：

昨日消息传来，中国和美国終於正式建立邦交，这是一件使人兴奋的事情。对我们多年来在国外致力促进美国人民对中国的了解，这是一个使我们更加振奋的消息。

随信附上一篇我几年前写的关于革命前的中国乡村的文章。文章中引用了一些陳教授以前的研究，请指教。文章是刊登在我自己五年前团结了一些北美和欧洲的学人而办的学术性季刊《近代中国》。随信附上最近的两期。

宗智将于一月四日至二十一日随同我校（UCLA）应中山大学邀请的代表团访华。预定一月十日左右到达北京，不知能否有机会見陳教授一面，向您请教一些我这几年在研究华北租佃和雇佣生产关系之中所遇到的问题。

黄宗智上

一九七八年十二月十五日

宗智大半生生活在美国，日常惯用英文，中文已成双手之中的左手，信中有不能达意和错误之处，请原谅！

Publishing Offices: SAGE Publications, Inc. / 275 South Beverly Drive / Beverly Hills, California 90212 / Telephone (213) 274-8003
SAGE Publications Ltd / 28 Banner Street / London EC1Y 8QE, England / Telephone 01-253-1516

1979年15封

陈翰笙致胡耀邦

（1979年1月20日）

耀邦同志：

上月卅一日上午在政协礼堂，本月十八日下午在科学会堂两次聆教，至为钦佩。现在遵嘱在务虚时，也应务实，是否可请党中央考虑将外文局工作经中联部移交中宣部领导。理由如下。

五一年时周总理嘱我组织《中国建设》杂志外文版的编辑工作，最初十多年，逐年有所进步，国外订户逐年有所增加。自从外文局改归中联部领导后，该杂志的销路逐年减少。其它外文杂志亦有同样情况。近年来，文章内容不适合对外宣传，外文亦不流畅，屡遭中外同志和朋友们的指摘和批评。但外文局的负责同志至今置若罔闻，从未表示要予以改进的意思。为今后改进对外宣传工作着想，是否请党中央考虑将外文局改由中宣部领导，这是我诚恳提出的一点建议。专此上达。顺致敬礼。

1979年1月20日

（陈宇慧识录　黄燕民校正）

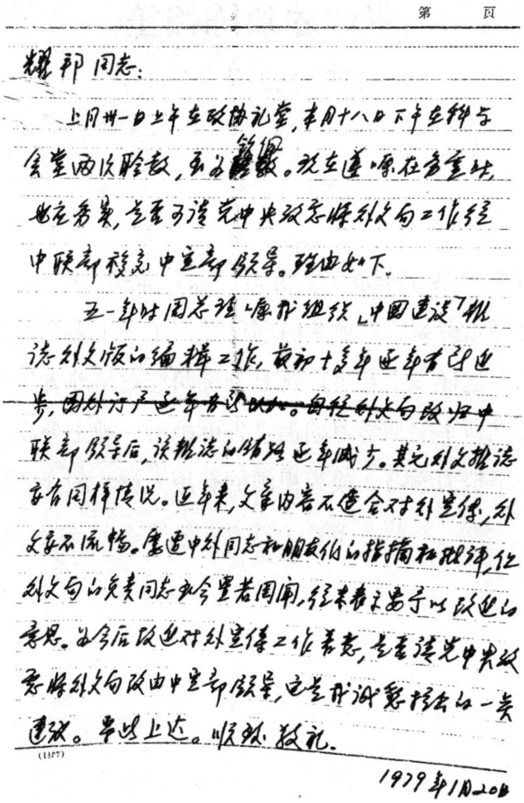

第　　页

耀邦同志：

上月卅一日上午在政协礼堂，本月十八日下午在科学会堂两次聆教，至为钦佩。我在这里愿在当前时也应当，是否可请党中央改变将外文局工作经中联部移交中宣部领导。理由如下。

五一年时周总理嘱我组织《中国建设》杂志外文版的编辑工作，最初十多年还每有进步，~~因外行产生年有~~。~~自从外文局改归中~~联部领导后，该杂志的销路逐年减少。其它外文杂志亦有同样情况。近年来，文章内容不适合对外宣传，外文亦不流畅。屡遭中外同志和朋友们的指摘和批评，但外文局的负责同志却令置若罔闻，经我再三要求予以改进的意见。为今后改进对外宣传工作着想，是否请党中央决定将外文局改由中宣部领导，这是我诚恳提出的一点建议。专此上达。顺致敬礼。

(1107)

1979 年 1 月 20 日

吴克坚致陈翰笙

（1979 年 2 月 17 日）

陈翰老：

您老好！

今天我偕爱人徐玉书，在孙亚明同志陪同下，特到府上拜访。不巧您尚未回家。下次我们再来。

吴克坚

79 年 2 月 17 日

（王晓恕识录　丁利刚校正）

张仲才致陈翰笙

（1979 年 2 月 28 日）

陈老：

您好！

前天我请求您批准靳军跟您学英语，您立即就答应了。您年纪这样老，工作那样忙，已经很劳累，在业余时间已教授了三十多个学生的情况下，还欣然同意接受靳军这样一个新生。这充分说明您对培养青年的高度热情和责任心。我将您批准靳军参加学习的消息告诉她后，她十分高兴，并表示一定要在陈老的教授下努力学习，成为祖国的有用人材。现介绍靳军前往，请予接受指教为盼。

致此

敬礼

张仲才

79.2.28

（王晓恕识录　丁利刚校正）

陈翰笙致许本道

（1979 年 3 月 11 日）

本道：

昨天得读悉你三月一日来信，知你将长期住在阳三石旅馆。

我于一月二十二日曾汇给你十元，不知你在攸县收到否。来信未曾提及，不知何故。我有意再汇钱给你，替我买点片糖。你说将钱汇到什么地方好呢。

你在空闲的时间喜欢读书。这是好事。请告我你喜欢读怎样的书，我可代你找一找、寄给你。附上剪报，可以读一读。

你家近况如何，常在念中。你妹妹桂英工作情况如何，身体康健否，便中告我为盼。

我有十五个学习英文的学生，其中三个已在市内三个中学教英文了。

祝你好。

陈翰笙

三月十一日

（黄燕民识录　丁利刚校正）

陈翰笙致夏鼐

（1979 年 3 月 20 日）

夏鼐所长：

奉读三月十日手书，提出六个问题，不胜感激。兹将卑见逐条说明如下：

（1）在拙文中曾说："世界史的作用，就是要让读者了解社会发展的客观规律，懂得社会组织如何改变，人类如何进步的根本原因，从而使得这门科学成为我们从事革命实践的思想武器。这才能够称得上一部真正有用的世界通史。"含意是整个人类进步的历史，而不是几个国家的历史。国外出版的世界史，都包括作者自己的国家历史在内。周一良和吴于廑合编的《世界通史》，没有包括中国在内，据说是因为另有中国通史的教材，所以未曾将中国史列入。但去年在天津讨论世界历史规划会议时，吴于廑教授也提出要把中国史包括在世界通史内。世界史所编辑的1979年《世界历史》双月刊第一期内，有一篇《明代中国与满剌加（马六甲）的友好关系》；同一期内还有《基督教禁欲主义和林彪“四人帮”的社会主义》一文。世界经济研究所编辑的1979年第一期内，第一篇就是钱俊瑞所长所写的关于加速实现我国四个现代化的文章。世界史包括本国史在内，已经为大家所承认的了。

（2）刊物18页末第7行，有笔误。“多”字误作“都”字。因此产生误会。白莱斯台特教授，曾几次带领学生去埃及参加考古发掘的工作；在芝加哥大学博物馆内，也陈列了好些埃及出土的文物。1920至1921年我在芝加哥大学听过这位教授的课。

（3）你所提到的《考古通讯》迄今我尚未见到。

（4）关于利奥波德·芳兰克的名字，我可说明如下，芳与兰克之间，不应有一点的记号，因为德文的含义，无非是利奥波德这个人是从兰克家属来的。因此芳与兰克之间，既不应该有一点，亦不应当单用兰克作为他的名字。1922到24年，我在柏林大学东欧史地研究所工作，听到德国人都称这位史学家为芳兰克。

（5）“诗”是指诗经而言，故王阳明有六经皆史之说。

（6）17页第三行提到希罗多德所写的希波战争的历史，这是说内容，并非书名，不应用引号。

您对书刊的阅读，十分仔细，至为钦佩！手复

顺致敬礼

陈翰笙启

七九、三、二十日

（黄燕民识录　丁利刚校正）

第 1 页

夏鼐所长：

奉读三月十日手书，提出六个问题，不胜感激。兹将卑见逐条説明如下：

①在拙文中曾说：「世界史的作用，就是要让读者了介社会發展的客观规律，懂得社会組织如何改变，人類如何進步的根本原因，从而使得这门科学成为我们从事革命实踐的思想武器。这才能够称得上一部真正有用的世界通史」。含意是整个人類进步的历史，而不是几个国家的历史。国外出版的世界史，都包括作者自己的国家历史在内。周一良和吴于廑合編的世界通史，没有包括中国在内，据説是因为另有中国通史的教材，所以未曾将中国史列入。但去年在天津讨論世界历史规划会議时，吴于廑教授也提出要把中国史包括在世界通史内。世界史所編辑的1979年世界历史双月刊第一期内，有一篇「明代中国与满剌加（馬六甲）的友好关系」；同一期内还有「基督教禁欲主义和林彪"四人帮"的社会

第 2 页

主义"一文。世界经济研究所编辑的1979年第一期内，第一篇就是钱俊瑞所长所写的关于加速实现我国四个现代化的文章。世界史包括本国史在内，已经为大家所承认的了。

②刊物18页末第7行，有差误。"多"字误作"都"字。因此发生误会。白莱斯台特教授，曾几次带领学生去埃及参加考古发掘的工作；在芝加哥大学博物馆内，也陈列了好些埃及出土的文物。1920至1921年我在芝加哥大学听过这位教授的课。

③你所提到的《考古通讯》迄今我尚未见到。

④关于利奥波德·芳兰克的名字，我可说明如下，芳与兰克之间，不应有一点的记号，因为德文的含义，无非是利奥波德这个人是从兰克家属来的。因此芳与兰克之间，既不应该有一点，亦不应当单用兰克作为他的名字。1922到24年，我在柏林大学东欧史地研究所工作，听到德国人都称这位史学家为芳兰克。

⑤"诗"是指诗经而言，故王阳明有六经皆史之说。

⑥17页第三行提到希罗多德所写的希波战争的历史，这是说内

(1487)

第 3 页

容，并非书名，不应用引号。

您对本刊的阅读，十分仔细，至为钦佩！手复

顺致敬礼

陈翰笙，

七九、三、二十日。

李群越致陈翰笙

（1979 年 3 月 22 日）

亲爱的陈博士：

从谢伟思（John Service）先生处得知您身体健康、依旧十分活跃，我非常高兴。过去这些年来一直想给您写信，但形势并不允许。幸得谢伟思先生同意，把我的信转给您。

抗战期间，我在旧金山中国战时救济会见到了你。当时我负责救济会的英文宣传工作。蒙您指导我阅读有关中国的材料。当然那个时候我见到您已十分欢欣，因为我早听说过，您和几位中国学生在波莫纳上学期间，就曾抗议校长布莱斯德尔（Blaisdel）在一篇演讲中使用“中国佬”这样的轻蔑用语。

我的祖父 19 世纪 70 年代来到美国，待了一些年之后返华。我父亲 1898 年到了美国，至此再未回国。他有 10 个孩子要养，等他有条件回国时，美中之间的不正常关系又不允许他再回去。

今年 11 月我会生平第一次到中国来。11 月 7 日（但愿如此）从旧金山启程，随旧金山中美旅游团前来。我们团将在北京待 3—4 天。到时我想来电并致问候。

诚挚的

李群越

（陈宇慧翻译）

陈翰笙致范乃思

（1979 年 4 月 14 日）

亲爱的范乃思（Peter Van Neas）教授：

迟复为歉。你 1979 年 3 月 15 日写给我的邮件中，附了 6 月 20—22 日参加丹佛会议的人员和论文清单，十分感谢。

薛葆鼎教授和张宣三教授告诉我，他们也同时收到了你的来信。因为张教授已经启程前往澳洲，没有办法参加丹佛会议，因此薛葆鼎教授作为工业经济研究所副所长，指定该所资深研究员徐鸣代替其参加。

我想你或已收到了薛教授3月30日给你的信，在此将该信副件附于本信中。

我偶然得知，你我之共同好友麦金农夫妇（The MacKinnons）将于7月前后来京。希望他们在此至少盘桓半年。

诚挚的

陈翰笙

（陈宇慧翻译）

刘思慕致陈翰笙

（1979年5月23日）

翰老：

你给我的信早已收到了，谢谢你对于世界史所工作的关心。因为这两周来，我比较忙些，所以迟至今天才来看望你。

你的信我已经给朱庭光同志及其他党内领导同志看过，前天会上也就陈广嗣同志的工作问题交换了意见。朱、赵几位同志说，陈的工作安排，他们已注意到，将来总要就研究工作与编辑、编译以及图书资料工作的相互配合及存在的一些矛盾问题，在人员方面作比较全面的调整。但目前正忙于"定职定称"、建立党委制等迫切问题的解决，还来不及对人事问题作通盘的考虑。他们认为陈广嗣同志任编辑组长，工作是比较积极负责的，新近也写了一个稿子《捷克斯洛伐克简史》，作了一些努力。将来会根据他的水平、努力来考虑他的安排。

我到职一个多月，忙于开规划会和一些外宾活动，虽也开始找过通史组一些同志谈话，但其他研究室和编辑、图书资料部门的同志还没有空接谈，对情况了解得很不够，因而也没有发言权。现正挤出时间看陈广嗣同志写的稿子过些时会找他谈谈。

听说你的健康情况好一些，也减少了一些教英文钟点，这很好。仍望多加珍重，改天再面谈。

思慕

79.23.5 下午六时

（王晓恕识录　丁利刚校正）

李筱桦、李筱莉致陈翰笙[①]

（1979 年 5 月 28 日）

敬爱的陈伯伯：

您好！

今写信有一件事要与您商量，因为知道您工作繁忙时间紧张，不好冒昧登门打扰，所以先写封信简单谈一谈。

今年十月九日，是我父亲李济深先生逝世二十周年忌日。先父生前追随孙中山先生致力于民主革命，后来在共产党、毛主席领导下为统一祖国、建设新中国而全力奋斗，贡献了自己的毕生。生前党和毛主席曾给予他很大的信任和荣誉，逝世后毛主席、朱委员长和周总理都亲自前往吊唁致哀。鉴于他的一生还是为人民做的好事多，我们家属子女和一些老朋友想在他逝世二十周年之际搞一些纪念活动，邀请一些老前辈写些文章、回忆录等。一方面作为我们后代的怀念，一方面也好收集一些资料留给国家作为今后研究历史之用。

前不久我长兄沛文从广州来信讲，广东、广西有关单位前去访问他，收集资料；广西准备出书。广州也有一些父亲生前友好在写回忆文章。习仲勋同志很关注此事，并从我大哥那里将先父口述的《传略》拿去看。现在北京也有一些人开始动笔。陈伯伯，您与先父相识，我们也有几次听您讲起先父

① 陈翰老在收到此信后，很快就回忆构思并亲笔书写了《怀念李任潮先生》（详见本书“陈翰笙怀念李任潮先生”（1979 年 6 月 7 日））。

曾帮助您逃离危难之事，但细节和过程都不清楚。我们想请您抽出宝贵的时间回忆一下当时的情景和过程，写篇资料。如果您还有其他耳闻目睹的有意义的事情和历史事件，也请您写一写。

陈伯伯，我们知道您年纪大了，眼睛有疾，且工作很多，时间宝贵，如果您同意的话，请您先拟个提纲，由您口述，我们记录，然后再誊写清楚给您修改定稿。您看这样好不好？

您能否抽出一点时间来进行这项工作，或有什么具体困难问题，或还需面谈讲讲清楚，请打电话给我。号码 86. 7620（上午 8—12 时，下午 2—6 时），这是机关的电话。家里传呼电话 86-3371。

等候您的指教。

谨祝身体健康！好好保重！

请代问姑姑好！

您的学生　李筱桦

李筱莉

1979.5.28

（黄燕民识录　丁利刚校正）

陈翰笙怀念李任潮先生

（1979 年 6 月 7 日）

李任潮先生是我的救命恩人，要不是他我就不可能有最近三十五年来的生命和工作。

1944 年春，当任潮先生在广西担任国民党军委会驻桂林办公厅主任的时候，他私下嘱咐陈此生同志来同我谈话。一天早晨，陈此生同志要我到他家共进早餐。餐前我们两人坐在他家院子里的台阶上，谈了几分钟。他轻轻地对我说，办公厅接到重庆军委来电，对我不利，劝我尽早离开桂林，可经印度前赴美国。

回家后，我同爱人顾淑型同志密商。次日我俩即赴全县暂避。当年四月，我俩潜赴昆明，乘飞机出国到印度，在加尔各答机场还遇到国民党的军官，那时他们对我已无可奈何。

七年后，1951 年春，我和爱人从国外回到北京后，不久即去拜访任潮先生，那是我初次同他会面，看来他身体健康，笑容满面，和蔼可亲。趁此机会，我向他面谢当年在桂林营救我的情谊。当年他反对蒋介石专横独裁和主张民主法制地那种精神，直到现在还使我深深地怀念。

陈翰笙

北京 1979 年 6 月 7 日

（黄燕民识录　丁利刚校正）

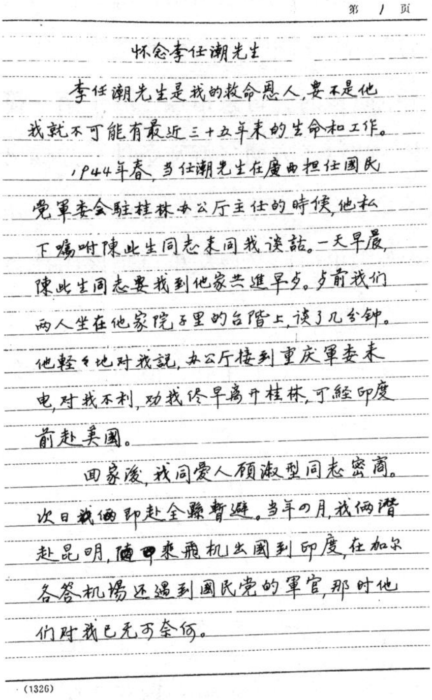

第 1 页

怀念李任潮先生

李任潮先生是我的救命恩人，要不是他我就不可能有最近三十五年来的生命和工作。

1944年春，当任潮先生在广西担任国民党軍委会駐桂林办公厅主任的時候，他私下嘱咐陳此生同志来同我谈話。一天早晨，陳此生同志要我到他家共進早餐。餐前我们两人坐在他家院子里的台階上，谈了几分钟。他輕輕地对我說，办公厅接到重庆軍委来电，对我不利，劝我尽早离开桂林，可經印度前赴美國。

回家後，我同爱人顧淑型同志密商。次日我俩即赴全縣暫避。当年四月，我俩潛赴昆明，乘飛机出國到印度，在加尔各答机場还遇到國民党的軍官，那时他们对我已无可奈何。

(1326)

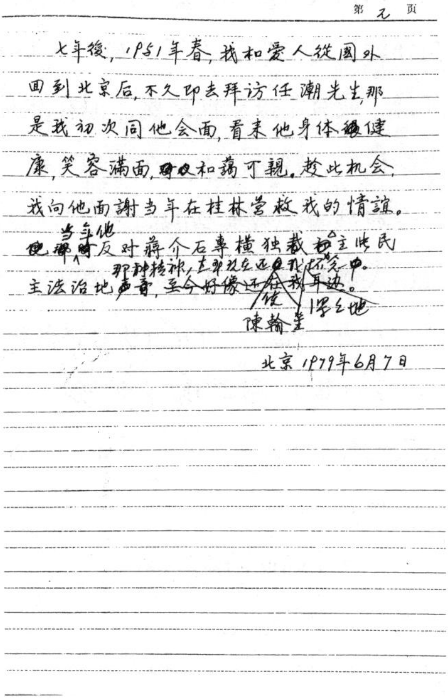

第 2 页

七年後，1951年春，我和爱人從國外回到北京后，不久即去拜访任潮先生，那是我初次同他会面，看来他身体健康，笑容满面，和藹可親。趁此机会，我向他面謝当年在桂林营救我的情誼。当年他反对蔣介石專横独裁和主张民主法治地那种精神，直到现在还使我深深地怀念。

陳翰笙

北京1979年6月7日

邹谠致陈翰笙

（1979年7月16日）

翰笙先生：

月前奉手教，最近阅报悉先生除于社会科学院任职外并于北大授课，特致贺意，并为国家庆幸。

奉上近著“Organization, Growth, & Equality in Xiyang County: A Survey of Fourteen Brigades in Seven Communes” Part I & II 抽印本各一份。（该文第一部分曾由日本《每日新闻》之亚洲季刊译成日文登载于该刊六月号，第二部分将于九月刊出）

该文为一九七七年访问昔阳大寨之报道，主要根据地方干部介绍之情况，以社会科学之方法观点整理分析所得之结果，统计资料由谠之学生两人担任。当时国内仍推行“农业学大寨运动”，故文章中对大寨典型之抽述及评价，或有不够全面之嫌。但在北京与先生晤谈时，曾蒙指点，故于第一篇之结论中，曾指出大寨在地理气候、历史、政治各方面之特殊条件，并提出一个典型与多数典型的问题，故目前国内虽已停止推行“学大寨运动”，并提出大寨典型之各种缺点，该文似仍有参考之价值，又该文重点是该用社会科学方法与观点，研究分析具体问题，故寄供参考。

另一篇有关国内政治动向之旧作，定稿于一九七七年春，但与三中全会之决定有暗合之处，亦一并寄上请改正。

祝好。

卢懿庄同此问好！

邹谠上

1979.7.16

（黄燕民识录　丁利刚校正）

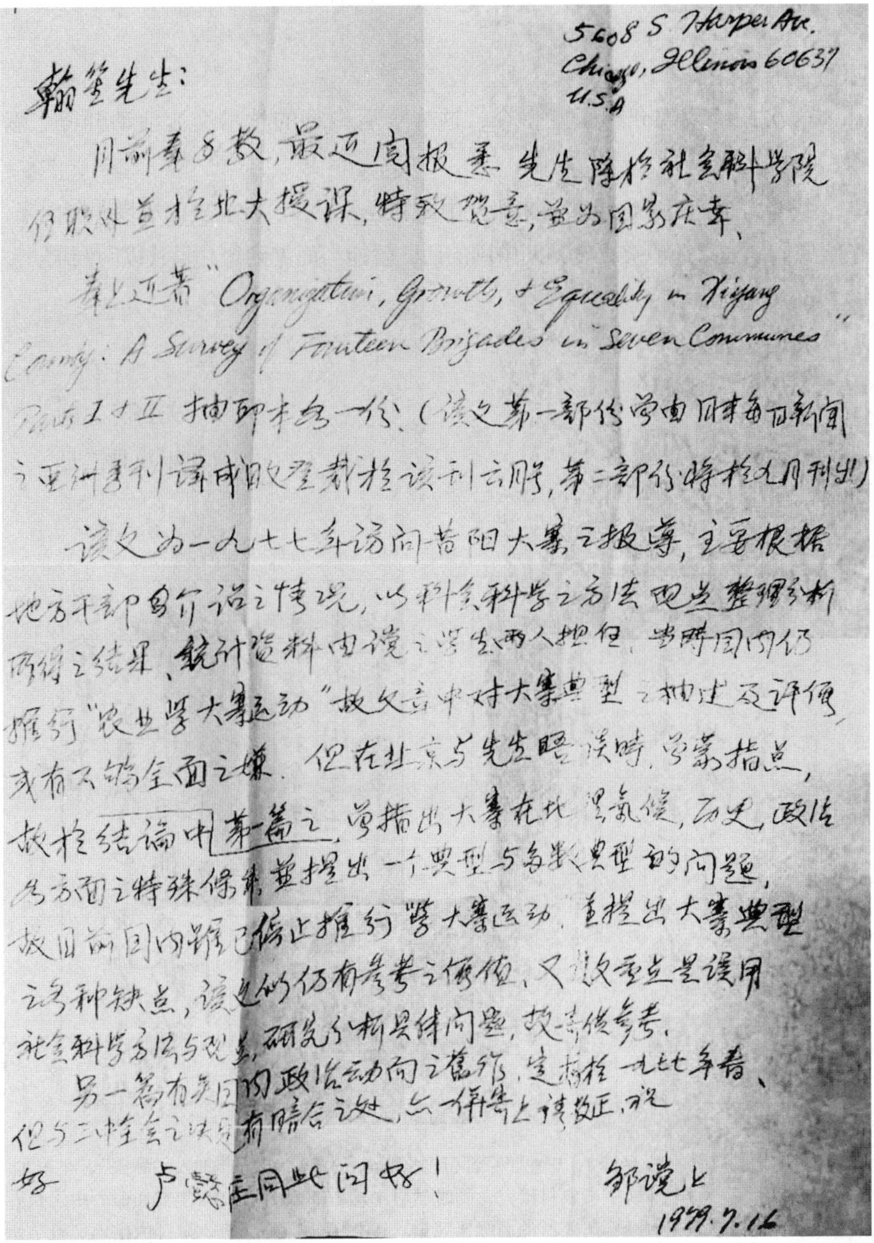

5608 S. Harper Ave.
Chicago, Illinois 60637
U.S.A

翰笙先生：

月前奉手教，最近阅报悉先生膺任社会科学院副职以及于北大授课，特致贺意，并为国家庆幸。

奉上近著"Organization, Growth, & Equality in Xiyang County: A Survey of Fourteen Brigades in Seven Communes" Parts I & II 抽印本各一份。（该文第一部份曾由日本每日新闻之亚洲季刊译成日文登载于该刊六月号，第二部份将于九月刊出）

该文为一九七七年访问昔阳大寨之报导，主要根据地方干部自介绍之情况，以社会科学之方法加以整理分析所得之结果。统计资料由谠之学生两人担任。当时国内仍推行"农业学大寨运动"，故文字中对大寨典型之描述及评价，或有不够全面之嫌。但在北京与先生晤谈时，曾蒙指点，故于结论中第一篇之曾指出大寨在地理气候、历史、政治各方面之特殊条件，并提出一个典型与多数典型的问题，故目前国内虽已停止推行学大寨运动，并提出大寨典型之各种缺点，该文仍有参考之价值。又该文重点是运用社会科学方法与观点，研究分析具体问题，故寄供参考。

另一篇有关国内政治动向之旧作，写于一九七七年春，但与三中全会之决定有暗合之处，亦一併寄上，请指正。祝

好

卢懿庄同此问好！

邹谠上

1979.7.16

天野元之助[①]致陈翰笙

（1979年8月2日）

陈翰笙学兄：

这次，承蒙您介绍了王耕今，这为今后中日的学术交流活动开辟了新途，我很高兴。

我努力想把过去五十多年来研究中国农经、农技、社会史的成果印制出来，送给您们。如果还能够再度访问中国的话，就能当面见到您并且致以问候了。

酷暑之际，请多多保重身体。

我们夫妇人到暮年，正为每日平静的生活而默默努力。

天野元之助

一九七九年八月二日

（周石丹翻译）

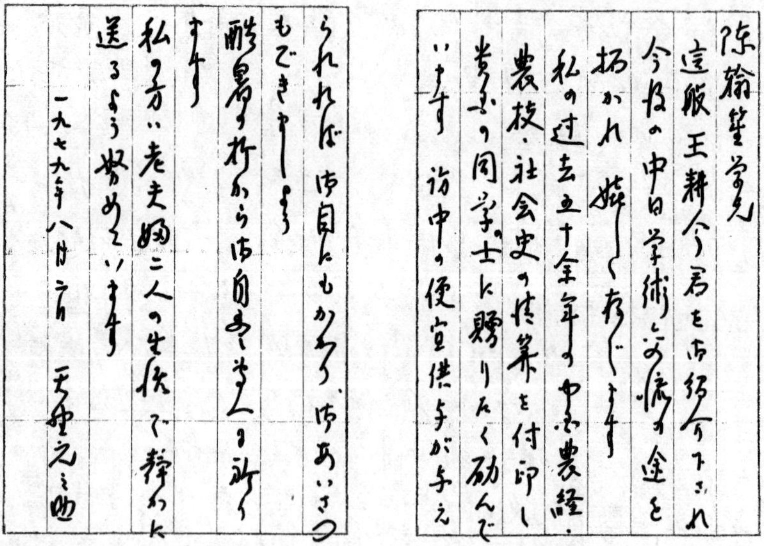
陈翰笙学兄
這般王耕今君を御紹介下され
今後の中日学術交流の途を
拓かれ嬉しく存じます
私の过去五十余年の中国農経・
農技・社会史の成果を付印し
貴方の同学士に贈りたく励んで
います 訪中の便宜供与が与え
られれば御目にもかかり御あいさつ
もできましょう
酷暑の折から御自愛を専一に祈り
ます
私の方は老夫婦二人の生活で静かに
送るよう努めています
一九七九年八月二日 天野元之助

① 天野元之助（1901—1980），毕业于京都帝国大学经济学系，1926年加入“满铁”，在东北、山东、华中、海南等地从事农村研究，同时学习中国古典农书。1946年被任命为中国长春铁路公司科学研究所经济研究所的高级研究员。1948年返日后，进入京都大学人文科学研究所从事中国农业史研究，1951年取得经济学博士，论文为《中国农业经济要论》。1955年成为大阪市立大学文学系教授，1964年从追手门学院大学名誉教授一职退休。曾凭《中国农业史研究》获得1963年“日本学士院赏”。

丁一岚致陈翰笙

（1979 年 9 月 15 日）

陈翰笙同志：

邓拓同志遭受林彪、“四人帮”和康生一伙残酷迫害至死。沉冤十三年，现在中央已为邓拓同志平反昭雪，恢复名誉。中共北京市委为邓拓同志召开的追悼会已于九月五日在北京八宝山革命公墓礼堂隆重举行，骨灰安放在公墓第一室。

蒙您深切关怀和悼慰，我和孩子们表示衷心的感谢。

此致

敬礼

丁一岚

一九七九年九月十五日

（黄海燕识录　丁利刚校正）

吴彰致陈翰笙

（1979 年 9 月 20 日）

陈翰笙同志：

我的爸爸吴晗、妈妈袁震遭受林彪、“四人帮”和康生、谢富治一伙残酷迫害至死，沉冤十多年。现在已平反昭雪，恢复名誉。市委已于九月十四日在八宝山革命公墓礼堂为吴晗、袁震举行了追悼会。

对您的深切关怀和悼慰，表示衷心的感谢。

此致

敬礼

吴彰

一九七九年九月二十日

（黄海燕识录　丁利刚校正）

新华社致陈翰笙

（1979 年 12 月 11 日）

陈翰笙同志：

以您的名义写的新闻稿，已于本月八日用英文向全世界发出，现将发出后的英文电讯稿复印一份寄给您，姓名是按新的拼写法（即中国人名、地名改用汉语拼音拼写的方法）拼写的。英文在文字上与请您审阅的中文稿略有出入，比中文稿短了些，但基本内容未变。英文是翻译译出后，经外籍专家修改定稿的。

您阅后如有什么意见，请打电话或写信告诉我们，以便我们今后注意改进。此稿请您保留，看后不必退还我们了。

此致

敬礼！

新华社对外部文教组

79.12.11

（王晓恕识录　丁利刚校正）

1980 年 11 封

陈翰笙致汪道涵

（1980 年代①）

道涵同志：

前日收到上海外语学院教师裘因同志来信。她已得到英国大学的奖学金，准备于九月初离沪前往该校。奈何她来信，因一份撤销处分的决定而遇到困难。这种情况很不合理。现将来信附上。是否可请你拨冗予以援手？裘因同志过去在外交部国际关系研究所工作多年，品学兼优，实堪培养。请设法使她能及时前去英国求学为感。

（陈宇慧识录　黄燕民校正）

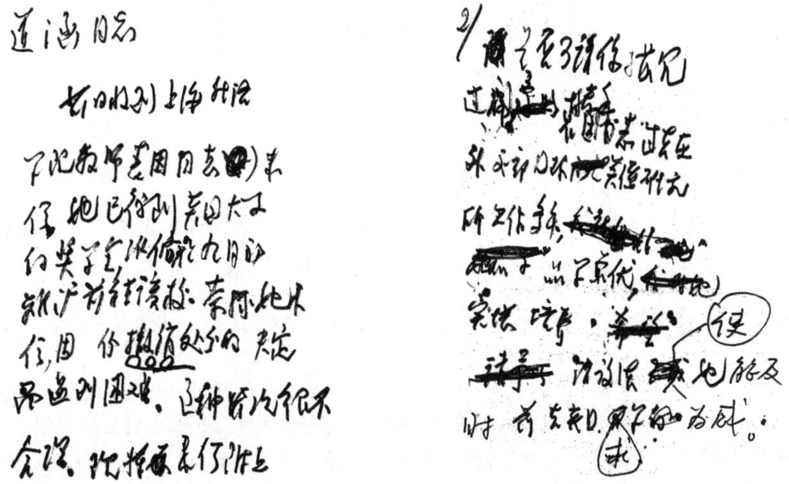

① 本信无具体日期，估计是写于汪道涵任上海市市长期间。

魏安国[①]致陈翰笙

（1980年代）

亲爱的陈教授：

如我在五月份所承诺，我现寄上（另寄）一部我的著作《菲律宾生活中的华人，1850—1898》。此前我已寄上一部我帮助写成的书《从中国到加拿大》，以及一本献给霍兰的《太平洋事务》专辑。我告诉他我们的会面，并向他转达了你的问候和你的地址。所以，或许他会同你联系。

你可能记得我在你的阳台上给你照了几张相。我本要寄一张给你，但很不幸，这些照片全部是空白。我想或是光线不足，或是我设置相机不当。

谨致最良好的祝愿

魏安国

（陈宇慧翻译）

陈扬致陈翰笙

（1980年代某年5月2日）

翰老：

您好。

这次在京，承蒙接见，深受教育，返沪后又接读来信，对您的忧国忧民精神和对国事的深刻见解，从内心深处表示十分钦佩。您推荐的几篇文章，包括列宁论反对官僚主义，职工教育以及白纪年的文章，我们将以适当方式

① 魏安国（Edgar Wickberg，1927—2008），生于美国俄克拉何马州。俄克拉何马大学学士、硕士，加州大学伯克利分校博士。1960—1963年任堪萨斯大学历史系副教授，20世纪70年代任不列颠哥伦比亚大学中国历史教授。魏教授毕生关注并献身于研究菲律宾华人，主要著作有《菲律宾生活中的华人，1850—1898》（1989年已由吴文焕译为中文版出版）和《从中国到加拿大》等，并撰写了大量有关东南亚华人、加拿大移民政策的文章刊登在各大学术期刊。

在报纸上予以体现。您要看的几份外文报纸还在联系中。

钦本立同志向您问候。以后来京一定再去向您求教。

敬祝

健康长寿！

陈扬

五月二日

（黄海燕识录　丁利刚校正）

陈翰笙致萨缪埃尔·基彻尔

（1980 年 1 月 2 日）

亲爱的基彻尔先生：

怀着感激和遗憾的心情执笔回复您去年 7 月之来信。此地朋友和我本人得知您有意邀请中国工程师和建筑师去您的公司访问，都非常高兴。但不得不遗憾地说。我为促成一行 6 人访问贵公司消耗了大量精力。故此未能及早回复。

现在确定代表团一行 6 人，均为男士，准备进行为期两月的访问，从贵司学习先进技术。他们正等待您的正式邀请，方可向政府请示批准成行。他们告诉我，希望在你们的帮助下于亚利桑那逗留 4、5 两月。

我向你介绍一下代表团的六位成员：

（1）温宇佑（Wen Yu-you），52 岁，北京清华大学文学学士，北京建设工程局副局长；

（2）申如松（Shen Ru-song），60 岁，湖北民建学院理学学士，北京建筑局副总工程师；

（3）王佐周（Wang Zuo-zhou），58 岁，北京建筑公司总经理；

（4）刘奎（Liu Kui），52 岁，北京建筑预制部件厂厂长；

（5）陈秋成（Chen Chiu-cheng），67 岁，清华大学理学学士，美国康奈尔大学土木工程学硕士，现在是北京建筑预制部件厂工程顾问；

（6）吴小全（Wu Xiao-quan），44 岁，沈阳建筑工程学院理学学士，北京建筑预制部件厂技术研发部门副主管。

据我所知，中国政府将承担他们往返洛杉矶的旅费。此外斯蒂芬·麦金农先生告诉我，友协将负责代表团在亚利桑那的食宿。

如果你允准上述事宜，可否请你签署正式邀请信给代表团，我建议你将邀请附在你给我的回信后，这样我可以帮助你加快办理手续。

诚挚的

陈翰笙

（陈宇慧翻译）

蔡元培子女致陈翰笙

（1980 年 3 月 9 日）

陈翰笙同志：

今年三月五日，在我们的父亲蔡元培先生逝世四十周年之时，在党中央的亲切关怀下，举行了隆重的纪念活动。这不仅是父亲的哀荣，也是对我们全体家属的莫大鼓励。

您在百忙中亲自参加筹委会工作，并出席大会。为此，我们谨向您表示衷心的感谢！

致

礼！

蔡无忌

蔡睟盎

蔡怀新

蔡英多等

蔡元培先生家属

80.3.9

（王晓焄识录　丁利刚校正）

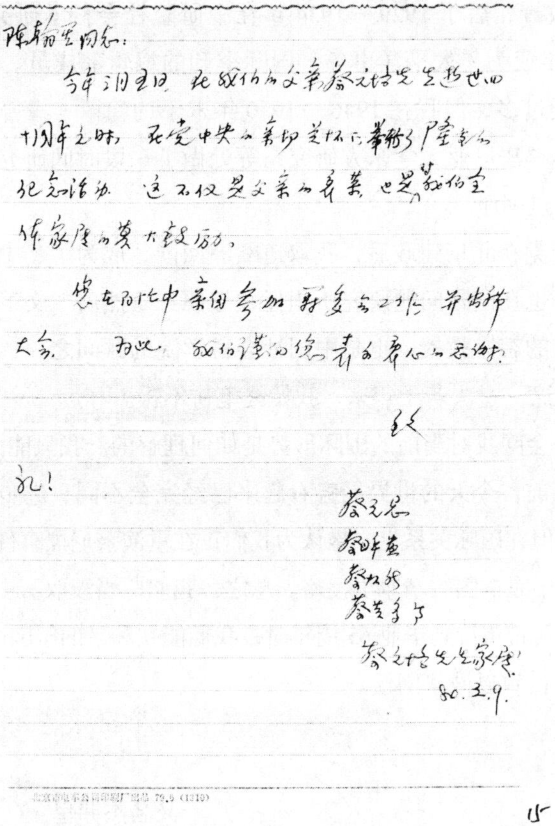
陈翰笙同志：

今年3月5日，在我们的父亲蔡元培先生逝世四十周年之际，在党中央的亲切关怀下举行了隆重的纪念活动，这不仅是父亲的光荣，也是我们全体家属的莫大鼓励。

您在百忙中亲自参加筹备工作，并出席大会。为此，我们谨向您表示衷心的感谢！

致

礼！

蔡无忌
蔡睟盎
蔡怀新
蔡英多
蔡元培先生家属
80.3.9.

北京市电车公司印刷厂出品 79.5 (1310)

15

陈翰笙致波莫纳大学同学

（1980 年 3 月 29 日）

亲爱的同学们：

衷心向你们致以问候。很抱歉我无法飞越太平洋参加聚会，与各位重叙旧谊。我因眼疾——青光眼和白内障——之故，不能亲逢胜会。

1920 年 5 月末毕业后，我继续在芝加哥、剑桥、麻省和柏林学习历史。1920、30 和 40 年代，我一直过着国际学者的生活，并参加了中国、日本、苏联、印度和美国的革命工作。很遗憾，未能当面向各位报告我的这些经历。

也许你们会问我作为历史学生的本职工作。我自 1924—1927 年在北京大学担任教授；后于 1929—1934 年在中研院社会科学研究所主持工作；1936—1939 年成为《太平洋事务》国际季刊的编辑部成员。我不想对个人生活轨迹着墨过多，但我在 1946—1950 年末于约翰斯·霍普金斯大学国际关系学院、宾夕法尼亚大学东方研究系等处做了一段时间研究，还曾在纽约的亚洲协会做过客座。

中国共产党在北京建政后，我取道欧洲回国，成为了《中国建设》的月刊主编之一，也在国际问题研究所担任领导职务。然后"文革"来临。现在我是北京大学的客座教授，也是中国社会科学院的顾问之一，还担任了中亚研究学会的主席。过去若干年来，我始终笔耕不辍。

你们也许会问我对当前的国际形势是如何理解的。我只能大致描述一下。相比较六十年前，今天的世界局势看起来已经完全不同、进步很大。经济上在飞速发展，但在国际关系上，愚认为我们正在重演慕尼黑事件。在我个人看来，我们正在中东试图绥靖军事侵略。总之，我们应当汲取历史经验，来解决眼下的问题。我希望待到毕业 65 周年时，我们能在和平的氛围中重见。

再次向各位致以诚挚问候。

陈翰笙

又名杰弗里·C. 陈，20 届

又及：自离开后，我的公开称呼是陈翰笙。1973—1974 年间出版的《国际人名词典》也如此记载。

（陈宇慧翻译）

陈翰笙致王若水

（1980 年 10 月 4 日）

若水同志：

回忆两年半前参加北海公园仿膳座谈会的情景仍历历在目。我幸坐在你的左边，对你的言行很钦佩。

昨天看到人民日报发表的一篇文章《“下不为例”可以休矣！》深有所感。想到目前管人事的与管工作的机关互相抵触，行政部门中种种弊端，党政混合的问题（例如人民公社），目前整党等问题，尚须征集意见，是否可请人民日报社召集座谈会，讨论这些目前急需解决的问题。座谈会可限于二十人参加，好似在仿膳举行的那一次。如果有很好的意见也可在报上发表。尊意何如，请考虑为感。顺致敬礼。

陈翰笙启

80.10.4 日

（陈宇慧识录　丁利刚校正）

伊罗生致陈翰笙

（1980 年 11 月 6 日）

亲爱的翰笙：

从北京的阴霾到里根的大胜，发生在数天之内。而两者的影响都将开启我们身处时代的另一篇章。但当然，对你我个人来讲，同过去相比却无甚大关联。我写这封信是要告诉你，这么多年之后终于和你再次相聚，各自道安，再续情谊，对我来说是多么欢欣、多么有意义。

关于访华行程里的所有这些相遇和重聚，我写了好几大本，打包在行李中。接下来几星期，我要卸下行装，理清见闻，把散记文字整理成可读之章。翰笙，最重要的是，我心中充满了一种强烈而恐怖的讽刺：我在北京和上海所见之人，如果以十年来计算可算作一代，一代人的经历，发动革命成为了受害者（革命发动者永远都如此）以及（与其他类似地方例如俄法之类不同）去而复返，又成为了幸存者。并为多年来在监禁中极力保持的信仰而奋力一搏。显然我只能管中窥豹，这些见闻不能也不会是故事的全部。而我向你保证，我并不会勉强为之。但即便仅限于我见到和听到的那些个人遭遇，冲击力依然足够强大。我不知道在这一点上，自己是否可以以及如何写出什么样可读的记录？但我必须要写，因为这是一个巨大而沉重的话题，也源于我个人生活与故事的缘起有着千丝万缕的联系。我保证在发表之前一定与你分享。

我们匆匆去了上海，回顾了年轻时候走过的路，到烈士公墓致敬，特别是左联五烈士和那时那些重要历史时刻的参与者。我们还访谈了那些幸存者，参观了鲁迅博物馆、莫里哀路29号①。在广东，我们在广州公社②死难者纪念碑默哀，哀悼他们，同时也为真理在历史上的命运而哀。之后我们取道香港回家。

你说你和我有着“类似的灵魂”，谢谢你，我一直都极为敬重你。无论我们的看法和想法有什么不同。我们总是带着批判的眼光。对所听到的内容保有警醒。这使我们不会轻易相信他人敷衍。倒并不坏，尤其是鉴于我们两个世界已经有的巨大差异。对你坚定的信仰，我始终非常崇敬。翰笙，我要寄给你一些近年来的作品。对于你评论里射来的箭，我会穿好自己的护甲。祝一切都好。

伊罗生

（陈宇慧翻译）

陈翰笙致中国社会科学院政治部

（1980年12月5日）

中国社会科学院政治部：

由外交部政治部转来一份《关于给原国际关系研究所平反的决定》以及中国社会科学院政治部的通知，均已阅过。我个人意见，如我的档案里，在

① 今香山路7号，上海孙中山故居。

② 在1927年12月11日广州起义中仿照巴黎公社成立的苏维埃政府。

“文化大革命”期间，曾塞进一切不实之词，务恳详细查清后，撤销那些错误的所谓材料；如果档案中没有那些错误的材料，则外交部的《决定》可以不入我的档案。如何确定有无，需请中国社会科学院政治部派人前往中组部一查，并请查后通知本人至感。

现将原件送还。此致

敬礼！

陈××

一九八〇年十二月五日

（王晓烈识录 丁利刚校正）

陈翰笙致温布什

（1980 年 12 月 21 日）

温布什（Wimbush）教授：

接到你 1980 年 11 月 19 日的来信。很高兴向你介绍有关马雍教授以及中国中亚文化研究协会的有关情况。本会是一个国家级的学术机构，1979 年 10 月于天津正式成立，创始会员有 70 多人。包尔汉·沙希迪（Burhan Shahidi）当选名誉主席，陈翰笙为理事长，孙毓棠、朱杰勤和马雍为常务理事。马雍同时担任学会的秘书长。一些著名学者包括夏鼐、季羡林、翁独健、韩儒林和常书鸿等都当选为名誉委员会委员。

本协会的主要宗旨是促进对中亚的历史、考古、民族、文学、宗教、艺术等研究，目前学会有超过 100 名成员。有些会员正在编撰中亚地区通史，韩儒林教授是主编。学会策划出版一系列成果，包括一本专门研究中亚的刊物。

1979 年 11 月，本会会员翁独健教授参加了在巴黎举行的联合国教科文组织一次特别会议，研究国际中亚文化研究协会的工作。他在会上也当选了国际学会的执行主席之一。

我希望上述信息对你有帮助，如果有其他任何可以协助之处，请不吝回信。

诚挚的

陈翰笙

（陈宇慧翻译）

陈翰笙致西奥多·赫尔曼[①]

（1980 年 12 月 21 日）

亲爱的赫尔曼教授：

可知接到你 11 月 22 日来信，我有多么高兴。非常感谢你告诉我有关中美友好的各种新闻。我们非常期待下月能见到侯继明教授及学生一行来北京。请一定告诉他我的电话号码是 550002。我很期待他方便之时与我会面，我还想向他介绍计划赴美攻读的秦琼文小姐。

请问你认识约翰·芬彻（John Fincher）教授吗？他的太太贝芙丽·洪（Beverly Hong），和他一起访问了北京和上海。他的岳父岳母就住在上海。芬彻教授过去曾为美国国务院工作，在美国入侵越南以后，就辞去了职位。我猜原因之一是他夫人出身一个长期定居西贡的中国家庭。会议期间，我同他相谈甚欢，每一次谈话都持续两小时以上。他研究广东的帮会组织颇有心

① 西奥多·赫尔曼（Theodore Herman，1913—2010），国际和平研究协会（IPRA）创始成员。1934 年毕业于斯沃斯莫尔学院，1935 年在哥伦比亚大学获得硕士学位，1936 年前往上海美国学校任教。二战期间，赫尔曼活跃于抗日地下组织，1943—1944 年被日本人拘禁在上海的海防路，1944 年被遣返美国，妻子不得不留在中国；战后不久，他回到中国与家人重聚，并在联合国救济与复兴管理局工作。再次回到美国后，于 1954 年获得地理学博士学位，1955 年加入柯盖德大学地理系任教授。他在柯盖德大学创立的和平研究项目，不仅是一项学术计划，还起到了重要的政治作用。1980 年退休后，主要活跃于国际和平研究协会，为马其顿的巴尔干和平研究中心倾注心力，为此还曾得到特蕾莎修女的鼓励。

得。还说想比较帮会和人民公社之间土地所有权形式的不同，做些研究——当然，两者的比较无从谈起，在第二场会议中间，我终于说服他改变研究计划，去做关于日本武士阶层的历史地位讨论。在我看来，武士阶层促进了日本的资本主义发展。他们夫妇二人也许会在明年 7 月前再次访华，我相信到时会再见面。

我也衷心希望，你退休后能偕夫人来华，最好是接受一个教职，以此停留更长时间。在我看来，只有频繁密集的访问，才能够帮助学者真正从总体上了解形势。而形势往往是易变的。

致以衷心问候。

陈翰笙

（陈宇慧翻译）

1981 年 21 封

陶大镛致陈翰笙

（1981 年 1 月 25 日）

翰老：

近来著述忙否？

《经济学集刊》第一辑刚出版，寄上一本，敬恳多予指教。

在春节期间，定来面聆教益。值此严寒，望多多保重。

专此即祝

健康长寿！

敬爱您的

陶大镛敬上

81.1.25

（王晓恕识录　丁利刚校正）

陈翰笙致西奥多·赫尔曼

（1981 年 2 月 3 日）

亲爱的泰德：

衷心感谢你们夫妇二人托海博士在离京前三天给我捎来的珍贵礼物。这件毛衫确实来得及时，我很需要。

从海博士那里得知，和他一起来的大概 18 个学生已经离开，奔赴贵校。抱歉我没有及早见到海博士，不然可以介绍他认识秦琼文女士。秦女士也计划赴美，并想同他见面。

1976—1978 两年间形势比较混乱。但到三中全会以后，开始实行新的政策。调整国民经济，重新解放政治思想。我们现在尽全力减少国家浪费。接下来经济企业的许多改革开始逐步启动。你知道，国民经济如果没有一个良好的政治条件，是无法进步的，这反过来解释了中央的改组。我肯定 3 月以后，这边的形势会越来越好。

海博士说你明年将会退休，那么我期盼你可以来华。如果你愿意，亦可在哪家大学里任教。这样，世英就可以与你一同前来，并和家人在上海团聚。

向你二人致以诚挚的问候。

坦诚的

陈翰笙

（陈宇慧翻译）

陈翰笙致汪熙

（1981 年 3 月 15 日）

怡荪同志：

顷接诵三月十一日来函，欣悉不久将来京参加会议。

华工史料迄今只有一本样本送来我处。这是第四卷。前三卷尚未付印。全书共有十卷或十一卷。“中华”将稿件交新华书店，由书店决定印数。虽早已做了广告但迄今尚未发行。

《英美短篇时文选读》二册去年出版。现第一册早已售毕，第二册出版不久。现将我处一部二册邮上赠给汪楠同志。听说今年还有再版，但不知何时发行。

日前《红旗》杂志社一位同志来给我看一本关于青少年的月刊（青年出版社出版）。这是1957年的一本月刊，内有我一篇长篇著作，讨论美国的民主体制而对它加以评论的。那位同志给我看是因为他要问我所引证的英文书。但我现在不记得杂志的名称了。可能有同志能查明后应用。

本月二十二至二十八日杭州将举办一个国际座谈会讨论世界经济诸问题。国外来者九十人左右。我将去参加。素雅妹伴我去杭州。会后我们于四月上旬赴上海。届时当趋访你们贤伉俪。手祝日祉！

陈翰笙启

81.3.15日

（黄燕民识录　丁利刚校正）

王光美致陈翰笙

（1981年4月6日）

翰笙同志：

你好！

送上《永恒的纪念》一文，写得仓促，请指正。

承蒙推荐电视台的同志来采访，因我正在写上述稿件，特别是大姐们尚未到电视台讲话，我婉谢了，请原谅。

望保重身体！

紧紧地握手！

王光美

4/6，81

（王晓恕识录　丁利刚校正）

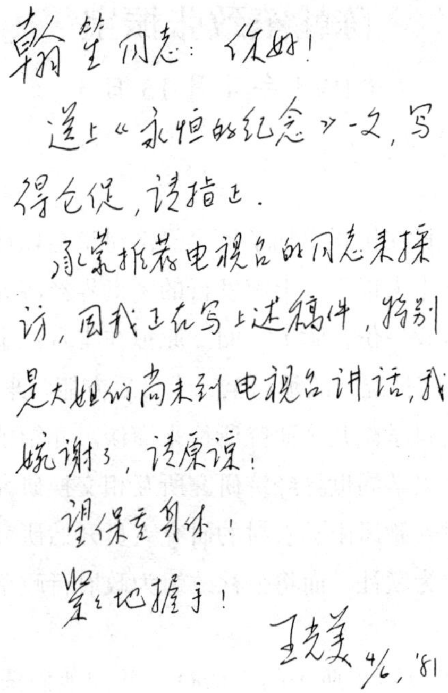
翰笙同志：你好！

送上《永恒的纪念》一文，写得仓促，请指正。

承蒙推荐电视台的同志来採访，因我正在写上述稿件，特别是大姐们尚未到电视台讲话，我婉谢了，请原谅！

望保重身体！

紧紧地握手！

王光美 4/6，'81

熊复致陈翰笙

（1981 年 4 月 6 日）

陈翰老：

我是《红旗》杂志的熊复，可能你还记得我。没有来看过你，甚为歉疚。今天来看望你，不料你外出了，当再来看你。

望你千万保重！

熊复

81.4.6

（黄海燕识录　丁利刚校正）

陈翰笙致张振宝

（1981 年 4 月 13 日）

振宝同志：

从上月 21 至 28 日在杭州参加了世界经济讨论会以后即来上海。此次国外来的出席代表达九十人以上。上海发行的《世界经济导报》曾介绍了几位代表的履历，其中有我一份，附上一阅。原拟在本月二十日前即返京，现因在广慈医院检查我眼底情况，故须迟至二十日后方能归来。

近日同上海社会科学院几个研究所往来商谈。介绍了一位美国学者来沪做报告。为美国一个大学同世界经济研究所互相交换研究人员。更重要的是动员了四位曾调查过安徽凤阳县农村的研究人员开始研究怎样把生产队改组为合作社，把大队改为联社，而将公社改组为政府行政单位。拟在年底写出这个研究报告。

近日我同几位可以写小册子的人谈过。并同他们选定题目和讨论了大纲。人名、题目、通讯处开列如下。

（1）陈公福，《日本封建制度的创立》，通讯处：上海桂林路十号上海师范学院历史系。

（2）陶樾，《查理曼帝国的兴亡》，通讯处同上。

（3）胡中瑾，《美国垄断资本家的兴衰》。

（4）胡中瑾，《跨国公司怎样来的》，通讯处：上海淮海中路 622 弄 7 号世界经济研究所。

（5）裘因，《沙士比亚与欧美文学》，通讯处：上海徐汇区湖南路 111 号楼上。

请你同王文光同志商量，是否可请他出面函邀上述四位写出五本《外国历史》小册子？信中可不提要写大纲；因我已同他们谈好了内容的大纲了。

专此函达，并致敬礼。

陈翰笙启

81.4.13 日

（黄燕民识录　丁利刚校正）

陈翰笙致张振宝

（1981年4月19日）

振宝同志：

日前邮上一檄谅已收阅。王文光同志是否同意发函请上海四位写五本小册子为念。

昨日同复旦大学世界经济系的讲师、研究室主任施岳群同志详谈苏联经济史。他擅长俄文又懂英文，对集体农庄的历史很熟悉。我便劝他为我们小丛书撰稿。

已向他提出要写一小册，题为《五十年的苏联集体农庄》。这本小册子要说明为何苏联近年来非大批进口粮食不可，亦说明那里早已破坏了工农联盟！

如王文光同志同意，请发函致施岳群同志为盼。施的通讯处为上海五原路212弄11号。

拟于本月二十四日左右返京，谨以附阅。手祝日佳，并致敬礼。

陈翰笙启

81.4.19日

（黄燕民识录　丁利刚校正）

陈翰笙致张振宝

（1981年4月20日）

振宝同志：

昨接诵本月十六日惠函，欣悉你们已在考虑发函邀人写四本小册子了。

前日写信给你请你同王文光同志等考虑是否可邀请复旦大学世界经济学系研究室主任施岳群写一小册子说明苏联集体农庄的五十年的历史。此信谅已披阅了。集体农庄破坏了苏联的工农联盟的方针，洵可为各社会主义国家的借鉴。尤为我国应当了解的问题（历史问题）。

上海人民出版社的朋友给我看一本九万字的文稿将作为儿童读物出版。我看了认为写得很生动而逼真。因此我托人介绍同那位作者谈，想请她写一本历史小册子。同她讨论了写两万字左右，以美国工人富兰克林为题。内容可分四部分:（1）美国独立前的工人，（2）科技的发明，（3）参加美国的独立运动，（4）晚年的生活。

那位写作的人是上海文学研究所的研究员（属于上海社会科学院），名沈小娴。

如你们同意，请发信给她邀请她写这一小册子。通讯处是上海淮海中路622弄7号文学研究所。

我约在本月25日可返回北京。届时定将电话奉告。

匆祝大安并致敬礼。

陈翰笙启

81.4.20日

（黄燕民识录　丁利刚校正）

陈翰笙致任雪芳

（1981年4月21日）

雪芳同志：

离京已逾月，久疏我们的编辑工作！唯在沪上约定写稿者已达七、八人，希望这些作者有所贡献。

此间研究工作者曾于两月前在安徽凤阳调查了农村生产队包产到户的情况和结果。我同他们将调查所得编写了一篇长文，准备刊登在一个双月刊上以提倡改组人民公社的课题。

在北京我同社会科学院农村经济研究所的五位同志已商定写一本关于人民公社的历史和问题的卅多万字的书。可能在明年定稿。

我意人民公社必须改组。因为党政必须分工合作，党、政、业务必须分工合作。如果并在一起就很难有成效。党是管政策、讲理论、教育党员的、监督政治的。政是执行政策和法律的。业务是农业，是专门技术的知识和操作。三者同穿一条裤子怎能行走呢！

因此我们一些人想搞一研究工作，看如何把公社改为行政的单位，大队改为联社，生产队改为合作社。农业合作社就可以应用包产制了。

我们犯了两大错误：大干重工业而忽略了轻工业；搞人民公社而不组织农业合作社！现在是改革的时候了。

苏联也犯了这样的错误。他们那种集体农场也是将工农联盟搞坏了。这是我们的前鉴呀！因此我在复旦大学世界经济研究员中找到一位党员，请他写一本小册子放在我们的小丛书内。题名为《五十年的苏联集体农庄》。我要他不提斯大林的名字，要他从五十三年前讲起，作为一段苏联的经济历史来写。

日前看到《参考消息》上转载了西德《世界报》所发表的关于日本工商业的文章。不知你已经看到否？想起你过去曾编纂一本关于日本经济的小册子。不知现在已否付印。如果还未付印，请你考虑是否可将德国人写的材料酌用在你编的那本小册子内？附上剪下的《参考消息》请留用。

我将于月底前返京。想尽早用电话同你联系。专此先行函候，并致敬礼。

陈翰笙启

81.4.21日

（黄燕民识录　丁利刚校正）

拉铁摩尔致陈翰笙

（1981年6月5日）

亲爱的翰笙：

接到你的来信，实在令人高兴。不巧的是，我没有见到你的朋友汪熙，他没到剑桥来。而是将你的信通过邮件转给了我。

但我之前已经从田汝康那里得知了你的一点消息，当时田汝康来剑桥待了很长一段时间。他告诉我你在“四人帮”统治和“文革”期间所经历的那些遭遇，让我非常伤心。但得知你现在一切尚好，又十分高兴。

当然我会在到京时和你尽快取得联系。这次26岁的长孙女玛丽亚（Maria）陪着我去中国。她是音乐家，也是个诗人，这次也会担任我护士的角色——或者至少在旅行期间监护我。

我对访华的期待实在溢于言表。

你永远的

欧文

（陈宇慧翻译）

陈翰笙致肯尼斯·默多克[①]

（1981年6月8日）

亲爱的肯尼斯：

之前我写的信从墨西哥退回时，让我十分诧异。但仔细研究了信封上的标记之后，我明白了，这封信需要收件人付款未果。因此这一次我用平信寄来，不用挂号信。

我把上封信当做附件发给你，除此之外我有些补充。去年10月以来，中国发生了很多事，无论是经济还是政治取得了很多进步。我们党不久就要选出一个新的主席。你知道。我们在建宝钢时犯了很多错误。但第一轮建设完成后已经得到修正。

你肯定知道，过去半年里很多中国的重要官员访问了墨西哥城。我很好奇，当地民众对他们印象如何？我的一位朋友是驻秘鲁大使，他即将

① 即Kenneth Royal Murdoch。

调任至墨西哥。我希望中墨两国关系更加密切。更不消说我也希望你早日来函。

你的多年挚友
陈翰笙

（陈宇慧翻译）

陈翰笙致汪熙
（1981 年 6 月 14 日）

恰荪同志：

接读六月十一日来函。关于格里芬女士来我国担任英或法语课的问题，必须通过专家局。通过该局又须先经教育部批准。

但在中国接洽担任教外语的同时，不必提到要学习汉文汉语。还有，至少要讲一年的工作，因同学校订合同至少是一年。

建议航信去英国。要她父亲同驻北京英国使馆的文化参赞接洽。请她或他将格里芬自己致我教育部的信转函给教育部。此事应从速办理，否则必将拖延而误事的！

如果认为经过使馆有困难，则请将她的请求书介绍给我专家局，由我交专家局也须得教育部批准。现在直接向专家局推荐太晚了。可惜你没有早些向学校或专家局接洽。简历一纸附此奉还，或可由你向上海外语学院推荐。

手复即祝俪祉！

陈翰笙启
81.6.14 日

（黄燕民识录　丁利刚校正）

陈翰笙致汪熙

（1981 年 6 月 22 日）

怡荪同志：

顷社会科学出版社总编辑陈伯林同志来访，要将过去在纽约出版的 *Industrial Capital and Chinese Peasants* 译成汉文出版。我提议将你过去写的一篇关于英美烟公司的文章（已在历史研究杂志登载）重新印出，放在译文的前面。这样可使读者明白工业资本怎样剥削农民，尤其是外国的工业资本。陈伯林同志答应了。我说封面上写出你和我两人名字（汪熙、陈翰笙著）。她也同意了。她是计委会和社院的马洪同志的老婆。马过去是高岗的秘书。

记得你处已有译本。如果还要重译则可否请你找人译成汉文。

希望你能同意我提议的办法。这样能早日出版。

《中国日报》（英文版）最近报道了有关我日常生活的情况。兹剪寄一份请抽暇一阅何如。

将来如有关于经济方面的专著愿意让社院出版社出版的，务请告我以便介绍。手此祝你们俪安。

陈翰笙启

81.6.22 日

向幼娴同志问好。素雅、一平附候。

附件：

贾宝臻致汪熙信

汪熙同志：

您好。

我社同意出版《工业资本与中国农民》一书，并应陈翰老之意，已借到《工业资本与中国农民》一书的英文本，目前正在复制中，复制本可陆续寄出。

关于稿费的支付问题，目前我社具体的实施办法是：著作稿 3—9 元 / 千字，翻译稿 2—7 元 / 千字。今后由我同您进行联系，请将您的意见直接来信告诉我。

此致

敬礼。

经济编辑室　贾宝臻

15/7

（黄燕民识录　丁利刚校正）

陈翰笙致西奥多·赫尔曼

（1981 年 6 月 29 日）

亲爱的泰德：

早已收到你 2 月 14 日来信，迟复为歉。三四月间我去了杭州与上海开了些会。回北京之后要把落下的工作补上。我正帮着编撰一本有关 1927 年到 1951 年间中国土改的历史。社科院经济研究所正在协助我工作。

非常感谢你寄给我又漂亮又实穿的羊毛背心，很感谢你的体贴。我很高兴你见到了我们的朋友雷洁琼，她现在是北京市的副市长。不知你是否了解她的亡夫，他曾经在芝加哥大学学习社会学和犯罪学。你什么时候来上海探望岳母？我们盼着你再次来京见面。

你可能已经风闻，我们高校圈中最近时兴和海外大学交换教员和学生。比如北京大学和哈佛有类似合作，丹佛大学与辽宁大学也正在建立“姐妹”交换关系。一般来看，美国教员到这边来讲学，主要集中于英语文学或工程类学科。美国学生来华，则主要学习中国历史和文学。如果你愿意，可以来教地理或者英语课。来上这种课，并不要求有中文能力。我建议贵校派来一名教授——或者正是你自己——来华，寻找一家大学或研究机构建立这种交换关系。无论如何，这么多年不见，我们都十分盼望着你的来访。

我和朋友们致以衷心的问候。

诚挚的

陈翰笙

（陈宇慧翻译）

陈翰笙致汪熙

（1981 年 7 月 1 日）

怡荪同志：

接诵六月廿六日来函并读到美国大学给你的两封信，很高兴！

康纳尔的图书馆比米歇根的更好。康纳尔来信更是诚恳。想劝你去康纳尔为好。

日内即将同社会科学院出版社商量，请他们去北京图书馆将那本英文书翻印后寄给你处。可请你约定人预备翻译。

美国研究生 Lisa Witcher 有美国研究院的奖学金（年七千美金）；但她来北京后有人介绍她去教课（英文在“二外”，今年下半年又将去另一学校教经济）；同时来我处写论文。原因是教书就能得到住宿的方便，并作为专家得到优待。她等待明年不教书的时期才去用上那七千美金的奖学金。这样可以多留此一年以完成她的写作。

英国要来的女研究生目的是要学习汉文。那只有自己出钱而申请入境。否则必须先由专家局委派在国内教课或担任其它职务。如果要我招呼她写论文我可建议先决定题目。可写《中国土改的经历，1927—1951》。但要就自费申请留学，要就应先取得教书的职务，或到外文局或《中国日报》（英文）

当编辑，同时写论文。

如果自己出钱在我国内学汉文，同时写论文或不写论文则首先要申请自费来我国才行。

现将我所了解的情况供你们参考。还有一个办法，那就是在英国谋得在中国的英国某商行的职务以便在我国学习汉文。

美国给你的两信的复本现附还，请查收。一俟出版社回答我，即可再行函告译事。手复即祝你们阖门康健如恒。

陈翰笙启

81.7.1 日

幼娴同志何日来京，盼先函告。素雅、一平附候。

今年九月下旬要赴成都去讨论印度政治问题，十月上旬又将去昆明讨论印度史分期问题，因此八月下旬不想来上海了。又及。

（黄燕民识录　丁利刚校正）

陈翰笙致伊罗生

（1981 年 9 月 4 日）

亲爱的哈罗德：

7 月 3 日你寄来那封附了文章的信，迟复为歉！期间我去开了几个会，直到最近才返回北京。应你所请，附上一张我去年拍摄的照片。

老实讲，我记不清 32 年前在纽约和你会面时的事。我记得我们确实匆匆见过，但并不记得说了些什么，也许你应该跳过这段回忆。倒是去年分别时我说的那番话，符合我的心境，即我们都对时局抱有批判的态度。我意无他，也许这是要说明的事情。

总而言之，我很欣赏你流畅生动的写作，但我认为可能在语序上需要些许修正和润饰。亡妻的名字应为“顾淑型”，还有其他若干拼写错误的地方，不甚流畅和清楚。

向你和薇奥拉（Viola）致以亲切问候。

诚挚的

陈翰笙

（陈宇慧翻译）

陈翰笙致艾丽斯·索纳

（1981 年 10 月 5 日）

亲爱的艾丽斯：

自你上次去伦敦之后来信，已是好久之前的事情。我也要为我长久未来信表示抱歉。手头事务繁忙，我也生皮肤病一月有余。最近我在杭州和大连参加一些会议，组织研究我国的经济改革问题。

5 月初我见到了欧文·拉铁摩尔。他要出差去呼和浩特的蒙古民族研究院。我猜他现在已经回到了剑桥。他告诉我，他必须取道莫斯科返回。他现在比以前更驼背了，但我见到他还是非常高兴。

去年 5 月以来，我帮两所机构分别出版两本著作。一本批判斯大林的农业政策，另一本有关 1922 年至 1952 年中国的土改。

说来你也许有兴趣，我带的一个中国研究生已完成三年学业，论文题目是《印度土邦的废除》（*The Abolition of the Native States in India*）。文章讨论了两个时期——1947 年和 1954 年。

有关印度、巴基斯坦和孟加拉的农业区域著作，我想知道有无最新进展。上封信中你告诉我，也许可以争取到印度的一些经费来资助出版。目下有无新情况？

感谢你好心赠我订阅《孟买周刊》（*The Weekly from Bombay*）。现在我们的图书馆也定了同一本，我已经用不着私人订阅了。但依然非常感谢你介绍给我这么一本有帮助的刊物。

诚挚的

陈翰笙

（陈宇慧翻译）

陈翰笙致魏章玲

（1981 年 10 月 24 日）

章玲你好：

十分感谢你 1 月 19 日和 4 月 8 日的来信，给予我很大启发。它们让我更加了解了你们院系的课程设置，还有你们学校现有的财政制度。来信迟复缘于我最近时常离京。今年春天，我参加了一个在杭州举行的会议，来了 100 余国际专家讨论国际经济的现有问题；3 周之后，我又留在上海去参加了一些活动；今年夏天，胞妹与我在大连住了 10 天，参加一个研讨会，会上超过 250 名代表讨论了经济问题；最近我们又在西山开了一周的会，讨论《中国大百科全书》的出版事宜。

在最近一期社科文献中心出版的《国外社会科学》上登载了你的长信，我读来兴致盎然。但是我想告诉你，北京的社会学所工作得不很好，因为他们的工作并不符合中国目前的需要。我的意思是，新成立的研究所没有对当前多种迫切的社会问题展开详细调查，也没有基于这种调查进行研究和关注重要问题——相反仅仅做了两件事：邀请国外学者来讲演、参考海外社会学出版成果来编教材。我恐怕他们现在的工作是徒劳的，或者至少并无甚成效。我要对你说这些，是希望你回京后能有所突破。请问你什么时候回来与我们见面？

热诚的

陈翰笙

（陈宇慧翻译）

陈翰笙致中岛节子

（1981 年 10 月 31 日）

亲爱的节子：

你 1 月 20 日来信中附了家中合照，胞妹与我看到都十分高兴。去年与你儿子在北京错过见面机会，十分遗憾。如果早知他的访问行程，我可以给他家中电话，省得白跑一趟。我家中的电话为 550002，现在告知于你，以备家人有任何来电。

感谢你如此体贴，寄给我全家福照片，于我而言十分珍贵。现在算来，我们一起工作也是半个世纪之前了。哪里想到后来会有如全家福这样，你们家如此兴旺发达。你知我亡妻顾淑型去世于 1968 年 11 月，因此我这封信就寄张我自己的照片给你。这是我去年近 84 岁时拍摄的。我视力十分之差，缘于青光眼已经摧毁了感光神经。因此最近几年来，虽多次接到美国等地各机构发来的讲学邀请，然而却未能外访。既然我不能出国，也不能去日本看你，那么如有可能，你可否有机会来北京探望老友？

我很抱歉没有及时答复你的前信，因着我前一阶段离京外出开会之故。目前我在京的主要工作是《中国大百科全书》的编纂，该书预计最早可于 1984 年出版。作为中国社科院的顾问。我参与五个院所的研究工作，包括农业经济研究所。我们刚刚在院内成立了一个新的机构——日本研究所。该研究所成立不过两月有余，所长大约三个月前去过日本。他对目前京都和东京的学者研究水平大加赞扬。

如果你有亲友计划来京，请务必告知于我，我很高兴与其会面。顺便向你和家人致以问候。

热诚的

陈翰笙

（陈宇慧翻译）

陈翰笙致贝蒂娜·格兰梭[①]

（1981 年 11 月 25 日）

亲爱的贝蒂娜：

今早收到了你 11 月 14 日那封热情洋溢的信，使我想起过去那些愉快的谈话。我很高兴年底你就能完成论文。

你来信提到了我三十年代末出版的有关广东农村状况的一本书。这本书是我们农村调查的成果，由中山文教馆出版，但现在已经不再版。但是这本书已被翻译成日文，昭和 11 年 12 月 7 日在东京出版，题为《南支那に於ける農村社会》，作者是陈翰笙，译者是佐渡爱三，共 209 页。我也曾就印度和巴基斯坦写过一本书。这是源于我 1944—1946 年间在印度基于英国皇家委员会田野调查所进行的研究。当时我是用英文写作的，后来翻译成汉语并在 1954 年由商务印书馆出版，标题为《印度-巴基斯坦农村经济区域》。新德里的一家出版商拿走了我的英文手稿，并制作了一系列地图呈现不同区域。这些地图已由新德里政府审核通过，出版商来函告知我，名为《印度、巴基斯坦、孟加拉农业区域》（*The Agrarian Regions of India, Pakistan, and Bangladesh*）的两卷本会在明年出版。

我十分期待读到你付梓的论文，我肯定你会是率先提出中国这类阶级关系问题的人之一。

祝贺你的成绩。

诚挚的

陈翰笙

（陈宇慧翻译）

---

① 贝蒂娜·格兰梭（Bettina Gransow），自 1999 年至今任柏林自由大学历史与文化系东亚讲席教授，专攻社会学，主要研究当代中国的社会与政治。1985—1986 年曾在中国社会科学院担任访问学者。

陈翰笙致艾丽斯·索纳

（1981 年 12 月 8 日）

亲爱的艾丽斯：

接到你 11 月 4 日的航空信。得知你新得一孙名为丹尼尔·理查德。我的祝福满溢，甚是妒忌！从信中得知你正在周游印度所有大城市，所以我猜，你正在继续研究印度的城市社会学。从你的来信看，约翰·德弗朗西斯（John DeFrancis）非常满意去年夏天各地的讲演。但我在此很遗憾地告诉你，今年我没有再找到机构请他来北京访学。并不是说中国不需要这样一位学者，毕竟德弗朗西斯学问出色，而他的语言学研究对我们又有助益；而是现实条件不允许，邀请他访华非常困难。我们现在多多少少有些经济困难。你肯定知道，我们这里经费短缺，很难邀请海外学者讲学。眼下，只有三个领域的学者可以获邀：经济、法律和社会学。语言学家则不在其列。目前我也没听说杨老师要启程去法国，我猜他出国的唯一机会，是由他在巴黎使馆做译员的太太帮忙。

我很高兴《农业区域》一书即将出版，非常希望从出版方那里得到一本。冬天我要南下。我现在计划 2 月底去广州，然后在附近的从化温泉待上一个月，再动身去上海，在胞妹家住到 4 月底。我会在 5 月初返回北京。离京后我所有的邮件将会自动转给我。

衷心致以问候，希望你新年快乐。

诚挚的

陈翰笙

（陈宇慧翻译）

1982 年 41 封

薛暮桥致平杰三、杨静仁[①]

（1982 年[②]）

平杰三同志，并转杨静仁同志：

已故王寅生同志抗日战争时期在重庆由许涤新同志介绍入党，全国解放以后在中央财政经济委员会任研究室主任，因为是秘密党员（因为是民盟委员）所以由我（当时任中财委秘书长）个人联系。直到 1956 年病故，他的党员身份一直没有公开。

寅生同志早年毕业于北京大学，是陈翰笙同志的学生，二十年代末和三十年代初在翰笙同志领导的中央研究院社会科学研究所做农村经济调查工作。当时翰笙同志同党中央有联系，我们的农村调查目的是为证明中国是半殖民地半封建社会，证明党的反帝反封建路线的正确性，与当时托派中国已是资本主义社会的谬论进行辩论。后来……[③]

（王晓恕识录　丁利刚校正）

① 本信天头有“2004. 6. 6 由薛小和确认是其父薛暮桥的笔迹”。

② 20 世纪 80 年代初，陈翰笙和薛暮桥开始编纂《解放前的中国农村》，当时需要对 30 年代的一些作者背景进行注释和说明，本信即因对王寅生的注释而起。杨静仁 1982 年担任统战部部长，所以此事才会需要向他报告，因此推测此信写于 1982 年的可能性最大。

③ 本信首页之后的内容遗失。

陈翰笙致宋剑

（1982 年 1 月 16 日）

宋剑同志：

上月廿三日同我胞妹一起来广东。在广州市停留不久即迁至从化温泉来休养。此间高出海拔三百多尺，地处山麓，风景绝美。松、棕、竹、紫荆等树高达四层楼光景。窗前此时还开着桂花！后窗就在山壁下面，林中鸟声时有所闻。深晚也可听到泉声。随时可在室内洗温泉浴。我们写下四句作为纪念：

棕竹冲天遮从化，
寂静深林念京华。
京华显贵忙会客，
哪知岁末赏桂花！

回忆编写《中国农村经济史料汇编》的事，不知已同冯和法同志面谈过否。据他在电话中同我谈，他要薛暮桥、秦柳方和我参加意见。但还得请你们编辑室同他谈谈。

至于编写《中国农村经济资料汇编》，记得王耕今同志已同我谈过。他将于今年下半年同我商量收编资料的问题。现今只是随时收集一些文件罢了。

记得上海财经学院教授童一平曾有编写一部《银行会计学》的想法。他曾有一篇序言和一个目录由素雅妹转交给你们的。不知是否可考虑纳入编辑计划内？

兹有一张给《人民日报》编辑室同志的信，恐那里事繁不重视来信，想请你为我转交。如承慨允转交，不胜感激！

下星期我们又将去广州市内。将在该处办些杂事，月底以前即去上海，在那里要住上一个时期。如承复信请写上海绍兴路 92 号为感。手此敬祝新春愉快，并致敬礼。

陈翰笙启

82－1－16 日

附件：

人民日报编辑室同志：

贵报 82 年 1 月 11 日第 5 版下半张内载有一段关于中外哲学史比较研究讨论会召开的消息；但未曾提到会议召开的地点和时期，也未提及召开者和参加者的姓名。请问为何原因不报道这四项新闻；如承函复烦寄上海绍兴路 92 号为感。顺致敬礼！

陈翰笙谨启

82 年 1 月 16 日

（黄燕民识录　丁利刚校正）

陈翰笙致许本道

（1982 年 1 月 19 日）

本道、秀英两位同志：

久未写信问好实因工作忙、开会多、杂事缠身的缘故。兹值新春特别专函祝你俩过好春节、新年愉快、全家健康。

去年九月在大连参加会议后，十至十一月又忙于政治协商会一些问题的讨论。十二月中参加了侨务委员会的筹办华侨历史的研究工作。廿三日即离京来粤。从广州市迁来从化温泉作短期的休养。但记挂着你们的生活和工作情况。不知本道已找到一位中医帮忙学习否，也不知近来秀英在学校的工作顺利否。闻最近湘中年成很好，生产上升。想必你们生活良好、全家康健、一如所盼望的。

我胞妹素雅陪我来此休养，来此已经一个月光景。此地山景很美，树木冲天高至四层楼光景！各种各样的花卉是多种多样的。在十二月底还开着桂花呢！同我们一起在此休养的不过三十人，都是男女相互照呼的。

下星期迫近春节，在此休养的人都要到广州市内去参观花市；那里约有两千多盆各种花卉供大家欣赏！我们从广州不日即将去上海，在我胞妹家停留一个时期。

在此休养的来自四川、蒙古、河北、北京、南京的都有；独无来自湖南的！对于湖南近况因此不甚明白。不知你们那里物价涨到怎样了，供应情况何如。

你们两位平日还有时间看什么杂志书报刊吗？我处有很多刊物，但不知选择哪种寄你们看看。

你们的工作中有什么不顺利的问题吗？常常想到你们日常生活情况；

希望你们能函告呀！你们如有信寄来，盼寄至上海绍兴路92号，因我一时还不返北京。

手祝你们新春愉快，体健胜昔！

陈翰笙启

82-1-19日

（黄燕民识录　丁利刚校正）

杰伊·格鲁克[①]致陈翰笙

（1982年1月21日）

亲爱的陈教授：

感谢您的来信，我因为在美国待了两个月，下半年回来时又在等我们联合捐款方阈值基金会的消息，因此迟复为歉。馆长詹姆斯·乔治（James George）先生最近到这边来，与我重新探讨了相关问题。出乎意料的是，随着更多第二集团的美国人学有了《调查》[②]，我们有了更多捐赠的机会。我要

① 杰伊·格鲁克（Jay Gluck，1927—2000），美国考古学家、波斯艺术历史学家，日本艺术的推崇者，美国著名波斯艺术专家亚瑟·厄普汉·波普的学生。二战期间，《波斯艺术调查》在伦敦被毁，战后格鲁克负责全书十九卷的重新编纂。

② 即《波斯艺术调查》（*A Survey of Persian Art*）。

投入更多精力在一般商业图书交易之外的国家。我现在得到授权给中印两国放宽通道。在印度，一些当地商人已经同意安排邮去印度。乔治先生回伦敦的路上见过甘地夫人，因此得到了清关的便利，还有在国内分发方面政府的配合，可以寄往印度相关机构大约 30 套。之前他们已经表达了这方面诉求，以及他们如何利用它。

因此，中国也可以收到您同事认为可以有用的任何东西，只要捐赠方不用再为从东京过来的运费再多花钱就行。

从现在打包的进度来看，可以在 3 月份准备完毕，只需要您或者任何授权官员写封信，再加上中国使馆或政府部门、中国航空或其他接收方的送达收据。乔治先生还告诉我另外一项计划。您肯定比我更了解，中国传统里认为当麒麟归来一定是国家繁荣昌盛之时。所以一些美国的好心人想要赠送一只独角兽送给中国。你也许听说了一个培育项目，即让山羊的两个角在额头中间缠绕成一个角，然后这种独角就遗传给后代。它们长得非常可爱，头上的角直直伸出来，就像古代绘画里一样。

我的次子中间名叫亚瑟（Arthur），现在成为了你克莱蒙的校友。他现在就读于皮茨（Pitzer）学院。这个学院历史很短，组合了克莱蒙集团中的男校、波莫纳、哈维·玛德（工科）及克莱蒙研究生院。他现在读大三。专业是亚洲研究，也正在学习中文，我希望他明年把精力放在日文上，把水平提高到能读文献的程度。我还在研究您的同事们在京沪两地——也许还有别的地方——开设的那些密集型中文项目。我很怕他把波斯语忘了大半，但他可以捡回来的。

皮茨和克莱蒙集团希望推进他们的亚洲研究。两边都有一两位非常优秀的人，我个人给了皮茨那边一套《调查》。他们三个图书馆里有两间收藏了 1964 年版，现在第三间给本科的图书馆已经有了 1977 年版。我要给克莱蒙圣经考古专门图书馆再捐一套。您也许愿意和母校重建联系，并且帮助他们切实建立中国研究的基础。如果您想先在私人层面上建立往来，然后再交换公函的话，可以告诉我，我 3 月底会去那边给孩子过 21 岁生日，也许能帮上忙。

我是从伯克利毕业的，伯克利可是文科方面本科教育规模大得多的一所学校，我很喜欢克莱蒙这边的学校氛围。我家长子也是从皮茨毕业的，现在从事国际体育交流的工作——这是你们国家率先用乒乓外交开辟的，而在这里资本家的版本中，则通常由汽车和酿酒行业来赞助。

我另有一份邮件给您，寄来我部分收藏的目录。若干年前曾在本地一家博物馆展出过。您可能会眼熟33号作品，与之相同的一幅作品发现于福州一个墓葬中，经典的晚唐样式。也许是1975年——的确是1975年，在1月的《文物》期刊72页登出来了。我选的这一件则是在比沙普尔通往希拉夫的旅道上被发现的。已在两本日文书上登载出来，作者分别是深井和三上。

在这边或者在美国，如果有任何可以我帮得上忙的地方，我很愿意为您效劳。

我现在的个人助理是卡尔·J. 彭顿（Carl J. Penton）先生，相当于我当时在设拉子给亚瑟·波普[①]做的工作。彭顿最近建起了佛罗里达彭萨卡拉市亚洲艺术基金会，附设于西佛罗里达州立大学。我曾让他把你放在通讯名单中。他们第一个活动将在3月份展开，邀请中国剧院进行流动演出，这个演出之前几天会为总统表演。卡尔也曾倾力为波普和波斯艺术工作，还是波普的抬棺人。我也希望你收到了波普的传记作者雷克斯福德·斯塔德（Rexford Stead）和罗伯特·佩恩（Robert Payne）的来信。

你最诚挚的

杰伊·格鲁克

（陈宇慧翻译）

陈翰笙致张振宝

（1982年2月5日）

振宝同志：

今天我已从广东从化温泉到了上海绍兴路92号我胞妹家。下午即同上

---

① 亚瑟·厄普汉·波普（Arthur Upham Pope, 1881—1969），美国波斯艺术专家，《波斯艺术调查》的编者。

海社会科学研究院世经所的甘士杰同志商谈，由他写一万八千字的小册子，今年八月份可交稿，题为《美国垄断资本与世界经济》。这本册子分五段写：（1）美国垄断资本集团的起源，（2）早期五个集团，（3）目前又有五个新的集团，（4）垄断集团在美国的势力，（5）美国垄断资本与世界经济的关系。请将这个册子的命题登记一下，免得再有人来写。

请问从去年十二月中旬到现在，你处和任雪芳同志、于曾元同志处又收到什么稿件否。愿知道这些书名以免重复去征稿。还有请你函告我小丛书编委会新的副主任是谁。通信的结果想早已结束。请告我是谁继任齐同志。

在从化温泉休养了近一个月。遇见不少干部，听到许多史话，了解到一些问题。那里离广州市约两小时的汽车路程。比广州市内的温度要低三、四度呢。园内树木非常高，高至四层楼光景。岁末还见到桂花等不知名的花！天天可在室内洗温泉浴，几乎三天可看或听一次电影。

在上海还要参加市政协的经济座谈会，同一些研究工作者接洽，并为《世界经济导报》做些工作。在返京前希望捧读来函。手致敬礼；任于两位同志均此问好。

陈翰笙启

82-2-5 日

王文谦同志在馆中否？请代问好，又及。

（黄燕民识录　丁利刚校正）

陈翰笙致王耕今

（1982 年 2 月 11 日）

耕今同志：

上月三日手书敬悉。上月廿八日我从广州来沪，会见了好些研究人员。此间社会科学院部门经济所的蔡北华同志已脱离该院部门研究所，改任上海人大的常委副秘书长。因此我们同该所合作进行农村调查事就此告吹了！但部门经济所的一位党员干部王振民同志，对皖省人事很熟悉。他告我安徽滁县地区地委书记王郁昭和副书记陈庭元在皖十多年，对公社问题很熟悉。早已不赞成公社的组织和工作。他们对目前包产的情况也不满意。副书记陈同志最近从南斯拉夫访问回国。必然有些新的看法。因此我愿同王振民同志一起去滁县同两位书记谈论一下，顺便就地调查情况。

如果你同意的话，是否可请考虑做几件事情？（一）寄给我一封介绍信，说我是所内的学术委员会委员，想去就地问话请教。（二）请你和王贵辰、魏道南等同事写给我，要问那个地区的一些问题。（三）预计我为去滁县，来回用费（旅费和旅馆费）预计要花人民币五拾元左右，是否可向我们所内会计报销？请告我。

余容返京后面陈。手此敬请研安并致敬礼。

陈翰笙

八二年二月十一日

等候回信，决定我回京日期。

（陈宇慧识录　黄燕民校正）

陈翰笙致宋剑

（1982 年 2 月 15 日）

宋剑同志：

捧读本月三日来函，并接到哲学史学会寄来的专册；承费神转告他们不胜感荷。

上月底从广州来沪后来访友人不少。上星期三（十日）应上海人大双周座谈会之邀请曾谈了一小时半，题为“研究经济必须考虑同历史、社会、政治的关系”。此次在沪又为商务印书馆组织了外国历史小丛书二册：《十月革命后的苏联农业》和《美国垄断资本与世界经济》。

本月底可能赴安徽滁县作人民公社的调查。下月初可返京了。返京后必将电话奉告。附上童一平的信，请披阅。手祝日佳，并致敬礼。

陈翰笙启

82-2-15 日

（黄燕民识录　丁利刚校正）

莉莎·威舍致陈翰笙

（1982 年 2 月 22 日）

最亲爱的翰老：

两周之前收到您 1 月 23 日的来信，温暖、热情而又周到。实在非常抱歉，隔了如此之久才回复。几周以来，只要我提笔或拿出打字机，就无时无刻想起了您。我总在想象您在上海家中的情形，是否在桌边静坐？是否在接见客人？您的妹妹是否在给您读信？这些都是我想象中您在做的事情。

听说您去了从化，这可太好了。您写来诗句中的妙语，我非常喜欢。沐浴温泉该有多好呀——一定很舒服！我在北京近来身体不适，首都医院的医生诊断有肝炎。虽然不确定是不是真的有肝炎，但无论如何症状较轻，医生说是乙型肝炎，我总是感到非常疲累，胳膊抬不起来，无法在黑板上写字。已经在家中病休一周有余，还在吃药，不过已经感觉好多了。我希望下周能够返回学校。

我近来睡眠较多，没有多少时间学习。但我希望这周开始重新拾起论文写作。您关于我研究的看法非常有用，我同意您的建议。朋友们也在时间和精力允许的条件下帮助我。我非常想您，还有您那令人精神一振的咯咯笑声。

您又过生日了！等您回京时，我准备了一个小礼物送给您，希望您能喜欢。不要送给别人！

辽宁大学给我来信，确认我今年 9 月到 12 月可以去那边学习。我很期待去辽大。我希望他们可以允许我参观一些公社。

现在一股压力在诘问“一鞠躬，二鞠躬，三鞠躬”先生是否有“大问题”。他学校的领导要求他交书面汇报，详细陈述我俩如何相遇、共同学习些什么、我是个什么样的人等等，他上周交了报告，现在他们让他写另一份汇报，陈述我们“未来的计划”。他告诉领导，我们“未来的计划”是继续一起学习。但领导要求书面汇报他的“思想”和他对我的看法。他认为如果他们已经怀疑我俩有感情，那么我们就应该直截了当告知我们要做什么，否则如果告知我们现在对彼此并无感情，则会将事情搅得更加复杂，未来再提上桌面时就会更加困难。我们已经解决了彼此之间的所有问题，我很自信可以回答您所有的五个问题。我的父母也点头了，他的父母并不反对。我真诚希望您也祝福我们，您的允准、支持和友谊对我来说十分重要。

您什么时候返京？昨天我收到了我母亲给您妹妹寄来的两双鞋子，但愿合脚，也希望您们喜欢这个式样。非常想念您，希望能早日得到您的回信，特别是和您见面。请多多保重！！！

爱你的

莉莎

（陈宇慧翻译）

陈翰笙致巴纳尔吉[①]

（1982年3月13日）

亲爱的巴纳尔吉（Banerji）先生：

我欣然从朋友艾丽斯·索纳处得知，《农业区域》一书已经出版。她告诉我。您已通过航空邮件寄给我一本，尚有五本在海运途中。不过，目前我还未收到《印度农业区域》一书的任何版本。我希望放一本在我们的图书馆

① 巴纳尔吉，新德里印度联合出版社工作人员。

中。因此请告诉我此书是否遗失或延迟送达。恳盼回函。非常感谢。

诚挚的

陈翰笙

（陈宇慧翻译）

陈翰笙致许本道

（1982 年 3 月 23 日）

本道、秀英如晤：

去年十二月底我同胞妹素雅去广州附近的从化温泉休养；今年一月份又在上海她家住了二十多天。后来我同外甥婿许医生（骨科）同赴安徽两个县从事农村调查。本月初才返北京。

目前首都各机关正在精简机构。新的部长接踵上任。被裁下来的人员有的被送去补习，有的加入新成立的公司。明年开始外省也将精简机构了。

本道现在常到湘潭去否？近来身体康健情况何似？秀英现在担任多少班次？前天我寄给你们一些刊物，希望你们可以抽暇浏览。手此即祝双安。

陈翰笙启

82-3-23 日

（黄燕民识录　丁利刚校正）

陈翰笙致曹陶仙

（1982 年 3 月 27 日）

陶仙你好！

过去两个半月我一直在广东和上海。收到你的来信我很惊讶。看到你寄来的与学生的合照，我十分欣慰，由衷的表示祝贺！

实在抱歉我无法接济你，因我自己还有五个人的生活要负担。我已不能生活自理，因此外甥女全家与我生活在一起。我如今的薪水只有30年代上海的四分之三。而医药方面的花费十分可观。特别是要使用进口眼药，因此没有余款来接济朋友。真不忍心对你和盘托出这些，但却是我的现实处境。

据我所知，你是从省社科院领工资？我觉得你不必要为婚礼花费许多。为何不精简仪式只准备茶点，邀请若干密切亲友即可？这也与国家要求厉行节约的方针相合。

祝你未来一切顺遂。

诚挚的

陈翰笙

（陈宇慧翻译）

陈翰笙致杰伊·格鲁克

（1982年3月27日）

亲爱的杰伊·格鲁克先生：

很高兴收到你1月21日和2月3日的来信，还有你送给我的精美日历。很抱歉没办法给你早点回信，因为我离开了北京，最近才回家。过去两个半月中，我一直在广东和上海。

很高兴得知你的次子亚瑟在克莱蒙上学，且还在学中文。你来信让我对他接下来学习中文提点建议。我并不是很了解眼下他的情况。设想有三种可能，请他考虑为盼：（1）既然大学还剩下一年时间，也许可以考虑来中国参加暑期项目。就我所知，天津南开大学有一个项目从6月底进行到8月底，以便利外国学者。这个项目是和明尼苏达大学合办的，他可以给中方的项目主任写信，咨询更多申请细节；（2）如果亚瑟从皮茨毕业后愿意来中国，那我建议他考虑到北京的语言学院学习中文；（3）从经济角度来考虑，如果他不愿意做一个全日制学生，那么我建议他在北京找一份外教的工作教英语，然后在业余时间学习语言。

感谢你好心告知寄来《波斯艺术调查》不只 20 本，而是 30 本。你尽可放心，我们中亚研究学会将按你在信中开示的名单仔细分配。一旦印刷完毕，请即刻告知我。图书分配将按你 1 月份给林博士吩咐的执行。

非常感谢你的慷慨，祝你身体健康。

诚挚的

陈翰笙

（陈宇慧翻译）

陈翰笙致汪熙

（1982 年 4 月 16 日）

怡荪同志：

顷闻文化部已宣布，将中断对美国的“文化交流”。这样你们五月赴美国开座谈会的机会就难说了！

上次寄你一篇《四次苏联农业体制改革》序言，不知已否收到？

拟提议《文集》目录的安排如下：

（1）有关中国的文字：历史、经济、政治、社会、教育等。

（2）美、欧、亚等国家依次排列。

（3）国际关系、国际问题。

尊意如何？匆祝日祺。

陈翰笙启

82-4-9 日

（黄燕民识录　丁利刚校正）

陈翰笙致汪熙

（1982 年 4 月 30 日）

怡荪同志惠鉴：

两月来未曾修书问好，心甚不安。原因主要是因为杂事太多，需要时间应付各方面。此间社会科学院正在改组中。院长将退居顾问地位。

寄来的一篇论文（关于“工合”的）[1] 已请卢广绵去鉴定；他是过去在重庆的工合总干事。他退回稿件后当即寄回。

1959 年商务为我出版的一书《印巴两国的经济》将付再版。我交出五篇文章作为附录。其中有几篇可以交杨小佛同志放在文集内。

最近为中亚文化协会刊印一本年刊《中亚文化》一事添了一些忙头！年刊为协会的出品，约有二十八万字。将由中华书局出版。我为此刊写了一篇序言。

想知道你五月份去美国的问题；不知那位市长曾有力地推动解决这个问题没有？？请来书告我为盼。

复旦的世经系有何新情况？同世经所的关系又何如？如能告知一二，当预申感谢。手祝兄嫂两位双安。

陈翰笙启

82-4-30 日

（黄燕民识录　丁利刚校正）

① 指丁利刚的《论抗战时期的中国工合运动》，之后该文发表于《上海社会科学》1983 年第 1 期。

第　页

怀莉、晓思贤弟：

两月未有信奉问，歉以甚不安。原因之一是因为杂事太多，需要时间应付各方面。其间社会科学院正在改组中，院长将退居顾问地位。

寄来的一篇论文（关于工会的）已请戴维·康纳尔去鉴定；他是过去在重庆的工作伙伴。他还回信将你文直接寄回。

1959年商务为我出版的一书《印巴两国的经济区域》将行再版，我选出五篇文章作为附录。其中有几篇

(0033)

2/

第　页

可以采编入陈翰笙文集内。

最近为中亚文化协会刊印一本年刊《中亚文化》一书忙了一些时光！年刊为协会的出品，约有二十八万字，将由中华书局出版。我为此刊写了一篇序言。

我知道你五姐去美国的问题，不知那位市长曾有力地推动解决这个问题没有？？请来书告我为盼。

复旦的世经系有何新情况？同世经所的关系又何如？甚想知一二，当预申感谢。手此，先颂两位双安。陈翰笙贺，82-4-30日。

(0033)

陈翰笙致汪熙

（1982 年 5 月 14 日）

怡荪同志：

五月八日来函已读悉。昨日卢广绵寄来他看过的关于“工合”的文章，并附有他的评注以及艾黎先生最近写出对于“工合”复活的想法。今将原文及附件一并邮上，请转文章作者（丁利刚）为幸。

此间社会科学院正在改组。年老的院长和副院长如胡乔木和许、钱、张、宦乡等均改称为院部顾问。我则另有任务，尚未宣布。不管怎样，今秋我将有两位研究生来我处。一个来自院内的南亚研究所，另一个来自北京大学的国际政治系。

新发表的院部顾问中如宦、钱等人，将组织国务院的什么“国际问题中心”“经济问题中心”等新机构。尽管年龄大也不成问题。他们可以向社会科学院各研究所要报告、要材料。多么精明呀！旧时代的所谓宦海浮沉，现在改为“学术界”的了！

此间英文《中国日报》从六月一日起将成为一星期出版六期的日刊。那天是该报一周年的纪念日，将出附刊。我被邀写了一篇“Introducing Capital and Culture”。此文将在六月一日那一期附刊中登出，并以附阅。祝你俩天天健康。

陈翰笙启

82-5-14 日

（黄燕民识录　丁利刚校正）

陈翰笙致汪熙

（1982 年 5 月 28 日）

怡荪同志：

五月廿五日来函已诵悉。附来英文名字和名称已尽可能写上汉文。有些已不能回忆了！

如认为校对有困难则可不必翻译这本小册子了。

早些日子邮上的致出版社的信，现已转去否？如有答复请函告为幸。手祝日祺，并问俪安。

陈翰笙启

82-5-28 日

舍妹将于六月上旬返沪，又及。

（黄燕民识录　丁利刚校正）

陈翰笙致汪熙

（1982 年 6 月 28 日）

怡荪同志：

6 月 19 日大札已收悉。所附陈绛的来信早于数日前函复。内容答复了他所提出的六点问题。复他的信直接寄至他住所了。

记得我曾写过一篇《猪仔出洋》的文章，登在《百科知识》（北京出版，79 年 11 月，第五期）。此文全面叙述十九世纪华工出国的情况，对我国历史尚有所参考价值。希望将此文选入文集中。

手复即祝阖府好、贤伉俪双安。

陈翰笙启

82-6-28 日

陈翰笙，“猪仔”出洋——七百万华工是怎样被拐骗出国的。

北京出版，《百科知识》第五期，1979 年 11 月 1 日，页 3 至页 7。

（黄燕民识录　丁利刚校正）

陈翰笙致汪熙

（1982 年 7 月 19 日）

怡荪同志：

六、七天内我们将搬家了。搬到北京复兴门外大街 24 号楼 106 室（Apartment）。

在清理行李时发现两个稿件（早已登在香港 *Far Eastern Horizon*）。今将此两稿附上请检收转给整理稿件的人为感。

许涤新已由副院长改为院部顾问。我则由院部顾问改为世界史所名誉所长。并以附阅。

匆祝双安。

陈翰笙启

82-7-19 日

接瑜琼来信，这里要搬家，故于七月八日匆匆离沪，未及告辞为歉。素雅又及。

（黄燕民识录　丁利刚校正）

陈翰笙致汪熙

（1982 年 7 月 28 日）

怡荪同志：

本月廿一日来函已收悉。兹复如下。（1）丁利刚一文我将于明天《世界经济动态》的编辑来看我时直接询问他。（2）上海友人来谈，认为你未能于五月去美国的问题，纯系校内作梗之故。（3）此间展望出版社要冯和法同志编纂一部《解放前我国农村经济的史料》，将收集包括我写作在内的文章与报告。但你们所收集的没有什么与农村经济有关的（旧日农业经济），故没有重复的毛病。(4)上海人民出版社如可出版我的文章，我当然不反对。但如有什么问题，则可能给另一出版社替代。

北京组织了“中国市场出版公司”，现已有一年之久，曾有 *China Market* 月刊以及 *China Trade News* 双周刊。双周刊有中英文两版，将有西班牙文和日文、法文版。该出版社尚有一个姊妹出版社即“展望出版社”。“展望”的编辑对我说也愿意为我出一个文集。但我愿意让上海人民出版社尽先为我出版写作。匆复即祝双安并请你们俩出外避暑!

陈翰笙启

82-7-28 日

(黄燕民识录　丁利刚校正)

陈翰笙致汪熙

(1982 年 8 月 1 日)

怡荪同志：

顷接读七月廿九日航信，并附有和法同志的信。兹复如下，请予照顾。

(1)和法同志所编均从中央研究院出版的调查报告，加上《中国农村月刊》中少数几篇文章。

(2)中央研究院出版的一本小册子《中国封建时代的三种制度》则仍可插入我的所谓文集中。

(3)这本小册子是我一人写的。中央研究院其它出版品均为调查报告不是我一人所干的。因此本来不应放在我的所谓文集中。我一个人自己写的才能放在所谓文集中。

(4)如果收集一些集体著述放在一人的文集里是要闹笑话的呀！我从一九二四年就有文章在各刊物上发表。(如《现代评论》及其它刊物)

(5)如上海人民出版社不同意我的意见而必要包括所有关于农经的论述，则将我《文集》编好后另找出版社便可。

和法同志的信附还；匆复即祝双安并对贤伉俪致敬。

陈翰笙启

82-8-1日

和法同志所编的书名是《解放前农村经济研究史料》。素雅附言。

七月廿二日迁来后，连日整理书籍和衣服等，尚未全部安排就绪。因此间气候不算太热，今夏翰哥不准备去青岛或大连休养，欢迎你和幼娴同志来此小住。素雅又及。

（黄燕民识录　丁利刚校正）

陈翰笙致许本道

（1982年8月6日）

本道如晤：

六月十六和七月十八日两次来信早已收悉。《中医汤歌》托人去找寻至今还未得结果；当再托其它方面去寻找。故宫内有中医秘方，待有机会当托人去抄来转你。

你常在攸县市内居住吗？你父母身边是否康健如昔为念。

此间社会科学院最近改组了。我原有顾问名义，现则改称世界史研究所名誉所长。惟工作则照旧进行，无所变更。我们寓所已由东华门大街迁至北京复兴门外大街24号栋106室。电话为36-1260。来信可寄新地址。

手复即祝你们全家好。

陈翰笙启

82-8-6日

（黄燕民识录　丁利刚校正）

陈翰笙致汪熙

（1982 年 8 月 8 日）

怡荪同志：

本月四日来函已诵悉。上星期《世界史研究动态》的编辑主任唐枢来我处，我已要他查出丁利刚的文章给丁同志答复。我并建议他将丁文给何迪同志看看。何迪同志是何康副部长的长子，现在在国际关系学院，对罗斯福的外交内政很熟悉。

记得我在英文《中国建设》上写了一些文章，也有近二十篇。如译成中文，可择其可用者放在文集内。

建议你们写一篇一千至一千五百字的说明《陈翰笙文集简介》。能在本月底前寄我，我将给一些出版社的人看看。估计可能有出版社的人承担出版事。

重庆市办的出版社赚了很多钱（为人印刷赚的钱）；他们可能出版一些文集。月底重庆出版社有人来京。希望把你们的说明给他看看。

目前中美、中日外交很紧张。帝国主义者用种种方法在争取维护现状的局面。但实际帝国主义已走上衰落的轨道上了。

匆祝俪祉。

陈翰笙启

82-8-8 日

（黄燕民识录　丁利刚校正）

陈翰笙致汪熙

（1982 年 8 月 22 日）

怡荪同志：

接读本月十六日大札后又收到你寄来的关于中美关系史的上编文章，

谢谢。

此间近代史研究所一部分人也从事中美关系史的工作，但可说没有什么成绩！所长刘大年现已改称为名誉所长，也迁居到我们这里大楼来了。

记得 42 至 44 年我在桂林时期曾去江西和福建参观工业合作社；偶尔写的诗实在“不足为道”。过去三十年内写了四百多首，其中亦只有几十首值得保留的。

下星期当同冯和法同志讨论挑选文章的问题，并以附阅。匆祝俪祉。

陈翰笙启

82-8-22 日

（黄燕民识录　丁利刚校正）

陈翰笙致汪熙

（1982 年 8 月 23 日）

怡荪同志：

昨日邮上一函谅已收悉。

今天有一位大学三年级生将我在六月一日《中国日报》上刊出的一篇英文文章译成汉文，亲手交我，让我批阅。

听人读了这篇译文，觉得还能将原意表达得清楚。因此附上或可供另一位译者的参考。匆上即祝双安。

陈翰笙启

82-8-23 日

（黄燕民识录　丁利刚校正）

陈翰笙致宋剑

（1982年9月4日）

宋剑同志：

记得Dr. MacKinnon介绍一本英文的“美国与远东各国关系”（书名：《感伤的帝国主义者——美国在东亚的经历》，作者小詹姆斯·汤姆森）一书让他的学生（新闻学研究所毕业生）翻译。我曾要于同志写了一个简介，他的简介我已当面交你了。最近于同志来电话询问，他不知展望出版社是否要他翻译此书。请你告我是否要翻译此书。

我们已搬家了，现在离开了东华门，迁居于复兴门外大街24号楼106室。电话36-1260。随时可通话。手祝近好并致敬礼。

陈翰笙启

82-9-4日

（黄燕民识录　丁利刚校正）

陈翰笙致许本道

（1982年9月27日）

本道如晤：

接读本月22日来书欣悉你勤奋如常，体健如恒。我曾几次托此间认识的中医为你找一本《汤歌》，但迄今所得回音均谓无法找到。

不知此信到时你在国庆假日，是留在攸县市内还是赴秀英处了。你们两个孩子又长高了罢！

中共十二大后全国出现一片新气象，经济定能逐步上进。附上剪报一纸，读了可知其背景。

祝你们全家好，望你保持健康。

陈翰笙启

82-9-27日

（黄燕民识录 丁利刚校正）

陈翰笙致汪熙

（1982年10月6日）

怡荪同志：

前承寄来复旦学报，内有你写的中美贸易一文上编。请人为我读后知道内容详实、文字流畅，令人钦佩。希望在下编中能说明中美贸易所得利润是怎样投入美国的工业中的问题。

出版社文科编辑室于九月二十一日来函，允为文集出版。已复信给该社，今天寄出。复信中还请出版社同你接洽。出版社九月二十一日来信的复本在此附还。

现在考虑还是请你转交出版社为好。原信附上，请费神转去为感。

文集内容我意（1）可将题目分类，按分类次序排印；（2）每一类的文章可按年月的先后排列；（3）小册子还可以收进去，但翻译的外文书则不要放进去了；（4）请你写一篇序文，故好说明是由你同某某人一起编的；（5）全书最好不要超过五十万字。

十二大后中央注重要鼓励两方面：物质文明和精神文明。这样就得加紧把教育搞上去了！看来拿六十岁来在教育界作为进退的标准就不妥当了。不知复日大学内曾否有因为年龄而发生进退的情况。

从本月起我带了三位研究生。一位是社会科学院南亚所的，两位是北大国际政治系的。三人分别担任印度农业经济、菲律宾政治经济、美日外交的研究。

看来美国帝国主义已开始走下坡路。日美矛盾、欧美矛盾、苏美争霸，经济衰退和失业人数增加种种现象使垄断资本家头痛了！

遥祝你们全家安康。

陈翰笙启

82-10-6日

（黄燕民识录 丁利刚校正）

陈翰笙致汪熙

（1982年10月12日）

怡荪同志：

今天下午接读十月十日大札。晚间又接到幼娴同志的电话。她说复旦出版社要早些收下文集的稿件。因此还想向你进一言。

闻冯和法接到你给他用的二十篇光景的文章。大概均属农村经济的。

现在想来文集内不能不包括几篇有关我国农业经济的文章。因此是否可请你们从《中国农村》月刊中最初几期中挑选出我写的文章（只是两三篇）放在文集中。（因为我写的外文均为书籍而不是文章，故不必去译出）我们现在只能用已出版的中文文章。麻烦你们，不胜感谢。手复即祝全家福。

陈翰笙启

82-10-12日

（黄燕民识录 丁利刚校正）

马洪致陈翰笙

（1982年10月14日）

翰笙老：

你给我的信获悉。我已转学术办公室要他们与世界历史研究所注意研究你所提出的问题。

关于亚细亚生产方式这个问题是需要研究的，但是，近年来国外许多资产阶级学者，也有苏联的一些学者，借这个问题，对我国社会主义制度某些缺陷进行污蔑攻击，这是值得注意的。在这方面，你了解的一定很多。有机会将向你请教！祝你健康！

马洪

1982 年 10 月 14 日

（王晓恕识录 丁利刚校正）

陈翰笙致陈洪进

（1982 年 10 月 17 日）

洪进同志：

顷接读本月十五日来函，所提四项要点甚好。惜自问不知能达到所提的目的否！

书名拟提为《翰传》似尚可讨论。我想这样的书名不免有口气太大的问题。

请转告裴同志们在十月廿九日（星期五）来我处商谈，因本星期五（廿二日）已有它约了。

李宁宁昨天下午来函。她的学校课程太多了，这样反而阻碍她在英文方面的进步。可惜！匆祝刻安。

陈翰笙启

82-10-17 日晚

（黄燕民识录 丁利刚校正）

陈翰笙致汪熙

（1982 年 10 月 26 日）

怡荪同志：

本月 26 日大札已读悉。你们找到了那篇关于美国宪法的文章，闻之甚为快慰。

记得我在北京世界史研究所出版的《世界历史》双月刊的第一期（约在 80 年 12 月）写过一篇关于怎样研究世界史的文章（第一期前的试刊一期）。请你们找出用上为感。

明年为马克思逝世一百周年。商务印书馆要我写一篇文章登在《马克思主义来源研究论丛》第三期。这一期要在明年三月才出版，但现已将我的这篇文章付印，我将校样送去，留下一份原稿附此。请考虑是否可插入文集中。匆祝俪祉。

陈翰笙启

82-10-26 日

《世界历史》第一期（试刊），1978 年 12 月 15 日出版，“对研究世界史的几点意见”，p. 16—20。

（黄燕民识录　丁利刚校正）

陈翰笙致汪熙

（1982 年 10 月 31 日）

怡荪同志：

来信已收悉。已请人为我摄影了。你们何日来京？请到后电话我处。（36-1260）

上星期五（廿八日）《人民日报》发表了我一篇文章，今剪下附此。请设法插入《文集》中。余容面述，顺请俪祉！

陈翰笙启

82-10-31日

（黄燕民识录　丁利刚校正）

陈翰笙致汪熙

（1982年11月7日）

怡荪同志：

记得数月前为我们翻译《工业资本与中国农民》一书的同志曾来信给我。当时我也复信给他。不知译稿已全部完成否？希函告为幸。是否可由我交给此间出版社？

再者今年一月十八（或廿八）日北京《光明日报》曾载有我一篇短文《关于斯诺二三事》。文字短篇，但似可插入文集。请予考虑为荷。手祝俪祉。

陈翰笙启

82-11-7日

（黄燕民识录　丁利刚校正）

陈洪进致陈素雅

（1982年11月10日）

素雅同志：

你们整理过的翰老材料，我都抄下了，细心看过几遍。从小到现在，可能分二十几章，主要是五个大段，也可以说五个时期。最早的是童年时期，最近的是“文化大革命”后到现在的时期。

看了这五段时期，觉得有个问题很值得注意。过去时期活动事迹，中心很显著，容易使重点突出，写起来不太费事。最近时期是多中心，头绪复杂，处理得不得当，就是一团乱麻线，全书就成了虎头蛇尾，头重脚轻，不代表翰老真正的生平事迹。

翰老晚年的思想认识是成熟的意识形态，是幼年爱国主义、青年的历史观、中年共产主义革命实践的产物。晚年活动是逆水行舟，忠言逆耳。古代的屈原、孔子，近代的鲁迅都是这样。一切真知灼见都在晚年阶段。这段时间，只有你一个人最了解，最能处理他的事迹。

这封信的意思是希望你在思想上考虑一个问题：如何整理翰老的近期材料。请你先思考一下，我们再约定一个时间来交换意见。

此外，请您办几件事：

（1）把保存的照片整理一下，按年代顺序排列好。

家乡、旧居、本人各时期留影、家庭成员、诸友好都需要。以便复制插图。

（2）把他的诗稿集中一下，以便选录选用，

（3）如有日记、笔录、教学底稿、片段手稿，盼能分类成册，以便摘抄待用。

本星期周五（12 日）下午打算聚谈三小时，一小时左右请翰老讲述，另一小时许请翰老答复问题。问题开列于另一张纸上，请给他看看，预先回忆一下，以便届时讲述。

敬礼

陈洪进

82.11.10

（黄海燕识录　丁利刚校正）

陆定一致陈翰笙

（1982 年 11 月 28 日）

翰笙兄：

知道你已搬了家，很高兴。我没能来看您，甚歉。

我老了，现只做顾问工作，比从前清闲多了。想问您三个问题，请得便告我。

满清末年，我的父亲为什么要来北京？在北京住在什么地方？

您是我的表哥，具体的情况怎样？我们是怎样的亲戚关系？

据说，我父亲在满清末年来京，还有诸福棠同志的姐姐诸希贤同来。这是事实么？当时情形您还记得一些么？

我的通讯处：北京邮政信箱 1051。

祝您健康长寿。

敬礼

陆定一

1982.11.28

（黄燕民识录　丁利刚校正）

陈翰笙致汪熙

（1982 年 12 月 5 日）

怡荪同志：

十一月十七日来函已悉。所提三项实出我意料之外。今逐条作答如下。

（1）西双版纳一册已由英文译成中文，现正在请民族学院加以历史的说明。此书约二十万字，已由社会科学院出版社担任出版。

（2）英文的《中国的农民》仅三十多页，是 1946 年印度孟买出版社出版的。[1] 此间友人处有一册，现已请人译出，事毕后即将译稿送上。

(3)《中国的土地改革》一文原载在太平洋学会美国分会所编辑的 *Far Eastern Survey* 月刊。此文已由美国出版的一个中文杂志译出。译文已在北京图书馆找出来了。兹附上请酌用。

近日因人大和政协开会，连日有讨论，未曾早一星期奉复为歉。

请问你处所收集的、预备出文集的，已有多少万字了呢？匆复即祝阖府安康。

陈翰笙启

82-12-5 日

前些时幼娴同志返沪时曾说，不久将来京参加会议，但至今未得来京消息，希示知何日来京为幸。素雅又及。

（黄燕民识录　丁利刚校正）

千家驹致陈翰笙

（1982 年 12 月 12 日）

翰老：

本月十日《人民日报》刊登薛暮桥同志在政协小组会的发言，您可以请令妹念给您听一听，实在空洞得可以，不过《人民日报》是喜欢登这一类空洞的文章的。

China Daily 十二月八日（第二版）曾发表过该报记者对我的访问记，约一千多字，大体还可以，不过比《导报》所登的为简略而已。

吉林长春《社会科学战线》希望您的生活玉照于十五日之前寄到，以便付印。

---

① 即 G. Cumberlege, *The Chinese Peasant*, Oxford University Press, 1945。

祝

好！

千家驹

十二日

（王晓恕识录　丁利刚校正）

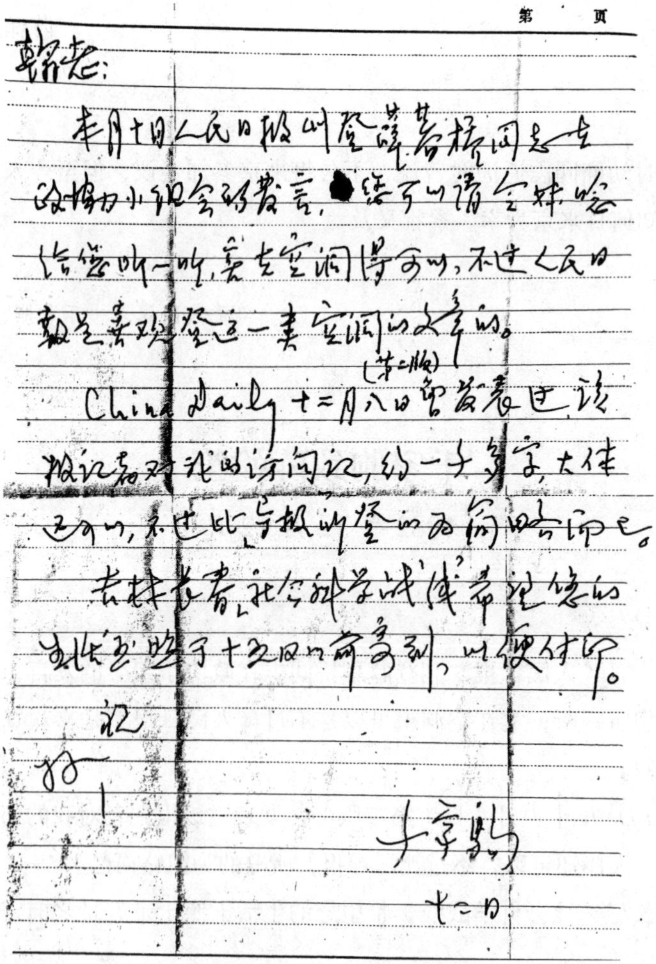
第　页

翰老：

本月十日人民日报刊登薛暮桥同志在政协协力小组会的发言，您可以请令妹念给您听一听，是否空洞得可以，不过人民日报是喜欢登这一类空洞的文章的。

China Daily 十二月八日（第二版）曾发表过该报记者对我的访问记，约一千多字，大体还可以，不过比与报刊登的为简略而已。

吉林长春社会科学战线希望您的文章能于十五日以前寄到，以便付印。

祝

好！

千家驹

十二日

陆定一致陈翰笙

（1982 年 12 月 16 日）

翰笙同志：

十二月四日来示和十二日经瑞君女儿转来的手示都收到了。谢谢您告诉我一些往事。过去忙于工作，现在老了，反而想知道一些。再次谢谢。祝您健康长寿。

陆定一

1982, 12, 16

（黄燕民识录　丁利刚校正）

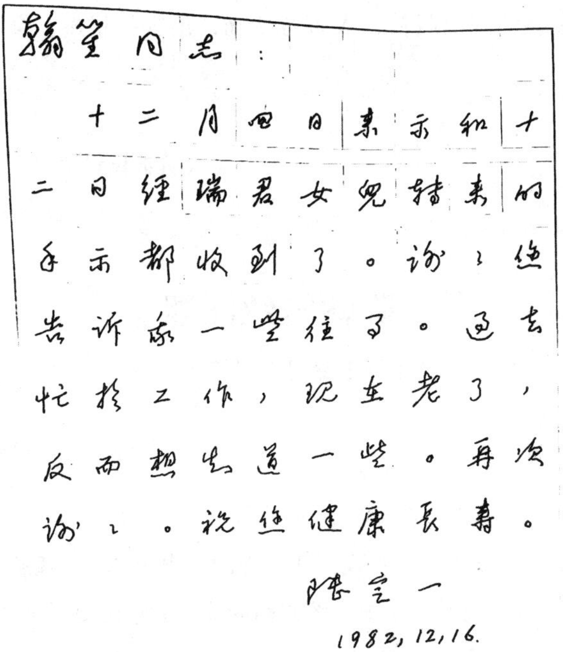

翰笙同志：

十二月四日来示和十

二日经瑞君女儿转来的

手示都收到了。谢谢您

告诉我一些往事。过去

忙于工作，现在老了，

反而想知道一些。再次

谢谢。祝您健康长寿。

陆定一

1982, 12, 16.

陈翰笙致汪熙

（1982 年 12 月 21 日）

怡荪同志：

前邮上一封挂号信，附有《中国土改》一文的复制，不知曾否收到。

46 年孟买出版的小册子《中国的农民与耕地》已在北京图书馆复制，事毕即邮上。

想请问两件事:（1）陈某所译的《工业资本与中国农民》加上你的文章是否改由复旦大学出版社出版（将你写的篇幅扩大）;（2）所谓我的文集是怎样安排的，可否给我一个大意？手祝俪安。

陈翰笙启

82-12-21 日上午

中国社会科学院出版社，人事有变动，出版品很慢，牵制很多。素雅又及。

（黄燕民识录　丁利刚校正）

陈翰笙致汪熙

（1982 年 12 月 22 日）

怡荪同志：

本月十八日大札已读悉。现作答如下。

（1）1979 年商务印书馆要我担任“外国历史小丛书”编委会主任，我经常找人写稿。今年二月在（上海）绍兴路同复旦大学历史系金先生[①]谈。他愿

① 金重远（1934—2012），江苏江阴人，毕业于列宁格勒大学历史系，专攻法国史。金重远精通汉语、俄语、英语、法语、德语，是著名的欧美史学家。曾任复旦大学历史系教授、全国法国史研究会理事、上海市世界史学会副会长、上海市社联常委。

意写两本这样的小册子，每本二万字左右。谈话结果，他答应写两本关于法国史的小册子。题目也当时同他拟定了的。我满以为他写好后就寄给我的。其实不必等待商务印书馆去信呀。

（2）关于西双版纳一本英文册子早已译成汉文，约五万字。但现在放在民族学院请人加上历史背景的注释。此书原已答应社会科学院出版社去出版。但最近该出版社组织散漫，编辑者无力定稿。我期待全部稿件搞定后，试问复旦大学出版社能出版此书否。请告我复旦方面的内情如何。

（3）《中国的土地与农民》一书英文有六十页光景。我已将此书给冯和法。因为他想将它译出而放在他编写的丛书内。但听说译得不好，已请另一人重译。

（4）来信告我你们编的文集约有五十万字光景。不知从《现代评论》上采用了几篇。几十字或二三百字的短评可以不采用。

（5）文集如可出版最好请你写一篇序言。序言可短，亦可长，作为总编你是能写的呀！不要推却为盼。文集没有序文是不好看的。

（6）1946 年孟买出版的英文小册子《中国的农民》已在陈洪进处找到，他答应去北京图书馆复制后即由我邮寄复本给你们审阅。

（7）请告我复旦大学出版社已经组织得完毕了吗？印制问题如何？他们的出版方针如何？

（8）上次（约本月五日）我寄你一张复制品《中国的土地改革》，这是从英文译出而登在一个华侨办的杂志上的。请问收到否？

勿此即复，顺祝俪祉。

陈翰笙启

82－12－22 日

（黄燕民识录　丁利刚校正）

陈翰笙致汪熙

（1982年12月25日）

怡荪同志：

《中国土地与农民》，纽约英文版，已由我交冯和法去译用了。我想不必放在文集中了。

但文集中不能不有关于农民和土地问题的著作。因此我想将1946孟买出版的小册子《中国的农民》在北京制了复印页以后寄上，请你们找人译为中文而插入文集中。你以为何如？

附上致金先生一信，请费神转交为感。顺祝俪祉。

陈翰笙启

82-12-25日

这次幼娴同志没有机会见面，非常遗憾。希望不久能在上海见面。向你俩问好。素雅又及。

（黄燕民识录　丁利刚校正）

1983年31封

陈翰笙致汪熙

（1983年1月2日）

怡荪同志：

十二月廿七来函已诵悉。兹复如下。

（1）"Land and Peasants in China"很久以前冯和法在我处取去翻译。先由一个女的译了一部分，因她译得不好，冯和法就改请他儿子去翻译了。不知什么时候可以译完。但冯将此译本放在他编的文集内，我意不必向他要《解放前的中国农村》撮录。有一本小册子（英文*Peasants in China*，1945年孟买出版）可以替代的。我已请陈洪进（他有这本书）复制了。今将复制的全部附上；请用以译成中文而插入《文选》中。

（2）《西双版纳》一书原为英文的，已由陈洪进托人译好了。但现在还在请民族研究所的人作历史性的注释。事毕后本拟交社会科学院出版社出版，但该出版社办事拖拉，又没有印刷所，我也不愿给他们去出版，以后终可商量交别的出版社。

（3）我们理想中的文集不宜插入太短的项目，不满一千字的尽可删去。尊意如何？

你何时赴美讲学？大约何时可返来？希函告为幸。顺祝俪祉。

陈翰笙启，83-1-2日。

（黄燕民识录　丁利刚校正）

千家驹致陈翰笙

（1983 年 1 月 8 日）

陈翰老：

在最近召开的政协第五次大会上，当讨论赵总理“六五计划”报告时，我曾经做过一次系统的发言。发言共分三段，第一段是说我国的经济效益为什么提不高？第二段是说，我国的教育经费太少，它在财政支出与国民收入中的相对比例比世界各国都特别低，这是不能以国家穷、底子薄来解释的，这只能说我们还没有把教育摆在它应有的地位上。第三段是说我国去年财政赤字三十亿元，是没有把内债（42 亿）外债（50 亿）包括在内的，若把内外债加进去，则不是 30 亿元而是 122 亿元；内外债还不算赤字，这是中国预算的创举，在各国没有先例的。

政协简报（171 期）虽然为我的发言出了一个专号，但因篇幅所限，把我的发言压缩了 60% 以上。最近上海《世界经济导报》终算把我的发言全文登出来了，只不过把我的第三个问题（即讲赤字财政部分）完全删去了。《导报》分两期刊登我的发言，115 期刊登我讲经济效益部分，117 期登我发言讲教育经费部分。兹将这两期导报送您看一看，请您指教。您如有空，可请令妹念您听一听。至于导报未发表的财政赤字问题，则政协简报 171 期已刊载出来了。

顺祝

寿禧！

千家驹

一月八日

（王晓恕识录　丁利刚校正）

第 页

陈翰老：

在最近召开的政协第五次大会上，当讨论赵总理六五计划报告时，我曾经做过一次简短的发言。发言共分三项，第一项是说我国的经济效益为什么这样不高？第二项是说，我国的教育经费太少，它在财政支出与国民收入中的相对比例都比世界各国特别低，这是不能以国家穷、底子薄来解释的，这只能说我们还没有把教育摆在它应有的地位上。第三项是说我国去年财政赤字三十亿元，是没有把内债（42亿）外债（50亿元）总括在内的，若把内外债都加进去，则不是30亿元而是122亿元；内外债不算赤字，这是中国预算的创举，在外国没有先例的。

政协简报（171期）曾为我的发言出了一个专辑，但因篇幅所限，把我的发言压缩了60%以上。最近上海《世界经济导报》终算把我的发言全文登出来了，只不过把我的第三个问题（即讲赤字财政部分）完全删去了。《导报》分两期刊登我的发言，

(1326)

第 页

115期刊登我讲经济效益部分，117期登我发言讲教育经费部分。兹将这两期导报送您看一看，您如有空，可请令妹念给您听一听。至于导报未发表的讲财政赤字问题，则政协简报171期也刊载出来了。

请您指教。

顺祝

年禧！

千家驹

一月八日

陈翰笙致汪熙

（1983 年 1 月 19 日）

怡荪同志：

前复一信，告知我已将美国来信及译本寄给高教部副司长季啸风。请他查悉你出国讲学的事。

昨日下午季来电话给我。他说查无公文。他说不知复旦已否将呈文送来！他要我告你，请你从速向学校打听后告诉他此文是何月何日、用何字号，发给教育部的呀！

请向那位副校长说，高教司没有接到公文。请从速查究为本。

匆祝日祉并请俪安。

陈翰笙启

83-1-19 日早

（黄燕民识录　丁利刚校正）

陈翰笙致朱庭光等

（1983 年 2 月 11 日）

庭光、椿年、西筠三位同志：

令人鼓舞的是上月二十二日下午，所长同志在我所学术委员会上提出我所的任务，那就是要编出一部有特色的世界史，并且说明要编出与其它国家所出版的有所不同，有所贡献，我们完全赞成。

迄今为止还没有读到一部世界史详细说明一种社会演变为另一种社会的过程，说明这一点就是我们要编写的宗旨了。因此，我所工作的重点是否可放在以下几点上呢？（1）亚细亚生产方式，（2）各地奴隶社会有何不同处？（3）西欧与中国的封建社会有何不同？德法的封建制有何不同？（4）为什么印度的社会变更与我国不相同？（5）为什么半封建、半殖民地的社会没有能发展资本主义？拉美澳非各国资本主义又怎样发展起来的？（6）为什么苏联没能发展社会主义？（7）为什么法西斯主义最近又在抬头？

两年来农业经济研究所要我帮助王耕今同志等五人编写一部人民公社的过去和现在；经济研究所要我帮助董志凯同志等五人编写一部 1922—1952 年中共土改史；世界政治经济所也要我帮助孙振远同志编写《四次改革的苏联农业机构》；帮助曹瑛同志编写《四次改革的保加利亚农业体制》。关于苏联的一书约十五万字现已脱稿。我想世界史所的专题研究工作也可请所外人帮忙的，愿你们考虑这个问题，我们所对阿拉伯史和非洲史的研究是需要所外人来帮忙的。

再说研究工作要靠图书和资料，三年以前我曾建议要借用华侨大厦对面的图书馆两间房，办一个图书馆学讲习所，招五十人，两年毕业。这个提议在我院《简报》上已登过了，但至今没有筹备办这件事。听说研究生院要开图书馆学这门课，不知已经组织好没有。

考虑到我们这个研究所内图书和资料的工作也有改良的必要，是否可请你们三位同志召集一个讨论会，也让我来参加，是否可以讨论有关工作组织、图书的采购和分类问题以及提高业务等问题？我曾学习过图书馆学，在外国干过图书馆的工作。专此奉达以上三个问题，希予考虑为盼。手致敬礼。

陈翰笙启

83-2-11 日

（黄燕民识录　丁利刚校正）

陈翰笙致汪熙

（1983 年 2 月 14 日）

怡荪同志：

接读二月十一来函。附有目录，不胜感谢！从这个目录看来就可想见你们费了不知多少心血和时间呀！

我同意所送的项目，只有一点意见或可供参考。那就是（1）对历史题目如《六千年前奴隶制国家》《封建社会的农村生产关系》可放在最前面。（2）再则列入我的文章：关于农业经济的。（3）继之以同人家一起写的调查。（4）农村经济以外的题目，但还是关于中国的——如“工合”等问题。（5）关于印度历史和印度农村经济。（6）其他历史题目如《三一八惨案目击记》等和其他时论性质的题目。

我想如果照以上的次序排列就能使读者读到有关中国和中外关系的历史的概念。也可使读者知道过去几个时期的时事和问题。不知尊意如何？

日前与陈洪进同志谈过，我们以为《西双版纳》一书约五万字，已约定给社会科学院出版社出版；恐难改换了。再说此书篇幅太多，不宜放在文选中了。

现在全稿已有三十八万多字。我想字数已足够了。

敬祝你们全家新春愉快！

陈翰笙启

83-2-14 日

目录三张特附还，感谢、感谢！

向贤伉俪祝贺春节。素雅又及。

（黄燕民识录　丁利刚校正）

陈翰笙致汪熙

（1983 年 2 月 17 日）

怡荪同志：

前日复你一信，建议将文集内容分为六类，不知已眷入否？

另邮上一本小册子《印度莫卧儿王朝》，约二万多字。烦你们将此文插入文集中（放在关于印度的文章前或后）。

本月十五日英文《中国日报》登载了一篇我写的文章。这是报馆编辑部要我写的。现附上原文并附文中所提到的地名的中文名称。请审阅一下，看是否可收集在文集中？种种烦你帮助，心感不可以言喻。顺祝俪祉。

陈翰笙启

83-2-17 日

序言写好后请给我看看。文稿可不必寄来了。又及。

（黄燕民识录　丁利刚校正）

王波明致陈翰笙

（1983 年 2 月 21 日）

陈伯伯：

您好！

来美后与您通过几封信，不知您是否都收到。上次托王勍带回来有关两次大战的书籍我已查收，非常感谢。我目前还在 CUNY（City University of New York）读国际关系，今年六月份毕业，准备继续上研究生院。我现已申请华盛顿的 Johns Hopkins，SAIS（School of Advanced International Studies）和哥伦比亚大学的国际关系研究院。由于以前在您那里学习打下的底子，我们多费一些时间甚至还可以超过美国学生。我现在的总评分（GPA）为 3.93，在全校的毕业班里可能也是属前几名的。所以人们都说，我被录取的希望很大。

在上课之余，为了维持生活，我还在美洲华侨日报做 part time 记者，听说您从前也在那里做过事，所以我们的总编关文亮先生想见见您，和您谈谈报纸开始创建时候的情景。现关先生到北京办事，兹介绍他到您处，不知您是否有时间。

时间似箭，离开您的英文班已有年余，不知您的身体如何？眼睛是否还好？我对您为我们授课时的情景还记忆犹新。现在班里的很多同学已出国留学，真可谓：您所种的花子已开遍了世界的各个角落。班里的同学可能以在美国人数最多，不知您是否有他们的地址，特别是刘政的，我想和他们联络一下。最后，我想代问您全家各位好，代问刘妈好。

此致

敬礼

王波明

83年2/21

（黄燕民识录　丁利刚校正）

陈翰笙致汪熙

（1983年3月8日）

怡荪同志：

本月五日来信刚刚接读。还是欢迎你抽空在我处留一二晚。

我处电话36-1260。在电话中就能告知怎样来到木樨地24号楼106室。室即是Apartment。匆祝旅祉。

陈翰笙启

83-3-8日中午

希望你一到北京，就给我们电话。素雅又及。

（黄燕民识录　丁利刚校正）

陈翰笙致汪熙

（1983 年 3 月 27 日）

怡荪同志：

回沪以后是否曾遇见教育部在上海出差的人呢？想来可再找复旦当事人函询教育部关于你们五月出席美国座谈会的问题。

现在种种迹象说明口头上要重视所谓知识分子，但事实并不如此。主要毛病是党、政、业三者不分工合作，反而以一把抓而不分工，而阻碍了进步。

附上我为湖南人民出版社将出版的杨刚著《美国札记》的再版序言。请考虑放在文集中。

《西双版纳》一稿看完后再函告。手祝日祺；幼娴同志均此问好。

陈翰笙启

83-3-27 日

向贤伉俪问好！素雅又及。

（黄燕民识录　丁利刚校正）

陈翰笙等致刘德麟

（1983 年 4 月 1 日）

德麟同志：

您好！

一九七二年人民出版社约请陈翰笙编写华工出国记，曾约陈泽宪合作。当时卢文迪在干校，因身体不好，希望调回北京。陈翰笙乃商请人民出版社向中华书局借调卢文迪帮陈工作。卢回北京后，陈即同中华书局定约编辑《华工出国史料汇编》。由陈泽宪专门翻译英文，卢文迪负责收集和编辑中文史料，卢曾长时间去柏林寺收录有关华工的官文书。由于人手不够，不久又约请经济研究所的彭家礼担任编译工作，负责到各图书馆借阅有关的中、英文书刊，进行查阅、选取、复制、翻译、核对等项工作。另外还请黄立民对已编好的史料作出摘要，念给陈听，并帮陈做索引、编卡以及其他抄写、校对工作。

一九七五年，我们曾同卢文迪一道，几次去故宫档案馆，要求看华工档案。该馆负责人韩玉虎一再托词拒绝。原来该馆已同中华书局订了编辑华工出国档案的合同，所以不肯给我们看。

一九七六年，档案馆徐艺圃曾多次找卢文迪，要求把他们订约承担的华工档案同我们编的史料汇编合并。因为他们虽有档案，但不懂华工问题，不知怎样编法。提出把复制档案交给我们来编，合并出版。当时卢自己收录的官文书史料（即档案部分）已经编好，因此，不同意合并。后来徐艺圃又找到陈翰笙提出合并的要求。我们考虑到档案馆对此项编辑工作，可能确有困难，因此决定同意合并，由我们来编。并由卢文迪转告徐艺圃，说明把档案馆和徐艺圃的名字排在书的扉页，而不排在书的封面。扉页中写明“本辑档案是由国家第一档案馆提供，并由该馆徐艺圃初步整理交编者选编的。”最后，徐艺圃告诉我们：档案馆同意我们提出的办法，并将合并出版的事写信告知中华书局。

此后徐每星期一下午把复制档案带到东华门大街陈家，交由卢文迪和我们编辑。我们每星期一下午在东华门陈家开一次碰头会，徐也按时参加。他每次带来一批复制档案，经过我们选编以后，删去不需要的部分，仍交徐带回。

徐送来的档案，先由卢、彭二位通读、选编、标题加工，删去与华工无关部分及官文书中多次重复的部分，并将档案中的行书字，改为简体字。然后按选编的内容、性质、地区分类汇编。最后由陈翰笙和黄立民担任校阅、摘要、索引、编卡、编目。一九七八年全部编完，由卢文迪交给中华书局。至于交稿以后，因排字问题多次发回返工抄写以致延误出版，不属于我们工作的范围。

以上是《华工出国史料汇编》及第一辑中国档案部分编辑的过程。所有组织、编辑、加工、校阅、摘要、索引、编目等工作都是由卢文迪和我们三人分别担任的。这些过去的事，由于您当时不在场，其中具体情况可能不太了解。因此将经过情形详述如上，希望您对此事有较全面的了解。

此致

敬礼

陈翰笙
彭家礼
黄立民
1983.4.1

（陈宇慧识录　黄燕民校正）

陈翰笙致汪熙

（1983 年 4 月 1 日）

怡荪同志：

顷得北京图书馆人来电话，才知现在无法去查对《益世报》的报道。原因是旧报纸藏在郊区一个很远的地方。馆内派人去了三次，没有能如愿查出或摄影。现只得将英译稿本附还。建议是否可请人到徐家汇或上海市图书馆一查。

今年五月内中国历史学会要在上海举行年会。如你们不去美国则实可参加。届时我也可能来沪一行。

杨刚同志的女儿郑光迪曾留学苏联和英国，现任交通部副部长。她要我为她母亲的《美国札记》再版作序言。上次曾将底稿邮寄你处，不知已否收到？匆祝俪祉。

陈翰笙启
83-4-1 日

（黄燕民识录　丁利刚校正）

陈翰笙致汪熙

（1983 年 4 月 16 日）

怡荪同志：

来稿已由舍妹为我读了。内容充实，条理清楚，有充分说服力。没有你这篇文字就决不能说明英美烟公司如何能剥削我国的烟民。因此你这篇文章应该放在我们调查报告的前面。也因此书面上要署你的名字在先，随后才是我的。附上另一信，可出示出版社。

素雅记下来你原稿抄错的地方。她已另纸写明，并以附此。我们这本书的书名，可起名为《英美烟公司怎样剥削我工农》，想可改为由十三字改为十二字。请考虑后决定为幸。顺祝俪祉。

陈翰笙启

83-4-16 日

来稿已同时挂号邮寄。

向贤伉俪问候。素雅又及。

请参考以下几点以便更正

一、P.23　第九行　“造成”可改“利用”两字。

二、P.34　第八行　“抵货”可改为“抵制洋货”较清楚。

三、P.44　第一行　“联邦政府”前应加“美国”两字。

四、P.44　第四行　“而增值起来的”可改为“而得到的”。

五、P.46　第一行　“以二个……”这“号是否应放在英美烟公司之前？即哀叹：“英美烟公司……”。

六、P.46　第三行　“君临”两字是什么意思？

七、P.46　第五行　“不过去一年之利息”，这“去”字是否抄错？

八、P.48　末三行　“共结果”应为“其结果”。

九、P.49　第六行　“这就是历史的结论”可改为“这就是对半殖民地历史的结论”。

十、注释　第 60、121、122、123、124、128 均请参照注释 20，以陈翰笙原著英文版《工业资本与中国农民》一书为根据。

可能还有遗漏的地方，最好请人再通读一遍。

83 年 4 月 16 日

（黄燕民识录　丁利刚校正）

陈翰笙致汪熙

（1983 年 4 月 16 日）

怡荪同志：

今天上午邮出一信（挂号），但忘记提到序言中的一句话。原来那篇短序中提到英美烟公司榨取或压迫农民。现在想来，还应当加上“和工人”三字。

请你在短篇序言中加上“榨取我国工人和农民”的字样。

序言太短，不必署名了。

专此奉告，顺致敬礼。

陈翰笙启

83-4-16 日下午

陈翰笙致艾丽斯·索纳

（1983 年 4 月 21 日）

亲爱的艾丽斯：

感谢你 4 月 1 日的孟买来信，今日我才收到。其实上周已经收到了你寄来的《农业区域》。三天之后又接到了出版方寄来的六本。我现在方知，巴黎来信耗时一月，而印度邮件则需要三个半月。

几天前我遇到了老友胡建，他曾去往巴黎参加一个国际会议，并将你的《农业区域》一书带到了中国大使馆。会有人将你的书带给你，接到后请来信告诉我。

另请来信详告更多有关“工人阶级女性研究计划”的细节。我尤其感兴趣所谓“贱民”的社会与经济地位。很好奇贱民阶层的境遇过去三十年间是否有所改善。

致以诚挚的问候。

你的朋友

翰笙

（陈宇慧翻译）

汪熙致陈翰笙

（1983 年 4 月 22 日）

翰老：

四月十六日航挂内附拟应改正各点及所示出版信等，均已收到。所示修改各处，自当遵嘱一一修改，望释念。

现有以下几点，请先生考虑：

（1）这本书似仍应有先生的一个前言，才比较完备。一般翻译书都希望有原著者的一篇前言，才更亲切也更有价值。更何况又遵嘱在先生大作前加上了我的一篇拙文，更需要先生在前言里说一两句，否则我有些太自说自话，不知天高地厚了。我已经在先生前次前言的基础上，体会先生的意思，试拟了一个，共约 600 余字。因为路隔千里无法一一面商，难免有不妥之处，请您尽管删改。改定后要烦请素雅兄誊抄一遍（空白稿纸随函附寄），并请先生签名。这样交给出版社较郑重一些。

（2）至于书面的具名，熙意是否仍照熙上次去京时先生面示的格式即“汪熙 陈翰笙 陈绛”。陈绛同志此次翻译也花了不少精力，不把他的名字列在封面上我心里实在觉得过意不去，而且列后是否对他将来评定职称等也是会有出入的。因此请先生同意三人列名的格式。假使先生同意这一格式的话，您上次写给我的信（将为出示给出版社的）也要相应改一下。我现将原信附回，并注上修改之处。请参酌重新写一封给我。

（3）书名问题，熙意能否定为《帝国主义工业资本与中国农民》。我的想法是：

a. 若用《英美烟公司怎样剥削我工农》这个题目，有点太直、太露，像一篇大批判文章的题目。

b. 拙文虽对英美烟剥削工人有所论过，但也涉及到英美烟与反动政府的勾结及英美烟对民族资本的压迫，等等，其范围不仅仅是“剥削工农”而已。

c. 英美烟是工业资本，所以“工业资本”四字似乎应在书名中保留。并且多少能与先生的原著书名相连结。

d.《帝国主义工业资本与中国农民》较概括一些，理论一些，对读者可能更有吸引力。

以上各点请先生裁酌。若同意，请尽快将前言及信赐寄。想争取在四月底以前将全部资料交出版社，争取今年能出书。

1983.4.22.

（黄燕民识录　丁利刚校正）

陈翰笙致 D. K. 辛纳

（1983 年 4 月 27 日）

亲爱的辛纳（Sinha）先生：

前日我收到了 6 本《南亚农业区域》。对您不辞劳苦的分寄工作，请允许我表达由衷感谢。还要多谢您费心本书装帧。也希望第二本地图集于不久将来早日出版。

衷心问候。

诚挚的

陈翰笙

（陈宇慧翻译）

世界经济导报社致陈翰笙

（1983 年 5 月 3 日）

陈翰笙同志：

为庆祝本报创刊三周年，定于一九八三年五月七日（星期六）下午六时在北京人民大会堂西大厅举行招待会。

敬请

光临

世界经济导报社

社长　钱俊瑞

主编　钦本立

1983 年 5 月 3 日

（王晓燕识录　丁利刚校正）

黎澍致陈翰笙

（1983 年 6 月 1 日）

翰笙同志：

宋夫人此信原件似可考虑复印一二份作为向上海要材料的根据，尊意以为如何？

敬礼。

黎澍

6/1/83

附件：

宋庆龄致陈翰笙信（1979 年 4 月 15 日）

亲爱的朋友：

目前，我不能答应这一请求，因为我最近经常患头痛和喉咙哑的毛病。但我在上海有许多剪报，可供他们将来作为素材之用。他们也不必害怕，因为我想我还不会很快就死。此外，我现在有很多烦心的事使我无法从事写作。

在我这里工作五十多年的老保姆得了癌症，将在四个月内做手术。我的一个养女下周将要赴美，所以我现在忙于为她做准备。请原谅我写得潦草，因为这些烦心的事使我心情十分紧张。

待我稍闲后再给你去信。

知名

四月十五日

SCL

（王晓恕识录　丁利刚校正）

陈翰笙致汪熙

（1983 年 6 月 4 日）

怡荪同志：

顷捧读六月一日来函，兹复如下。

《西双版纳》一书原为英文写作。现经翻译后请民族学院的人补充有关历史方面的事实。故已不是我的一人创作。同样情况即是那篇我和千家驹合写的“近代经济史资料丛书”。二者均非我个人的写作，故不宜收进文集内。手复即祝日祉。

陈翰笙启

83-6-4 日

（黄燕民识录　丁利刚校正）

陈翰笙致汪熙

（1983 年 7 月 18 日）

怡荪同志：

七月十五日手札已敬悉。兹复如下：

（1）《六千年前中国奴隶制国家》一文的译者为黄云杉。

（2）书名最好用《文集》，即《陈翰笙文集》。因篇幅太多不是《文选》而是《文集》。

（3）请你们作序，我不愿再写什么了。

请于到京之日电话 36-1620 为盼。手复即祝俪祉。

陈翰笙启

83-7-18 日

（黄燕民识录　丁利刚校正）

郁文致陈翰笙

（1983年8月8日）

陈翰老：

你寄给耀邦同志的“关于加强出版历史丛书工作”的信，耀邦同志八月七日批示给我，要我负责同有关部门研究解决。请你放心我一定努力完成。耀邦同志在批示中说：“什么事情我们都要着眼于为广大群众办好事，而不是搞花架子，求虚名。陈老那里我没有回信，请你代为致意。”并说“我们这些人应该向作过好事的老人多问候”。

我受耀邦同志的委托，代为向您致意。

关于这个问题的处理一经同有关部门研究有了结果，当再函告。

特此

敬礼！

郁文

一九八三年八月八日

（王晓恕识录　丁利刚校正）

包柏漪[①]致陈翰笙

（1983年8月12日）

亲爱的陈博士：

自1979年那次访华以来，我已不知多少次回忆起我们在旅馆里会面的

① 包柏漪（Bette Bao Lord, 1938—），美籍华裔作家、社会活动家。父亲包新第曾任国民政府资源委员会驻美代表，母亲方婉华为清代文学家方苞之后。1973年她与丈夫温斯顿·洛德（Winston Lord）随基辛格一同来到中国，这也是她27年后首次回到故乡。1981年她根据其访华经历出版了代表作《春月》，该书曾成为《纽约时报》最佳畅销书并获美国图书奖提名，而且被《出版家周刊》誉为“中国的《乱世佳人》”。

场景。您的谦逊和智慧令我印象极为深刻。现在我打算10月中旬重回北京，特此致信，希望届时能与您见面。此间数年发生了许多重要事情，没人比您更有资格来告诉我今日与昨日之中国。

多拉告诉我您已经读了我的小说《春月》。此行我的目的不止是走亲访友，同时还要为这部小说的翻拍做一些踩点的工作，我还准备为另一本设定在中国的小说构思素材。这本新小说会从战时写到现在。

我亦听说您本人依然笔耕不辍，如果您的研究需要我从美国给您捎带任何书或材料，请不吝告诉我。我愿将这些文献作为礼物送给您，以表敬意。

非常期待我们下一次见面。

诚挚的

包柏漪

另：我的电话是2124721635。9月26日我从纽约启程，请在此之前将所有您所需要的材料告知于我。

（陈宇慧翻译）

郁文致陈翰笙

（1983年8月26日）

陈翰老：

关于继续出版“历史小丛书”问题，我们接到耀邦同志的批示后，进行了多次研究。现在把关于继续出版两套“通俗历史小丛书”和改进政治书籍、知识书籍出版发行工作的具体措施的报告抄送一份给您。望予指正。

祝您健康长寿！

郁文

一九八三年八月二十六日

（王晓恕识录　丁利刚校正）

陈翰笙致汪熙

（1983 年 9 月 11 日）

怡荪同志：

今早（星期日）丁利刚来谈了两个小时。据说他在北大法学系上课一年以后即将返上海担任课程。他现住在北大 29 楼 426 室。

《无锡日报》8 月 20 日登载一篇文章《愿家乡多培育人材》。此文实即是记者来京访问我以后写的。我处得到两份，但已分送出去了。如能设法取阅，便可参考而写一篇《文集》的序言。

北京天气还是很热。今天的温度是 17°C 到 30°C 但雨季已过去了。几乎每天都是晴朗的。

手祝俪祉。

陈翰笙启

83–9–11 日

（黄燕民识录　丁利刚校正）

陈翰笙致汪熙

（1983 年 9 月 15 日）

怡荪同志：

上月中旬在请人将《邓小平文选》读给我听的时候，我做了“索引”以供诸友好参考。今附上一份请哂纳。

想起《文集》的编纂一事，不知你们曾否收用一本一万多字的小册子。这是我为商务印书馆写的“外国历史小丛书”中的一本，约在 1980 年或 81 年出版（事实是再版）。书名《印度莫卧儿王朝》。请考虑将其收入《文集》

内如何？匆祝阖府安康。

陈翰笙启

83-9-15 日

（黄燕民识录　丁利刚校正）

陈翰笙致沈庆霖[①]

（1983 年 9 月 18 日）

沈馆长同志：

尊处黄高谦、万冈两位同志于本月一日曾亲临我处。他们谈到出国考察博物馆事业的问题。请让我对此事提供鄙见。虽然因为我是读历史的尤其是爱读革命史的曾在欧美留学十一年的人，深知英国的博物馆有悠久的历史，但美国的则更为进步而富于科学性。

当黄、万两位同志谈组织考察团去美国访问的时候，我心中便怀疑是否可付出一大笔外汇。现在考虑，还是以派干部赴美专攻博物馆学为上策。

据我所知全世界约有一万七千五百多博物馆，其中多数是在美国。美国大学中所授的博物馆学专科也较英、德、法、日诸国的更为前进。谨向你提议由你馆选派一二位干部或大学毕业生赴美国学习博物馆学。每人在大学的学费和生活费共计美元一万四千至一万七千元。每人学博物馆专科只需用两年的时间。由此可推知一个访问的代表团所需的用费便可用以派出数位留学生了。可以想象，回来的留学生能比返国的访问者能有更多的

① 1983 年 9 月 1 日，中国革命博物馆（现中国国家博物馆）黄高谦、万冈两位副馆长拜访翰老，商讨宋庆龄的文物事宜，以及他们对于改进中国博物馆事业的一些设想。翰老对此有感而发，于是亲笔草拟了这封致沈庆霖馆长的建议信。

翰老向来有利用杂纸的习惯，以节约用纸。巧合的是，本信第三页下半部的内容，恰好写在复旦大学汪熙教授为丁利刚从上海去北京大学法律系进修而向翰老写的引荐函的背面，详见本信附件。

贡献。

再说我是喜欢学习历史的，对革命历史尤其爱好。因此不揣冒昧，谨以上言，鄙见如承采纳，国内历史学界当无任感激。手致敬礼。

陈翰笙启

83-9-18 日

附件：

翰老：

介绍丁利刚同志前来拜访您，并向您致意问好。请您指导为感。

敬祝

（黄燕民识录　丁利刚校正）

陈翰笙致麦金农夫妇

（1983 年 11 月 10 日）

亲爱的简和史蒂夫：

上次与博物馆长在我家中会面已是久远之事，我想你们两位正在忙于新事业的工作。你们可能不会介意博物馆方面的拖延，但有人告知我，他们接到上级（我不知道是哪家单位）要求审核对你们两位的邀请。但我希望，请你们二位寄给我一本《20 位中国革命女性》（*20 Revolutionary Women in China*）。这样我就可以译成汉语，交付此地一家新的出版社，他们承诺会将其出版。

另一件要提醒你们的事是，最好将著作草稿标题中的“三个阶段”改成“四个阶段”。很显然，第四阶段已经从 1979 年开始了。过去四年以来已经发生许多重大改变。我确信我们现在已经开始了一个崭新的、很有希望的阶段。因此，最好是加上第四阶段、修改草稿之后再行出版。请不要在序言或文中提起我的名字，因为这里的人非常敏感。来函告知我你们什么时候完成草稿。

向你们两位致以衷心的问候!

忠诚的
翰笙

(陈宇慧翻译)

陈洪进致陈翰笙

(1983年11月12日)

翰老:

这封信是想告诉你《西双版纳》这本书的进展情况。十一月十日我和祁庆富商量了最后定稿抄稿的工作。我现在校改工作已经完成了半数以上，抄稿誊清工作已经分头进行。现在已经约定三个人分头抄写。这里的小刘抄一部分。译者(科图的陈书梅)抄正文的大部分。祁庆富抄他的注释和他的引言。这样的安排可以缩短抄稿时间，而且可以减少错误。

此外，还想告诉你。《西双版纳》这本书，在我看，是你的杰作。它的学术价值绝不会低于烟草调查和印巴地区。这本书详细描写了"亚细亚生产方式"的社会，比马克思引用的材料更加详细，更加具体。这个社会是在变化过程当中。照你在这本书里的判断，那里没有奴隶制，还是早期封建制，是封建制和农村公社并存的社会。这本书思想性、理论性、逻辑性都很强。这是一本少有的著作。我因为逐句逐字校对，校对后有些段落要反复看好几遍。所以我知道得比较深刻。而且我亲眼看过，历史材料我整理过，我相信我的评价不会过分。可是我的校改工作超过我的想象。我以为这里的实地调查报告，一个星期足够了。可是现在校改了十天，才完成了一半。译者已经尽了最大的努力，但错误仍然不少，一不小心，就会漏过，所以非慢慢看，反复看不可。欧美用的度量衡要换成公制。预计下星期我的校改工作可以完成。抄写工作十天完成。打算在十二月内把全部稿件送交给你。其中包括排版设计。

我在校改过程中感到非常高兴，如果那个地方我没有去过，又如果这几年对印度社会历史没有用过功，对亚细亚生产方式的理论没有用过一点功，对这本书的价值是不会有什么理解的。能够完成这项工作我们也可以说，我们没有虚度了那段时间。

敬祝冬安。

陈洪进

83.11.12 早晨

（王晓恕识录　丁利刚校正）

陈翰笙致汪熙

（1983 年 11 月 28 日）

怡荪同志：

英文《中国日报》要我写文章，一星期前我送去一篇；昨天星期六日程出来了。今附上一份请附阅以便决定是否可放在文选中。

丁利刚每个星期一下午来我处参加英文班。他颇有些进步，可以告慰。

匆祝俪祉。

陈翰笙启

83－11－28 日

（黄燕民识录　丁利刚校正）

陈翰笙致汪熙

（1983 年 11 月 28 日）

怡荪同志：

记得你上次在京时曾去北大探望某教授。不知你们赴美国的问题是怎样了？便中请告知。

昨天寄上英文报纸，内有拙作一篇，如果你们认为可译出放在那文集中，请参考我原稿为幸。

原来我先写好中文稿。后来我请打英文字的人读给我听，我随即口译为英文，打字者即听了打上英文。

题目已由报馆编辑部改动了，并此附告。手祝俪祉。

陈翰笙启

83-11-28日早

（黄燕民识录　丁利刚校正）

北京市西城区育民小学致陈翰笙

（1983年12月24日）

陈翰笙老同志，

首先，我们全体师生向您这位著名社会科学家、老一辈的革命家致以崇高的敬礼！

我们早已从北京晚报了解到您的感人事迹，深怀敬佩之情。这次又承苏开明同志转来您支援我校少年儿童的捐款伍拾元，对您给予少年儿童如此深切的关怀，更加感动之至。我们一定好好教育学生，使他们在科技和文化生活上都得到很好的基础知识和修养，以便他们将来在学业上能够更好地发展，成为四化建设的可靠接班人。以符盛期。

专此敬祝新年快乐并祝您健康长寿。

北京市西城区育民小学

一九八三年十二月二十四日

（王晓恕识录　丁利刚校正）

1984年27封

陈翰笙致汪熙

（1984年1月1日）

怡荪同志：

自从这次在丰台参加会议返沪后想仍终日忙碌罢！最近海洋局的罗局长等忙于组织“太平洋历史研究学会”。我们邀请周谷城当会长。后天一月三日将开成立大会。外地来参加者已达三十多人。开幕式我也要去参加。最近《世界经济导报》载了我写的一篇小文章《世界经济中的矛盾》。今剪下一份附上。你看可否并入什么《文选》或《文集》中？

敬祝你俩和阖门新年如意，健康如恒！

陈翰笙启

84-1-1日早

（黄燕民识录　丁利刚校正）

陈翰笙致汪熙

（1984年1月5日）

怡荪同志：

前寄上十二月廿六日上海发行的《世界经济导报》中一篇文章《世界经

济中的矛盾》。不知能插入《文集》中否。此文已被英文《中国日报》译出转载（一月四日）。

最近两天海洋局和海洋科学研究会的负责人召集了全国同好组织“太平洋历史学会”。前昨两天开会，外地来学者三十多人。昨日下午宣告成立。周谷城被选为会长，我为第一副会长。他们要我负责搞对国外联络工作。专此奉告，并祝新年安康。

陈翰笙启

八四年一月五日下午

（黄燕民识录　丁利刚校正）

陈翰笙致汪熙

（1984 年 1 月 8 日）

怡荪同志：

多谢你一月五日大札。附件也已经听人读过，只有些字面略为改动。

中译本前言和原有序文在此奉还。目录已看过，也在此附还。

太平洋历史学会处待我取得入会志愿单后即邮奉不误。

匆祝双安。

陈翰笙启

84-1-8 日

（黄燕民识录　丁利刚校正）

陈翰笙致汪熙

（1984 年 4 月 29 日）

怡荪同志：

本月二十一日来书收悉已多日。只因走出医院不久，要料理杂务故迟复为歉！附来关先生名片谢谢。两年前他曾来我处畅谈一次。

出版社答应将我的文集何时付印？序言已定稿据所了解今看可有多少万字？

另有两本书《解放前中国农民》和《西双版纳》今年可由社会科学院出版社出版。

现有一事想拜托。友人孙承谷和他爱人潘蓓英现在外交部外交学院担任外国政治制度和国际关系等课程。孙同志的老母在苏州，因其父亲去世家中乏人照料，他们夫妇二人急愿调往上海或苏州学校担任功课。现附上两份履历请你看后代为策划。不知复旦或华东师大或华东政法有机会调任否。如能办成不胜铭感。手祝日佳并祝阖门健康如恒！

陈翰笙启

84-4-29 日

（黄燕民识录　丁利刚校正）

陈翰笙致汪熙

（1984 年 5 月 30 日）

怡荪同志：

幼娴同志今天下午送给我们果品和营养，我们非常感谢。看到她十分康健我们感到很高兴！

今天上午发信给你，信内写错字了！蔡和森被我误写为“蔡和生”！请改正为幸。和森同志是在1926年年底途经北京时同我长谈了三个小时；他同我谈了“土改”问题。因此我在1927—28在苏联一年时就在“第三国际农民运动研究所”工作。那时斯大林老婆“阿利鲁伊伐”是该研究所的会计。月初拿工资时我总同她谈几句的。蔡和森同志对我讲了农民运动问题使我立志研究国内的农村经济问题。仅此补告并祝俪祉。

陈翰笙启

84-5-30晚

（黄燕民识录　丁利刚校正）

陈翰笙致汪熙

（1984年6月10日）

怡荪同志：

你所写的一篇序言经此间几位朋友讨论，大家认为不像一篇序文或前言而是一篇传记。他们“自告奋勇”想另为你代笔。如你对此同意仍署你的名字。

意思以说明文章为主而不以我履历为主。这几位均为我多年老友，不必对此存客气心思。

他们却有一个要求：请你开一个书目说明文集中有什么文章。每条要写出两项：（1）题目，（2）哪一年写的。

希望你慨允此事，以便他们代劳。丁利刚同志将于12日动身返沪，并以附问。手祝俪祉。

陈翰笙启

84-6-10日

（黄燕民识录　丁利刚校正）

陈翰笙致汪熙

（1984 年 6 月 23 日）

怡荪同志：

前接六月十六日来函后几经接洽仍未能如愿将稿件送上。

《华工出国史料汇编》共九册，其中三册早于三年前出版。但只是第五、六、七的三册，而序言则在第一册内尚未出版。序言由故宫档案处经手交给中华书局。我两次电话该局，均以无法由印制所收回答我。《西双版纳》一书约有四万字光景。内容确对社会史有所贡献，但组织紧严无法挑选一段插入文集中。序言较长，但不是我写的，是陈洪进写的，也无法插入文集中的。以上种种均已面告丁利刚了。

正在写《中亚与我国历史的关系》一文但不知何时可发表！手祝俪安。

陈翰笙启

84-6-23 日

（黄燕民识录　丁利刚校正）

陈翰笙致汪熙

（1984 年 7 月 15 日）

怡荪同志：

顷接读七月十二日来书，知道你写的序文已经定稿。这样，还可以另写一篇《前言》说明文集中文章的内容和性质。如果你不愿在两篇上署名，则可由另一位在《前言》下署名。

因此仍要烦你将书的目录抄一份寄来为感。

目录分两项（一）文章题目；（二）什么时候、哪一年写的。

根据这个目录，想写一篇《前言》说明文章的内容和价值。这与《序言》无关的。匆复即祝俪祉。

陈翰笙启

84-7-15日下午

（星期日）

关于推荐你的参考资料请寄到北京东城东厂胡同一号（世界历史研究所）。

（黄燕民识录 丁利刚校正）

陈翰笙致汪熙

（1984年7月24日）

怡荪同志：

兹先将《序》改好邮上。请用你的名字发刊。

陈洪进要写《前言》，不日可寄奉。因有《前言》故不必写成《序言》。还是写《序》或《序文》为好。匆祝日祉。

陈翰笙启

84-7-24日

（黄燕民识录 丁利刚校正）

陈翰笙致王波明

（1984年7月25日）

波明同志：

接读6月21日来信后即将你们的写作计划转给“展望出版社”编辑部审阅。现得复音如下。

（1）出版社愿为你们出版《美国真相》这一本书。

（2）但建议不应是一本文集而是一本有组织有系统的见解。

不宜由各人写各人的意见，而应当有组织的意见，由大家分章、分节、分题目来写出。

以上提议现转告如上，请参考。如来复信请寄北京复兴门外大街 24 号楼 106 室。（电话 36－1260）

陈翰笙启

84－7－25 日

（王晓䜣识录　丁利刚校正）

陈翰笙致汪熙

（1984 年 7 月 29 日）

怡荪同志：

前接来信说要我写出对你提高职称可提意见。但迄今尚未接到复旦来信。如你知道复旦何时邮出请函告为幸。

《序》及《前言》均已先后用挂号邮寄你处。不知能及时交给出版社否？《序》请署你自己的名字。《前言》则用“编者”署名为好。匆上即祝俪祉。

陈翰笙启

84－7－29 日上午

（黄燕民识录　丁利刚校正）

吴大琨致陈翰笙

（1984 年 8 月 5 日）

翰老：

兹介绍李绍清同志前来和您老联系，李同志正在研究孙冶方同志的思想，她对冶方同志从莫斯科归国后如何在您老领导下从事农村工作的情况还不清楚，请予以指导为感。

此致

革命敬礼！

吴大琨

敬上

1984.8.5

（黄海燕识录　丁利刚校正）

陈翰笙致汪熙

（1984 年 8 月 7 日）

怡荪同志：

八月一日大札已收悉。附件已看过，今附还。

两篇并作一篇序言，且要给陈洪进一点稿费，也已告诉他了。

记得《外国工业资本与中国农民》一书复旦出版社早有广告登出，不知现在已出版否？①

复旦大学人事科已寄来关于您的作品四项。不日我即复信推举您为教授，这是你应有的职称。

手复即祝安康，幼娴同志均此。

陈翰笙启

84-8-7 日

（黄燕民识录　丁利刚校正）

---

① 原信此段被汪熙于 1984 年 8 月 9 日剪寄至复旦出版社。

陈翰笙致虞耀麟

（1984 年 8 月 8 日）

耀麟同志：

上月七日大札收悉后事忙未及早复为歉。我对音乐一无所知，故提到广陵散提不出任何意见。

现遵嘱草拟《顾宪成后裔顾淑型》一文，请拨冗一阅。如添登日报更是感幸。

再者，南亚学会是研究印度学的学术机构。我是该会的名誉会长。该会定于今年十月下旬拟在无锡开会约两周之久。会员们要我向你请教。我会如派人来锡者七十多人，膳宿的问题，应当同无锡什么机关接洽？希即函示，以便接洽。

（陈宇慧识录　黄燕民校正）

陈翰笙致汪熙

（1984 年 8 月 15 日）

怡荪同志：

前信谅已入览。Far Eastern Survey 可译为“远东概况”。

今天已复信寄复旦大学人事科。原稿附上可一阅。

何日启程赴美国？在启程前是否能同出版社办妥交涉呢？《外资与我国农民》一书何日能出版呢？

今年十月下旬，南亚学会可能在无锡开年会。如我能去参加当来上海一行。并此附阅。

顺祝俪安。

陈翰笙启

84-8-15 日

（黄燕民识录　丁利刚校正）

陈翰笙致丁利刚

（1984 年 8 月 18 日）

利刚同志：

本月十一日来信已读悉。曾电话询问商务，据说尚未有人写关于雅尔塔会议的小册子。①

今将寄来的写作纲要附还，且有下列几项提议：

（1）首先要说明会议的重要历史性。

（2）会议前的阴谋要说得清楚。

（3）会议前后与中国方面有何关系要说明。

（4）这个会议怎样开创了一个新的国际关系。

文中可以描写罗斯福个人的形象和行动，小册子不要超过三万二千字。

手复即祝日佳。

陈翰笙启

84-8-18 日

（黄海燕识录　丁利刚校正）

陈翰笙致汪熙

（1984 年 8 月 22 日）

怡荪同志：

顷接本月 19 日来函，多谢你们贤伉俪，邀我在上海时住在你们那里。无锡方面尚未有回音。如无锡不成则可能赴杭州开会了。

---

① 1984 年，丁利刚与世界史学者林汉隽在共同研究雅尔塔会议时，征询翰老对该选题的意见，翰老亲自问询了商务印书馆，并写了详细的写作提纲。1988 年，林汉隽、丁利刚著《美英苏三国的雅尔塔会议》由商务印书馆出版。

《中亚文化与我国的历史关系》一文我处没有存留底稿。想来没有发表前难以照登在文集中。

读完来书后随即电话黎澍。据说他早已答复复旦大学的人事处了。

《帝国主义与中国农民》样本不必寄来，请你检定就行了。(刚才已收到，有一本样本就行了，多余的不必寄来。)匆复即问你和幼娴同志秋祺。

陈翰笙启

84-8-22 日

请你写一张条子说明为什么要加入“太平洋历史学会”为会员。还要写明职务和通讯处。

我作为介绍人即可将此条转给理事会。理事会在九月二十日开会。

翰又及

8 月 22 日

(黄燕民识录　丁利刚校正)

白杨致陈翰笙

(1984 年 9 月 5 日)

陈老:

寄上《宋庆龄》剧本请您指教。

我在上海的住址：上海市华山路 978 号，电话 523248。

您到上海来时，欢迎您来家做客。

敬祝

健康长寿!

白杨

84.9.5

(黄海燕识录　丁利刚校正)

陈翰笙致汪熙

（1984年9月6日）

怡荪同志：

数日前已收到你寄来的四本新书，谢谢！

昨天下午我们在人大会堂庆祝《世界知识》创刊五十年的纪念活动。到会者二百多人。姬鹏飞、胡愈之等讲了话。我同吴冷西等同桌，谈了很多。

想你近日正忙于启程赴美。何日能返沪，可否预告呢？最近我处录取一位候补博士学位的研究生。他将在我处写关于印度政治经济的论文。敬祝俪祉。

陈翰笙启

84-9-6日晚

（黄燕民识录　丁利刚校正）

黄绍湘致陈翰笙

（1984年9月22日）

陈翰老同志：

因工作繁忙，久疏函候，甚歉！敬祝尊体健康，国庆节日好！绍湘七月中在首都医院通过了出国检查，体质良好！八月中，经社会科学院批准，根据The Distinguished Scholar Exchange Program协议，作为与美方交换学者，于明年去美国访问，准备搜集近三十年来美国史方面的新史料，了解美国社会新动向，并访问美国史学界各流派有代表性的学者。由于交换学者访问时间仅两个月，难以达到上述愿望，社会科学院外事局表示：本人可以同时向美国学术机构进行申请。最近我接到史密森研究院威尔逊研究中心寄来了申请书等件，为了争取延长在美访问的时间，绍湘已按美方的规定，填写了申请书以及附来的其他表格、研究计划等；并按美方通知，必须于十月一日以前收到的要求，已将应征的全部材料，于九月二十一日寄出。同时，美方来件中规定，需要请国内对我了解的著名学者，对绍湘的应征，进行推荐。你一向关心、支持我的学术研究工作，这次因美方时间限制较短，事先来不及先征求同意，已将请你作为推荐著名学者之一，列入美方的表格中寄出，想来不致推却，恳请慨予同意，代写推荐信直接寄往美国。

美方来件提出推荐信的内容是：对被推荐人的美国史研究的能力、经验、学术水平等作出评介。兹附上我已寄给美方申请书复制件的研究计划、美方致推荐人的信各一份，敬请你在百忙中审阅参考后，惠予大力支持，尽快写一英文推荐信，航寄：History Culture and History, The Wilson Center, Smithsonian Institution Building, Washington, D.C., 20560, USA.

美方希望推荐信……[1]

有劳费神，容后面谢！此致

敬礼！

黄绍湘

1984.9.22 日

另附四十年代在哥伦比亚大学研究生院毕业时，导师对我论文的评语。中杰敬此问好！

（王晓恕识录　丁利刚校正）

陈翰笙致丁利刚

（1984 年 9 月 26 日）

利刚同志：

接读本月二十三日来函，喜悉学校已同意你去美留学。我仍劝你参加法学方面的课程。能进入耶鲁大学法学院最好。主要是学习国际法、刑法和商法。估计可以两年为期，但不必要得什么学位。早些返上海回学校为佳。回

① 原信此处文字无法识别，省略号系编者添加。

国后还得在国内各种法律上化一番功夫。否则难以应付国内人的要求。现在一般人热心于学习工商管理等门类。其实经济愈发达，法律就更加重要。封建官僚的法制是有名无实的，但在最近二十年内外来的资本主义势力必可将我固有的半封建的官僚主义打碎的。

南亚学会因无锡没有地方故已改在杭州开会。现定于十月十八日在杭州开会，五天后结束，届时如能抽暇来上海定可登门造访。

潘维现担任北大国际政治系的助教，他因工资太低想改行或迁至其它机关。

知注附闻，手此即祝健康。

陈翰笙启

84-9-26日

（黄海燕识录 丁利刚校正）

陈翰笙致史密森学会[①]

（1984年9月29日）

敬启者：

本人曾于柏林追随奥托·哈奇（Otto Hutsch）教授学习东欧史，之前亦曾于1920—22年间在芝加哥跟随安德鲁·C.麦克劳林（Andrew C. McLaughlin）教授学习美国宪法史。我对黄绍湘教授所提交的研究计划主题非常感兴趣。黄教授申请了贵项目奖金，她学识出色、教研有方，最近出版了63.2万字中文版《美国通史简编》（*A Concise History of U. S. A*），颇受好评。黄教授堪为贵奖金之合格人选，特此推荐。

诚挚的

陈翰笙

（陈宇慧翻译 黄燕民校正）

---

① 即Smithsonian Institution。

陈翰笙致汪熙

（1984年10月3日）

怡荪同志：

想起你女婿曾在我处谈及他写论文的题目。不知他决定写什么问题。如有所知可否函告？

此次国庆中央和北京市的用费共计在四十亿元以上。有些群众颇不以为然。

外资投入我国是否能调查而得出统计？外资与我国内经济的关系似应成为研究的题目。提高教育、改进教育与发展经济也可成为研究的课题。可惜现在我们对此尚未着手用功！祝你们全家好。你自己旅途舒适。

陈翰笙启

84-10-3日

请问汪伯伯，您什么时候去美国，什么时候回国？世界历史研究所的黄绍湘同志是否同去？舅舅嘱问。

瑜琼

（黄燕民识录　丁利刚校正）

张稼夫致陈翰笙

（1984年10月10日）

陈翰笙同志：

送上我今年到横断山脉地区的考查报告，向中顾委支部书面对照检查，以及我于八月间再次向中央送上三个专题报告，供你得便看看。有何意见，望予指正为荷。特此顺颂冬安！

张稼夫

10/10 84

（黄燕民识录　丁利刚校正）

北京大学国际政治系致陈翰笙

（1984 年 11 月 3 日）

尊敬的陈翰笙教授：

拜读 12 月 14 日手书。对于您对我系研究生潘维的热心指导和关怀，殊堪敬佩，深表谢意！

关于潘维要求提前答辩事，因属肇开先例，我系十分重视。为慎重起见，经民族解放运动教研室和系主任办公会详细研究后，又提交 12 月 24 日举行的系学术委员会审查，并在会上宣读了您的来信，经无记名投票，出席学术委员会 11 人一致同意潘维可提前于 1984 年 7 月答辩。我们已将系学术委员会的审查意见和投票结果上报研究生处和学校审批，得学校批准后始能生效。怕您惦记，特先奉告。

望您保重身体。顺祝

冬安

北京大学国际政治系敬上

1984 年 11 月 3 日

（王晓恕识录　丁利刚校正）

陈翰笙致白寿彝

（1984 年 12 月 1 日）

寿彝同志：

今天接到贵校 84 年出版的《史学史研究》三期。读了第一期内你所讲的《要发挥历史教育应有的作用》一文，所指出的当今历史教学中的弊病如：急于求成、不分析问题、文章缺乏思想、教授法中了苏联人的毒等情况。讲得非常中肯，至为钦佩。

事实告诉我们，你的批评对当今国内大、中学校各科教授法也同样中肯。可否请另写一篇短文，交《光明日报》发表，使我国史学工作者觉醒起来，而从速改进工作。

我从 1950 年归国后，多年来对国内教育情况就和您有同样感想，但自愧未能写出像您这样的好文章。专此奉恳，顺致敬礼！

陈翰笙启

1984-12-1 日

（陈宇慧识录　黄燕民校正）

陈翰笙致丁利刚

（1984 年 12 月 9 日）

利刚同志：

10 月 6 日和 11 月 29 日两次来大札，迟复为歉。上月在杭州参加了南亚学会的讨论会并参加了四位研究生的口试。三位来自四川大学，一位来自辽宁大学，但均写了有关印度史的论文。因北京有信促我提早返来，故过上海时未能停留为歉。

从早晨的广播电台报告得知党员中贪污枉法者时有所闻。上星期日光明日报报告了山西大学失火的过程更加说明现在已养成“干不干，两斤半”的不良习惯！这就更使我想到只有资本主义才能压倒封建官僚主义！从沿海各省看来资本主义确已逐步侵入了。还有不久的将来就有一批又一批从欧美返国的留学生也可能推波助澜地促成资本主义的发展！

这次南亚所两人和北大的潘维都来投考，要当博士学位研究生，但三人的英文考试都未及格（考试是人家主持的）。我只考他们的印度政治经济。我考的卷子中也只有一人及格，因此三人都未被录取。[①]

资华筠从加拿大来信告我她已用英语演讲了“中国舞蹈的过去和现在”。大家听了很高兴。现在我处除星期一和星期六外，又添了星期二下午一个英文班，顺便函告。

祝你健康如恒！

陈翰笙启

84-12-9日

（黄海燕识录　丁利刚校正）

① 据当年参加这次博士考试的考生赵穗生和潘维回忆，实际情况与翰老信中所言相左。这次计划录取两人的考试仅三人参加。考试成绩公布后，官方因收到申诉，临时取消了翰老当年的博士招生计划，赵、潘两位已合格的考试成绩也因此作废。

1985年29封

陈翰笙致汪熙

（1985年1月13日）

怡荪同志：

此次返回后想您很忙！不知现在已将各事安排就绪否！

社会科学院世界史研究所出版的杂志《世界历史》去年十二月第六期登载了拙文一篇，兹附上请考虑是否可同出版社交涉插入文集内？如能办则最好，如不易办到则作罢可也。

丁利刚同志曾于本月五日到北京。现已返沪，闻他将于明日（十四日）乘飞机由沪上启程赴美留学。

我处仍有三班英文班（星一、二、六）。过去在此补习的超过150人，内二十多人现在在美国；四人在日本留学。顺祝日佳。

陈翰笙启

85-1-13日

请代向幼娴同志问好。素雅又及。

（黄燕民识录　丁利刚校正）

唐孝纯致陈翰笙

（1985 年 1 月 21 日）

翰笙伯伯：

前蒙允诺为母亲题词[①]，感激万分。本当随即将母亲事迹送去，因不慎摔伤骨折，不能行动。原拟好一些就亲自送去，但因恢复较慢，只能将有关材料寄上。与此信同时寄上的无锡文史资料其中第三十六页“三十年坚持民众教育岗位—— 记女教育家俞庆棠”一文系母亲的学生，也是她的同事徐为裳所写，请参考。倘再需其他材料，请函告或再过三周或四周，我让小女夏红给您去电话，免得您写信了。

时值隆冬季节，望伯伯保重。

此致

敬礼

唐孝纯谨上

1985.1.21

我爱人夏加向您问好。

（王晓恕识录　丁利刚校正）

陈翰笙致何清[②]

（1985 年 1 月 30 日）

亲爱的何清：

感谢你去年 12 月 7 日的来信，很高兴获知你比较了中国过去和现在的

---

① 陈翰笙为俞庆棠题词详见本书“陈翰笙致唐孝纯（1985 年 2 月 28 日）”。

② 何清（1904—1987），实业家。生于夏威夷，曾就读于麦肯尼中学，1926 年在夏威夷大学毕业后艰苦创业，20 世纪 30 年代已拥有雄厚的经济实力。祖籍中山的客家人何清与其他华商联合成立了夏威夷唯一一家华人银行——共和银行。1954 年，他被选为夏威夷证券交易所亚裔会长。何清从祖父辈已移居外国，但对故国家园仍一往情深，非常关心祖国的公益事业。1983 年，他回国商谈有关捐建儿童科学图书馆事宜，同时捐款给宋庆龄基金会，并担任该会理事。

状况。诚然，中国已随着世界进步的洪流滚滚向前。

自所谓人民公社解体之后，新的合约体系慢慢形成，并作用于农村家庭。我们的农业生产在过去三年中稳步增长，实际上现在面临的主要问题是缺乏仓储，另外交通体系不甚发达，道路狭窄，没有足够的运输工具。

为了加快工业生产，我们要与其他国家的资本合作。随着经济发展，城市经济将快速进步。你从这个角度上一定可以有所作为，因你已参与了长城饭店的建设，颇有经验。

随着中国经济前景越来越好，许多海外华人现在回到祖国，继续教育。我们最近为其组织了一个书院，我是其中的领导成员。同时我还带了四个研究生，两位来自北京大学，另两位来自社科院。

期待你下次来京时再次见面，向你和夫人致以问候。

诚挚的

陈翰笙

（陈宇慧翻译）

陈翰笙致汪熙

（1985 年 2 月 7 日）

怡荪同志：

只因视力不好，听了你 1 月 20 日来信后竟忘记寄还你的报告！现附此邮上，请查收为荷并恕我疏忽！

胡适是我 20 年代至 40 年代的友人。他在美任职时我也见过多次。但我不认得他家任何人！未曾见过他女儿。

多谢你问起稿费。一时忘记函复了。收到四百多元后即于 11 月间赴杭州去开会而用掉了。匆复即祝全家安好。

陈翰笙启

85-2-7 日

向两位贤伉俪问安。我拟于四月初返回，如有事，请来信。翰哥身体还可以，就是健忘多了。素雅附言。

（黄燕民识录　丁利刚校正）

陈翰笙致汪熙

（1985年2月7日）

怡荪同志：

昨日上午寄上航挂一信附上你的访美报告，现想已收到。

今晚又读到二月四日手书，欣悉你荣任校内美国研究所副主任。承你询及研究问题，兹答如下：（1）支持共和党的财团的历史，（2）目前所谓院外集团的真相，（3）美国在南亚、东南亚的各项政策，（4）美日间的各种关系，（5）美苏在中东的冲突，（6）美苏在欧洲和非洲的冲突，（7）美国在世界各地的资本输出有何变化，（8）美国跨国公司的势力消涨，（9）美国的大学教育正在进步呢抑或退步？（10）美国的中小学程度正在退步呢抑或进步？（11）共和党对我国的政策有何变动？（12）中美在航空事业的合作有何问题？（13）中美合资办工商业有何利弊？（14）美国的宗教人士对我国是否有什么帮助的设想？（15）美国对南朝鲜的政策有何进展？

至于《文集》的校样请直接送回出版社，不要寄给我看了。这次种种费神给我多方帮助，实深铭感！手祝俪安。

陈翰笙启

85-2-7日晚

（黄燕民识录　丁利刚校正）

沙博理[1]致陈翰笙

（1985 年 2 月 11 日）

亲爱的翰笙：

我另有一封邮件给你，寄来《旧中国的犹太人：中国学者之研究》（*Jew in Old China: Studies by Chinese Scholars*）一书，最近该书已在纽约出版。尽管在美国、中国和犹太评论界反响很好，但我肯定自己的编译一定有许多错误。请不吝批评指正。

再次感谢你的帮助和指导。

祝你工作与生活愉快。

沙博理

（陈宇慧翻译）

陈翰笙致唐孝纯

（1985 年 2 月 28 日）

在我从事教育工作的六十年中曾认识了三位教育家，那就是俞庆棠、陶行知和高仁山。高陶两位是以办中学著名的。俞则是创办民众教育而闻名于

① 沙博理（Sidney Shapiro, 1915—2014），犹太裔中国人，生于美国纽约，二战期间开始学习中文。1947 年 4 月，沙博理到达上海，成为律师，积极投身中国共产党领导的革命活动。1949 年 10 月 1 日，沙博理应邀参加中华人民共和国开国大典，此后在中国定居，在对外文化联络局任英文翻译。1951 年 10 月，沙博理、叶君健、杨宪益、戴乃迭一起创办第一本英文版《中国文学》，沙博理担任译审工作。1963 年，他提出了加入中华人民共和国国籍的申请，经国务院总理周恩来亲自批准加入中国国籍。1972 年，沙博理调到人民画报社，任英文改稿专家。1983 年退休后继续参与国际文化传播和对外文化交流活动。2009 年，沙博理获中国外文出版发行事业局“国际传播终身荣誉奖”，2010 年 12 月获中国翻译协会“中国翻译文化终身成就奖”，2011 年 4 月获“影响世界华人终身成就奖”，2014 年 8 月获第八届“中华图书特殊贡献奖”。

中外的。她克己奉公的高尚美德是我们所最景仰的。

陈翰笙

85.2.28

（黄燕民识录　丁利刚校正）

陈翰笙致丁利刚

（1985 年 3 月 23 日）

利刚同志：

接到 2 月 10 日的大札并附有纪念邮票，甚为快慰，代邮去英国《卫报》的信，谢谢。

此间英文班，每星期三次，照常进行，但不断有新旧学生更替的情况。

徐方已结婚，同她丈夫赴日本为旅游社驻东京办公处工作。资华筠从加拿大回国后忙于杂事故未能继续来上课了。但新来的人陆续不断。三个班上每班总有七八位学生。

最近薛暮桥要陈洪进写了一篇文章，《陈翰笙在北大（1924—27）》，预备开会庆贺我六十年的工作。请问你的那篇文章是否已在《上海大学学报》上登载了。便中希复我。附有文章一篇请留阅为幸。

陈翰笙手启

85-3-23 日

（黄海燕识录　丁利刚校正）

陈翰笙致汪熙

（1985 年 4 月 4 日）

怡荪同志：

叁月贰拾日来信附有购书广告笙已收悉。此间展望出版社正在赶印三大卷《解放前的中国农村》三册共二百多万字。这部集刊是薛暮桥、冯和法和我三人主编的，也要在香港展出。

国内“工合”运动已开始发展。仅河南省内已成立了二十多工业合作社。最近将组织一个“九人委员会”接受国外来的捐款。美国已汇来二千多美元了。

附上民主德国一篇好文章（中译本），可供参考。是否可介绍给复旦美国研究专业读？

本月二十二日无锡将开发展经济的讨论会，要我去参加。我可能在无锡留下十天，但无法来上海一聚。敬祝俪祉。

陈翰笙启

85-4-4 日

（黄燕民识录　丁利刚校正）

丁利刚致陈翰笙

（1985 年 4 月 8 日）

敬爱的翰老：

您好！

3 月 23 日手示华翰诵悉。欣闻有关单位将庆贺翰老 60 年的工作，内心甚感快慰。为翰老举行庆贺活动，也是我多时以来的一个愿望。这将是一个意义重大的盛会。它标志着人民对翰老60年革命历程的承认与感激！在学术研究上翰老无疑是一代宗师，在为人和处事上翰老不愧为一代楷模。而从智力素质上讲，翰老更是难得的一代奇才。翰老以自己独特的热情，温暖了千百位后学者的心。不知除北大外，还有哪些单位参加组织这次活动？我不能参加，就在这里预先向翰老庆贺了。

翰老问起我的那篇文章[①]，上海大学学报编辑部说中国社会科学《未定稿》已登过，未定稿影响大，他们就不拟再用了。我想，如果陈洪进同志或薛暮桥能让北京的什么刊物再登一下，也是很好的。我曾让杨小佛先生给上海《社会科学》，不过这份杂志不可能登那么长文章。

我目前情况很好，学习、生活都很正常。只是和四个上海人住在一起，平时讲的都是上海话，英语进步很小。从3月22日到3月24日，美国亚洲协会在费城召开年会，我应邀前往参加，会议讨论的议题很广，从明代无锡农村的土地制度一直到当代中国妇女问题、中国领导者周恩来等，都有人研究。参加会议的学者很多，许多人从欧洲、日本等地赶来，但我觉得外国人要研究中国是有很大困难的。会议期间，一位老教授还专门开车陪我游览了费城的市容，我看到了独立厅，我摸到了美国的自由钟。美国发展得那么快，与它民族的传统——追求自由与民主是分不开的。

翰老信中告诉我，英文班仍在继续，而且有三个班。翰老不要太劳累了。三个班要占去您不少时间吧？徐芳结婚并到日本工作，翰老信中有便的话也请代为向她庆贺。资华筠加拿大回来后就没来上课，一定是她的工作很忙，不过她的英文也可以了，如果我英文像她那样，我也要用英文给翰老写信了。从报上看到政协又在开会讨论研究国家大事了，不知资华筠又提出过什么新的议案没有？英文班上的其他各位同学都好吗？黄燕民不知何时考"托福"？宁可晚一点来美国，也要等学费或奖学金有着落后再来，而且来之后吃苦的准备要十分十分地充分。实际上，国内的教育程度一点不比美国差，许多学科还是在国内学的好。

---

① 文章是指丁利刚、赵善阳的《陈翰笙与中国农村社会学研究》，后来发表于《复旦学报》（社会科学版）1985年第4期。

翰老，听说欧美同学会在去年出了一本纪念集，而且里面有我们英文班的照片，我想你那本能否赠我作个纪念？反正您如果需要的话您总能再搞的。如果可以的话，能否在纪念集上题几个字，然后寄上海淮海中路 613/14 丁利刚收，因为五月底六月初上海有熟人到美国来好替我带来。

翰老信中附寄的文章，我已通读，谢谢！

美国国务院档案中心最近出版了一套 20 多万页的中国档案，从 1930 到 1949 年，是当时美国外交人员向国务院写的报告，这些报告不仅是美国驻华外交人员写的，还有驻欧亚外交人员涉及中国事务的报告，随信附上一些 information，如需再进一步了解，请来信告知。

今天就写这些吧，请翰老务必保重身体！请代向您妹妹和甥女等问好！代向英文班各位同学问好！

专此敬颂

大安

利刚

85.4.8

（黄海燕识录　丁利刚校正）

陈翰笙致丁利刚

（1985 年 5 月 24 日）

利刚同志：

四月八日大札早已收悉！你所要的欧美同学会纪念册早于四月中邮寄上海淮海中路 613 弄 14 号，想此时已由人赴美带给你了，手册内有一张照片，你是坐在中间的位置。①

① 该纪念册刊登了丁利刚、资华筠、王红生等人在翰老家上英文课的照片。

你的文章已由复旦大学向《未定稿》交涉后预备登在《复旦大学学报》，如果登出我将寄你一份。

你们在费城开会，你是第一次在美国参加大会，听来很高兴，如能多同外国人往来则英文英语自然能进步得快些。[①]

世界史研究所的《外国史知识》四月份刊出我的一篇文章《中日美南朝鲜和苏联的教育》博得朋友们的好评。上星期北京召开了教育会议，党中央要人们均讲了话，但北大和交大的教授们没有机会申述他们的意见！原定于今年一月开始增加中小学教员的月薪，但闻现在将推迟到七月了。

国内“重商轻农”的现象又突出了！商业资本泛滥！工业资本反而因为进口了不少消费品而停止前进。同上层份子有关的都去经商了，因而物价从此将飞涨了。

四月十六至五月十七日我参加了无锡市的经济规划会议和上海《世界经济导报》的会议，只看到商业资本泛滥不已，物价飞涨。

附上英文班学生胡颐苑（女）的信，如你有什么建议请函告，我将转交给她，我们对你将感激不尽。手祝旅祉。

陈翰笙启

85-5-24 日

（黄海燕识录　丁利刚校正）

---

① 指丁利刚1985年春在美国费城出席《亚洲学会》的年会。

[illegible]：　　　　年　月　日　　　　第　　頁

四月八日大札早已收悉！你所寄的[illegible]纪念册早于四月中寄至上海淮海中路613弄14号。然此时已由人[illegible]了。手册内有一张照片，你是坐在中间的位置。

你的文章已由[illegible]大学的"未定稿"[illegible]交[illegible]登在"[illegible]大学学报"！[illegible]

你们在费城开会，你第一次在美国参加大会；[illegible]。[illegible]外国人[illegible]

世界史研究所的"外国人[illegible]"[illegible]刊出我的一篇文章"中国[illegible]"[illegible]。[illegible]

(1456)

2/ 此次[illegible]没有机会申述他们的意见！[illegible]

"[illegible]"[illegible]又好起来了！[illegible]

[illegible]会议[illegible]会议。[illegible]

附上英文[illegible]，如蒙你[illegible]，我将[illegible]。[illegible]对你感激不尽。[illegible]，陈翰笙，

(1456)

85-5-24日。

余绳武致陈翰笙

（1985 年 5 月 26 日）

翰老：

大示敬悉。拙文承您在百忙中抽暇审读，非常感谢。此文仓促写就，如有谬误，尚恳前辈不吝指正。

有关 1930—1949 年中国内政和 1940—1949 年中美关系的美国档案，本所已于两周前向院里申请购置，但今年经费紧张，能否获准，至今尚无消息。

再次向您表示感谢。敬颂

夏安

后学余绳武

1985.5.26

（王晓恕识录　丁利刚校正）

陈翰笙致汪熙

（1985 年 5 月 31 日）

怡荪同志：

返京后一直为世界史所事忙。社会科学院内已有六所的人事变动了。因年岁关系世界史所的人员也将有些更换。

你已填写了太平洋历史学会会员的履历，请早日寄去为要。信封上可写明由北京局转太平洋历史学会秘书长收。

听说庆祝我教学六十周年的会将于九月初在此举行。顺以奉告。顺祝俪祉。

陈翰笙启

85-5-31 日

（黄燕民识录　丁利刚校正）

陈翰笙致汪熙

（1985 年 6 月 1 日）

怡荪同志：

顷接读 5 月 29 日来信附有复旦专刊，很高兴！从这次专刊知道复旦的过去和目前情况，并了解到复旦与国外教育界的联系。多谢你给我读的好机会呀！

社会科学院拟于八月底或九月初组织一个大会，祝我从事教育工作六十周年。

最近两星期来欧美大学中来我国的教授中有五位曾来我寓所谈话。其中有一位瑞典来的就批评美国大学教育的肤浅！我对他笑笑。手致敬礼并祝俪祉。

陈翰笙启

85-6-1日

（黄燕民识录　丁利刚校正）

汪熙致陈翰笙

（1985 年 6 月 30 日）

翰老：

丁利刚写的关于您的农村调查与中国社会学的一篇文章，《复旦学报》已定于今年 7 月份的一期刊登，我已请他们把这篇文章印几十份抽样本，九月份北京庆祝您从事教育、科研六十年纪念时可以分发。您的文集在九月份一定也完全可以印成书，届时也可送来作为盛会的献礼。

康奈尔大学历史系的一位美国教授叫 SHERMAN COCHRAN（中文名叫：高家龙）即将访北京，想来拜访您，我已经把您的地址及家里的电话号码告诉他了。高家龙教授 1980 年曾由哈佛大学出版过一本专门论述 1890—1930

年英美烟公司与南洋兄弟烟公司在中国卷烟业竞争的过程和分析，颇得学术界的好评。书的英文原名是 *Big Business in China—Sino-Foreign Rivalry in the Cigarette Industry, 1890—1930*。该书立论较正，对英美烟公司的侵略活动持批判态度。该书曾多次引用了您在《工业资本与中国农民》一书中的调查材料。所以对您是很敬重的。他这次到北京想专门拜会您一次。高教授是耶鲁大学毕业，年龄不算大，约四十余岁，但很用功，这是第二次到中国，主要想搜集一些关于中国商业活动与中国文化的关系。在北京约逗留两个星期，由中国社会科学院外事局接待。

最近我从新书目录上看到您过去关于华南农村调查的书已翻译出版。不知能否寄一本给我，因上海买书难，新书不易买到；再者您的文集中也收录了这本书的部分章节，我想以这本新出版的书同我们的稿子核对一下。

溽暑天气，务请珍摄为要。

敬请

大安

汪熙上

1985.6.30

幼娴附笔问安。

（黄燕民识录　丁利刚校正）

陈翰笙致汪熙

（1985 年 7 月 13 日）

怡荪同志：

六月卅日大札早已读悉。但因料理此间“工会”事务和世界史所改组诸事务而未及早日奉复，深为抱歉。

昨日下午二时至三时康奈尔大学的高家龙教授来我处谈得很好。多谢你的介绍。

来信所提出的大约是最近北京出版的《解放前西双版纳土地制度》只有七十六页。如你要参考我将问出版社要一本寄你。

闻汪道涵市长卸任后即将在复旦担任教职，是否可信呢？匆祝俪祉。

陈翰笙启

85–7–13 日

你所要参考的《华南农村危机研究》一册今已另邮寄奉。翰笙又及。

85–7–13 日

（黄燕民识录　丁利刚校正）

陈翰笙致汪熙

（1985 年 8 月 1 日）

怡荪同志：

近日炎暑，想贤伉俪已离沪去外地避暑了。你们的贤婿所写的论文想早已完毕；他近况何如，也在念中。

旬日前由童瑜琼陪同我曾赴烟台附近长岛参加太平洋历史学会的年会。海洋学会亦在此同时开年会。两会的人到者达九十多。我会书记告我早已收到你入会的信件了。

会上讨论很热烈。可说陶大镛的一篇论文为最好；内容是说明当前太平洋区域的经济斗争，而以日本占上风。闽粤浙沪来的人则多都谈了古代海运兴替。

长岛虽有四十一个大小岛，其中有两岛间以长堤连起来的。这个长堤还是汉高祖要去看他的大将而在一昼夜间造成的！

长岛有很好的博物馆；内有四千多年前的人骨，还有一所群鸟馆，可看到四百多种鸟类的画像。每年鸟类从北方迁移南方时均在此岛上停下数星期之久。

回忆几个星期前曾邮寄你一本此间出版的《解放前的中国农民》，不知曾收到否。便中希告我为盼！顺祝俪祉。

陈翰笙启
85-8-1 日

（黄燕民识录　丁利刚校正）

邹谠致陈翰笙

（1985 年 8 月 7 日）

翰老前辈钧鉴：

六月初得手教敬悉起居佳胜并任教学研究要职，指导后进，培植人才，至为钦佩。

张欣君赴 Penn State 深造一事，惜与 Monroe Newman 无一面之缘，爱莫能助。Penn State 为第三流大学，但对中国研究颇注重，经济系之 Jan S. Prybyla 曾发表有关中国经济之著述数种。张君或可再度致函 Newman 主任及 Prybyla 教授。

谠于九月底或十月初将返国从事研究，为期九月之多，以北大为据点。届时当趋前就教也。

祝

好

邹谠敬上
1985.8.7

再启者：

懿庄与谠一年以来，先后得病。懿庄卧床终日者，凡七月之久。谠于七月间施行小手术，目前在恢复时期，勉强执笔，潦草不成章，请原宥。

（王晓恕识录　丁利刚校正）

THE UNIVERSITY OF CHICAGO
DEPARTMENT OF POLITICAL SCIENCE
5828 SOUTH UNIVERSITY AVENUE
CHICAGO · ILLINOIS 60637
(312) 962-8050

翰老前辈钧鉴：

六月初得手教，敬悉起居佳胜，并任数学研究所职，指导后进，培植人才，至为钦佩。

张欣君赴 Penn State 深造一事，惜与 Monroe Newman 仅一面之缘，爱莫能助。Penn State 为第三流大学，但对中国研究颇注重，经济系之 Jan S. Prybyla 教授有关中国经济之著述数种。张君或可再度致函 Newman 主任及 Prybyla 教授。

THE UNIVERSITY OF CHICAGO
DEPARTMENT OF POLITICAL SCIENCE
5828 SOUTH UNIVERSITY AVENUE
CHICAGO · ILLINOIS 60637
(312) 962-8050

谠拟九月底或十月初间将返国从事研究，为期九月许，以北大为据点，届时当趋前就教也。

祝

好

邹谠 敬上

1985.8.7.

再启者：

懿荘与谠一年以来，先后得病。懿荘卧床数旬者，凡七月之久。谠于七月间施行小手术，目前尚在恢复时期，勉强执笔，潦草不成章，请原谅。

汪熙致陈翰笙

（1985年9月17日）

翰老：

今日汇上壹仟玖佰柒拾玖元壹角柒分（1979.17），系您的文集扣去所有译、校、抄写等费用的余款。

费用清单及原始单据均随函寄上。

黄云山译费亦另邮汇上请转交。

陈洪进同志参加编写前言，已另汇50元给他了（前言稿费共90元）。

听说9月28日北京要开会庆祝您从事学术活动六十周年，届时一定有一番盛况。熙因事恐不能躬逢盛会。复旦大学美国研究中心主任谢希德（也是复旦校长）及熙均已有电贺（熙为美国研究中心副主任），上海《世经导报》将发整页专版祝贺您。祝您身体健康，永葆青春。

敬祝

大安

汪熙敬上

1985.9.17

稿费	扣除费用		单据号码
4554.00	*804.04	代办寄书　400余本及计费等	A
	12.00	稿纸费	
	728.64	扣所得税　（扣税收据由出版社寄翰老）	
	138.44	秦文智抄费　346千字　0.4/千字	B
	25.67	杨小佛抄费　64千字　0.4/千字	C
	3.60	王邦宪抄费　9千字　0.4/千字	D
	690.59	译校费　76千字　9.0/千字	E
	4.05	复制费	F
	7.80	秦文智赴徐汇藏书楼抄文章车费　餐费	G
	140.00	王邦宪、丁利刚协编费	H
	20.00	汇费　#4133/01012,4133/01013	I
	共计2574.83（留汪熙处备查）		

尚余1979.17

附单据 A-I，共 11 笔。

804.04 元中，有 400 元应由世界史所拨还翰老（此事陈洪进同志接头）。

经手人：汪熙
杨小佛
1985.9.10

（黄燕民识录　丁利刚校正）

陈翰笙致汪熙

（1985 年 9 月 20 日）

怡荪同志：

日前接到寄来的文集一本，谢谢。

今天忽接到汇款 1979.17 元。这就令我不得不函询出版社如何支付稿费的。

请告我你和小佛各得多少稿费。否则我不应受无功之禄！

再者陈洪进同志似应给以稿酬。怎样分法请告我。

请复信告我以便处理这次汇款。顺祝俪祉。

陈翰笙启
85-9-20 日

黄云山的稿费明日转交。

瑜琼

（黄燕民识录　丁利刚校正）

陈翰笙致汪熙

（1985 年 9 月 25 日）

怡荪同志亲鉴：

读了九月十七日来函。估计你和小佛所得稿费太少了！

兹汇上伍佰元请照收作为你的稿费的补充。

又同时汇上叁佰元请转交小佛作为补充。因不知他是否已迁居火车站附近，故烦你转交给他为感。

本星期六上午院部将开会祝我从事教育和研究工作六十年。俟会后再函告情况何如？顺祝俪祉。

陈翰笙启

85-9-25

汪伯伯：

您的来信收到。舅舅会场上的发言是很多老朋友关心的事，现已商量好说三点：

（1）感谢领导和大家为我开此大会；

（2）教育的重要性，特别是世界史的研究；

（3）我还有许多应该做而能够做的事情要做，今后要更加努力做。

汪伯伯您看行吗？

瑜琼

9.25

（黄燕民识录　丁利刚校正）

中国社会科学院机关党委致陈翰笙

（1985 年 9 月 27 日）

陈翰笙同志：

在您从事学术活动六十周年之际，请接受我们衷心的祝贺。

六十年来，您在传播马克思主义、推进党所领导的社会科学事业、培养社会科学人才方面，做出了杰出的贡献。同时，在几十年的风风雨雨中，您的道德、文章也为一代又一代社会科学工作者，做出了很好的榜样。在这个值得纪念的日子里，我们对您表示崇高的敬意，并衷心地祝愿您健康长寿！

中共中国社会科学院机关党委

一九八五年九月二十七日

（王晓恕识录　丁利刚校正）

陈翰笙致汪熙

（1985 年 10 月 4 日）

怡荪同志：

顷接到寄来的剪报，读了深感你亲自动笔为我立传。你这篇文章写得很好，确实写出了事实的真相，要对你申谢！

前几天曾汇上两张支票，作为你和小佛同志的稿费。不知如期收到否？

现在我正忙于组织“工合国际委员会”以便接受国外来的捐款。现在正在向中央政府登记。但我们已收到国外捐款五千美元了。顺祝俪祉。

陈翰笙启

85 年 10 月 4 日

（黄燕民识录　丁利刚校正）

汪熙、杨小佛致陈翰笙

（1985 年 10 月 24 日）

翰老：

9 月 25 日手示及汇款给我们的 800 元均已收到。

此次为您编文集原来是我们晚辈表示对您崇敬的心愿，只是由于水平有限加以时间等客观条件的限制，没有尽如人意，使《文集》没有能全面反映您的学术思想体系。这是我们深引以为憾的。

我们的编辑事务，出版社已给了我们两人 300 元，现在您又汇下 800 元（汪 500 元，杨 300 元），实在是愧于接受。但我们知道您的性格，一经决定的事，要您更改也是困难的，而且汇来汇去亦多所周折，所以我们商量以后也就如数收下了，但编务工作中有很多缺点，真是收之有愧。

《文集》在《人民日报》已有评介，上海《世经导报》也有整版介绍，现另函寄上供参阅。在电视里看见您精神矍铄，知名人士都参加了庆祝会，济济一堂，可谓难得的盛会，可惜我们都未能躬逢其盛，遥祝您健康长寿，战斗不息。

汪熙

杨小佛

（黄燕民识录　丁利刚校正）

田尻利就《陈翰笙文集》致汪熙

（1985 年 11 月 14 日）

汪熙教授阁下：

您近来好吗？大著《陈翰笙文集》已经收到了，非常感谢！

陈翰笙先生在我国也很有名的，而且我国研究近代中国的人都向陈先生怀尊敬之意。因为他的初期著作和论文立即被译成日文，所以我国学者早就受了他研究的影响。现在我们也在研究三十年代贵国农村经济的时候，经常要参考陈先生的著书和论文。

我看了所登载《人民日报》上的介绍文章。我想这本《文集》不但对于贵国很有裨益而且对于外国中国学学界也很有裨益。这本书对我有两个优点。第一：这本书有很多难看到的论文，这使像我外国人，特别是住在地方城市里的人，很有方便。第二：《文集》有从陈先生青年到近年的论文，据这本书我们能够了解陈先生的研究足迹。

我在这里向您提出一个疑问。一桥大学三谷孝先生最近出版《"中国农村"解题与记事目录》（亚洲经济研究所），在这本书里关于陈翰笙先生的经历他提出一个疑问。这就是陈先生在中央研究院里是担任社会科学研究所长，还是担任社会学组主任？三谷先生说：（1）据胡其安《陈翰笙——我尊敬的长辈，同志和朋友》（《群众论丛》81—6，《新华文摘》82—1），陈先生担任过社会科学研究所长，可是据（2）周天度《蔡元培传》（1984）和蔡元培《中央研究院过去的工作回顾与今后努力之标准》（《革命文献》53 辑，1971 年），陈先生是社会学组主任。三谷先生采用后者的说法。

但是在《陈翰笙文集》第三页里有这样的文章，就是说（3）他"聘任为中央研究院社会科学研究所副所长"。您这样写的根据是什么？于是有三个说法，就一个是社会科学研究所长，一个是副所长，还有一个是社会学组主任。哪个说法是对的？根据是什么？

关于这个问题，如果可能确定的话，请给我指教吧。能接到您的回答，我向三谷先生就转报，他一定会高兴的。

冬天就要来了。贵地怎么样呢？敝地在日本被叫做"南国"，可是早晚明显冷了起来。

请替我向夫人问好。

祝您健康！

田尻利

1985.11.14

（王晓恕识录　丁利刚校正）

陈翰笙致阮波

（1985 年 11 月 16 日）

阮波同志：

商务印书馆因上级命令不肯翻译普通课本，按照中央的规定商务印书馆只可翻译古典文献，因此我电话商务印书馆沈剑同志退还我给他的书目。他早将原稿遗失，只是从他回忆写给我这两本书名。今将原件附上请按此向伦敦订购以便请人翻译。

这两部新出版的美国史和英国史我认为是我国内最好的中学、大学的外国史参考书，如能译出将有销路。

王炳南同志的儿子王波明去年送来编一本美国游记的计划，但迄无消息，不知何时来稿！此稿据说是多人合写的！

社会科学院世界史研究所研究员陈启能同志在美国一年，今年四月返来后曾写了在美的笔记。今转上他原稿，请审阅后告我是否可出版。

他题书名为《太平洋彼岸》，我意可改为《从旧金山到纽约》较为醒目。顺祝日祉。

陈翰笙启

85 年 11 月 16 日

作者请将照片退还。

（王晓恕识录　丁利刚校正）

陈翰笙致汪熙

（1985 年 11 月 29 日）

怡荪同志：

顷接读 11 月 24 日来函，欣悉你最近主持大会讨论了中美历史关系，应专函祝你成功。

来信附有日本教授给你的信。请复函时告诉他（1）我原为中央研究院社会科学研究所的社会学组主任;（2）后来改任副所长。蔡元培先生是院长兼所长。

日本教授给你的信附还，请检收为要。

便中请告我出版社曾否为我文集出版精装本。顺祝俪祉。

陈翰笙手启

85－11－29 日

（黄燕民识录　丁利刚校正）

陈翰笙致王福时

（1985 年 12 月 19 日）

福时同志：

接读邮来的贺年信十分高兴。您现在仍在大百科全书编译处工作否？经馆尚在美国否？更为挂念。

今年我已三次离京外出。四月在无锡十天、上海十天。六月赴山东长岛参加太平洋历史学会年会。八月赴西安参加美国经济讨论会。现在正忙于参加“工合”运动。得信可电话我处：36-1260。

手祝新年快乐！

陈翰笙启

85.12.19 日

（陈宇慧识录　黄燕民校正）

陈翰笙致汪熙

（1985 年 12 月 20 日）

怡荪同志：

前信谅已收到。知道你事忙不愿多烦扰你。但有两点尚待回音。

前者我曾复信回答日本教授所问的问题。你收到此信否？

请你告我《文集》在北京有地方购取否？另请告知出版社《文集》可不必出精装本了。匆祝俪祉。

陈翰笙启

85-12-20 日

（黄燕民识录　丁利刚校正）

1986年9封

刘绪贻致陈翰笙

（1986年4月22日）

翰老：

我们美国史研究会望于今年8月去兰州召开第五届年会。原来，中国社会科学院是同意我们邀请少数美国史学家的。因此，我们已答应三四位美国史学家参加我们年会的要求。但是，现在中国社会科学院外事局又不同意。我们觉得，这样会有损于我们国家信誉。您是我会顾问，我们盼望您能给中国社会科学院外事局打个招呼，请他们这一次维持原议①，同意我们邀请三四位美国史学家参加我们年会。这几位史学家有的在香港教书，有的夫人是台湾人，有的来过中国讲学，都是对中国很友好的。致以

敬礼

中国美国史研究会

中国美国史研究会副理事长兼秘书长刘绪贻

1986.4.22

（王晓恕识录　丁利刚校正）

---

① 陈翰老接信后以89岁高龄亲自前往社科院外事局询问，见本书“陈翰笙致刘绪贻（1986年5月3日）”。

陈翰笙致刘绪贻

（1986年5月3日）

刘绪贻同志：

四月二十二日来信已悉，弟亲自持信去问院部外事局林地同志。据他说过去曾答应我们邀请在国内的外国人参加会议，但并非邀请来自国外的人。他并说既然在兰州开会则不妨同甘肃省委商量邀请来自国外的人。林地的电话5007915。

专此函复，顺祝日佳。

陈翰笙启

86年5月3日

（王晓恕识录　丁利刚校正）

陈翰笙致汪熙

（1986年5月8日）

怡荪同志：

因忙而久未致函问好！请问你俩何日启程返美国；本月底将在何处参加什么会议。更想知道的是你将在秋冬两季在何处讲学。请便中函告为幸。

最近因世界史所更改“班子”，新的所长上任，我也忙于帮助他们安排工作。本星期日将赴苏州参加中亚文化协会年会。本月十八日可返京。专此祝俪安。

陈翰笙启

86.5.8日

日前见到一本新书《中国当代经济学家传略》其中第三篇是讲到我的，共三十八页。又及。

（黄燕民识录　丁利刚校正）

陈翰笙致王明元

（1986 年 5 月 22 日）

明元院长同志：

此次中亚文化学会举行讨论会，承贵院予以住宿、饮食、开会诸方便，得使会议圆满顺利进行，对此我们十分感谢。会后又承贤伉俪陪同参观和游览，无任感激。专此申谢，并祝夏安。

陈翰笙谨启

86 年 5 月 22 日

（陈宇慧识录　黄燕民校正）

陈翰笙致汪熙

（1986 年 6 月 7 日）

怡荪同志：

趁您未出发前让我介绍一位想到美国去留学的青年邹羽。他现在已廿岁半，曾在英国利兹大学留学一年，现在还在复旦英美文学语言系进修，本年七月份即将毕业。现拟于毕业后赴美国留学。

他的父母邹用九同志和裘因同志将同邹羽来登门造访故让我介绍。诸祈愿谅，并祝刻安。

陈翰笙

北京

六月七日

（黄燕民识录　丁利刚校正）

何迪致陈翰笙

（1986 年 6 月 14 日）

敬爱的翰老：

您好！

本应早就给您写信，谈谈我在美国的生活和感受，时至今日才动笔，忙当然是一个原因，但主要是想作出些成绩来，特别是在英文上有了相当的改进，用英文给您写信。可惜的是，工作虽然进展较顺利，但是英文却无大进步，忙却是从踏上美国之时起，一直存在的问题，所以为了写得快，容量多，我决定还是用中文给您写头一封信，但愿在不久的将来，您看到的是我用英文写的信。

到美国一晃三个月了，很快就要结束华盛顿的工作，开始西海岸的进修生活。在 D. C. 的主要任务是整理傅泾波先生的口述历史，由于国内准备重新评价司徒雷登，并有可能同意将司徒的骨灰安葬于北大校园内（目前，有关此事的公文正在国内有关部门间旅行），所以给我造成了良好的工作前提：傅先生从原来无希望无大的积极性转为有希望并主动配合，我从原来只作一般性的整理转入进一步的研究，争取在资料的占有上、分析的角度上能有新的突破，对司徒雷登（由传教，进而办燕大，最后当大使）的在华经历和中美间的文化交往有更为客观实际的描述与评价。三个月的工作（实际只有二个月）大致分了三段：头一段主要是由傅先生口述，我进行录音整理；第二段则整理傅所存的书籍及信件（光信件等足有七箱子），并选择有价值的进行复印；目前这段，在诠释司徒雷登 1945—1949 年的日记（日记已在美国和香港出版），希望能够在国内出版。与此同时，访问当事人，进行 interview，并去国会图书馆及旧书店收集资料和书籍，以期更全面、详尽地占有资料，为下一段写作打下基础。

在 D. C. 的第一项工作是收集资料，特别是美国国会关于中国问题的听证和研究报告，已陆续收集了一些带回国内。

再者就是与美国的青年一代中国通们进行接触，建立联系，为今年十月份在北京召开的首次中美青年学者中美关系史（1945—1955）讨论会做些工作。届时我回国参加会议。

到美国后，人家问我头一个印象是什么？大概他们希望我回答美国富、东西多，让人眼花缭乱，可惜我不爱去商店，东西再多再好，也是人家的，所以没给我什么深刻印象。我答到，在美国的第一个印象是从汽车得来的，首先，非常难 parking；其次，车子让人，我刚来时，横过马路，一见车来总是让车，而 driver 总是挥手让我先过；到现在我还有时按国内的习惯，下意识的停下来，让车先走；第三，车子种类繁多，一眼望去，没有重样的。由此推论引伸一下：Parking 难，说明汽车多，美国先有了这样的物质基础；车子让人，说明在这样的物质基础上，在美国人是最被重视的；车不重样，则说明这些被重视的人最崇尚标新立异、个人主义，总是要突出个人的特点，重视个人的存在，而这恰恰是 liberty 的本源。

到美国后的第一个感受是束缚少了、效率高了，比国内能出活，每天早上 8 点多钟起来，一直干到晚上 1 点，但仍觉得时间不够用。有时接到所里同志来信，上个月的和这个月的，区别不大，都讲工作“照常”；而在美国，可能因为我没在校读书，而是工作、访问，所以每周都觉得有所不同，认识了新人，有了新的资料，看到了新的可能，只要肯干，总有新的收获。因为机会多、束缚少，人的能量就便于释放，这样才能给一个社会带来动力与生气。我想机会多而均等，束缚少而界限明确，这大概就是您一再推崇的民主，有了民主的环境，人的积极性才能充分发挥出来，才能为社会创造更多的物质财富。

又夜一点了，就此搁笔。问候您的全家及我的同学们好！

您的学生何迪

86.6.14

另：我 6 月 20 日到 29 日在 Houston、Georgetown、Philadelphia 参加三个不同的会，7 月上、中旬到 N. Y. 的 Cortland，下旬再到 N. Y. City 和 Washington D. C.，7 月底、8 月初将去 UCLA 进修、访问一二个月，然后到 UC at Berkley 的东亚研究所，一直学习、工作到明年 5、6 月份。我准备申请到罗斯福图书馆查资料，想请你作三个推荐人之一，我只是在表上填个名字，无须您写信，只是得您同意就行。

（黄燕民识录　丁利刚校正）

陈翰笙致易克信[①]

（1986年10月25日）

易克信同志：

你好！最近读了文献情报中心出版的一些刊物。我认为你们的刊物办得很好，并已将其中有关科研工作的文章介绍给世界历史所，供研究人员参考。这些文章是：

1. 中国社会科学院代表团访苏报告（《国外社会科学动态》1986年第9期）

2. 中国经济改革的难题和隐藏的危机（《国外社会科学快报》1986年第17期）

3. 苏联经济增长迟缓（《国外社会科学快报》1986年第18期）

4. 从三个缩影看美国的经济问题（同上）

5. 苏联社会科学工作现状（《国外社会科学动态》1986年第9期）

6. 当代世界经济的结构性变革和发展趋势（同上）

7. 耶日·托波尔斯基谈波兰史学危机（《国外社会科学动态》1986年第4期）

8. 从莫斯科看中国的改革（同上）

9. 日本经济界评析中国经济的现状与未来（《国外社会科学》1986年第7期）

10. 评八卷本《现代垄断资本主义》（《国外社会科学》1986年第9期）

可见你们的工作很有成效，希望像以上的好文章，今后多选译一些。专此奉告。

此致

敬礼

陈翰笙谨启

1986年10月25日

（王晓恕识录 丁利刚校正）

① 易克信，时任文献情报中心副主任。

陈翰笙致梅益

（1986 年 11 月 14 日）

梅益同志：

展望出版社将出版《解放前的中国农村》一书。其中决定收编陈伯达的两篇文章（关于地租的）。有人恐出版局有非议，但我意这是经济问题，与政治无关。请问您的意见如何。专此请教，顺祝日佳。

陈翰笙启

86-11-14 日

（黄燕民识录　丁利刚校正）

加尔文·N. 莫斯利[①] 致陈翰笙

（1986 年 12 月）

亲爱的翰笙教授：

过去您向肯尼迪学院[②] 推荐学生，极大地帮助了我们的录取工作。为此，我们非常感谢您付出的时间和精力。很高兴向您汇报，过去两年里公共政策项目的学生数量已经翻了三倍。另外，女生和少数族裔的数量也有了极大增长。这些积极变化，也有赖于您所推荐的优质生源。

鉴于您未来还会向学生和同事介绍研究生项目，此信特别向您推介肯尼迪政府学院的研究机会。

我们的公共政策项目提供两年严格的研究生训练。强调培养学生迅速

① 加尔文·N. 莫斯利（Calvin N. Mosley），时任哈佛大学肯尼迪政府学院副院长、公共政策项目主任。

② 即肯尼迪政府学院（John F. Kennedy School of Government），世界著名的公共政策学院，哈佛大学的研究生院之一。

分析、在各级政府层面上建立和应用公共政策的能力。这些素质使得我们的毕业生在进入社会后，无论是在公域还是私域，抑或在非盈利和国际组织中，都能游刃有余。所有学生都要完成一组核心课程，包括经济学、统计学、公共管理方面的课程。学生需要选择一个专门领域，以及一个有关重要公共政策的分析主题。其中选择多样，包括国际发展、国际安全、能源、环境政策、卫生政策、犯罪治理、交通运输、住房、政商关系、城市经济发展等等。所有学生都可以共享哈佛、麻省理工和塔夫茨大学弗莱彻法律与外交学院的所有资源。如果有对公共部门感兴趣的学生，我们还设有 MPP、MPA 和 MCRP 学位项目，为其创造极为灵活的就业机会，是非常有吸引力的具备法科、商科及其他学科训练的研究生项目。

我们希望您能继续鼓励有志学生和同行来申请我们的项目，更多有关学院的项目细节和活动在本信附后的小册子中。如寄回所附的卡片，我们会提供更多信息。谢谢您替我们发掘有资质的申请人。

诚挚的

加尔文·N. 莫斯利

（陈宇慧翻译）

1987年5封

陈翰笙致丁利刚

（1987年2月28日）

利刚同志：

前接一月卅日来书后即已电话郑光迪同志，她说早已知道刘飞[①]同志。有机会当代设法安排。现在我仍有两个英文班（星期日上午，星期一下午）每班有六至九人。

在我这里的一位研究生，世经所的高铁生已于两月前得到博士学位，现我还有两位研究生：一位来自北大，另一位来自外交部的国际关系研究所。我在社科院的名义已从顾问改为“世界史所名誉所长”。去年我在《群言》月刊上写过三篇文章。知注附闻。

顺祝新年愉快诸事如意！

陈翰笙启

87-2-28

（黄海燕识录　丁利刚校正）

① 刘飞，公路桥梁专家，中国第一条高速公路（沈阳-大连）设计顾问。时与交通部副部长郑光迪讨论加快高速公路发展事宜。

陈翰笙致丁利刚

（1987 年 4 月 24 日）

利刚同志：

春节时欣读来书！实因太忙而久未答复，希原谅！接来书欣知你已从法律转向商业管理一门从事研究。回忆过去我曾劝你不要学习法律，这一门在我们国内行不通的！现在知道你已“改行”，十分高兴！

过去我带的两位研究生，女的来自北大；男的已得博士学位，来自世界政经研究所。目前还有两位：来自北大南亚所和外交部国际关系学院。现在还上英文班：星期日上午和星期一下午。

奉劝你在回国前，就同美国某商行接洽，为国内某方面从事商业的工作。看来我们同加拿大方面的商业也必有所发展，值得我们注意。匆复即祝康健如恒，学业兴趣日增！

陈翰笙启

87-4-24 日

（黄海燕识录　丁利刚校正）

陈翰笙致田方

（1987 年 5 月 14 日）

田方同志：

目前承你寄我你主编的《中国移民史略》，谢谢。

邀人为我朗读后，有些意见愿率直奉告。

（1）书名可改为《我国人口迁移史略》。

（2）要考证的文章可放在书后作为最后一章。

近来你在研究什么？曾有机会到外地去看看吗？切望保持康健，顺祝研安。

电话 361260

陈翰笙启

87.5.14

（陈宇慧识录 黄燕民校正）

陈翰笙致陈洪进

（1987年7月18日）

洪进同志：

兹定于本月二十一日星期日下午乘火车赴烟台。将于八月初返京。故星期一上午的会谈要展期了。

今日下午 Bill Hinton（韩丁）要来谈谈。他对人民公社有何看法我们晤面时再谈谈。匆祝日佳。

陈翰笙启

87-7-18日上午

（黄燕民识录 丁利刚校正）

资华筠致陈翰笙

（1987年12月17日）

敬爱的陈翰老：

虽然时常想念您，却很难抽出时间来看望您，更不要说像过去那样按时来上英语课。每每想到那些美好而难忘的日子，心中就升起一种说不出的感情——希望自己把一切事情作得更好些，不愧为您的学生。

我的自传《舞蹈和我》已出版，现送上，请指正。这本书是根据84年《人物》杂志连载的我的稿子，整理而成，出版前作了补充、修正。其中收进了《在陈翰笙教授那里学习英语》一章，因为编辑不太负责任，错误较多，特别是扉页上应有一行“献给教导和帮助过我的人们”被忘掉了，令人恼火。

新的一年将来临，衷心地祝愿您健康长寿。只要有一线希望，我将在明年继续来您这里上课。

近来译了一些英文的舞蹈专著，对巩固英语学习略有益处，但还是退步了。

祝

冬安！

资华筠

87.12.17

（王晓恕识录　丁利刚校正）

1988年7封

陈翰笙致周南

（1988年2月27日）

周南院长惠鉴：

兹有一事奉商。1985年秋外交学院要我带了一名国际关系史研究生李新玉（女），她论文的题目是《1921—22华盛顿会议的前因后果》。去年9月她赴美查阅国会图书馆所藏有关会议档案，以写成她硕士学位的论文，同时在北卡罗莱纳大学攻读。据她来信说，因她的学习成绩优良，该校教授劝她留下攻读博士学位，并可给予奖学金。我意如果她能在美国得到博士学位后再回到外交学院教课，对我校更有好处。我认为她这个机会很难得。是否能同意她留下继续攻读博士学位，尊意如何？请函复为感。此致敬礼。

陈翰笙

1988.2.27

（王晓恕识录　丁利刚校正）

陈翰笙致李新玉

（1988 年 2 月 27 日）

新宇[①]同学：

上次你来电话后，素雅妹读给我听你给她的信，径而知道，你有意留在美国读博士的学位，我完全赞成，因为北卡罗莱纳大学愿意帮助你，这个机会难得，延迟回国反而有益。此事我准备等你三月份有了确实消息后，我再给周南写信，现在我把给周南的信稿[②]寄你一阅，如果你同意（我可修改），请你附回来，我就照抄寄给周南，等待你的回信。顺祝健康。

陈翰笙

1988-2-27

（黄海燕识录　丁利刚校正）

千家驹致陈翰笙

（1988 年 4 月 12 日）

陈翰老：

我最近已移住深圳，这次回北京参加全国政协大会，本想来看您，奈何时间过于匆忙，明天（十三日）就返回深圳了，未能如愿，非常遗憾！

寄上我在政协大会的发言稿一份，这次我发言卅分钟听众鼓掌卅一次，会场轰动得未曾有，但国内报纸均不敢全文刊载，而香港及美国各报则全文

① 李新玉在第一次拜访陈翰老后，陈翰老说："玉不好，宇更大气，你改叫'新宇'吧！"从此翰老一直叫学生李新玉为"李新宇"。按照陈翰老的嘱托，李新玉于 1995 年获得国际关系学博士学位，随后回国，主编《陈翰笙文集 1919—1949》，从事推动中外友好交流工作。曾任中国人民友好协会国际友好城市交流中心主任、民间外交战略研究中心主任等职，现任中国国际跨国公司促进会副会长兼秘书长。

② 此信内容同 1988 年 2 月 27 日陈翰笙致周南信，此处不再重复呈现。

发表，不删一字。自我在政协大会发言来，虽仅摘要刊登，而国内群众来电来函，慰勉有加。然我亦不过放空炮而已，于实际未必有补也。祝
健康长寿！

千家驹
一九八八，四，十二

（王晓恕识录　丁利刚校正）

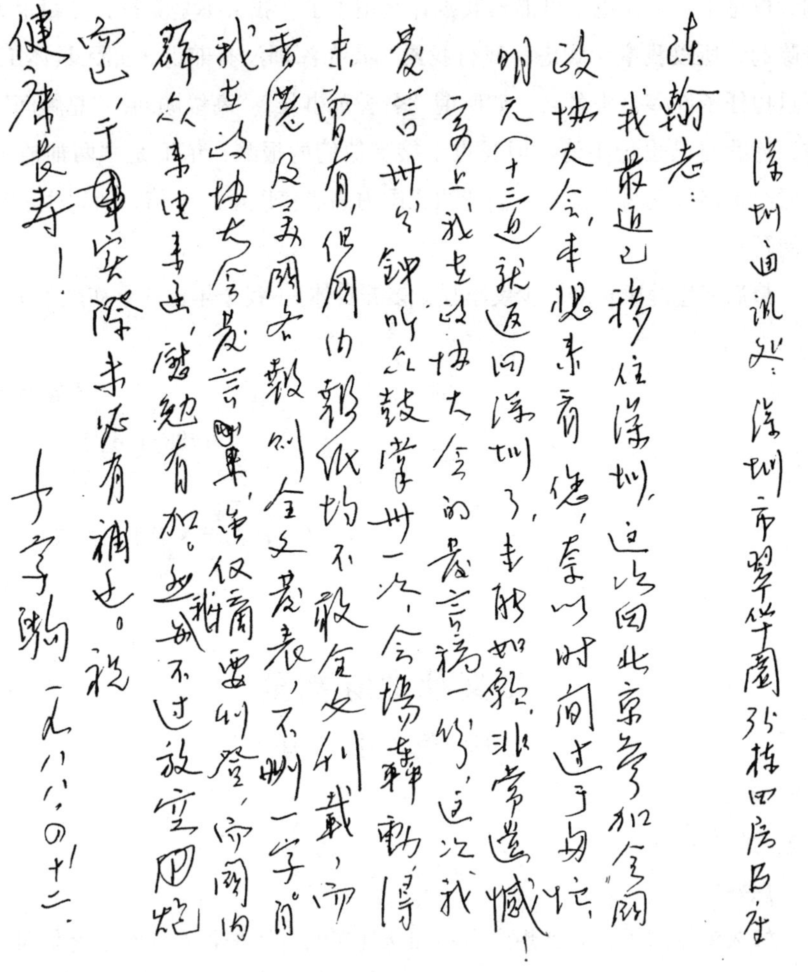
深圳通讯处：深圳市翠华花园7栋四层B座
陈翰志：
我最近已移住深圳，这次回北京参加全国政协大会，本想来看您，奈以时间过于匆忙，明天（十三日）就返回深圳了，未能如愿，非常遗憾！寄上我在政协大会的发言稿一份，这次我发言卅分钟听众鼓掌卅一次，会场轰动，得未曾有，但国内报纸均不敢全文刊载，而香港及美国各报则全文发表，不删一字。自我在政协大会发言毕，虽仅摘要刊登，而国内群众来电来函，慰勉有加。然我亦不过放空炮而已，于实际未必有补也。祝
健康长寿！
千家驹 一九八八，四，十二

千家驹致陈翰笙

（1988 年 6 月 14 日）

陈翰老：

六月四日的信收到了。

我的发言承您复印，分寄亲友，虽得大家的赞赏，但显然不合领导者的心意。听说在政治局开会时，有人指摘我的发言是偏激而不切实际，基本上否定了我所有的建议。还要组织人来批判。不过时代不同了，要公开点名批判大概是不会了，也不可能给我戴什么帽子了。我又不是党员，党籍也无从开除起，所以我毫无顾虑，我行我素。我在深圳没有兼课，亦无具体工作，不过担任了许多空头名义，如所谓“名誉董事长”“高级顾问”“总顾问”之类，连我自己也记不清，但我也不接受他们的报酬，依旧是“两袖清风”。有时给香港报刊写点文章。稿费约比国内高十倍以至二十倍，所以生活还不成问题。

最后祝您健康长寿，少发牢骚，多养身体。（我今年也八十初度了）

千家驹

1988 年 6 月 14 日

（黄海燕识录　丁利刚校正）

张文秋致陈翰笙

（1988 年 8 月 13 日）

尊敬的陈老：

您好！

好久未见面了，非常想念，不知您现在的身体是否安好？近况如何？我常在念中。

我至七月十九日离开北京到北戴河避暑，至今快一个月了，我现在身体很好，精神也如往日一样的旺盛。为了办大学，我每天都和北京的同志们打电话联系，商讨问题，说实在的，我虽身在北戴河，而心还留在北京。为了办教育事业，我越干越有劲，真可以说办学校增加了我晚年的不少活力。听说裴惠敏同志也为学校在多方想法奋斗，做出了不少成绩，但她限于资金不够，她办的专业还无法开展，请您转告裴惠敏同志，等我回来后和她面商解决。我们准备本月二十四日左右回北京。

现在，陈素雅同志是否还在您身边？请您代我向她问好，并向素雅同志的女儿问好，希望她将来为学校工作。专此奉函问候。

祝您

身体健康长寿！

张文秋书于北戴河

1988.8.13 日

（王晓恕识录　丁利刚校正）

韩念龙致陈翰笙

（1988 年 12 月 10 日）

翰老：

尊著《四个时代的我》托谢和赓同志转来，早经收得，非常高兴，非常感谢。前些日子，我赴澳大利亚访问，回国后又不慎跌了一跤，故未及时表达谢忱，至希鉴谅！

书已匆匆拜读一过，质朴刚健的文笔，一生光辉的经历，是革命家自传，是革命历史掌故，是一本难得的好书。我从中获得不少启迪和教益。

至于翰老为革命的无限忠诚，勤恳谨严的治学态度，渊深博大的知识，以及刚正不阿的为人处世，书中随处可见，尤为十分景仰和钦佩。

专肃，顺颂

健吉长寿

韩念龙

王珍

八八年十二月十日

令妹素雅同志均此候。

（黄燕民识录　丁利刚校正）

侯建新致陈翰笙

（1988 年 12 月 23 日）

翰老：

近日可好。一提起笔，眼前立即浮现出您的音容笑貌。我以为，您高寿的奥妙，多半在于您保持了一颗年轻的心：认真争辩的神态，有时又放怀酣笑（只有天性善良的人才有的那种笑）的样子使别人，甚至也使您本人忘记了年龄。多少当年的仁人志士伟男子，却在这几十年的和平环境中或被安了“身”，而交了“心”，或三缄其口，避灾远祸，或者是全身心地变成了一位老人。您则不然，可谓倜傥不群，鹤立鸡群，始终保持了对真理不倦的追求，保持了最可贵的，而中国人获得一定地位后常常又最容易丢掉的良知。翰老，当代中国真人也！这是我第一次见您后的印象。为什么这几十年中国的“真人”这么少，比二、三、四十年代还要少，我一直没得到满意的答案。

高兴地收到您委托陈洪进先生惠然寄来的《解放前的中国农村》一、二卷。《无锡农村》一本，《西双版纳》一本。太珍贵了，感激之情，辞难达意。我想，我是能够理解您的这份深厚的心意的。

我一定仔细研读这几本著作。而且，现在我初步萌生了这样的念头：出了“解放前的中国农村”，有无必要再出一部“解放后的中国农村”，以使人们看到中国农村本世纪以来全部的动态变迁过程；当然也是一代又一代的中国人探索中国农业现代化、从而也是整个国民经济现代化道路的过程。（没有农业革命便不会有工业革命，这已为历史与现实证明）具体方法，我想采用您在二八年即已开始使用的农村实地调查的方法，加上系统搜集资料，从经济、文化、人与人的关系等各个方面展开农村社会生活，考虑到力量的局限和典型性，初步打算限以华北地区为宜。在尽量真实勾划事实的基础，拟重点突出两个问题：a. 地权问题是农业的核心问题，建立个人所有制——家庭农场是中国农村改革的中远期目标；b. 政府在农业中的经济职能问题。马克思一百年前就讲过，东方农业收成取决于好政府，像西方取决于好天气一样。封建政府——包括秦始皇还知扶植农业，何况当代政府。不能只知拿，不知给，扶植农业是政府的职责。政府的行为对农业太重要了，解放后三十多年正反两方面都说明了这一点。此书写成至少要用三年左右时间，如果要干的话，取名《华北农村经济与社会四十年》如何？这是我的一个近乎奢望的愿望，就价值而论，您以为如何？

上次见面谈到的《地权》那本书，因出版社出了问题，有可能搁浅。现在到处讲创收，越有价值的书越难出，另外，是否中国人的文化消费水平也有退化趋势？《四十年》想的好，但具体着手，却困难重重，时间、经费等，其中也有谁给出版的问题。不过，这是后话了。

敬颂大安，并再祝新年好！

建新拜上

88.12.23 夜

随信寄去有关当代英国合作运动的资料，是我读研究生时的导师庞卓恒同志从英国带来的。我们想您和陈洪进先生都会有些兴趣。又及。

（黄燕民识录　丁利刚校正）

1989年5封

陈翰笙致无锡市图书馆领导同志

（1989年）

无锡市图书馆领导同志：

目前接贵馆通知，嘱将本人著作寄征展办公室以便展出。兹遵嘱将下列各书寄奉：

1.《印度和巴基斯坦经济区域》1983年北京商务印书馆

2.《英美短篇时文选读》1983年北京商务印书馆

3.《帝国主义工业资本与中国农民》1983年上海复旦大学出版社

4.《解放前西双版纳土地制度》1984年北京中国社会科学出版社

5.《解放前的地主与农民》1984年北京中国社会科学出版社

6.《四个时代的我》1988年北京中国文史出版社

7.《解放前的中国农村》第一、二两册，由展望出版社直接寄奉。

其余著作因年代过久，没有保留，请参阅《四个时代的我》第164页有关著作目录供参考。

另遵嘱附上本人简历一份。均请查收为荷。此致

敬礼。

（陈宇慧识录　黄燕民校正）

吴阶平致陈翰笙

（1989 年 2 月 6 日）

翰老：

喜获尊著，十分感谢。

承亲笔签署，尤为荣幸。

敬祝

健康长寿，全家幸福。

吴阶平

1989-2-6

（王晓恕识录　丁利刚校正）

肖辉英致陈翰笙

（1989 年 8 月 5 日）

尊敬的翰老：

您好！

您来的信已收到，遵您嘱我去民德国立图书馆查阅维尔纳[①]的著作，因借书不便，只抄了些著作目录。后来我写信给维尔纳，她很快给我回信，在 8 月 3 日，我应邀去拜访维尔纳女士。参观了她的书房，和各种藏书。她告诉我去年她去访问中国，亲自同您谈话，她感到非常高兴。接着她回民德后即写了长篇中国访问纪实，在“Wochenpost”上发表，并刊登了您同维尔纳的照片。她送我一份“Wochenpost”，我珍藏这份报纸，以作留念。她还送

① 鲁特·维尔纳（Ruth Werner, 1907—2009），共产国际功勋情报员。1930 年在上海加入佐尔格小组，开始了与陈翰笙一起出生入死的战斗，二人保持了终生的友谊。

了我两本关于中国和她自己经历的书。十分遗憾的是她的新作，即送您的那一本已没有了，她只好借我阅读。同时，她还将帮助联系几位德国史教授，以便我同他们保持联系，不断交流研究动态。

我告诉维尔纳女士，您的身体非常健康，不断地从事研究工作，并时时关心研究所年轻一代的成长；每当您生日时，所里很多同志与领导一起去您家为您祝贺，祝您健康长寿！她听后无比喜悦，并让我写信给您时代她问候您。我在她家玩了 1 小时 45 分钟，临别时，她告诉我，看完了书，再去还书时还可再从她的书房里挑选、借阅，并把我送出门外很远。使馆有些同志也认识她，也曾去过她家。谈话中，她还问及关于她的自传的翻译情况，我说没有听到什么消息。翰老，您有什么指示，请回音。

我来民德到今天整整三个月，现在基本上适应了新的环境和生活。我虽是编外人员，事情也不少，难以有整的安静的时间从事研究。民德的生活比较安定，社会秩序比较好，我想尽量利用这样的机会了解些情况，写出点文章来。多结识一些德国朋友，这对我的研究工作大有好处。

翰老：前些日子我们组织去柏林郊外的 Menz 休假村一次，那里是一望无际的森林，在一片树林中心有一大的湖泊，在树林中行走看不见天，天然美景难以言状。我处在异国他乡，自然会想到，老天爷啊，你多为我的祖国赋予财富该多好！

好吧，就写这里。翰老您有什么事尽管来信。再见！

祝

健康长寿

辉英

1989.8.5

（王晓恕识录　丁利刚校正）

肖辉英致陈翰笙

（1989 年 11 月 25 日）

尊敬的翰老：

您好！祝您健康长寿！

昨天收到维尔纳的一封信，谈到她的书是否能在中国出版的事，她希望我能给您和江苏文艺出版社副总编辑李荣德同志，她把此人的地址寄给我，我写好信怎么也查不到江苏文艺出版社的邮政码，所以把此信也寄您，看是否转寄李荣德同志。

翰老：从国庆四十周年以来，民德发生了急风暴雨的变化，从 10 月 7 日起，全国各地游行不断，群众高呼要民主，要自由，不要一党专政，不要中国式解决问题等；从 11 月 9 日柏林墙边界开放后，当天晚上 7 点多公布消息，10 点多钟东柏林人如水如潮，滚滚涌向西柏林，10 日全天成千上万人排长队等候过关去西柏林，在这一世界历史性时刻，我也赶到边界抢拍了张照片，收集全资料。过去的人有的哭，有的笑，有的拥抱，有的叫，其情其景，比北京地坛庙会还热闹。说来也怪，自开放后，每到周末，阳光灿烂（平时一周内都下雨），民德人又要过边界去西柏林了，绝大多数人去领了 Begnin Bungsgeld 就回来，有的去酒吧跳个舞就回来。平时，各地游行不断，今天不知道昨天发生什么事，正在人们争先恐后，过西柏林的一天晚上，老一代共产党人在柏林中心广场举行大会，号召全体党员团结起来保卫社会主义的德意志民主共和国。就在这次大会上，维尔纳作了发言，我在电视中收看收听了她的发言。现在民德形势向何处发展，难说。目前的情况颇似我们的“文化大革命”期间。

翰老：在这种情况下，我难以写出东西德教育比较的文章，维尔纳也说现在不好写，很多东西要等等看。我想写点历史文章，或去访问历史学家也不便。在这种情况下，馆内研究任务很重，为了跟踪形势，每天要抓紧时间读很多种报纸，外面有游行也要去观察。在目前情况下，我该思考什么？研究什么？写出什么文章？请翰老指教。

翰老您有什么事要我办，请来信。维尔纳要我转达她对您的衷心祝福和问候!

祝

健康长寿

辉英

89.11.25

（王晓恕识录　丁利刚校正）

陈翰笙致林被甸

（1989年12月15日）

被甸教授亲鉴:

本校南亚所八六年要我帮助研究生董学增作硕士学位论文。当时我拟定的题目“印尼同中国断交的原因”，从88年10月到89年5月他已完成此稿约一万五千字。不料此文不宜公开讨论。现他本人要求改题目重新作论文，我完全同意。

董学增同志为人诚恳，学习勤奋，我认为他有能力完成硕士论文。敬请林教授能接受他到你系，帮助他完成学位论文。特此顺致

敬礼。

陈翰笙谨启

89年12月15日

1990年6封

陈翰笙致李康明[①]

（1990年1月29日）

康明同志：

接读1月12日来信，得知过去工合的同志们与陈志昆夫妇欢叙的情况，可见有组织关系的人，还是能同心同德的，这也说明过去工合运动是有进步性的，只是现在宏观条件的不同，未能恢复欣欣向荣的现象。

自从艾黎逝世后，我们派人到山丹去帮助组织合作社，本来只想动用澳大利亚的捐款，后来幸而甘肃省政府有人要赞助合作社运动，因此省政府拨款100万元，（现在已组织了九个合作社）北京的工合国际委员会曾派傅彬、吕宛如和阙秉光三人去山丹，帮助培黎学校的人组织了九个合作社，作为工合国际委员会的试验区。

去年秋季法国、西班牙等国家搞合作社的人，在孟加拉的达卡开会讨论了国际合作运动，我们工合国际委员会的副秘书吕宛如去参加，回国后适因湖北洪湖热心办合作社的人来要求我们帮助组织了五个合作社，即纺织与羽毛制品等合作社，工合国际委员会主席杨波和副秘书吕宛如还有阙秉光等都去帮助了合作社的组织工作。还有山东蓬莱及龙口市两个地区有六个合作社，如地毯、玩具、绣品等，我们也有人去帮助、联系。在北京除了残疾人合作社，生产剪纸贺年卡片外，还想组织养鸡合作社等，正在筹划中。为了

---

① 李康明1939年在香港由陶行知介绍认识陈翰老。翰老派他到桂林参加工合工作，引导他走上了正确的人生道路。

解决资金来源，还想办一个经济实体，即技术开发中心，利用北大、清华的化学技术力量，这样可以不完全依靠国外捐款。不知广州和附近各地是否有组织工业合作社的可能，便中通告为幸。

邮来美味广东香肠同时收到，谢谢，你们每逢过年过节老是寄东西，美好的食品，真是过意不去，再次表示谢意。专此敬祝

阖家安康，新春欢乐

夫人前请代问候。

陈翰笙启[①]

1990 年 1 月 29 日晚

素雅附笔向你们全家问好！

一区——山丹试验区

三点：1. 蓬莱和龙口市有九个工作社

2. 洪湖有五个合作社

3. 北京已有一个

（王晓恕识录　丁利刚校正）

王红生致陈翰笙

（1990 年 4 月 8 日）

翰老：

您好！新年伊始还未给您老人家写过信，请原谅。

首先，我很高兴地告诉您在荷兰的几乎所有文科图书馆都有您的著作，

① 本信由陈翰老胞妹陈素雅女士代笔，陈翰老亲笔签名。时距 1939 年抗日战争中陈翰老在香港任工合国际委员会书记时已有 51 年。

亚洲研究中心有一本您写于三十年代关于中国英烟种植与农村社会经济变化关系的著作。在文化名城莱顿，你的著作就更多了。

在外国读你过去年代写就的著作感到分外亲切。从六十年代以来农村和农民研究再次成为西方学术界关注的问题。当时继中国革命之后，越南共产党领导农民革命执掌了政权，连强大的美国军事干预也被挫败。印度经济陷入停滞，农村社会不稳，所以西方人关心亚洲政治前途，又一致认为决定因素是农村中的农民的政治态度。农村问题研究热应运而起，出现了一批学者。他们所讨论的问题集中于：商品经济与农村社会的发展关系问题，商品经济、外国资本的入侵是使农村经济繁荣呢还是使农村经济凋敝，成为革命的渊薮，以及农民中哪一部分人最具革命作用。这些问题，您在三十年代就已注意到，并作出自己的结论。从这一点上说，中国农村问题研究早于西方，至少不迟于西方。

可惜的是中国人在继您等一批人之后没有继续将这一工作做下去，因而在热闹异常的讨论中听不到中国人的声音。这不能不看作是中国学术界的一大退步。

我现在学习的所是非常重视亚洲农村问题的研究的，像 Jan Bremen 教授和 Haigenberg 教授都是很有成就的研究南亚和东南亚问题的学者。Bremen 教授关于近代亚洲殖民地农村社会结构的分析和对殖民地劳动力流动的分析十分精辟，富有创见。

就我本人而言，我很想继续您所做过的工作。但一想到我的语言和其他方面的能力，就失去了很多勇气。我不敢奢望能在这一领域做些什么突出的成绩。只想当一座桥梁，将外国人的成果介绍进中国，将中国情况介绍给外国，能在大学里开一门关于亚洲农村社会发展变迁的课就心满意足了。

祝

健康长寿

红生

90 年 4 月 8 日

（王晓恕识录　丁利刚校正）

陈翰笙致马曜

（1990 年 6 月 27 日）

马曜同志惠鉴：

在收到本年六月二十二日大札前，即承祁庆富教授将大作《西双版纳分地制与西周井田制比较研究》一书亲自送到舍下。因我视力极差，只得让人在一周内将尊著读给我听，尊著内容充足，至为敬佩。我意如能将周代的土地制度详加说明，则读者更易理解了。现已将尊著交陈洪进同志阅读，并将同他联名在历史杂志上介绍尊著，顺以附闻。并祝安康！

陈翰笙谨启

1990.6.27

（陈宇慧识录　黄燕民校正）

陈翰笙致汪熙

（1990 年 7 月 13 日）

怡荪同志如晤：

欣接 6 月 15 日手书，得知你曾去巴黎最高学府讲学，真是难得的机会。目前不知在美国哪个大学讲课？半年后，我如能离京返沪，定来面叙。

目前我仍在北大带研究生，同时还有社会科学院世界历史研究所名誉所长称号，所内仅有研究员 6 人，副研究员 15 人。因校内和所内的工作非常轻松，所以家中现在还开有四个英文班，人数较少的一班只有 2 人，多的也不过 4 人。但我因视力萎缩不能执笔，只能靠别人帮助，才得在《群言》月刊上每年供稿一篇，今年第五期刊出一篇题为《道德教育已成我国严重问题》，藉以附闻，顺祝旅祉。

翰笙谨上

90.7.13

（陈宇慧识录　黄燕民校正）

《英语世界》致陈翰笙

（1990 年 11 月 27 日）

翰老：

您好！

我们因工作繁忙，久未向您问候，致歉！

我刊明年将为创刊十周年，拟出一纪念刊。特请您老为本刊题词是幸！因您老是英语学习的广大读者所景仰的老一辈，您的题词将能起鼓舞和鞭策的作用。

谨致

敬礼

英语世界

1990.11.27

（王晓恕识录　丁利刚校正）

黄燕民致陈翰笙[①]

（1990 年 12 月 16 日）

姨公、姑婆：

您们好。

非常高兴和你们通电话。

我从七月份以来在博物馆做全时工作，晚间到南加州大学人类学系听课，我也去那里听讲座。此外还参加一些华人的社会活动。

十月份我回到学校（Texas Tech Univ.）参加一个学术讨论会，是为了纪念 Lubbock Lake Landmark 发现发掘五十周年举办的。我在那里发掘了三年。

① 这是黄燕民写给姨外公翰老和姑姨婆陈素雅（翰老胞妹）的信。当时黄燕民在美国加利福尼亚州洛杉矶县自然历史博物馆工作。

会议期间见到了我的教授、同学和朋友们，大家都非常高兴。

我和丁利刚常通电话，他到洛杉矶来，我带他去看了县艺术博物馆和我工作的博物馆，还一起吃了饭。他在这里停留时间很短，也没有很好地多谈谈。我同吴宁（吴觉农的孙女）也常通电话，她现在达拉斯（Dallas，Texas）工作，她的妈妈在帮她照顾小孩。姨公，您还记得程玉吗（程潜的女儿）？她现在芝加哥大学（Univ. of Chicago）修教育学博士。我九月份在旧金山见到她，也不时同她通电话。程玉问您好。

祝大家过节愉快！

寄上我的照片一张。

燕民

90 年 12 月 16 日

（黄燕民识录　丁利刚校正）

1991 年 10 封

陈翰笙致《英语世界》

（1991 年 1 月 1 日）

自从发现新大陆以后不久，英语就成为世界通用的语言。《英语世界》出版已经十年，深受读者欢迎，我以殷切的心情表示祝贺。

陈翰笙

1991 年元旦

（黄燕民识录　丁利刚校正）

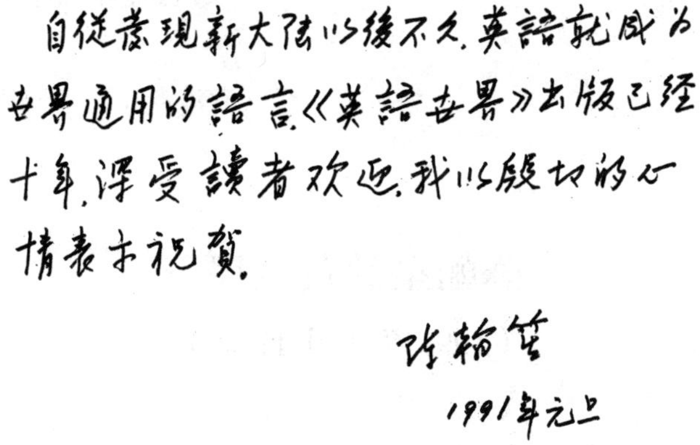
自從發現新大陸以後不久，英語就成為世界通用的語言《英語世界》出版已经十年，深受讀者欢迎，我以殷切的心情表示祝賀。

陳翰笙

1991年元旦

谢和赓致陈翰笙

（1991 年 1 月 3 日）

素雅同志：

祝翰老及您们春节，翰老诞辰万事如意，拙诗请念给他听。

祝陈翰笙老学长

九五诞辰

九五公大寿，亲朋皆欢腾。
一生勤钻研，著作正等身，
中青少后辈，奉公为典型，
才智德兼备，正直胜群伦，
晚霞光温暖，诲人最热情
祝公比南山，欢愉超百龄。

后学谢和赓呈草

于月坛公园

1991 年 1 月 3 日凌晨

（黄海燕识录　丁利刚校正）

陈翰笙致黄燕民[①]

（1991 年 1 月 11 日）

燕民：

接到你 12 月 16 日贺年卡，知道你白天全时工作晚间还去南加州大学听

① 翰老口述此信，由翰老胞妹陈素雅女士手书，翰老亲笔签名。

课及讲座，说明你身体很健康，我很高兴，但是不要太过紧张，把身体累坏了。你在国外交友很广，朋友多，很能适应环境，我听了也很高兴，年轻人就应该得到各方面的友谊，调济自己的生活。

最近我接到很多过去的学生寄来的贺年卡，她们都很努力，而且很多在国外找到对象结婚了，你还记得在东华门时的同学叫钱明的吗？她最近来信说她在硅谷（Silicon Valley）的惠普公司（电子公司）工作，并已与加州大学的毕业生（物理专业，原清华大学毕业）现也在硅谷的一家电子公司任高级工程师结婚了。她听说有很多过去的在这里的学生在美国工作或读书的，但都没有联系。我想与你们介绍一下，有节假日的时候，可以彼此联系，互相来往，彼此帮忙，不知你可愿意同她联系，现将她的地址告诉你，以便你们联系，我也将你的地址告诉她了。希望你们（在我这里的）先后同学，都能在美国学业上不断进步，能在那里打下基础，有个立足之地。必要的时候可以回来为祖国贡献你们的力量，使祖国更加繁荣富强。

去年 3 月我们组织了"中国国际文化书院"大家推着我任院长，去年 8 月召开了"鸦片战争 150 周年纪念会"，11 月又组织一次"工商企业管理进修班"，听课的都是企业或企业集团的负责人，各方面反映都认为很好，因此我现在不带研究生就找点别的工作。但每周仍有三班英文课。

钱明的地址：MICHELLE HUANG
49 BERYLWOOD LANE
MILPITAS, C.A. 95035

即祝

健康。

素雅均此问候。

陈翰笙

1991.1.11

（黄燕民识录　丁利刚校正）

黄燕民致陈翰笙[①]

（1991年2月8日）

姨公：

您好。

谢谢您给我的来信。我今年以来工作一直很忙，此外每周有两个晚上在西洛杉矶学院上课，一门是西方艺术史，一门是陶器制作，所以我到现在还没有给钱明写信联系。

美国同伊拉克打仗，对美国人涉及之广，是越南战争以来首次。我认识的美国人当中，已知有三位的子女上了沙特前线，还有一位的子女在以色列。人人都很关心。我去看过支持战争和反对战争二派的抗议活动，很有意思。同时美国国内的经济处于“recession”阶段，很多人被老板请另谋高就。博物馆与商界、企业界比要稳定多了，但我们这些从基金会领工资、靠捐款吃饭的，不知会受到削减预算的影响有多大。今年看来是美国的多事之年。

丁利刚十月份到 L. A. 来时太匆忙，没有时间实现我一到 L. A. 时就约好的计划，去波莫纳学院寻访你的“脚印”。我们只好约定，下次他来时一起去。

姨公，祝您生日快乐，春节快乐！

（黄燕民识录　丁利刚校正）

陈翰笙致华中理工大学社会科学系职称评审小组

（1991年3月20日）

华中理工大学社会科学系职称评审小组大鉴：

当贵校社会科学系陈佛松副教授在广州任教时，我已同他相识。那时他

① 这是黄燕民1991年2月8日写给翰老的生日暨春节贺卡（因翰老的生日是农历正月初三），也是对翰老1991年1月11日信的回复。当时黄燕民在工作之余学习与文物修复相关的课程，故向翰老汇报其学习和社会见闻。

担任世界文化史的课程，后来到贵校担任世界文化史课程后，他编著了一部《世界文化史》，据我所知，这是一部创作，因为这是第一次较全面讲述世界文化史，我曾多年在美国和德国留学，未曾读到国外史学界写出一本包括中国的各国文化历史。陈佛松副教授的著作是史学界所罕见的。为此我愿推荐他被评为教授。

（陈宇慧识录　黄燕民校正）

鲁特·维尔纳致陈翰笙

（1991 年 4 月 30 日）

我亲爱的朋友翰笙：

借此机会我要表达对你最热情的问候。本想告诉你一些好消息，但我们国家这边的事情已经不再属于这边了，实在令人沮丧。和西德统一——毋宁称作并入西德——以来，经济条件一落千丈。所有我们的商品都从市场上消失，代之以西方的商品。这说明我们农业几乎无碍，但轻工业和大工厂都即将被卖给西方资本家。据统计失业率迅即上升到 50%。

对我个人来说，眼前冲击到了我三个已成年的孙辈和一个儿子。但我依然坚强。对于相信资本主义不是出路、希望世界充满公正与和平的人，我也在努力给他们信心和勇气。

来自老朋友的爱
索尼娅（乌苏拉）

另：12 年之后，我的书《索尼娅的报告》（德文 *Sonjas Rapport*，英文 *Sonya Report*）第一次在英国公开出版了。

（陈宇慧翻译　丁利刚校正）

黄燕民致陈翰笙

（1991 年 5 月 24 日）

姨公您好：

我托友人从美国给您带回此信，并我所做陶盘一个，及您的漫画复印件一件。[①] 这个学期我修陶艺课，每次上课就是在老师指点下做各种陶器，烧制出来以后由老师讲评。这个陶盘即是我的作品之一。本想把这幅漫画临到陶坯上烧成为瓷像，后来考虑到我的绘画能力太差，又有侵犯版权之嫌，于是改为写两句宋人的诗句在盘上。[②] 第一次写出来感觉很不满意，乃用白釉盖掉重写，不料蓝涂料穿透力颇强，还是可以隐约看出最初的设计。背面因不能上釉（上了釉可能会烧融在窑壁上），所以涂料不能呈现为蓝色，所写的“Happy Forever”“Healthy Forever”“For Great uncle”及两只鸡都看不清。选用一青一白为色，是为配合漫画解说词，鸡是您的生肖。总之，设计简陋，我自己也没有书法功底，亦无制陶上釉经验，所以颇多不满意之处。但我也还是很高兴，毕竟是我自己做的，而且是专门做了送给您的。希望您喜欢。

最近洛杉矶县艺术博物馆（Los Angeles County Museum of Art）举办了一个展览，题为“Degenerate Art：The Fate of Avant-Garde in Nazi Germany”。原来三十年代纳粹当政后，收缴了大量现代派抽象艺术作品，于 1938—1943 年间举办了名为 Degenerate Art 的巡回展览，组织德国民众去参观，以建设国家社会主义精神文明，消除精神污染。而洛县艺术博物馆的这个展览就是根据当年的展品图录，经过两年前的努力，找到了幸存的 200 多件艺术品，办成了这个展览。我本人对二十世纪现代抽象艺术向无兴趣，但对展览所介绍的历史背景，当年德国展的解说词等等有兴趣，加上展厅中配合播放的当年的纪录片、纳粹歌曲等，还有小册子、招贴画，使我重温文革旧梦。只是种族不同而已，其他都是一样。在博物馆里度过这样一个周末，不是一段愉快经历。

---

① 黄燕民借学习陶艺之机，制作了一个陶盘，作为祝贺翰老 94 岁生日的礼物。漫画是指当时《人民日报（海外版）》发表的某著名漫画家所画翰老漫画像，并以翰老自我幽默说“我是一青（青光眼）二白（白内障）”为解说词。

② “道通天地有形外，思入风云变态中”二句借自宋代程颐《偶成》一诗。

我在此地看到今年春节晚会录像，很高兴看到您身体很好。祝您一切好。问姑婆、瑜琼[①]阿姨全家好。

我同丁利刚常通电话，他最近可能出差回国。

燕民

5 月 24 日

（黄燕民识录　丁利刚校正）

宋庆龄基金会致陈翰笙

（1991 年 6 月 24 日）

陈翰笙同志：

您好！

为纪念宋庆龄诞生 100 周年，经中央同意，我们正在编辑《宋庆龄选集》，将于 1993 年 1 月 27 日前出版。

我们打算选一些宋庆龄写给她生前友好，特别是一些知名人士的信，载入选集。您是宋庆龄最好的朋友之一，您手头有许多宋庆龄写给您的信，请选择一两封寄给我们，以便我们能编入选集。大热天来烦劳您，实在抱歉；但我们感到选集中缺少宋庆龄给您的信，将是个遗憾。为此，特请您在百忙之中帮我们选一两封（如信是英文的，请译成中文），并于七月十日前寄给我们。

感谢您的大力协助。

祝您身体健康，万事如意。

宋庆龄基金会

1991 年 6 月 24 日

（王晓恕识录　丁利刚校正）

① 姑婆即翰老胞妹陈素雅女士，瑜琼即陈素雅之女童瑜琼医生。

陈翰笙致黄燕民

（1991 年 7 月 14 日）

燕民：

收到 5 月 24 日来函和亲手烧制的陶盘，诚意感谢！但因事忙未及时复信，十分抱歉。去年我们成立了“中国国际文化交流协会”，主要研究世界，研究中外文化的关系，我被推为会长，随即于 9 月召开了纪念鸦片战争 150 周年的讨论会，为期两周，各地参加会议者多至七十余人。关于会议情况曾有两次广播。

今年 9 月又准备召集讨论会，纪念马可波罗三次来华传教的史迹。两星期前意大利总统大使已来访，并告我，他们将派代表团来参加大会。

目前我在北大没有研究生，因此我久未去该校。目前忙于安排世界史所的工作。

素雅妹已于两月前同新疆的乌鲁木齐市第一中学校长王克迈在北京结婚。婚后已同去新疆小住，他们将于九月底来京。

你将于何时结婚，盼来信告知。手祝身体健康！工作顺利！

翰笙

1991.7.14

（黄燕民识录　丁利刚校正）

陈翰笙致李新玉

（1991 年 11 月 11 日）

新宇同志：

很高兴接到你 10 月 5 日来信（11 月 10 日收到）。你们两位的学业和生活想必安排得很好，我完全放心，但还记挂你爱人现在是否能与你在同一学校？他选择的什么专业？盼来信告知。

记得你目前正在预备写博士论文，确定题目后，希望能来信告我，或者我可以提供一些意见。还想知道你的指导老师是谁？导师的专业是什么？

自从前年我组织了一个中国国际文化书院，在人民大会堂召开了成立大会之后，继去年召开过一次“纪念鸦片战争 150 周年国际学术讨论会”之后，今年 10 月 6 日，又在劳动人民文化宫大殿，召开了一次“纪念马可波罗国际学术讨论会”，到会的约有专家学者 200 来人，开幕式的会议上意大利驻中国大使西罗先生发了言，意大利的总理安德烈奥蒂还特地发来贺信，热烈祝贺这次会议的召开，更有意义的是马可波罗的后裔西罗·波罗·帕多苇基亚教授，在会上讲了题为“中国充满活力令人迷恋”的讲话，内容丰富而热情。这次会议共有四天，开幕式之后，还有三天讨论，拟将收到的论文出版一本论文集。开幕式的当天晚上，还在和平门烤鸭店招待了中外来宾十七桌，品尝北京风味的烤鸭，席间意大利大使也发言，我是同这位大使和马可波罗的后裔一桌吃的烤鸭，相互举杯祝贺，还有歌手高歌意大利名歌，气氛十分热烈。这次会议是由世界史所一位同志主要负责筹办的，由意大利斯特法内时装集团为这次讨论会提供了三万美元的赞助，为此我还在这次会议召开之前，在家里特地招待了这个集团的人员和一位意大利的记者，名叫马达罗先生，有人称他为“新的马可波罗”，因为他对中国非常熟悉，非常热爱，在家招待便宴时，这位马达罗先生，还同夫人、二位女儿一同出席了我们的家宴。我想这次会议是开得很成功的。明年有计划还要召开一次中国历代的服装展览，正在筹办。这些情况告诉你，想你一定很喜欢知道吧。有空盼来信，祝贤伉俪欢乐、健康。

陈翰笙

91 年 11 月 11 日

新宇同志：

十分遗憾，多年不见，好容易你这次有机会回来办喜事，我不在北京，没有听到你许多新情况，新消息，太可惜了！我这次去新疆乌鲁木齐住了三个月，看到那里的城市建设得很好，完全不像我所想象中的落后现状了，十年开放，加快那里的建设速度，从火车站到市中心，高楼大厦林立，有银行、贸易大厦，有豪华的宾馆、酒家，有咖啡厅、卡拉OK舞厅，应有尽有。特别令我满意的是全国驰名的水果，那里的吐鲁番葡萄、哈密瓜、西瓜、甜杏等，确实是其他地方吃不到的，因为运到外地来的瓜，不能太熟，如吐鲁番的鲜葡萄根本运不到外地，只能吃到葡萄干。哈密瓜也只有当地才能吃到比较熟的，所以特别甜美。三个月来，瓜果算是吃足吃够了。那里的西瓜，只要0.20元一公斤。所以那里一到夏天，家家户户堆满了西瓜，来客都是以瓜果招待。就先谈这些。现在我又经常在此陪伴翰哥了。祝两位健康愉快。

陈素雅

于91.11.11下午

（王晓恕识录　黄海燕校正）

1992年4封

李凡[1]致陈翰笙

（1992年3月20日）

亲爱的陈教授：

您最近来信关心余清平赴MI现代音乐学院攻读的非移民签证申请，特此回复。余清平于1月24日申请非移民签证。签证官仔细考查了他所有的材料和情况之后，根据修订后的1952年《移民和国籍法》（INA）第214条b款，拒签了他。原因是无法消除他可能成为移民的质疑。

该条款指出，“所有外籍人士在申请签证时，回答必须使签证官感到满意，否则即被认定打算移民”。要满足非移民身份的签证条件，申请人必须列出其在海外的永久居所地址，并且没有放弃其的打算。而且必须在合法居留期结束后即行离开美国。

海外永久居所一般需要申请人提交材料，证明在母国有经济、社会和家庭联系，使其在赴美目的完成后必须离开。该法案第291条要求申请人必须自证会在赴美时期结束后离开美国。对申请人是否达到了法律规定的这些条件，签证官需要做出客观判断。该法案由国会签署，执行时，签证官只要觉得证明材料不可靠，就可以拒签。

---

① 李凡（Henry A. Levine），1992年在美国驻华大使馆担任经济处副处长兼总领事，负责每年处理十万份签证申请，并为美国公民提供紧急服务。他还曾担任美国贸易代表办公室APEC事务主管、美国驻上海总领事、美国商务部副部长助理、中美商贸联合委员会首席谈判代表、美国国务院中国事务办公室经济事务副主任等职。

余清平没有在面签时说服签证官，证明他在中国依然有较强社会联系和一定会回国的明确打算。鉴于他在国内并没有上述社会、经济、工作或家庭联系，签证官别无选择，根据有关法律，只能拒绝了他的学生签证申请。申请方负有证明自己属于非移民类别的责任。

十分遗憾，这封回信仅能提供如上帮助。

诚挚的

李凡

总领事

（陈宇慧翻译）

陈翰笙致西奥多·赫尔曼

（1992 年 6 月 21 日）

亲爱的赫尔曼先生：

昨日接到 6 月 10 日你的来信，我们非常高兴你下月中旬访华，落地后请来电告我，家中电话为 361260。盼望着你来。

诚挚的

陈翰笙

（陈宇慧翻译）

陈翰笙致杨小佛

（1992 年 8 月）

小佛同志：

收到 8 月 6 日来信，并附有你在香港作调研工作时，写下的香港九则即景，听后非常高兴。使我了解香港金融界、市场及港人对回归祖国的种种情况，十分高兴。

又上次你托人馈赠我的人参早已收到，因为适逢友人在京开会返沪之便，曾托她带上信给你，可能她忘记了，有劳远念，在此谨表谢意。

素雅妹妹已与王克迈结婚，他在新疆乌鲁木齐干部学校工作，现已离休。他们最近来信，将定居上海，地址为绍兴路 92 号。有时间你们可以见面了。

我今年体检结果，身体很好，最近犯脚气，想不日可愈。知关锦请特此奉闻。

顺祝

健康长寿！

（陈宇慧识录　黄燕民校正）

陈翰笙致董学增

（1992 年 10 月 9 日）

学增同志：

接到你 8 月 18 日的信，大吃一惊，我认为你本可在美国大学学习，谁知该校因经济问题停办，而致你失业，我知道在美国的中国留学生像你一样遭遇的人不少，你不必为此烦恼、担忧，你只要另外找一份工作，继续攻读，争取明年入学。

如果你因为遇到一点困难你就气馁，大可不必，人生旅途，坎坷是不足为奇的，不见许多历史上有成就的人物，不大都经过一番风浪，最后终于实现了自己的理想的吗？您要振奋精神迎接未来。

现在国内的大学更不如前，例如两年来一般人的工资都有增加，而学校、医院、科研单位的待遇反而不如以前。因此出国的人继续增加，同时国内学校的程度继续后退，因此还是奉劝你继续留在美国。

两年来，我们在北京创办的国际文化书院颇有起色，原因是意大利的富翁捐给我们足够的钱，因此我们能在书院开办各科补习班，所请的教师都享有足够的报酬。

你何时继续入学，希望来信告诉我为盼，顺祝你健康，早日恢复学业！

陈翰笙

1992.10.9 于北京

（陈宇慧识录 丁利刚校正）

1993年2封

唐大卫致陈翰笙

（1993年4月20日）

陈翰笙老：

您好！

“梦想未来”这个活动得到了众多读者的支持。两个月内，我们共收到5000多件来稿，写得都很好，很有意思。囿于篇幅，我们只能登载少量来稿，心中很是不安。现寄上最后两个版面，望您老雅正。谢谢老先生的支持，也谢谢你家人的鼎力相助。若有事，尽管来信。我们一定尽力而为。

顺颂

大安

晚辈唐大卫

4/20

（黄燕民识录　丁利刚校正）

陈翰笙致梁赐龙

（1993年10月11日）

明德中学校庆办公室转梁赐龙先生：

谢谢来函及请柬，欣喜本月卅一日将举行民德中学建校九十周年集会，并为黄兴先生塑像揭幕及黄兴图书馆竣工剪彩。我因身体行动不便，不能来校参加盛会，甚为遗憾。谨祝明德日愈振兴，师资日愈壮大，为建设具有中国特色的社会主义国家做出更多贡献。

专此敬向全校师生祝贺！

陈翰笙

1993.10.11

（陈宇慧识录）

1994 年 2 封

工合国际委员会致陈翰笙

（1994 年 5 月 17 日）

陈翰笙副主席：

定于5月23日（星期一）上午9时，在艾黎故居召开主席、副主席会议，讨论全委会后有关事宜。请您准时出席。

工合国际委员会秘书处

1994 年 5 月 17 日

（王晓恕识录　丁利刚校正）

陈翰笙致爱泼斯坦

（1994 年 5 月 20 日）

爱泼同志：

接到工合国际委员会秘书处通知，定于 5 月 23 日上午 9 时召开会议，讨论全委会后有关事宜，因我有病，尚不能出席。但有以下几点意见，请您在会议上代为提出。

一、工合国际委员会章程（修改草案），阅后我同意。

二、关于秘书长人选问题，如果这次会议讨论，我建议应恢复张德录担任。过去张德录同志任秘书长，是经过大家讨论通过的。后来不知怎么换了一位肖同志，这就不符合我会规章，何况现在肖同志本人也提出要辞职。因此要恢复原任秘书长张德录同志的职务，是合理的。

三、今后有关人选或各项工作，都要经过讨论，然后表决，少数服从多数，这才符合我们的规章制度。

以上意见，务请在开会时让大家讨论。是否有当，请予考虑。敬祝

大安

陈翰笙

1994.5.20

（陈宇慧识录　黄燕民校正）

1996年1封

张文秋致陈翰笙

（1996年10月20日）

赞颂陈翰笙学者100周岁诞辰

张文秋书

（1996年10月20号于北京）

（十一）

我今庆祝陈翰笙教授，是我崇敬的老战友，
当他100高寿华诞的时候。我今特奉鲜花一束，
特作打油诗几首，来奉献给我最崇敬的老战友，
与我最佩服的陈翰笙教授，以尽我的一片心意。

（十二）

我敬祝陈翰笙老战友100周岁的诞辰。我祝贺
福如东海！
寿比南山！
幸福愉快！
安度晚年！

中共中央组织部老干部九十三岁的副部长张文秋撰书于北京西山别墅

于1996年10月8日

（黄燕民识录　丁利刚校正）

1997 年 1 封

陈观烈致陈翰笙

（1997 年 11 月 14 日）

翰老尊前：

久违教诲，时在念中。前承赐 1919—1949 年英文大作一集，已由吾妻秦亚男去素雅同志沪寓拜领。先生的爱国精神，远大且光。厚积学风和流畅笔法，世所共仰。晚生再次获益，无任感谢。

年来社会科学界和各级领导纷纷为先生祝贺期颐大庆，这是实至名归，敬老尊贤和教育后辈的盛事。可惜的是，晚因近年患有重病（血液问题），养息在家，未能赴京奉觞拜寿，唯愿先生海屋添筹，更为国家和后辈赐福。

记得六年之前晚因事晋京，趋府拜谒，谈及拙译美国著名马克思主义者斯威齐（Paul Sweezy）所著《资本主义发展论》一书，正待商务印书馆出版；随后即蒙先生电话该馆催促。最近该馆通知，书已出版，此时适逢晚夫妇结婚五十年佳兴，也算一喜，因请人刻了一方印章，文曰“同栖共砚齐白头”。现谨奉上一册，以表谢忱，并请先生赐教。

愿先生多多保重，创人生高寿的世界纪录，并为国家指点航程！

晚生

陈观烈敬上

1997.11.14

（黄燕民识录　丁利刚校正）

2002年1封

陈翰笙致东林小学全体师生

（2002年4月11日）

东林小学全体师生：

您们好！

值此东林小学百年华诞之际，敬向全体老师和同学们表示衷心祝贺。感谢老师们辛勤教育和同学们的努力学习。随着时代的发展，使百年东林小学已成为江苏省有名的小学。

即使我现在已一百多岁了，我还是认为："要把经济搞好，必须先把教育搞好，小学教育最重要，教育不好什么也谈不到。"这是我一贯的思想。

希望各位师生继续努力，如有可能，我还想回无锡来看望各位。此致

敬礼

校友

陈翰笙敬贺

2002.4.11

（陈宇慧识录　黄燕民校正）

2003年1封

金楠致童瑜琼

（2003年3月28日）

瑜琼女士：

收到你寄给我的翰老百岁华诞集，我已拜读。读后，使我深深怀念翰老。翰老是我多年来一直崇敬和钦仰的一位老领导。现对翰老在研究所工作的一些往事作了回忆，能否对修改准备中的悼词有用否，现抄写于下，供参考。

金楠

2003年3月28日

对翰老在国际关系研究所工作期间一点回忆

1955年翰老是外交部顾问，参加了国际关系研究所筹建工作。成立研究所后，他是副所长，党组成员，直到“文化大革命”开始。

翰老为人品德高尚，不求名利。1950年，他应周恩来总理邀请，绕道欧洲回国，周总理曾要他当外交部副外长，他辞谢了。陆定一宣传部长曾要他当北京大学副校长，他也辞谢了。他只当外交部的顾问。在研究所领导者中，他只埋头做研究工作，培养青年研究人员，很受人敬崇。

1956年11月，全国人大组织代表团出访前苏联及东欧六国（苏联、捷克、罗马尼亚、保加利亚、南斯拉夫及阿尔巴尼亚）。

1957年12月3日，他陪周恩来总理和宋庆龄出席印度援华医疗队爱德华博士的追悼会。翰老为促进中印（度）友好关系，曾参加对印度总理尼赫鲁访华接待工作。

在1966年大革文化之命的“文化大革命”运动中，翰老因为是副所长，受到残酷的迫害，他像一棵大青松，铮铮铁骨不屈不饶。他笑对那些迫害狂的人们。

在1966年5月，外交部就派工作组进驻研究所，他们污蔑研究所领导是一帮“反革命黑帮”。工作组宣布全体所领导停职交代。同年8月，黑色风暴在全国展开，外交部早已准备好的全部批斗会，开了三个半天（三个下午，每次批斗会约三小时），他们把所领导人扣在一根黑绳子上，批斗时是让所领导全跪在主席台前，听大会批斗发言。大会后，让所领导游楼示众。让他们头戴尖纸帽，身挂纸牌（牌上还写着污蔑他们的各种反革命头衔），翰老被扣上“反动学术权威、洋奴老右派、走资派、伪党员”。他在隔离审查期间，受尽苦难。人身自由受到限制，他被关在一栋小楼中，冬天不给暖气，他们故意把暖气掐断，每月只发20元生活费，每天营养很不足。更为残酷的是他的夫人身患癌症，在临终前几天，造反派叫人看押送翰老回家，见了夫人一面，当时翰老要求陪陪病人，未被允许。回所后，他失声痛哭不已，这是他最为悲痛的事。老人对难以承受的粗暴迫害行为毫不屈服，就是不低头，不说违心的话，不做违心的事，刚正不阿，一身正气。实在是我学习的良师。

（黄海燕识录　丁利刚校正）

附 录

履 历

（1967年5月2日）

七十年前（一八九七）二月五日我出生于江苏无锡一个知识分子家庭，祖父和父亲都当过教师。高中毕业后就赴美国勤工俭学。一九一五年秋季进了美国一个半工半读的补习学校。次年秋季考入一个学院（规模较小的大学），一九二〇年夏季毕业。一九二〇年秋季至一九二二年夏季先后在芝加哥和哈佛两个大学研究院进修，曾以“伦敦使节会议与阿尔巴尼亚的瓜分”为题作了论文。在学院时四年，生活费和学费出于学院奖学金、清华对留学生的津贴和自己在假期劳动的收入。在研究院进修二年，因同时担任助教故每学期都有工资的。

第一次世界大战后，德国通货膨胀，我于一九二二年冬季以工资积蓄赴柏林大学东欧研究所进修。一九二四年春季返国，应北京大学邀请担任史学系教授。先后讲了欧美通史、欧美史学史、美国宪法史和欧洲外交史。在李大钊的帮助下开始认识到学习马列主义的必要。一九二五年春季他介绍我入国民党，从此参加了政治活动。我们发起了“五卅惨案北大教职后援会”，又同北京党部主席高仁山（一九二八年被张作霖枪毙的北大教授）创立了艺文中学（解放后改为北京市二十八中）。

一九二七年春季我在武汉时，陈友仁发表我同周鲠生、王世杰三人为外交部条约委员会委员。我因帮助李大钊在苏联大使馆内整理内部资料，故未就职即返北京。李被捕后中共华北委员会停止活动。我赴莫斯科国际农村经济研究所工作。一九二八年夏季返国后，由蔡元培介绍去商务印书馆编译所担任百科全书的编辑。不久又被他邀请入中央研究院社会科学研究所，担任社会组主任职。从一九二八冬季至一九三三年春季，四年半时期内我一直做中国农村的调研工作，同时也替第三国际做了一些事，当时有所谓牛兰案件。

一九三三年六月中央研究院秘书长杨杏佛在上海被国民党CC派暗杀后，历史语言研究所所长傅斯年继任。因傅逼我辞职，我改入中山文化教育馆去当研究员，以该馆名义在广东调查了遍及二十余县的农村。一九三四年八月又以该馆通信研究员名义赴日本东京，实际担任了第三国际的工作。不料三五年夏季，因上海有人被捕，组织上要我从东京回上海然后搭苏联船去海参崴。到了莫斯科后，就入东方大学研究院工作，直到三六年春季才去纽约。

一九三五年第三国际为我解除了工作关系，由康生介绍我入中国共产党。不久组织上派我赴纽约担任太平洋国际学会总会的职务，同时帮同创办《华侨日报》。我先赴瑞士同学会秘书长接洽，然后经法比两国到伦敦同他一起搭船往纽约。在纽约的三年时期，除为《华侨日报》写稿外，还编写了《中国农村》《中国地主与农民》《工业资本与中国农村》三本书。都以英文出版的。第三本全部揭发了英美烟公司通过买办剥削我农民的真相。

抗日战争时期，组织上要我为工业合作运动在香港建立国际委员会以便管理海外汇来的捐款。一部分捐款送往延安由李富春经手办理合作社。一九三九年五月我到了香港不久，工合国际委员会就正式成立。香港基督教主教英人何明华为委员会主席，我担任书记职务。工合在宣传和募捐方面大部分是通过香港"保卫中国大同盟"进行的。直到一九四一年年底日寇侵入为止，我在香港两年半期间，还编辑了一个英文半月刊《远东消息》，曾将蒋介石打击新四军的详细报道尽快传达到欧美各国。

一九四二年二月初离开了香港，经澳门、新会、开平、梧州，于五月中抵桂林。那时工合国际委员会已无法进行工作。我在桂林组织了一个工业合作问题研究所，同时应林励儒教务长邀请担任广西师范学院教职。一九四四年三月重庆蒋介石军委会密电李济琛要逮捕我。组织上通过李亚群通知，要我速去印度，设法再往美国。我于五月中到了新德里，因前太平洋国际学会澳大利亚同事的介绍在英国新闻处工作，编辑有关亚洲各国电讯和报刊的资料。同时在德里大学史学系担任评卷员，印度史学会也选我为名誉会员。我曾参加过印度史学会两次年会和印度档案学会两次年会，还应邀为牛津大学出版社写了一本《中国的农民》。

第二次世界大战结束后，我于一九四六年三月底由加尔塔乘船到达美国。曾应华盛顿州立大学之聘在该校讲课一学期，但为了便于做组织上派给我的地下工作故辞职东返纽约。组织上要唐明照和徐永煐帮助我。徐不久返国，由唐介绍我与美共主席福斯特联系。直到一九五〇年十一月初离开纽约赴伦敦时，我在美国又居留了四年半。这个时期的公开职业，最初为华盛顿州立大学特约教授，继而先后担任约翰哈近大学国际关系研究院研究员、宾西法尼亚大学印度研究所研究员、巴马拿学院暑期讲师、纽约亚洲学院讲师等职。同时还编写了太平洋国际学会出版的《康藏土地制度》和伦敦亚洲出版社印行的《印度和巴基斯坦的经济区域》。

在伦敦等候一星期后，我经由捷克、波兰、苏联，于一九五一年一月底回到北京。周总理要我参加《中国建设》月刊的组织和编辑工作，同时给我外交部顾问名义要我研究印度问题。一九五六年秋季，张闻天当面告我要调我到科学院去。此事因副部长李克农反对而未成。嗣后张闻天派他的亲信徐达深通知我到国际关系研究所，实际上是把我赶出了外交部。所长孟用潜又是张闻天的亲信。在所内始终没有给我做什么工作，我只是一个有名无实、有职无权的副所长罢了。这次“文化大革命”中，外交部当权派不得不让群众揪出这个修正主义分子时，又指示柳雨峯工作组把我作为孟用潜黑帮分子打成为“买办洋奴”（据今年二月九日工作组汪滔大字报的揭发）。

陈翰笙

一九六七年五月二日

（王晓恕识录　丁利刚校正）

参加五好运动的个人计划

（1970年4月12日）

参加此次干校中五好运动，我决无意同别人比赛五好，而专心要革除过去一切坏思想、坏作风、坏习惯。在前进中追求五好：思想好，作风好，劳动好，向贫下中农学习，守纪律、保密、保卫好。

（一）《毛主席最新指示》（六七页）："资产阶级思想和上层小资产阶级思想，一下子变不过来。要变需要时间，并且需要很长的时间，这是社会上的阶级斗争。"

根据我自己的坏思想或坏思想的残余就是在我自己身上的阶级斗争。我要参加这种斗争，取得最后胜利。过去我曾强调个人兴趣，偏重职业或专业，都从个人主义出发追求上进。今后要力求从社会革命观点出发，从全局、全民看问题，以个人兴趣或专业服从集体的需要。必要时，需改行业、改兴趣、以乐于为人民服务为宗旨。过去我对损人利己的人不予批评，只是想做"老好人"以免得罪人而受人迫害。今后不要做"老好人"，而要敢于批评应该受批评的人，这样就是参加五好运动，既有利于人也使我自己前进。过去我对人的看法难免出于过分严格，而不曾体谅人家的困难，人家的历史背景。今后要仔细考虑人家的困难条件，历史经历，而存宽恕之道。今后批评人家要一分为二，要想到人家的优点，在优点的背景上讲人家的缺点。过去我受不得人家的批评，总以为人家故意使我为难。现在我能用一分为二的看法，一面想人家总有自以为是的神气，一面还接受人家批评正确的部分。但今后我要更虚心地接受人家批评，要设想尽管人家错了也是人家出于好意，这样就易于接受正确的批评而使自己改善。

（二）在工作作风上，我要做到知行合一，理论与实践结合，不要只讲而不做或少做。只讲而不做或做些与言论相反的工作，就是英国工党的或欧洲社会民主党的工作作风，就是现代修正主义者打着红旗反对红旗的办法。共产党讲究要认真，认真就是要知行合一，理论与实践一致。否则就会变成两面派，不忠实于革命，不真心为人民服务。言行不一致的人，大半会说假话。毛主席教导我们，说假话的人既害自己也害了别人。工作作风中最重要的一点便是要坚贞，就是要诚恳而忠实。至于行动迅速，所谓雷厉风行，是一种可以养成的工作习惯，我也应当养成这种习惯。

过去我发表意见太快，事前考虑不够仔细。今后要力求客观，并且应当设身处地地替人家想一想，如何能使人家接受我的意见。总之，今后我要在说话时多谨慎些，在说话前多加考虑。这样才能使我的意见，如果正确的话，更易于被人接受。

（三）我非常愿意参加集体劳动，因为在集体劳动中可以有机会向大家学习。希望派我去参加一种集体劳动，如养鸡之类。因我犯青光眼和老年性白内障两种眼疾，故不适宜在户外田间劳动，但尽可在户内或房屋附近参加工作。无论如何，我要求做半天工，半天休息。否则内心不安，精神衰退，会影响身体健康。我原想学做木工，但现在因眼疾而不能要求了。是否可以到木工房去做助手，或其它工作中去当助手，切望领导上考虑给我一适当的工作。

（四）贫下中农革命分子响应毛主席号召而肯来同我们一起工作，足以教导我们，使我们能学习他们的优良作风和技术。他们发言不多，往往以身教（而不以言教）来引导我们，我们要虚心向他们学习。我们应当以他们的身教作为对我们缺点或错误的批评。他们对我们有些人往往给予一种无声的批判，我们应当提高觉悟而虚心接受这种批判。这样使我们更快地改掉那种资产阶级自以为是的思想习惯。不用说，我愿意接近他们，向他们好好学习。最近我在攸县人民医院住了一个月光景，在病房中（不止一个）同老乡们谈话，他们都是矿工、船工、电工、生产队员等等，因而获得一些关于村社的知识，也知道许多他们家庭生活情况。来虎踞山已五个月，其中住医院的一个月令我最感兴趣，也给我不少知识。说明不出干校的校门就很难广见闻、很难与工农兵结合。希望干校主管人设法使我们多有些机会同工农兵接触，而我也可以有机会参加。

（五）遵守纪律、保密、重视保卫工作等等，都是在平时应该养成的好习惯。这也是应有的好方法，没有这样好方法就不能执行好政策。毛主席一向说方针好、方法也应当好。他说要过河而无桥梁或船只就不能渡过去的。我要继续培养自己使自己保持这样好的习惯。并要揭发人家不遵守纪律的事情以利于人家的改造。能使人家改造，也就使自己思想上改进了。毛主席常说从改造客观世界中改造自己。这也是一个真理。

陈翰笙

一九七〇年四月十二日

（王晓恕识录　丁利刚校正）

国际问题研究所所见

（1975 年 5 月 1 日）

（一）

国际风云急，
调查研究难。
今之主持者，
所惜未精娴。
领导出题目，
干部不悦服。
题目大如海，
何处去着陆?
不容细琢磨，
唯求交卷速。

（二）

俯拾人牙慧，
有如办文牍。
成篇殊草草，
叠叠油印稿。
修改两三番，
愈来愈烦恼。
原为供参考，
价值实难保。
领导邀功急，
干部忧如梼。
万事有其序，
水到自成渠。
率意求近功，
缘木以求鱼。

（黄海燕识录　丁利刚校正）

陈翰笙85岁时所任职务及工作时间表

（1982年7月15日）

陈翰笙现任下列职务

一、社会科学院世界史所名誉所长

二、世界史所、情报所、南亚所、农村经济所四个所的学术委员会委员

三、南亚所研究生导师

四、世经所关于苏联和保加利亚两书的编辑顾问、农村所关于人民公社一书的顾问、经济研究所编辑解放期间土改历史一书的导师

五、商务印书馆外国历史小丛书编委会主任

六、大百科全书编委会委员兼外国史部分的总编

七、北京大学兼职教授、国际政治系的两位研究生的导师

八、中亚文化研究协会常务理事主席

九、华侨历史研究会副会长

十、全国政治协商会议委员

十一、中国新闻社理事

十二、国际关系史学会理事

十三、全国图书馆学会理事

十四、中国经济学团体联合会常务理事

十五、翻译工作者协会理事

一九八二年七月十五日

上述职务由陈翰老自己写于1982年，他当时共有15类职务（其中第二、第四类实际上涉及多个职务）。这些所任职务是官方任命的职务，此外，他自己还开设有三个英文辅导班，他要编写课文、教授几十名学生，且分文不取。不仅如此，他的职务随着社会的发展还在进一步发展：1984年，中国太平洋国际学会第一副会长；1985年起，北京外交学院名誉教授、中亚学会名誉会长、东南亚学会名誉会长、《中国大百科

全书》总编委会副主任暨外国历史编委会主任；1989 年，中国国际文化书院成立，93 岁的翰老出任院长。每天给研究生上课，给英文班学生上课，他是怎么安排时间的呢？请看下面这张照片：

照片的右上角是陈翰老的工作时间表（这个时间表是中国社科院世界历史研究所出于对翰老的关爱，怕他接待太多访客影响身体而帮他订立的）：

上午：8:30—11:00

下午：2:50—4:30

晚上：7:00—8:20

世界研究所

办公室

（王晓恕识录　丁利刚校正）

陈翰笙手书冀朝鼎生平

（1986 年 9 月）

冀朝鼎同志生平

1924—41

一、在美国学习

（1）他在纽约哥伦比亚大学研究生院上课，生活费由美国友人帮助。写了论文而得到博士学位。

（2）1936 年他从莫斯科返纽约后曾为美共办了一个英文月刊，宣传时事和中美友好关系。他同美国共产党员打字员结婚，生有两个儿子。他帮助在纽约开办的英文中国日报用笔名写文章，并帮助中国留美学生会捐款。

（3）1927年1月他代表留美中国学生出席布鲁塞尔反帝大同盟成立大会，并结识了钱俊瑞同志。

（4）1927年他从比利时到莫斯科参加了庆祝十月革命的典礼，第二年他又代表美共参加了共产国际第六次代表大会。

（5）他曾在纽约工人日报、纽约经济日报（英文）、奋斗月刊写过文章。

（6）他未曾写文章反对托洛茨基和洛夫斯顿的文章。

二、

（1）在我国抗日战争时期他参加了“平准基金委员会”工作，该委员会募捐并接受美国政府的款项而更为我国抗日战争的工作。该委员会有五人，他是唯一的中国人。该委员会最初在香港，后来迁至重庆。

（2）他和他美国夫人居留上海时，他曾担任中央银行经济研究处和“外汇管理委员会”担任秘书工作。

（3）他在南京和上海担任公开的工作时，常同上海银行老板陈光甫往来。所以没有人怀疑他是共产党员。

三、

1949年全国解放后他担任了中国国际贸易促进委员会的秘书长。当时该委员会主席是南汉宸同志。1952年4月南同志率领代表团参加在莫斯科召开的国际经济会议，冀朝鼎同志是我国代表团的秘书长。陈翰笙和王寅生等同志也参加了该代表团。

四、

冀朝鼎同志生平非常重视人才、爱护党员。并乐于与人为善。

（黄燕民识录　丁利刚校正）

陈翰笙关于《解放前的中国农村》第三辑意见

（1987 年 11 月 4 日）

《解放前的中国农村》的第三辑是农村经济调查资料。初选时漏掉的无锡农村经济调查和江村经济调查，我和薛暮桥同志都同意并主张补选入第三辑；陈伯达两篇文章，第一辑就应该选收，现经胡乔木和胡启立两位同志同意，作为附录编入第三辑。

陈翰笙

1987.11.4

（黄燕民识录　丁利刚校正）

中国社会科学院召开陈翰笙学术思想研讨会

（2005 年 2 月 24 日）

为了落实温家宝总理关于“希望经济学界认真总结陈翰笙等老一辈经济学家的治学精神和学术经验，让他们的理论精髓得以传承”的重要指示，深切缅怀著名社会科学家和社会活动家、我院原顾问、世界历史所名誉所长陈翰笙先生，我院于 2 月 24 日召开“陈翰笙学术思想研讨会”。副院长江蓝生出席会议并讲话。

江蓝生在讲话中指出，陈翰笙先生既是一个优秀的学者，又是一个坚定的革命者，他把这两种身份很好地结合在自己的一生中。他的学术研究和政治紧密地结合在一起，研究问题都是根据中国社会、中国革命的需要，有明确的目的性和正确的方向。陈翰笙先生不仅是一个理论家、思想者，还是一个实践者，一个非常热衷于进行革命实践的学者。一个旧时代的知识分子，能够那么深入地学习马克思主义，坚信马克思主义，把马克思主义的精髓贯穿于自己一生的学术和行动当中，这是非常值得我们尊敬和学习的。

江蓝生指出，我院过去有一批大师级的专家学者，他们为我院的发展奠定了坚实的学术基础，树立了良好的学风，这是我们社科院宝贵的遗产，我们应该非常珍视这个遗产。希望能够通过纪念老一辈的优秀学者，把他们的思想和学风真正地继承下来。现在全国都在开展保持共产党员先进性教育的活动，今天这个会也是这个教育活动的一个很好的内容，我们都从中受到教育。

与会者阐述了学习陈翰笙中国工业化理论的心得体会，总结了陈翰笙能够取得巨大成就、成为一代宗师的主要原因；论述了陈翰笙运用马克思主义基本原理对中国农村经济和社会进行大规模调查和研究，用史学理论研究成果服务于中国人民革命的光辉范例，指出翰老在历史研究中所表现的时代精神是史学工作者学习的榜样。

世界历史所负责人主持研讨会，原副院长汝信、龙永枢、丁伟志、于光远，中共中央党校原副校长龚育之和社会科学界专家学者60余人出席了研讨会。

陈翰笙大事年表

范世涛　撰写

1897年

2月5日　生于江苏省无锡县城东门城头弄。名陈枢。父陈浚，晚清生员，后参加辛亥革命。

1903年

入无锡东林小学。

1909—1913年

在湖南长沙明德学堂读书。期间受到历史教师、南社诗人傅熊湘强烈影响。

1913—1915年

在湖南长沙雅礼学堂学习。期间在长沙基督教青年会听美国教师讲演“金山橙”，萌生赴美留学愿望。

1915—1916年

赴美国麻省赫门工读学校（Mount Hermon School for Boys）学习。

1916—1920年

在美国加州波莫纳大学（Pomona College）先后学习植物学、地质学和历史学，获历史学学士学位。同学有焦墨筠、李景汉、何廉、邱昌渭等。期间任《学生周刊》编辑。

1920—1921年

在芝加哥大学研究生院学习并担任助教，开始学习俄语，获历史学硕士学位。期间任中国留美同学会秘书，编辑《留美学生月报》（*The Chinese Students' Monthly*）。期间参加新中学会，结识高仁山、查良钊。

1921—1922 年

在哈佛大学研究生院学习。期间在西雅图与顾淑型结婚。参加留美学生华盛顿会议后援会。

1923—1924 年

与顾淑型在柏林大学学习，专门研究东欧史地。期间游历法国、意大利、奥地利等地。

1924 年

8 月 19 日　国立北京大学发出请陈枢先生为本校教授聘书。陈翰笙应聘后，在北京大学史学系任教授。期间先后讲授欧美通史、欧美史学史、欧洲中古史、欧美近世史、外国史学选读、美国政治史、现代政治。

1925 年

5 月　与北京大学教育学系主任高仁山创办艺文中学，查良钊、胡适、陈翰笙、薛培元、王宣、马约、高仁山任学校董事。艺文中学采用道尔顿制方法教学。

6 月　与北京大学同事高仁山等共同发起五卅惨案北大教职工后援会并任干事，与袁同礼、张歆海、陈源负责搜集关于沪案材料分寄各国。

8 月 6 日　通过苏联驻华使馆康托罗维奇（Anatol Kantorovich），在共产国际《国际新闻通讯》（*International Press Bulletin*）杂志“不许干涉中国”（Hands off China）栏目发表文章《上海的救济上海组织》（“Shanghai Organisation for Shanghai Relief”），报告五卅运动中的上海罢工。

秋　结识苏联汉学家格里涅维奇（Pyotr Antonovich Grinevich）及第一次访问中国的美国记者安娜·路易斯·斯特朗（Anna Louise Strong）。

12 月　参加《现代评论》编辑工作。此后一年多，在该刊发表 53 篇文章。

本年　完成《欧美史学史》讲义。

1926 年

3 月 18 日　与顾淑型参加“三一八”反帝反军阀游行。事后根据李大钊的意见，在《现代评论》发表《三一八惨案目击记》。

3 月　经李大钊和苏联驻华大使加拉罕介绍，参加共产国际秘密工作。

11 月　妻子顾淑型到莫斯科中山大学学习。次年 7 月返回中国。

12 月　结识蔡和森。在蔡和森影响下，开始关注中国农民问题。

本年　所编《短篇英文选读》（*Short Selections for Reading*）出版。

1927 年

2 月　应武汉国民政府之邀，与周鲠生、王世杰同赴武汉，任外交部条约委员会委员。

3 月　遵李大钊电嘱返回北京，协助李大钊整理内部资料。

3 月下旬　请顾淑礼协助李大钊，承担与外界的联络工作。

4 月 4 日　到中东铁路办事处看望李大钊。

4 月 6 日　张作霖部军警进入北京东交民巷使馆区，逮捕李大钊等人。同月 28 日李大钊等遇难。李大钊入狱期间仍与陈翰笙有联系。

5 月 20 日　著作《人类的历史》由北新书局出版。

7 月　著作《国际新局面》由北新书局出版。

10 月　与顾淑型转道日本，到莫斯科农民国际（Krestintern）下设国际农村研究所从事研究工作。期间经陈友仁介绍，结识宋庆龄、邓演达。

1928 年

1 月　在国际农村研究所结识由中国返回莫斯科的匈牙利经济学家马季亚尔（Lajos Magyar）。马季亚尔不久参加中国共产党第六次全国代表大会文件起草工作和共产国际执行委员会东方部领导工作。在研究所共事期间，二人因中国农村经济性质发生争论，陈翰笙感到对中国农村缺乏了解，萌生开展农村实地调查的想法。

夏　经蔡元培推荐，到上海商务印书馆编译所从事编辑工作。

1929年

2月　应蔡元培之邀，任国立中央研究院社会科学研究所专任研究员兼社会学组主任。在任期间，先后聘请王寅生、张稼夫、李珩、钱俊瑞、张锡昌、石凯福、姜君辰、孙冶方、薛暮桥、瞿明宙等参加实地调查或资料整理工作，一批马克思主义社会科学家成长起来。

7至10月　与王寅生领导国立中央研究院无锡农村经济调查团，对江苏无锡农村经济进行实地调查。调查期间曾陪同史沫特莱（Agnes Smedley）访问无锡农村。

8至9月　代表国立中央研究院参加外交部组织的东三省实业参观团赴东北调查。

本年　与王寅生、张辅良、廖凯声、张稼夫、李澄、徐燮均合著《亩的差异（无锡22村稻田的173种大小不同的亩）》列为“国立中央研究院社会科学研究所集刊第一号”出版；与王寅生合著《黑龙江流域的地主和农民》出版。

1930年

春　经史沫特莱介绍，结识以德国记者名义活动的苏联红军总参谋部来华人员理查德·佐尔格（Richard Sorge）。

2月3日　参观北平社会调查所，并作为乡村组主任负责指导北平社会调查所乡村组工作。

4月12日　出席蔡元培主持的社会科学研究所第十次所务会议。会议议决委托社会学组就全国最重要的24个城市内容最丰富的35种报纸，对社会事实材料加以剪贴分类整理。

4月22日　乘船离沪北上，调查北方农村经济。

6月1日　带领国立中央研究院与北平社会调查所中国农村经济调查团由北平到保定，王寅生任调查团总干事兼北平社会调查所农村经济特派员。

7月　陈翰笙起草、国立中央研究院社会科学研究所社会学组工作报告讨论定稿。该报告后以《中国农村经济研究之发轫》为题，在《北新半月刊》《大公报》发表，并单行成册出版。

夏　完成《封建社会的农村生产关系》。该书列为“国立中央研究院社会科学研究所农村经济参考资料之一”出版，书前冠以蔡元培“农村经济参考资料序”。

本年　与张辅良、廖凯声、徐燮均合著《难民的东北流亡》，作为“国立中央研究院社会科学研究所集刊第二号”出版。

1931 年

5 月 6 日　结识伊罗生（Harrold Issacs），并成为朋友。

6 月 15 日　赤色职工国际太平洋劳动会议干事牛兰夫妇在上海被捕。陈翰笙、顾淑型参加营救工作。

8 月 17 日　邓演达被捕。蔡元培写介绍信，命陈翰笙到南京奔走营救，面见陈诚等人。

11 月 12 日至 14 日　应教育部派遣，与王慎铭（王思华）、胡刚复陪同国联教育考察团参观无锡。

12 月　宋庆龄得知邓演达被秘密枪杀，写出《宋庆龄之宣言》，译成中文后由谢树英、陈翰笙送《申报》发表。

12 月 17 日　中国民权保障同盟发起成立。陈翰笙在宋庆龄、史量才和杨杏佛之间担任通讯工作。

1932 年

1 月 13 日　共产国际支持、伊罗生编辑的《中国论坛》（*China Forum*）在上海创刊。该刊在两年时间共计出刊 39 期。陈翰笙以笔名“观察家”（The Observer）为该刊撰写专栏“揭开幕布的中国政治闹剧”和专题文章。专栏文章由陈翰笙英文口述、伊罗生笔记而成。

4 月底　社会科学研究所迁南京。

5 月 16 日　蔡元培在上海召集中央研究院第一次各所、馆主任会议，议决取消各所秘书及社会科学研究所分组。陈翰笙不复担任社会学组主任，但研究所仍依照学科从事研究。

6 月 18 日《中国论坛》刊登署名来信，严厉批评陈翰笙署名“观察家”的文章称上海军民反帝、反日运动为“爱国运动”。

9月6日　参加实业部中国经济年鉴编纂委员会成立会议，担任编纂委员。

9月30日　所发起的中国农村经济研究会简章草案和工作概要草案在《新秦先锋》发表。

1933年

1月7日至8日　出席中国太平洋国际学会上海会员会议，在会上作英文报告《中国农民的苦难》。

1月　推荐薛雨林到杨东莼任校长的广西省立师范专科学校任教。为工作便利，为薛雨林改名“薛暮桥”。

5月　应太平洋国际学会秘书处聘请，任机关刊物《太平洋事务》(*Pacific Affairs*)通讯员(Pacific Affairs Correspondent)。

5月5日　出席行政院院长主持的农村复兴委员会第一次会议。陈翰笙参加经济组工作。

5月15日　在南京完成《中国现代土地问题》(*The Present Agrarian Problem in China*)英文稿。本书由中国太平洋国际学会出版。

6月18日　杨杏佛被暗杀。陈翰笙在中央研究院孤立无援，工作难以展开。不久辞去国立中央研究院社会科学研究所专任研究员职务，改任通讯研究员。

7月　为农村复兴委员会调查江苏、浙江、河南、陕西四省农村经济设计调查方案。

8月14日至26日　出席太平洋国际学会在加拿大班夫举行的第五次大会，讲演“现代中国土地问题”。会上所提交关于中国农业耕作的大型调查计划未通过审议。会议期间结识拉铁摩尔(Owen Lattimore)。

10月　以美国地理学会会员身份，在纽约讲演中国问题。

11月下旬　赴广州主持中山文化教育馆与岭南大学共同组织的广东农村经济调查团，王寅生、孙冶方任调查团干事，薛暮桥参加调查团后期工作。广东农村经济调查于次年5月结束。

12月11日　中国农村经济研究会在国民党南京市党部、南京市社会局暨教育部完成全部立案手续。研究会存续至1951年，陈翰笙始终担任理事会主席。

1934年

6月25日　主持中国农村经济研究会第二次理事会扩大会议，决定创办机关刊物《中国农村》杂志。该刊10月10日创刊，封面由陈翰笙请蔡元培先生题写，杂志先后由薛暮桥、千家驹、姜君辰、张锡昌主编，1943年停刊。

10月　在史沫特莱动员下，应佐尔格之请，以中山文化教育馆通信研究员和中央研究院通信研究员身份赴东京，在东洋文库从事研究工作。在日期间通过尾崎秀实与满铁株式会社的日本左翼联系。

12月　所主编《广东农村生产关系与农村生产力》由中山文化教育馆出版。

1935年

1月1日　结识郭沫若，一起饮酒长谈。

4月16日至24日　作为鲁豫皖粤农村经济调查团团长，与中国太平洋国际学会研究委员会主席何廉、干事刘驭万代表中国，参加太平洋国际学会研究委员会在东京举行的会议。会上初次认识邱茉莉（Elsie Fairfax-Cholmeley）。

5月　与平野义太郎、德裔美国学者拉斯克（Bruno Lasker）、德国共产党党员、中国问题专家魏特夫（Karl August Wittfogel）同游日本镰仓，围绕中国社会性质问题与魏特夫争论。

6月　因在《字林西报》读到"怪西人"案消息，紧急从横滨返回上海，由史沫特莱安排住在路易·艾黎寓所，并请王寅生去日本接回顾淑型。办好赴苏联手续后，由路易·艾黎和汉堡嘉夫人（Ursula Hamburg）护送二人上船，经海参崴去往莫斯科。

6月14日　致信太平洋国际学会研究干事威廉·霍兰（William L. Holland），告诉他因顾淑型生病，遵医嘱将马上动身去日内瓦。

11月7日　在莫斯科参加红场阅兵。

11月　经中共驻共产国际代表王明、康生介绍，在莫斯科转入中国共产党。

1936 年

4 月　经康生同意，接受太平洋国际学会邀请，到太平洋国际学会工作。随后陈翰笙夫妇与吴克坚同行到巴黎。

4 月 27 日　从巴黎致信太平洋国际学会研究干事霍兰，对霍兰邀请陈翰笙到太平洋学会国际秘书处任职未予正面回应，但表示会与正从莫斯科到巴黎来的太平洋国际学会总干事卡特（E. C. Carter）商量此事。

5 月　与顾淑型、卡特、邱茉莉同行，从伦敦去往纽约，担任太平洋国际学会书记处研究员（Research Associate）。

8 月 15 日至 29 日　以太平洋国际学会工作人员身份，出席在美国加州约塞米蒂国家公园举行的太平洋国际学会第六届会议。苏联、中国、日本、美国、英国等 11 国代表（尾崎秀实为代表之一）和国际联盟观察员参加此次会议。会议决定，太平洋国际学会总部从檀香山迁至纽约。

本年　以广东农村经济调查报告为基础完成的《中国的地主与农民》（*Landlord and Peasant in China: A Study of the Agrarian Crisis in South China*）在美国共产党创办的纽约国际出版公司出版。书前有美国太平洋国际学会干事菲尔德（Frederick V. Field）序言。

1937 年

1 月　向太平洋国际学会提交“农村中国读本”和“关于中国族田的专论”两项研究计划，并得到学会批准。学会派研究员邱茉莉协助陈翰笙工作。

1 月　赴加拿大考察并宣讲西安事变后的中国局势。

4 月 5 日　致电王寅生，告知来信收悉，请速寄《工业资本与中国农民》的第三章及数据附录。

7 月 8 日　作为《纽约时报》社论部顾问委员会顾问，参加委员会聚会，会上得知七七事变消息。

1938 年

8 月 11 日　《救国时报》在纽约复刊。该报由巴黎《救国时报》和纽约《先锋报》合并而成，团结出版社出版，负责人饶漱石。陈翰笙协助饶漱石编辑《救国时报》。

1939 年

1 月 30 日　上午与 E. C. 卡特讨论中国太平洋国际学会工作。同日致信卡特，推荐钱俊瑞、薛暮桥、张仲实、邹韬奋、金仲华、毕云程、刘思慕七位富有才华的年轻人，“这些人中的每一位都足堪胜任编辑一份国际问题方面的中文刊物”。

3 月　根据党组织指示，结束太平洋国际学会秘书处工作，从纽约启程，去往香港。

5 月　抵达香港。根据组织要求，为工业合作运动在香港筹备国际委员会，以便管理海外汇来的捐款。在香港近两年，同时为宋庆龄任主席的保卫中国同盟工作。

7 月 21 日　工合宋子文和何明华筹建的生产救济基金国际委员会（International Committee For Chinese Industrial Cooperatives Productive Relief Fund，简称“工合国际委员会”）在香港成立，其任务是代表中国工合接受各国、各团体以及各界给予的借款、赠款和物资及技术援助。在英国驻华大使和香港总督支持下，香港圣公会何明华（R. O. Hall）担任工合国际委员会主席，陈翰笙任执行秘书（不付薪）。委员会在对外宣传联络、资金和物资援助方面取得显著成果，资金和物资分配注重对抗日根据地工合事业的支持。

9 月 25 日　毛泽东致信陈翰笙转工合国际委员会何明华主教，表示“我赞成以合作社的方式在中国组织建设许多小型工业。对于你在这一事业上的热心，以及你在帮助我们抗战上所取得的光辉成绩深表感佩”。

本年　与邱茉莉合作编选、翻译的《农村中国：中国作者文献选编》（*Agrarian China: Selected Source Materials From Chinese Authors*）一书以太平洋学会秘书处名义（Compiled and Translated by the Research Staff of the Secretariat，Institute of Pacific Relations）在伦敦出版。霍兰为本书作序，伦敦经济学院汤尼（R. H. Tawney）教授撰写导论。

本年　在王寅生、张锡昌、黄国高协助下完成的《工业资本与中国农民》（*Industrial Capital and Chinese Peasant: A Study of the Livelihood of Chinese*

Tobacco Cultivators）由中国太平洋国际学会和国立中山文化教育馆资助，上海别发洋行（Kelly and Walsh, Limited）出版。魏特夫教授为本书撰写导论。

1940 年

3 月　在太平洋国际学会和中山文化教育馆委托与资助下，组织华西农村经济调查团，经滇越路赴昆明，再由滇缅路入云南西双十二版纳，在陈洪进、刘述周协助下，进行一个多月的农村经济调查。随后在下缅甸仰光等处考察产米区政治经济情况。

5 月　由仰光飞重庆，逗留旬日，与父母和妹妹、妹夫一家团聚。期间婉拒王世杰留在重庆工作的邀请。

12 月 26 日　卡特致信陈翰笙，邀请继续担任太平洋国际学会国际秘书处，并寄上 400 美元支票。陈翰笙收信后表示同意，并告知已对西康 2000 多家农户进行调查。

1941 年

1 月 20 日　致信 E. C. 卡特，简要报告皖南事变。

1 月 26 日　致信拉铁摩尔，详细报告皖南事变。

2 月 12 日　与许地山等 400 余人联名上书林森、蒋介石，呼吁“制止内战，一致对外”。

2 月 15 日　在《保卫中国同盟新闻通讯》（*China Defence League Newsletter*）第 28 期发表文章，详细报告皖南事变及其对抗日战争的影响。

5 月 5 日　在香港会见亨利·鲁斯（Henry Luce）。

12 月 25 日　香港沦陷。陈翰笙、顾淑型、邱茉莉等留在香港从事工合国际委员会善后工作。

1942 年

1 月　乘坐难民船只离开香港。经澳门、新会、开平、梧州，3 月底辗转到桂林。

4 月　应国立桂林师范学院教务长林砺儒邀请，任该校西语系主任。

9 月　以“中国农村经济研究会编译、陈翰笙校阅”名义主编的《战争与农村——二次大战中的各国农村》一书由农学书店出版。书前有陈翰笙所写序言。

1943 年

1 月 2 日　桂林国际联谊社在桂北路英国总领事馆举办首次社员大会。会议讨论会章并推选凌士芬、班以安为正副社长，邱茉莉、陈翰笙为秘书和工作人员。

1944 年

3 月下旬　因陈此生通知军委办公厅密电李济深要求逮捕陈翰笙，与顾淑型在邱茉莉等朋友帮助下逃离桂林，经昆明辗转去往印度。

5 月　抵达印度新德里。经太平洋学会澳大利亚同事介绍，在英国远东新闻局工作。在印度期间，兼任德里大学评卷员（Reader），并结识丹尼尔・索纳（Daniel Thorner），二人因对印度农业区域有共同兴趣而成为挚友。

1945 年

12 月　参加印度史学会会议（Indian History Congress）。会后与德里大学史学系寇来希（Ishtiaq Hussain Qureshi）教授同游阿富汗边境开伯尔山口。

本年　著作《中国农民》（*The Chinese Peasant*）由牛津大学出版社出版。

1946 年

3 月　在太平洋国际学会帮助下，从加尔各答乘船经日本到美国。应加州华盛顿大学之约，讲授印度史，并主持“中国工业化的趋势与困难”研讨班。

6 月　根据周恩来、廖承志指示，联络美国共产党主席福斯特（William Zebulon Foster），与美共合作，牵制美国对我国内战的干涉，唐明照、徐永瑛从旁协助。为工作便利，辞去华盛顿大学教职，迁至纽约，先后担任约翰斯・霍普金斯大学国际关系学院客座教授、宾夕法尼亚大学印度研究所研究员（Research Associate），任教于波莫纳大学、芝加哥大学、纽约亚洲学院。

1947年

1月1日 《中国农村经济研究会会报》记载，陈翰笙担任理事会主席的中国农村经济研究会现有会员1025人，遍及全国17省，并远及日本、欧洲和美国。

9月28日 以国民政府“考察水利专使”名义访问美国的冯玉祥将军抵达纽约。冯玉祥常征询陈翰笙关于从事政治活动的意见和建议。

10月9日 在《远东观察》(*Far Eastern Survey*)发表《独占资本与中国内战》(“Monopoly and Civil War in China”)。

1948年

1月16日 出席中共在美工作领导小组（陈翰笙任顾问）领导的旅美革命青年团体“进社”成立会议，并即席发表关于我国工业化前途的看法。

春 根据陈翰笙的建议，冯玉详到美国国会做证。国会拨款委员会紧急援华法案后大幅削减援助金额。冯玉详赠送所画的雄鸡和一副对联对陈翰笙表示感谢。

1949年

2月 美国陆军部发布关于佐尔格谍报团的报告，指控史沫特莱为“苏联间谍”。因史沫特莱强烈抗议，陆军部收回指控，但史沫特莱生活陷入困境。同月斯特朗与鲍罗廷被苏联指控为“间谍”而被捕，斯特朗很快被驱逐出境。

7月11日 周恩来对黄作梅（中共香港工作委员会新华分社负责人）关于陈翰笙急需研究经费三千美元给中共中央的电报做出批示，商拨三千美元给乔冠华、黄作梅。

7月 将两千美元亲手交给史沫特莱，这使史沫特莱在不久后得以离开美国。

本年 著作《中国西南边疆的土地制度：云南摆夷与西康康巴农村问题和社会组织的比较研究》(*Frontier Land Systems in Southernmost China: A Comparative Study of Agrarian Problems and Social Organization among the Pai Yi People of Yunnan and the Kamba People of Sikang*)由太平洋国际学会国际秘书处出版。

1950 年

2 月　美国参议员麦卡锡公开指责 105 名共产党渗入美国国务院，拉铁摩尔是"苏联高级间谍"。美国进入"麦卡锡时代"。

3 月　拉铁摩尔主编、陈翰笙参加撰写的《亚洲的枢纽：新疆与中俄内亚边疆》(*Pivot of Asia: Sinkiang and the Inner Asian Frontiers of China and Russia*) 出版。

11 月　离开纽约赴伦敦。再取道捷克斯洛伐克、波兰、苏联返回中国。

本年　完成《南亚经济区域》(*Agrarian Regions of South Asia*) 一书英文书稿。在印巴分治和冷战影响下，迟至 1980 年才出版英文本。索纳夫妇为本书所准备的地图集 (Ecological and Agrarian Regions of South Asia Circa 1930) 1996 年才由巴基斯坦卡拉奇牛津大学出版社出版。中文版 1959 年商务印书馆初版。

1951 年

1 月　返回北京。

2 月 16 日　在《人民日报》发表《从经济看美国政治》，这是返回中国后发表的第一篇文章。

3 月　被任命为外交部顾问，领导外交政策委员会工作。

7 月 28 日　出席中国史学会成立大会，并作《史学史上的新阶段》大会发言。

9 月 20 日至 12 月 28 日　作为中华人民共和国文化代表团成员，应邀访问印度和缅甸。

1952 年

1 月　应宋庆龄邀请负责筹备的《中国建设》英文版创刊。该刊由中国建设杂志社编辑，中国福利会出版。编辑委员会由金仲华任主任，陈翰笙任副主任。编辑委员会下设编辑部和业务部。编辑部由陈翰笙负责，爱泼斯坦任执行编辑。

3 月　当选中国经济学会副主任委员。

4月　以经济学者、中国经济学会副主任委员身份参加莫斯科召开的国际经济会议，并在经济落后国家问题小组作专题发言。

5月4日　作为中国国际贸易促进委员会委员，出席委员会第一次会议。中国国际贸易促进委员会由十七人组成，冀朝鼎兼任秘书长。

5月16日　中印友好协会在北京成立，会长丁西林，副会长陈翰笙。

1953年

7月　到柏林参加第三次世界和平理事会。随后与马寅初、李一氓组成文化代表团访问捷克斯洛伐克和保加利亚。

10月　陈翰笙译、张之毅校马克思《东印度公司——它的历史与结局》在《新建设》杂志刊出。

1955年

4月　出席在印度召开的亚洲国家会议。

6月　当选中国科学院哲学社会科学部学部委员。

6月8日　赴芬兰赫尔辛基参加第四次世界和平大会。会上见到安娜·路易斯·斯特朗。

12月至次年2月　随同宋庆龄访问印度、巴基斯坦和缅甸。访问印度期间，宋庆龄以及陈翰笙夫妇均住在尼赫鲁家中。

1956年

2月　任中国亚洲团结委员会副秘书长。

4月　出席在瑞典斯德哥尔摩召开的世界和平理事会议。

秋　任外交部国际问题研究所副所长，所长孟用潜。

11月至次年2月　作为全国人大代表团成员访问苏联、捷克斯洛伐克、南斯拉夫、罗马尼亚、保加利亚和阿尔巴尼亚六国。

1957年

5月　主编的“中国近代经济史资料丛刊”之一《帝国主义与中国海关》

开始陆续出版。1962 年后该套丛书改由中华书局继续出版:《中国海关与中法战争》《中国海关与缅藏问题》《中国海关与中葡里斯本草约》《中国海关与中日战争》《中国海关与英德续借款》《中国海关与义和团运动》《中国海关与邮政》《中国海关与庚子赔款》《中国海关与辛亥革命》《一九三八年英日关于中国海关的非法协定》。1983 年中华书局再版，对各编按照历史顺序依次编订为第一至第十篇，1994 年新增第十一篇《辛丑合约订立以后的商约谈判》。

12 月 《中国建设》编委会主任金仲华给编辑部全体同志传达毛泽东关于“《中国建设》杂志用事实说话，对外宣传就应该这样”的指示。

1960 年

11 月 经裕容龄介绍，结识中央文史馆馆员溁运钧并跟从习诗。至 1967 年底，每周与溁运钧见面，“从他那里我知道了一些关于写诗的常识”。

1962 年

中国科学院历史研究所世界历史研究组扩大为世界历史研究室。陈翰笙任研究室主任。

1964 年

3 月 著作《印度莫卧儿王朝》出版。

1966 年

2 月 随外交部派出的工作队赴晋西参加“四清”。

1967 年

曾长期担任理事会主席的中国农村经济研究会被造反派批判为“三十年代经济黑线”。

1968 年

3 月 被关入牛棚，与同事李纯青等关在机关后院的小楼。

11月5日　顾淑型去世。因在牛棚隔离审查，未能见最后一面。

1969年

4月　结束隔离审查。

11月7日　与外交部同事一起，到湖南茶陵虎踞山“五七”干校劳动改造。在干校期间先后在菜园、厕所劳动，后改收发信件。

1970年

3月29日　安娜·路易斯·斯特朗在北京去世。陈翰笙在湖南得知消息后，写有《悼美国记者斯特朗》。

1971年

9月5日　宋庆龄复信陈翰笙，此后与宋庆龄保持了密切的通信联系。

10月　因眼疾回到北京。随后到辽宁调查。

1972年

1月　到浙江桐庐窄溪撒放顾淑型的骨灰。

8月　创办家庭英文、德文培训班。着手编辑《华工出国史料汇编》。

1973年

被任命为外交部国际问题研究所顾问。

1976年

8月　因唐山大地震波及北京，到上海居住。期间见到杨小佛。次年春节寄200元，并介绍杨小佛为汪熙教授抄稿。

1977年

12月13日至14日　参加恢复成立的中宣部召开的社会科学工作者座谈会。

1978 年

5 月 23 日　季羡林致信陈翰笙，邀请参加中国社会科学院与北大联合创建的南亚研究所筹备小组。

1979 年

1 月 18 日至 4 月 3 日　作为特邀代表，参加理论务虚会。

11 月 22 日　应陈原之邀，为商务印书馆举办的知识讲座主讲第一讲“学习的重要性”，勉励青年发奋自学，多交朋友，“除了自学，更重要的是要在工作中训练自己，一切进步都要从工作中取得，自学切不要和工作脱节”，“学了外语就应该用”，“外语学习，说到底是个习惯问题”。

11 月　任商务印书馆外国历史小丛书编委会主任。

12 月 6 日　中国美国史研究会在武汉举行成立大会，选举宦乡、陈翰笙、陈翰伯为顾问，黄绍湘为理事长，杨生茂、丁则民为副理事长，刘绪贻为副理事长兼秘书长，秘书处设在武汉大学。

1980 年

2 月 29 日《人民日报》报道，纪念蔡元培先生逝世四十周年筹备会现已组成。宋庆龄为主任委员，陈翰笙为委员。

3 月 4 日　在《人民日报》发表《追念蔡孑民先生》。

4 月　任世界经济学会顾问。

6 月至 8 月　所选译《英美短篇时文选读（英汉对照）》第一、二集由商务印书馆先后出版。本书所选短文为所主持英语培训班课程材料。1983 年出版修订本。

10 月 13 日　出席丁玲代表中国作家协会在北京烤鸭店为伊罗生夫妇的接风宴会。

10 月 22 日　上午，伊罗生到家中访问并长谈。分手时，陈翰笙告诉伊罗生“我们是同一类人”（“we have the same kind of mind”）。伊罗生在《重访中国》（*Re-encounters in China: Notes from a Journey in a Time Capsule*）中专章记录了此次访问。

本年　主编的《华工出国史料汇编》开始由中华书局陆续出版，1985 年出齐（十一辑十册）。该书第一辑辑录有关华工出国的中国官方文献；第二辑为英国议会文件选译；第三辑为美国议会文件选译；第四辑为关于华工出国的中外私人综合性著作和资料；第五至十辑分别辑录东南亚、拉丁美洲、美国和加拿大、大洋洲、非洲和欧洲的华工史料。

1981 年

3 月至 4 月　参加在杭州举办的世界经济讨论会。

4 月　被聘为中国经济学团体联合会顾问。

6 月 3 日　参加在人民大会堂隆重举行的宋庆龄同志追悼大会。邓小平在悼词中谈到，国民党政府“曾通过外国势力向宋庆龄同志施加压力，遭到宋庆龄同志和在座的陈翰笙同志的驳斥”。

12 月　当选华侨历史学会副会长。

1982 年

11 月 20 日至 30 日　中国工业合作协会在北京召开第一次全国代表大会。会议通过中国工业合作协会章程，选举产生第一届理事会，艾黎、陈翰笙为名誉顾问。

本年　任中国社会科学院世界历史研究所名誉所长。

1983 年

4 月　作为发起人之一，发起设立孙冶方经济科学奖励基金，宗旨是“为了纪念孙冶方同志对马克思主义经济科学的卓越贡献，表彰和鼓励对经济科学做出贡献的集体和个人，繁荣我国经济科学，特发起设立孙冶方经济科学奖励基金”。

1984 年

1 月 3 日至 4 日　出席太平洋历史学会成立会议。周谷城为会长，陈翰笙为第一副会长，负责国外联络工作。

2 月 27 日至 28 日　出席农村发展研究中心召开的第三次理事会议。

1985 年

5 月　汪熙和杨小佛主编《陈翰笙文集》出版。

9 月 28 日　出席中国社会科学院举行的“庆祝著名马克思主义社会科学家陈翰笙从事学术活动 60 周年”大会。

10 月　与薛暮桥、冯和法合编的《解放前的中国农村》第一辑出版。该书共计三辑，第二、三辑分别于 1987 年 11 月、1989 年 12 月出版。

本年　任《中国大百科全书》总编委会副主任兼外国历史编委会主任。

1989 年

任中国国际文化书院院长。

1990 年

8 月 27 至 29 日　发起并参加中国太平洋历史学会、中国国际文化书院、中国第一历史档案馆等 25 家学术单位联合举办的“鸦片战争 150 周年国际学术讨论会”。

1996 年

10 月　出席中国社会科学院在人民大会堂召开的“庆祝陈翰笙同志百岁诞辰暨学术活动 75 周年”会议。

本年　李新玉主编《陈翰笙文集 1919—1949》(*Chen Han-seng's Writings 1919—1949*) 由商务印书馆国际有限公司出版。全书收录陈翰笙英文作品 67 篇，分为论著、书评和书信三个部分。以本书收录的英语文献为基础，从翰香与李新玉编、史建云与徐秀丽译《陈翰笙文集》后于 1999 年 2 月出版。

1999 年

任中国国际文化书院顾问。

2004 年

1 月 25 日　温家宝总理到医院看望。

3 月 13 日　因病在北京去世。

人名索引

D

E

F

G

M

N

O

P

Q

T

W

Y

Z